T0145752

QUELQUES PENSÉES
SUR L'ÉDUCATION

BIBLIOTHÈQUE DES TEXTES PHILOSOPHIQUES

Fondateur H. GOUHIER   Directeur J.-F. COURTINE

JOHN LOCKE

QUELQUES PENSÉES SUR L'ÉDUCATION

Traduction de
G. COMPAYRÉ

Introduction de
Michel MALHERBE

Annexes de
Jean-Michel VIENNE

PARIS
LIBRAIRIE PHILOSOPHIQUE J. VRIN
6, Place de la Sorbonne, V ͤ
2007

© *Librairie Philosophique J. VRIN*, 2007

Imprimé en France

ISBN 978-2-7116-1869-9

www.vrin.fr

INTRODUCTION

*C'est l'éducation qui fait la différence
entre les hommes*
Locke, *Pensées sur l'éducation*

Locke éducateur

Some Thoughts concerning Education paraît en 1693, dans cette période très resserrée de publication où, ayant passé l'âge de 55 ans, Locke fait paraître ses principaux ouvrages récapitulant trente ans de vie et de réflexion : la *Lettre sur la tolérance* (1689), les deux *Traités du gouvernement* (1689), l'*Essai sur l'entendement humain* (1690) et *Le christianisme raisonnable* (1695). Mais l'origine des *Pensées* remonte à l'année 1684 quand Edward Clarke et son épouse demandent à Locke, alors en Hollande, des conseils pour l'éducation de leur jeune fils, Edward. Clarke, gentleman terrien et parent éloigné, par alliance, du philosophe, est à la tête d'une nombreuse famille. La première lettre de Locke est datée du 19 juillet 1684 et contient ses premières instructions. S'ensuit une correspondance qui se poursuivra jusqu'à la mort du philosophe et qui renforcera les liens d'amitié qui unissent Locke et la famille Clarke. Locke fait plus qu'exposer ses idées éducatives au fil de lettres familières : à la fin de novembre 1684, il envoie une longue liste de recommandations, réparties en 65 sections. La lettre ne parvient sans doute pas aux Clarke. Locke renvoie une autre copie quelque peu augmentée au début de janvier

1685, qui est divisée en 82 sections ; puis suivent dans d'autres lettres des développements importants et soigneusement rédigés [1].

Il y a donc de la part de Locke une coquetterie d'auteur à déclarer dans son épître dédicatoire [2] : « Le lecteur reconnaîtra aisément, à la simplicité familière et à la forme du style, que ces pensées sont plutôt l'entretien privé de deux amis qu'un discours destiné au public » (p. 43). Ces pages, très écrites, quoique enrichies au fil des circonstances et à mesure que l'enfant grandissait, finissent par circuler et Locke est pressé de donner enfin l'ouvrage au public. Il semble que le texte, révisé, ait été prêt en 1690. Mais on connaît la timidité de Locke à publier. Il fallut que William Molyneux, grand admirateur de l'*Essai* et frère de Thomas Molyneux qui avait connu Locke en Hollande, exerce une pression insistante. L'ouvrage paraît en juillet 1693, sans nom d'auteur. Il est rapidement populaire.

La première édition des *Pensées* comprend 202 sections. C'est celle dont Coste donne une traduction, qui paraît en 1695. Locke révise son texte et, en juillet 1695, paraît une troisième édition corrigée et augmentée, qui compte 216 sections [3]. D'autres éditions suivent, Locke ne cessant de les corriger méticuleusement, jusqu'à la veille de sa mort. La version définitive, étiquetée cinquième édition, paraît en 1705, un an après la mort du philosophe. C'est cette édition que Coste traduit en guise de seconde édition de sa traduction de 1695, élargissant ainsi à toute l'Europe la notoriété de l'ouvrage.

Locke était, on le sait, philosophe. Mais c'est en véritable éducateur qu'il s'adresse à son lecteur, et non en philosophe de l'éducation. On peut s'étonner du fait. Mais professeur, médecin, amateur averti des sciences, citoyen mêlé aux intrigues politiques, philosophe, Locke fut aussi éducateur.

---

1. Sur le détail de cette correspondance, voir J. L. Axtell, *The Educational Writings of John Locke*, a critical edition, with an introduction, Cambridge, Cambridge University Press, 1968 et l'introduction de J. Yolton à son édition du texte, *Some thoughts concerning education*, J. W. Yolton and J. S. Yolton (ed.), Oxford, Clarendon Press, 1989, p. 44 *sq.*

2. Épître placée en tête de la troisième édition.

3. Dans cette édition, une erreur de numérotation donne 217 sections (on saute de la 212 à la 214).

Élève brillant, après être entré comme boursier à Christ Church College à Oxford, en 1652, à l'âge de 20 ans, et ayant obtenu son diplôme de Master of Arts en 1658, il reste à Oxford comme *Senior Student* ; en 1660 il est promu *Lecturer* en grec et exerce des fonctions de *Tutor* et en 1663 il occupe un poste de *Praelector Rhetoricus*, puis est élu à la fonction de *Censor of Moral Philosophy*. C'est donc à l'Université qu'il fait ses premières expériences pédagogiques. Il prend alors un congé pour se rendre sur le continent et participer à une mission diplomatique à Clèves. De retour à Oxford, il se tourne vers la médecine. Il rencontre durant l'été 1666 Anthony Ashley Cooper, futur Lord Shaftesbury, qui devient son patron et protecteur et l'introduit au sein de sa famille, à Londres, comme conseiller médical. Lord Ashley a un unique fils de santé maladive. Il confie à Locke de veiller à la santé du jeune Anthony et de parfaire son éducation, et même de lui trouver une épouse. De ce mariage naissent des enfants parmi lesquels on compte Anthony Ashley Cooper (1671-1713), le futur third Earl of Shaftesbury et l'auteur des *Characteristics of Men, Manners, Opinions, Times*. Locke conserve ses fonctions d'ami de la famille et continuera, même de l'étranger, à prodiguer ses recommandations et ses observations.

Ayant obtenu son diplôme de Bachelor of Medecine en 1675, il part en France, en partie pour des raisons de santé, où il demeure jusqu'en 1679. Pendant ce séjour, il doit prendre en charge, à la demande d'Ashley et pendant plus de deux ans, le jeune Banks, afin de lui faire découvrir les mœurs des Français. Ils parcourent ensemble le pays.

Ainsi, en près de vingt ans, Locke aura-t-il exercé presque toutes les fonctions éducatives : répétiteur et tuteur à l'Université, pédiatre et précepteur de famille, gouverneur d'un jeune garçon faisant son éducation par les voyages. Sa correspondance montre que dès les années 1675 il abordait les questions d'éducation avec certaines de ses relations et qu'il prodiguait des conseils aux parents.

De retour à Londres en 1679, il exerce la médecine, achève une première rédaction des deux *Traités sur le gouvernement*, sert de conseiller à Lord Shaftesbury, veille à l'éducation du petit-fils de ce dernier, rencontre la fille de Cudworth, la future Lady Masham. Après la réaction politique de 1683, Locke doit partir en exil en 1684 et se cacher en Hollande. Il y reste jusqu'en 1689. Sa réputation d'éducateur ne se limite pas à la famille Clarke et il n'est pas avare de conseils pédagogiques dans ses correspondances. Mais la révolution de 1688 ayant amené un climat nouveau, Locke accède enfin à la célébrité grâce à ses publications. Malade, il s'installe à Oates, chez les Masham à partir de 1691 où il restera jusqu'à sa mort en 1704. Dans ces dernières années, il ne laisse pas de s'occuper des enfants de la famille où il vit.

Last but not least, il est avéré que Locke était aimé des enfants comme peut l'être un membre de la famille, jouant le rôle à la fois de mentor et d'ami ; et plusieurs d'entre eux lui restèrent attachés. Ainsi, le jeune Shaftesbury lui écrivait les mots suivants, en décembre 1687, des mots qui sont plus que de la politesse : « Vous remercier des conseils que j'ai reçus dans vos lettres aussi bien que de votre bouche, serait un sujet trop vaste pour cette lettre et, en vérité, pour ma langue ; c'est une chose à laquelle je ne m'essaierai jamais ; ou, du moins, c'est une chose dont je ne prétendrai jamais parler ainsi qu'elle le mérite » [1].

En un mot, si Locke n'eut pas d'enfant, il eut à s'occuper des enfants des autres dont il partageait d'assez près l'existence pour être beaucoup plus qu'un simple maître ou précepteur. Il fut éducateur sans avoir la charge des parents. Et on ne peut douter que les expériences qu'il évoque dans ses *Pensées sur l'éducation* aient été bien réelles [2].

L'éducation d'un gentleman

Si la connaissance et l'amour des enfants ne font pas encore un éducateur, encore moins l'auteur d'un ouvrage d'éducation, la philosophie peut sans doute faire un auteur capable d'écrire un traité d'éducation, mais elle est impuissante à faire un éducateur.

Or, la première chose qui frappe quand on lit les *Pensées* (un ouvrage auquel Locke tenait beaucoup), c'est la totale absence de

1. *The Correspondence of John Locke*, E. D. Beer (ed.), Oxford, Clarendon, 1976-1989, t. III, p. 309.
2. § 18, 34, 39, 78, 104-105, 116, 117.

métaphysique – l'on n'ose dire : de philosophie. Aucune considération générale et d'importance sur la nature humaine, sur la société humaine ou sur l'importance politique de l'éducation. Aucune débauche d'idées : Locke n'est pas Rousseau. Aucune application d'un système de pensée élaboré par ailleurs : Locke n'est pas Kant. Il serait plus proche de Montaigne, qu'il a lu. Il donne des conseils à des parents, il justifie ses maximes en en appelant au bon sens et à l'expérience plutôt qu'aux grands principes ou aux raisonnements élaborés, et il s'exprime ordinairement sur le mode impératif. Les choses sont dites en *plain English* et sont à comprendre en lecture directe. Aucun travail de définition sur des concepts aussi essentiels que ceux de vertu, de prudence, de bonne éducation ou d'instruction. Et Locke s'en justifie : « Peu m'importe que quelques-uns de ces mots soient parfois employés pour exprimer la même chose ou que chacun d'eux signifie réellement plusieurs qualités. Il me suffit de les prendre ici dans leur acception populaire, qui, je le présume, est assez claire pour que je sois compris et qu'on n'éprouve aucune difficulté à entendre ma pensée » (§ 134). L'exposition des matières n'a rien de systématique : la composition de l'ensemble est désordonnée, les répétitions abondent, les jugements d'autorité sont fréquents. Un commentateur familier de Locke dira peut-être que ces faiblesses d'écriture sont observables également dans l'*Essai sur l'entendement humain*; mais il aura bien de la peine à trouver dans les *Pensées* la même puissance d'analyse critique que dans l'*Essai*; et s'il veut faire communiquer les deux textes, il faudra qu'il use de tout son art.

Sans doute, faut-il tenir compte d'une tradition de modestie qui se rencontre assez souvent dans les titres et la rédaction des ouvrages de l'époque consacrés à l'éducation : l'éducation des enfants est une chose trop importante pour qu'on en fasse l'objet d'un système. Sans doute, faut-il peser aussi à son juste poids la modestie d'auteur que Locke aime à cultiver[1]. Sans doute enfin, invoquera-t-on la genèse toute particulière de l'ouvrage. Mais, pour le dire en un mot : les *Pensées* ne sont pas d'abord, ni même ensuite, un ouvrage de philosophie, quoiqu'il soit écrit par un philosophe : c'est un recueil plus ou moins ordonné d'instructions pédagogiques.

---

1. Voir l'épître dédicatoire, et la conclusion (§ 216).

À qui s'offusquerait de cela, on pourrait répondre que Locke est sans doute ainsi, avec ses redites et ses insistances, plus respectueux de la chose éducative que ne le serait un traité en bonne et due forme, qui énoncerait d'abord les grands principes, puis en dériveraient les maximes pratiques, utiles à l'art de gouverner les enfants. C'est une vieille règle que la pensée doit s'adapter à son objet et que le style du discours et, partant, le style de la lecture qu'on en fait, doivent aussi s'y accorder. Posons donc que, touchant l'éducation, on ne peut présenter que des pensées sensées et des propos raisonnables, écrits dans une langue accessible à tous et ne faisant pas violence au sens commun.

Mais il y a une autre raison, plus déterminante, qui tient à l'objet précis que Locke se donne : il ne s'agit pas de former ici un homme, quelle que soit sa condition, mais de former un *gentleman*[1] et donc de répondre aux vœux ou aux idéaux d'une classe sociale déterminée. Cette classe sociale, aux limites imprécises, prend de l'importance au XVIIᵉ siècle, entre les *yeomen*, fermiers qui sont les libres propriétaires de leurs terres, et la grande noblesse. Durant les événements qui menèrent à l'exécution de Charles Iᵉʳ et à la dictature de Cromwell, elle pencha davantage du côté des adversaires de la royauté que de ses partisans. On peut devenir gentleman en achetant des terres ou par mariage. Formellement, il faut posséder des armoiries. Mais les déterminants économiques et sociaux sont plus importants : un gentleman ne travaille pas, au sens où il n'a pas de profession (manuelle). Il vit du revenu de ses terres, il peut tâter au négoce, il gère son patrimoine. Il a des domestiques, des jardiniers, éventuellement il paye les services d'un précepteur pour ses enfants. Ayant ses aises, il habite plus souvent la campagne que la ville, quoiqu'il ne manque pas de s'y rendre ; il nourrit quelques suspicions envers la cour et ses intrigues, mais fréquente assidûment la compagnie de ses semblables, où il sait faire preuve de bonne éducation. Bref, c'est un homme de condition, assez indépendant, qui n'est cependant pas tout en haut de l'échelle sociale.

Au fil de son texte, Locke nous en livre indirectement un portrait. Le gentleman a été l'objet d'une éducation domestique plutôt que

---

1. L'éducation des filles n'est guère évoquée.

d'une éducation collective reçue au collège. On l'a gardé à la campagne, il fréquentera bien assez tôt la ville, ses activités, ses agitations, ses plaisirs. D'aucune façon, il ne reste oisif (§ 15). S'il n'exerce pas un métier, une chose qui paraît incompatible avec sa condition (§ 201), il ne dédaigne pas le jardinage ou la menuiserie, qui sont « des récréations saines qui conviennent à l'homme d'études ou à l'homme d'action » (§ 204). Il peut être amené à porter les armes (§ 15). Il est plus homme d'affaires que d'étude, entendons par là qu'il se consacre à la fructification de ses biens, à la bonne gestion de son patrimoine : il sait tenir ses comptes (§ 210). Il a voyagé pour découvrir le monde et parfaire sa connaissance des hommes (§ 212). Il connaît les usages. Il sait deviner les intentions et percer les apparences (§ 94). Il est marié (ses parents lui ont choisi une épouse (§ 215)). Il se soucie personnellement de l'éducation de ses fils, entretient une relation suivie avec eux, relation qu'il sait faire évoluer des sentiments de crainte aux sentiments d'amitié (§ 95) ; il évite de les confier aux domestiques trop vulgaires et trop complaisants (§ 68), il choisit soigneusement le précepteur et le contrôle. Il sait être un exemple des vertus qu'il tente de transmettre à ses enfants (§ 71). On vit agréablement dans sa maison, peut-être un peu sévèrement. Dans le commerce de ses semblables qu'il ne néglige pas, il s'attire honneur et estime par ses qualités ; il sait tenir une conversation, montrer ses connaissances sans pédanterie, etc. Il est honnête homme (*honest man* (§ 208)), peut-être moins urbain, moins « poli » que son semblable français. C'est à tous égards un homme vertueux et raisonnable. Un modèle pour ses enfants [1].

Locke n'est pas le premier à s'intéresser à l'éducation des enfants relevant de cette condition sociale. John Yolton, dans l'introduction à son édition critique du texte, donne le titre de plusieurs ouvrages : *The schoolmaster* de Roger Ascham (1670), avec dans le sous-titre : [*a*] *private bringing up of youth in gentlemens and noblesmens houses; The compleat gentleman* de Henry Peacham (1622) ; *Of education, especially of young gentlemen* d'Obadiah Walker (1673) ;

---

1. *Gentleman* ne se dit pas au féminin ; quoiqu'il y ait des femmes qui ont de la culture, une culture apprise plus par imitation que par instruction (§ 70). Les femmes sont évidemment de tendres mères (§ 7 b).

The compleat gentleman de Jean Gailhard (1678), etc. Ces ouvrages sont animés de l'idée de former, par l'éducation, des personnes qui se distinguent du commun peuple grâce à leurs qualités personnelles et sociales, qualités qui sont le miroir de valeurs qui certes ne répondent pas à l'idéal démocratique, mais qui débordent largement l'esprit de caste qu'on peut trouver dans la grande noblesse. Et c'est surtout au sein de la famille que doit s'accomplir le processus de socialisation de l'enfant (d'où l'importance accordée au père et au gouverneur). Car c'est à la famille d'assurer la transmission des droits et des devoirs en même temps que celle des biens, et de favoriser la conservation d'une classe aux ambitions mesurées, qui n'a pas encore eu à connaître les transformations profondes qu'induira la révolution économique, industrielle et libérale.

Une éducation sociale et morale

Locke ne prétend pas à l'originalité. Certes, il entretient à l'occasion des idées qui peuvent heurter ses lecteurs, qu'il s'agisse de l'éducation corporelle, plutôt spartiate, du petit enfant, de la sévérité du père, de la discipline ou de la critique des collèges ; mais l'esprit dans lequel ces idées sont présentées, est, lui, largement partagé. On peut toujours s'entendre sur les fins et diverger sur les moyens. Au demeurant, à défaut de s'accorder sur les usages, peut-on se retrouver dans les conseils que donne la raison, qu'on se gardera de confondre avec la coutume (§ 94 k, 164). Et nul doute que les avis du philosophe aient été aisément entendus, sinon mis en œuvre, par tous ceux qui pouvaient se reconnaître dans la famille Clarke. Car Locke répond à une attente générale, celle d'une éducation qui soit avant tout morale et sociale.

L'homme est un être actif. Et l'enfant est encore plus actif que l'adulte (§ 152). Si jamais, en grandissant, il était tenté de se livrer à l'indolence et de s'abandonner à la mollesse des plaisirs, on combattrait de telles inclinations dès leur apparition (§ 208). Cette activité, l'enfant s'y livre aussi loin que ses désirs le portent ou que ses talents lui permettent d'aller ; et il faut qu'il apprenne à montrer autant de constance que la nécessité le lui commande ; autant de prudence que le lui inspirent l'expérience et la réflexion ; autant de bienveillance envers ses semblables que l'exige la société des hommes; et chaque fois en se gardant de commettre toute mauvaise action qui porterait atteinte à son honneur.

Locke résume lui-même les objets de l'éducation d'un gentleman : « Ce qu'un gentleman, qui a quelque souci de l'éducation de son fils, doit lui souhaiter, outre la fortune qu'il lui laisse, se réduit, je crois, à ces quatre choses : la vertu, la prudence, les bonnes manières, l'instruction » (§ 134). Considérons successivement ces quatre choses.

La *vertu* est assurément la part la plus essentielle, mais Locke ne s'étend guère sur la définition qu'il faut en donner ni sur les moyens que doit employer l'éducation pour la faire naître dans une âme encore tendre. Elle est assurément plus difficile à acquérir que la connaissance du monde. Elle est aussi plus difficile à conserver : il faut que le jeune homme quand il quitte la maison paternelle ait acquis une réelle fermeté de caractère pour résister aux tentations et aux mauvais exemples (70 c). C'est une disposition et une disposition qui doit devenir un principe de vie ordinaire. Chez les meilleurs, elle peut se changer en une véritable force d'âme, cette qualité rare qui est une tranquille possession de soi même, un attachement inébranlable au devoir et une capacité à affronter les maux et les dangers (§ 115 c). Pour cela, et puisque l'enfant n'est pas encore capable d'en trouver la force à la lumière d'une connaissance exacte des distinctions du bien et du mal, quoiqu'il distingue assez vite entre la raison et la passion (§ 77), on imprimera de bonne heure dans son esprit des notions vraies de l'Être divin, lequel est le fondement dernier de la morale, puisqu'il est l'auteur de tout être et que, gouvernant toutes choses, il a le pouvoir de voir jusqu'au fond des cœurs (§ 135).

Touchant le sens général de la moralité, Locke se contente d'agiter l'idée du conflit de la raison et des passions : l'enfant doit apprendre à dominer ses passions et à se laisser gouverner par sa raison (§ 52 b). Il ne doit pas donner libre cours à ses appétits, car c'est là la racine du mal (§ 55). Un tel propos est fort banal et ne choquera pas le sens commun. Et il faut certainement avoir l'esprit paradoxal d'un Hume pour ne point considérer que le mérite et la vertu consistent à savoir contrarier, s'il le faut, ses propres inclinations, et à suivre la voie que la raison indique (§ 33) : « la différence ne consiste pas à avoir ou à ne pas avoir de passions, mais à pouvoir ou non se gouverner, se contrarier soi-même dans la satisfaction de ses passions » (§ 36, *cf.* § 38, 45, etc.).

Même banalité à propos de la justice : « Comme c'est l'amour de soi qui guide les premières actions plus que la raison ou la réflexion, il n'est pas étonnant que les enfants soient très portés à s'écarter des règles exactes du bien et du mal : c'est que ces règles ne peuvent être dans l'esprit que le fruit d'une raison développée et d'une méditation réfléchie » (§ 110 c). On le préparera donc à cette vertu de justice en lui insufflant l'esprit de partage et en n'introduisant que peu à peu dans son esprit la véritable idée de la propriété et de la répartition des biens.

N'oublions pas que Locke s'adresse à des parents et non au genre humain. Et ce qu'il faut dire aux parents, ce n'est pas ce qu'est la justice ou la vertu, mais comment préparer leur enfant à pratiquer la justice et à se comporter vertueusement. Chacun sait distinguer concrètement entre une action bonne et une action mauvaise, s'il a reçu une éducation satisfaisante. C'est pourquoi, on ne cherche pas à instruire l'enfant des règles de la moralité, mais à former son comportement ; et Locke répète que si l'enfant sait bien se comporter, il saura ensuite acquérir de lui-même les justes idées du bien et du mal. De plus, ce savoir moral proprement dit vient tard, de sorte que, pour y préparer l'enfant, on commencera par lui inspirer le sens de l'honneur et le rendre sensible à l'estime des autres. Car il n'y a pas de vertu qui ne soit un objet d'approbation sociale et le partage d'une communauté morale : même si la vertu ne se confond pas avec le jugement d'autrui, on ne saurait être vertueux contre ce jugement (qu'on se souvienne du misanthrope de Molière).

Locke est encore plus court sur la *prudence* : « J'appelle sagesse ou prudence, dans son sens populaire, la qualité d'un homme qui dans le monde conduit ses affaires avec habileté et prévoyance. Elle est l'effet d'une constitution heureuse, de l'application de l'esprit et surtout de l'expérience ; elle est donc hors de la portée des enfants » (§ 140). Et il se borne à prévenir le développement de la finesse chez l'enfant, c'est-à-dire de l'esprit de ruse et de fourberie.

En revanche, il s'attarde longuement sur la *bonne éducation* et l'art de la politesse pour laquelle il ne retient qu'une seule règle : « n'avoir mauvaise opinion ni de soi ni des autres » (§ 141). Car toute la difficulté de se bien comporter en société réside dans le délicat équilibre entre s'estimer assez pour agir selon ce qu'on doit, et néanmoins, tout en faisant valoir son propre mérite, réussir à complaire à autrui : art de la convenance qu'il faut développer, et qui permet d'accorder les sentiments de civilité que l'on a dans le cœur et les apparences extérieures que l'on donne, apparences qui ne laissent pas d'obéir aux modes et aux usages. Certes, la bonne éducation est une qualité seconde, mais elle est indispensable. « L'éducation est ce qui donne leur lustre à toutes les autres qualités ; c'est elle qui les rend utiles à celui qui les possède, en lui assurant l'estime et la bienveillance de tous ceux qui l'approchent. Sans la bonne éducation, tous les autres talents d'un homme n'aboutissent qu'à le faire passer pour un homme orgueilleux, suffisant, vain ou fier » (§ 93).

À ceux qui feraient remarquer que savoir se plier aux règles et aux usages ne fait pas encore un homme de qualité, Locke répond que l'éducation morale est la condition de l'éducation sociale et qu'on ne doit introduire dans le monde qu'un jeune homme qui a déjà, par l'éducation domestique qu'il a reçue, des dispositions morales assez fortes pour résister à tous les dangers d'une vie sociale développée. On pourra même lui faire connaître les vices de son temps avant qu'il ne les ait rencontrés.

Vient enfin *l'instruction* (*learning*) dont le philosophe détaille le contenu. C'est la moindre partie de l'éducation, car elle n'en est qu'un moyen : « L'instruction est nécessaire, mais elle ne doit être placée qu'au second rang, comme un moyen d'acquérir de plus grandes qualités » (§ 147). Et il ne faut pas confondre deux choses : l'instruction d'un homme savant et l'éducation d'un gentleman. « On attache tout le prix de l'éducation aux progrès du jeune homme dans des études dont une grande partie n'a point de rapports avec l'état du gentleman. Ce qu'il lui faut, c'est qu'il possède la connaissance des affaires, que sa conduite soit conforme à son rang, et qu'il prenne dans son pays une place éminente et utile » (94 f ; *cf.* § 164, p. 154). Un gentleman n'est donc pas un homme d'étude ni un savant de profession (comme l'est Locke lui-même!). Chacun sait qu'on peut être savant et fort méchant homme. En revanche, l'homme social possède ce savoir utile qui retient l'estime : savoir du monde, savoir des affaires de la vie et de la société, savoir de ce qui a de l'importance pour les hommes. « Je ne veux pas considérer ici l'éducation d'un savant de profession ; je ne m'occupe que de l'éducation d'un gentleman, auquel tout le monde convient que le latin et le français sont nécessaires, vu l'état présent des choses. Son éducation ne sera pas savante, même si elle fait de lui un homme digne d'être distingué » (§ 195). Cette subordination de l'instruction à l'éducation morale et sociale orientera le choix du gouverneur : non point un maître qui farcisse la tête de l'enfant des langues mortes et de la logique, mais un homme d'éducation, connaissant les hommes et les usages et enseignant à son élève comment bien juger ses semblables et diriger sagement ses affaires au sein de la société (§ 9). « Mais quelle que soit la personne à qui vous confiez l'éducation de l'enfant, à l'âge où il a l'esprit tendre et flexible, ce qui est certain, c'est que ce doit être une personne aux yeux de laquelle le latin et les langues ne soient que la moindre partie de l'éducation ; une personne qui, sachant combien la vertu et l'équilibre du caractère sont chose préférable à toute espèce de science, à toute connaissance des langues, s'attache surtout à former l'esprit de ses élèves, à leur inculquer de bonnes dispositions » (§ 177).

Sur ce point, Locke brise avec le modèle des humanistes et des *virtuosi*. Non qu'il ne faille des hommes savants et des lettrés. Mais la méthode n'est pas la même dans les deux cas. Dans l'instruction d'un homme d'étude, le maître a pour objet de faire de son élève un autre maître. Le maître sait, l'élève ne sait pas et apprend. La relation est donc fondamentalement magistrale et la transmission du savoir de nature doctrinale. D'où le rôle de la mémoire, d'où la nécessité d'apprendre les langues anciennes comme véhicule de toute la culture antique, d'où l'emploi des règles qui contraignent la liberté naturelle de l'esprit (et qui dit la règle, dit la sanction et éventuellement le fouet (§ 86)). En revanche, dans l'éducation d'un gentleman, l'étude ne répond aux fins que de manière indirecte. C'est d'abord un moyen de lutter contre la paresse et l'oisiveté, et, puisqu'elle est contraignante, d'apprendre à dominer ses inclinations spontanées. C'est ensuite l'occasion d'exercer ses facultés, de se rendre actif et industrieux (§ 94 i). Ce peut être encore le moyen de satisfaire une légitime curiosité. Enfin, par l'étude, le futur gentleman aura acquis cette pratique des langues et cette culture (comme on dit aujourd'hui), par lesquelles il saura se distinguer au sein de la société. Assurément, pour que cette symbiose de la vie et du savoir s'accomplisse, il ne faut pas que l'étude ait été un objet de dégoût, mais plutôt un mode de l'activité naturelle de l'enfant (de sa créativité) (§ 94 j).

Curieusement, Locke ne fait aucune place dans les *Pensées sur l'éducation* à l'éducation proprement politique, comme si l'enfant était appelé, devenu adulte, à se mouvoir dans une sphère familiale et sociale plus restreinte que la société politique [1].

L'éducation est un art

Dans les *Pensées sur l'éducation* Locke s'adresse aux parents, mais l'objet, c'est l'enfant, un objet pratique qui est le résultat de l'action éducative. L'éducation est un art. Et l'on pourrait présenter ainsi la chose : Locke, en bon philosophe, livre aux parents qui sont ses lecteurs, les principes et les règles de l'éducation. Et à la lumière de ce savoir reçu, les parents appliquent ces principes et ces règles à leurs enfants. Aristote disait de l'art qu'il procède de la science, mais qu'il rapporte le général au particulier, qu'il est la déduction pratique par laquelle on va des principes généraux déjà connus (ou de leurs conséquences générales, également connues) à certaines maximes particulières. Ainsi, l'éducation nous reconduirait-elle à la particularité de l'enfance relativement au monde adulte ; à la particularité concrète de chaque enfant qui a son tempérament, son caractère, ses aptitudes et ses limites propres ; et à la particularité de chacune des phases de son développement [2].

---

1. Locke ne pouvait ignorer l'importance de cette éducation, ayant été le précepteur du fils et du petit fils de Lord Ashley dont les ambitions et le destin politique ne furent pas sans conséquence sur la vie même du philosophe. La famille Clarke appartenait à un monde plus modeste dans l'échelle sociale.

2. Voir les § 66 c, 101-102, 216.

Il y a deux façons de concevoir la particularité, et donc de concevoir l'art de l'éducation : l'une passive, l'autre active.

Ou l'on dit : L'art se fondant sur la science, laquelle ne connaît que l'universel, il convient de poser que, d'un côté, l'art de l'éducation prend sa source dans les différentes sciences du corps, de l'esprit ou de toute autre chose qu'on voudra, prise *en général* ; que de l'autre côté, il se rapporte à la particularité des époques, des conditions[1], des âges, des qualités, des tempéraments, bref à tout ce qui entre dans la concrétude de l'enfance. Pratiquer cet art demande, certes, de la compréhension, de la perspicacité, de la finesse, mais les principes eux-mêmes restent en vigueur et ne sont point troublés par ce à quoi ils s'appliquent. En ce sens, l'éducation ne serait que la particularisation à un âge donné de la vie de la science générale de l'homme (si d'aventure cette science est possible[2]). De plus, appliquer le savoir à l'enfant, ce n'est pas seulement subsumer l'enfant sous l'homme en général, c'est aussi donner à l'universel force de loi, en tirer à la fois un impératif, une direction d'action et l'efficace par laquelle on le fait valoir dans le particulier. Toute application devient ainsi opératoire, *technique*, pour reprendre le mot grec. L'éducation est donc une «technologie», un art inspiré de la science, duquel on tire une œuvre, un honnête homme. Ainsi compris, l'ouvrage de Locke dirait aux parents comment *faire* un gentleman, comment bien réussir l'éducation de leur enfant en usant des lumières de la science ou de la philosophie ; et de telle manière que le savoir du philosophe trouverait son aboutissement dans le fils Clarke ou dans le fils Masham, dignes exemplaires d'une enfance bien éduquée, images accomplies d'un jeune homme idéal, qui se distingue par ses qualités corporelles, ses aptitudes intellectuelles, son goût pour la société et son sens de la moralité : à la fois personne singulière et paradigme des maximes de la bonne éducation. Assurément, au cas où les principes de Locke seraient faux, c'est un vaurien paresseux et vicieux qu'on obtiendra.

---

1. « J'estime qu'un prince, un noble et un gentleman de condition ordinaire doivent recevoir des éducations un peu différentes » (§ 216).

2. Locke déclare lui-même qu'il n'y a pas de science *stricto sensu* de l'esprit, ni même de la matière (§ 193).

Ou l'on dit : Il y a quelque ambiguïté dans l'idée de particularité. Passer de l'homme en général à l'enfance, c'est aller du genre à l'espèce, ce n'est pas encore atteindre l'individu. Or, le moment pratique ne réside pas dans l'espèce (l'enfance) ou dans le prototype qu'on en tire (l'enfant idéal), mais dans l'individu (le jeune Clarke). Et l'individu, en tant qu'individu, contient quelque chose d'inassimilable, d'irréductible à la science qu'on essaie d'en avoir : non seulement l'enfant n'est pas un simple adulte en puissance, mais le fils Clarke n'est pas le fils Masham : on ne connaît pas deux individualités semblables. Il y a dans l'individualité de chaque enfant une telle différence de caractère et de tempérament d'avec les autres enfants, une telle originalité d'être, qu'on ne saurait leur appliquer également la même méthode[1]. D'où ceci qu'il faut compter avec les tendances naturelles et les dispositions permanentes de chacun : « On peut [certes] les corriger à force d'art et les tourner au bien. Mais, quoi que vous fassiez, soyez en certain, l'esprit penchera toujours du côté vers lequel la nature l'a d'abord incliné » (§ 102). C'est cette singularité de l'enfant qui rend l'art de l'éducation si difficile, puisqu'il faut « deviner de quel côté penchent ses pensées » ; c'est aussi pourquoi Locke défend l'idée d'une éducation domestique attentive et soigneuse plutôt qu'une éducation publique, frappée de l'abstraction des institutions et des règlements. En vérité, s'il suffisait d'exposer les principes de toute bonne pédagogie pour résoudre les problèmes de l'éducation, s'il suffisait de développer habilement la psychologie ou de bien fonder les sciences cognitives pour représenter toutes les conséquences de l'action éducative, il y a longtemps que les familles et les écoles vivraient dans l'harmonie et que la société humaine, progressant de génération en génération, s'approcherait toujours davantage de réaliser ses fins. Rien de tel, assurément. Or, il ne sert à

---

1. « Chaque homme a ses qualités propres qui, aussi bien que sa physionomie, le distinguent de tous les autres hommes ; et il n'y a peut-être pas deux enfants qui puissent être élevés par des méthodes absolument semblables » (§ 216). Voir la note où Compayré défend en protestant la possibilité d'une science de l'éducation, ainsi que la note suivante où il relève qu'une telle affirmation s'accommode mal avec le principe de la *tabula rasa* (p. 368-369). Voir aussi le § 102.

rien d'imaginer que les difficultés rencontrées dans l'éducation d'un enfant seraient seulement la preuve qu'on n'a pas encore découvert les vrais principes de la pédagogie ; soit qu'on déclare que la science de l'art lui-même (à ce jour, simple compendium de recettes) reste à faire, soit qu'on prétende que tout l'art de l'éducation est contenu dans la nature de l'enfant et qu'il suffirait d'en connaître parfaitement les principes et les ressorts pour réussir dans son entreprise d'éducateur. Ce serait toujours nourrir la même illusion que l'art de l'éducation est contenu dans la science qu'on estime en avoir.

Dans la première hypothèse, les principes, étant vrais, valent comme règles pour l'action (de l'éducateur) ; et puisque les principes sont vrais, les règles ne sauraient rencontrer de résistance, sinon de fait, du moins de droit : il faut qu'elles s'appliquent. Mais chacun sait que les faits sont ici si opiniâtres qu'ils remettent en cause le bien-fondé des impératifs. Comment triompher de la mauvaise volonté d'un enfant, sinon en brisant l'enfant sous les coups ? Mais qui acceptera une telle brutalité ? Comment maîtriser un élève dont la turbulence suffit à troubler toute une classe, sinon en l'écartant de la classe ? Mais qui acceptera une telle exclusion ? L'éducateur n'a d'autre choix que de modérer ses principes et de *faire avec* l'enfant : le prendre comme il est, développer à son intention des ruses et des stratégies, et même le leurrer parfois, pour son plus grand bien.

Dans la seconde hypothèse, on ne nie pas qu'il y ait des règles pour l'éducation, puisqu'il n'y a pas d'art sans règles, mais qu'on puisse écrire un traité de l'éducation et en tirer un enfant exemplaire. Certes, il est dans la nature des règles de valoir généralement et de répondre aux « vues générales » de celui qui les forme. Mais Locke n'est pas le père ou la mère du jeune Clarke. Locke donne des *instructions* ; mais les parents Clarke, qui connaissent mieux que Locke leur enfant, et ce qu'il peut y avoir en lui de particulier ou de rebelle, ne reçoivent du philosophe que des avis ou des *conseils*. Or, qui reçoit des conseils leur attribue autant de poids qu'il reconnaît d'autorité à celui qui les formule et de validité aux bonnes raisons sur lesquelles cette autorité s'appuie. Prise sous cet angle, la règle qui est délivrée appartient au domaine du probable et de l'avantageux ; c'est une opinion pratique qu'il faut évaluer ; ce pourquoi l'on vérifie que le maître est un homme de réflexion et de prudence et que ses conseils, à défaut de se fonder sur des démonstrations, ont l'apparence de ce que le monde estime raisonnable. Ce pourquoi, aussi, l'on prend la liberté, d'adapter les règles conseillées, de les amender, de leur reconnaître des exceptions et même de les suspendre en de certaines circonstances.

Insistons sur cette dimension normative des *Pensées sur l'éducation*. Locke s'exprime par instructions, par préceptes éducatifs. Mais ce qui est prescription dans sa formulation, est conseil ou avis pour les parents, et règlement pour l'enfant. Et il y a bien de la différence. Pour l'enfant, le règlement s'accompagne d'un devoir d'obéissance : il doit être rigoureusement observé et strictement sanctionné, ce pour quoi il faut veiller à ce que les règles soient les moins nombreuses possible pour ne pas multiplier les punitions ou devoir fermer les yeux sur les transgressions (§ 65). Et l'on ne demande pas à l'enfant son consentement, quoique l'éducation qu'il reçoit puisse le préparer à un tel consentement, quand il sera capable de davantage de raison et de réflexion. En revanche, ce qui vaut comme conseil d'éducation pour les parents ou les lecteurs parents auxquels Locke s'adresse, n'a de vertu que si ces parents et lecteurs en reconnaissent la justesse et en acceptent le contenu. Car c'est à eux d'en apprécier l'importance ou la pertinence, quelque insistance ou obligation qu'y attache le philosophe.

Mais, objectera-t-on, un précepte ne saurait valoir sur le mode du conseil; ou il oblige ou il n'est rien; ou alors il n'est qu'une simple maxime qu'inspirent une prudence éclairée et une expérience inévitablement bornée. Passe encore pour l'éducation corporelle ou l'apprentissage de la politesse, quoique toute dimension morale n'en soit pas absente. Mais Locke lui-même ne distingue-t-il pas entre les vrais préceptes de la vie morale et les usages reçus d'une bonne éducation? Les règles morales, dit-il, « ne peuvent être dans l'esprit que le fruit d'une raison développée et d'une méditation réfléchie » (§ 110 c). Il paraîtrait fort indigne de confier la formation des êtres humains à de simples recettes, à des généralisations plus ou moins hâtives, à des procédés qu'on ajuste aux circonstances, bref à tout ce que le bon sens ordinaire peut dicter en la matière. Il paraîtrait fort scandaleux de ne point placer l'éducation sous l'aile de la morale. Et l'on ajoutera : si la prescription ou la règle a un fondement rationnel et si la raison est un principe partagé également par Locke, les parents et même, en quelque mesure, par l'enfant, alors la prescription ne peut avoir que la même qualité pour tous. Comment accepter que le même précepte vaille d'un côté comme instruction et de l'autre comme conseil (et pour l'enfant comme règlement accompagné de sanction) ?

Nous avons rappelé que Locke eut une longue expérience d'éducateur. Qu'il ait retenu de cette expérience certaines observations, qu'il en ait tiré des préceptes, il le dit lui-même. Qu'il ait lu par ailleurs Montaigne et quelques autres, il ne le dit pas, mais cela est aussi évident. Que, fort de ce savoir et de cette culture acquise, il ait fait valoir son autorité de pédagogue et joué de sa renommée de philosophe, n'en doutons point. Mais ce n'est pas assez. Ses instructions sont plus que de simples maximes empiriques : ce sont des règles bien fondées (ou se veulent telles).

Le propre du conseil est qu'il suppose un échange entre celui qui le donne et celui qui le reçoit. Certes, cet échange n'est pas égal, puisque seul le maître (celui qui donne le conseil) énonce la règle, sous forme d'instruction, en déclare le contenu et en exprime toute la force. Mais celui qui reçoit le conseil ne confond pas le maître et la règle et, puisque la règle vient par le maître, il évalue la règle à travers le maître. On oublie trop facilement lorsqu'on parle des règles de considérer leur mode de transmission. Or, il est clair qu'en matière d'éducation l'on ne saurait faire l'économie de cette transmission, qu'il s'agisse de l'éducation de l'enfant ou de l'éducateur lui-même (le parent ou le gouverneur ou le professeur).

Et, pour que la transmission se fasse et pour que l'instruction, qui est de ce fait reçue comme conseil, devienne un objet d'appéciation, il faut que l'échange entre celui qui représente la règle sur un mode normatif et celui qui accepte ou refuse le conseil, puisse se développer en un dialogue ; il faut que celui qui reçoit puisse interroger le bien-fondé de cette règle, examiner les bonnes raisons sur lesquelles elle s'appuie et, éventuellement, marquer ses réserves ou opposer ses objections ; il faut aussi qu'en réponse le maître veuille bien justifier son discours. L'ouvrage de Locke est exemplaire à cet égard : il anticipe volontiers les demandes d'explication, de justification, sinon les protestations, comme on peut le faire dans une relation de confiance et d'amitié.

Mais un tel échange, un tel dialogue a une condition essentielle : que les deux parties aient quelque chose en commun, qu'elles partagent une même qualité commune. Quelle est donc cette qualité commune sans laquelle il ne saurait y avoir de discours utile sur l'éducation ?

Locke l'énonce lui-même, à propos de l'enfant, dans le § 81 : l'enfant, quoique enfant, est une « créature raisonnable ». On doit, dit-il, raisonner avec les enfants, car « les enfants entendent raison dès qu'ils savent parler » ; quoiqu'il faille assurément proportionner le « raisonnement » au développement de leur esprit. Le raisonnement est, en quelque sorte, la démarche de l'éducateur vers l'enfant, démarche dont on attend que l'enfant se saisisse, pour que son obéissance ne soit pas l'effet grossier de la menace ou de la violence de la règle. L'enfant entre dans le « raisonnement », c'est-à-dire il est amené à apprécier par l'attitude même de l'éducateur ce qui lui est commandé, si du moins l'éducateur sait conserver la bonne attitude, s'il ne se met pas en colère quand il punit, etc. Certes, il n'est pas encore capable de savoir par la philosophie ce qu'est la vertu et ce qu'est le vice, mais il apprend à juger de ce qui est bien ou de qui est mal, et donc à apprécier ses propres actions en mesurant comment elles sont reçues ou en les comparant aux exemples qui lui sont présentés. À défaut des connaissances qui lui restent à acquérir, l'enfant fait l'apprentissage du jugement pratique. Plus tard, il pourra être instruit par les faits et recevoir des explications ; beaucoup plus tard, et peut-être jamais s'il n'est pas philosophe, il pourra s'élever jusqu'aux principes d'où découlent tous ses devoirs.

Il est clair que ce qui vaut pour l'enfant vaut *a fortiori* pour les parents, puisque l'adulte est doublement raisonnable : il sait juger du bien et du mal et il est capable de réflexion et de raisonnement.

Ainsi l'enfant, le parent et le philosophe sont-ils, selon leur niveau propre, réunis dans une même communauté morale, qui exige que chacun vive avec honneur et vertu au milieu de ses semblables et s'applique pour cela à distinguer entre les actions bonnes et les actions mauvaises, entre les comportements recevables et ceux qui ne le sont pas ; ce que tous peuvent faire en tant qu'êtres raisonnables, moins par la soumission à la règle (ce qui est parfois le cas) que par le jeu complexe des signes, des exemples, des justifications, et beaucoup plus rarement des preuves et des démonstrations. Et qui ne souscrirait de la sorte aux fins générales que Locke prescrit à l'éducation ?

> Quand on a pris les soins nécessaires pour conserver au corps sa force et sa vigueur, pour le mettre en état d'obéir aux ordres de l'esprit, l'affaire principale est ensuite de bien élever l'esprit lui-même, afin que, en toute occasion, il ne donne son consentement qu'à ce qui est conforme à la dignité et à l'excellence d'une créature raisonnable (§ 31).

Or une telle communauté morale n'est pas qu'idéale ou finale, car on naît dans une société qui est toujours particulièrement déterminée ; et l'on sait la puissance des mœurs, des opinions et des valeurs reçues, qui sont toujours telles et telles. La chose est évidente dans les dispositions qu'on adopte pour l'éducation de l'enfant : même l'éducation domestique ne se fait pas sur une île solitaire. Aussi, quand bien même il n'aurait pas été rendu public, le dialogue privé de Locke et des parents Clarke ne manquerait-il pas de participer d'un échange beaucoup plus vaste où se communiquent, se fortifient (ou s'estompent) les conduites et les idéaux d'une certaine époque et d'un certain monde social (en l'occurrence, le monde des *gentlemen*). Tout projet éducatif, toute démarche éducative est enracinée dans les mentalités et les mœurs du temps. Certes, y trouve-t-on de la diversité ; et l'évolution lente qui s'y opère est le fruit de mille et une tensions intérieures sur lesquelles le législateur lui-même a peu de pouvoir. Mais les désaccords, si tranchés qu'ils soient, restent tolérables. Même un Rousseau qui peut heurter de front les institutions et les usages établis, mais qui a beaucoup lu et beaucoup emprunté, reste fondamentalement en phase avec la sensibilité de son temps. Il n'y a pas d'éducation sans un fond commun de pensées et de valeurs ; il n'y a pas d'éducation sans un minimum de consensus, sans la constitution d'un sens commun.

Ce consensus peut être aisément décrit. Résumons-le de la manière suivante, en termes cicéroniens. Dans les *Pensées sur l'éducation*, Locke adopte un genre normatif-descriptif, assez commun dans les ouvrages d'éducation. Or il n'est pas de genre rhétorique ni de style d'écriture qui n'implique une entente entre l'auteur et son public et qui ne réunisse des valeurs, des règles, des coutumes et des opinions dans l'unité d'une parole toujours soucieuse d'être reçue. En effet, quelque forte et pressante que soit cette parole, elle ne saurait s'imposer de manière tyrannique. Et quand bien même elle s'exprime dans des prescriptions, il faut qu'elle réponde à un accord fondamental, un accord qui, c'est le moins, porte sur la nécessité de distinguer et d'apprécier ce qui est bon et ce qui est mauvais, et qui peut s'enrichir, à des degrés divers, de tout ce qui fait la texture de la vie morale des hommes en tel temps et en tel lieu. Or, sur quoi s'accorder principalement pour distinguer entre le bien et le mal, sinon sur le sens de l'homme et la valeur des fins qu'il poursuit ? Ce sens peut être indistinct dans l'esprit de beaucoup, mais il peut être réfléchi et devenir clair quand le philosophe fait l'effort de le rendre avec plus d'exactitude. Ainsi, l'ouvrage de Locke n'a-t-il pour soubassement ni une philosophie de l'éducation ni telle science réputée première et chargée d'éclairer l'action de l'éducateur, mais bien un humanisme : un humanisme qui ne manque pas d'affleurer dans mainte formule du philosophe anglais et qui dans sa généralité rallie sans peine les suffrages.

Une telle lecture de l'ouvrage n'est pas fausse et sans doute le lecteur qui n'a pas de connaissance particulière de la philosophie de Locke est-il prêt à l'adopter plus ou moins consciemment, surtout s'il est lui-même parent. Mais on peut reprendre l'argument dans une lumière plus proprement lockienne[1]. Cette idée de l'homme ou sens de l'homme qu'on agite dans toutes les sciences morales est une idée complexe et, plus précisément, un mode mixte. Un mode mixte est la réunion de plusieurs idées, elles-mêmes complexes ou simples, que

---

1. Voir l'*Essai sur l'entendement humain*, livre II, 22 et 28. Voir aussi l'analyse attentive qu'en donne J.-M. Vienne, dans son ouvrage, *expérience et raison, les fondements de la morale selon Locke*, Paris, Vrin, 1991, IIe partie, chap. 10 et 11.

l'esprit peut joindre librement, sans devoir se rapporter pour établir cette liaison à quelque chose d'extérieur. En conséquence de quoi, l'idée « morale » de l'homme n'est pas une idée qu'il faille dériver d'un archétype externe, quoique chacune des idées simples qui ultimement composent cette idée complexe, soient bien dérivées de la sensation ou de la réflexion, et que l'expérience puisse fournir des exemples d'une telle composition. On veillera à cet égard à ne pas la confondre avec cette autre idée de l'homme qu'on obtient quand on le prend comme substance naturelle et donc comme objet d'une science qui s'applique à en découvrir l'essence ou les propriétés.

Mais par ailleurs il est manifeste qu'aucun homme, et pas même un philosophe, n'a la liberté de composer librement une telle idée : en quelque façon, elle est déjà donnée. L'expérience peut certes nous en présenter quelques rares modèles ; mais ces modèles, très approxi-matifs, en sont plus l'illustration que la source dans l'esprit. Il faut donc en chercher ailleurs l'origine, à savoir dans la nature particulière des modes mixtes : les idées des modes mixtes non seulement sont liées par l'esprit, mais elles ont comme support un mot ou un nom (dans le cas qui nous occupe, le mot *homme*). Ce mot n'apporte pas qu'une unité verbale, puisqu'il véhicule tout un ensemble de signifi-cations, plus ou moins solidaires, qui peuvent varier selon la langue ou selon l'époque. Et ce sens du mot, chacun l'entend, fût-ce de manière confuse ; chacun s'accorde avec chacun dans sa compréhension vague, surtout si cette compréhension est nourrie par une commu-nauté de culture et d'intérêts. Or c'est précisément le métier du philosophe que d'expliquer les mots, de clarifier les idées complexes et de les rendre distinctes par l'analyse ; une analyse, nous l'avons dit, qui peut prendre appui sur des exemples ou sur des expériences qui la faciliteront, et qui suppose aussi l'activité du raisonnement. Mais qui contestera que Locke fasse cette sorte de travail dans les *Pensées sur l'éducation* ? Le lecteur accompagnera donc le philosophe dans son effort : si les raisons fournies sont justes et si les expériences invo-quées parlent à chacun, il n'y a alors pas de difficulté majeure à ce que se réalise un consensus assez général.

Les modes mixtes se divisent en deux grandes classes, celle de la géométrie et celle de la morale (au sens le plus général du terme). Les idées morales concernent la puissance et l'action. Elles sont morales en tant qu'elles sont mises en relation avec une loi qui prescrit qu'on distingue le Bien et le Mal : la loi divine pour la moralité, la loi civile pour la justice et la loi d'opinion ou de réputation pour les autres actions ; le propre de la loi étant qu'elle est susceptible d'une sanction (récompense ou châtiment) : par le jugement de Dieu pour la moralité, par l'exécution du Droit pour la justice, par l'honneur ou le déshonneur pour la vie sociale. De tels modes n'existent donc moralement que par le jugement qui en dit ou non la rectitude. Et cette rectitude nous est notifiée par la lumière de la nature ou celle de la Révélation, par la loi civile et par la coutume ou les mœurs. Chacun de nous jouit de la lumière naturelle, est censé ne pas ignorer la loi et connaît assez par la société où il vit les devoirs de la politesse.

Ainsi, l'idée d'homme, à quelque point d'analyse qu'on la porte, est-elle à prendre selon la vertu et le vice, la justice et l'injustice, l'estime et la honte. Le philosophe peut apporter à cette idée de la précision par ses analyses, mais chacun la reçoit, quoique obscurément, du langage et de la société où il vit ; et c'est assez pour qu'il y ait les bases d'une communauté de pensée. Quant à la rectitude des dispositions ou des actions humaines, tous sont à même d'en juger également ; et c'est assez pour qu'il y ait une communauté morale.

Le discours de Locke sur l'éducation n'est donc pas un discours naturaliste sur les phénomènes humains, encore que l'analyse qui s'y développe puisse tirer partie de l'observation des hommes, de l'expérience qu'on a de leurs facultés, de leurs comportements, de leurs sociétés, et de la connaissance des lois générales que peut-être une science de la nature humaine est capable de former. Le discours de Locke sur l'éducation est un discours moral. Il est donc conforme qu'il s'exprime par préceptes. Or tout lecteur entend assez le sens de l'homme pris moralement, de sorte que se réalise un consensus sur les fins à poursuivre et sur le devoir ou la mission de l'éducateur. Mais dans l'analyse tous ne sont pas rendus au même point. D'autant que, en matière d'éducation, l'analyse fait plus qu'éclairer les idées qu'on a dans son esprit ou dissiper les illusions et les préjugés qui s'attachent aux mots ; elle se rapporte aussi à la concrétude pratique de l'enfant. D'où la double prudence du parent ou du lecteur qui reçoit la prescrip-

tion sur le mode du conseil : d'une part, l'exactitude de l'analyse est à
vérifier et, à défaut de pouvoir mener soi-même cette vérification, le
poids qu'il faut accorder à l'autorité de l'analyste reste à apprécier ;
d'autre part, il y a le fait opiniâtre et obscur de l'individualité de
l'enfant que le parent ou l'éducateur a à traiter et que le philosophe ne
connaît qu'indirectement (à moins qu'il ne soit lui-même et en même
temps éducateur).

La nature de l'enfant

Car il y a l'enfant qui n'est point adulte et qu'il faut mener à l'âge
adulte.

La nature de l'enfant est à considérer ici comme un mode mixte.
Nous avons tous une idée plus ou moins confuse de l'enfance. Mais
l'amour des enfants ne suffit pas. Il nous faut donc analyser cette idée
et il nous faut la mettre en œuvre selon ce que la raison représente
comme étant la voie la meilleure, conformément à un jugement de
rectitude qui dit les fins du genre humain et qui rapporte la bonne santé
du corps au développement harmonieux de l'esprit et ce développement harmonieux à l'excellence de l'homme vertueux. Répétons-le,
nous n'avons pas ici affaire à un discours d'essence, mais de pratique.

Ainsi comprise sous l'angle de l'action éducative, la nature de
l'enfant est trois choses à la fois : les puissances dont il dispose à sa
naissance (ses facultés et ses talents naturels), le ressort de son développement et enfin la qualité d'humanité à laquelle on veut le faire
accéder (l'homme raisonnable et vertueux). Cette conception finale
est, à la vérité, traditionnelle, surtout si l'on ajoute que, pour se développer, la nature de l'enfant a besoin d'une intervention externe, celle
de l'éducateur, à la fois respectueuse et déterminante – l'éducateur
offrant lui-même à son protégé un modèle de l'humanité accomplie, si
d'aventure ses mœurs sont estimables et si la vertu dirige ses actions.

Il y a donc dans l'éducation d'un homme une « conduite de la
nature » (§ 29) que l'éducateur ne doit pas contrarier ni *a fortiori*
corrompre. Ainsi, le maillot ou le corset est un artifice qui « détourne
la nature de ses voies » (§ 12). Ainsi, pour en rester à l'éducation
du corps, ne faut-il pas se précipiter chez le médecin au moindre
symptôme maladif (§ 23). Ainsi ne convient-il pas de soumettre les

enfants à une discipline corporelle trop rigide ou au contraire de leur donner des leçons d'épicurisme (§ 58 f). Ainsi, les enfants aiment-ils passionnément leur liberté naturelle et ne faut-il pas faire de l'étude une cause de tourment et un objet de fâcherie (§ 76). Il faut savoir distinguer entre ce que sont les besoins de nature et les besoins de fantaisie (§ 107). Assurément, la nature commande-t-elle de tenir compte de la capacité de l'enfant (§ 128), de répondre à son besoin de récréation, de développer ses talents naturels, de ne lui faire faire que ce qui est approprié à leur âge. Un homme poli saura paraître naturel et sans affectation (§ 66) et un homme vertueux se comporter naturellement dans ses actions, au sein de la société humaine. Bref, toute mauvaise éducation est contre la nature.

Mais si la nature est ainsi érigée en règle de jugement, il faut aussi la considérer sous un tout autre visage, puisqu'elle est aussi ce qui chez l'enfant résiste à l'action éducative et ce qui change cette action en un artifice rendu par là nécessaire. Et cela est compris dans l'exigence morale elle-même et dans ce que doit être *an ingenuous education*, laquelle s'efforce de former un être humain capable de maîtriser ses inclinations et de se conformer à ce que sa raison lui dicte de faire pour ne pas manquer aux principes de la vertu et de la prudence (§ 45). Car la nature livrée à elle-même est trois choses : une limite, un obstacle, et même un principe de déviation.

Dans son action, l'éducateur doit d'abord prendre en compte la limitation des puissances de l'enfant auquel il a affaire. Tout enfant a certes des talents naturels, mais ils ne sont pas infinis et ils sont chaque fois particuliers. Il ne sert à rien, par exemple, de vouloir former à l'étude des enfants qui n'en ont pas naturellement le goût. Il ne sert à rien non plus de vouloir précipiter le rythme de développement particulier à l'enfant : ce serait prendre le risque d'obtenir un résultat contraire.

Mais la nature ne se borne pas à imposer des limites à la puissance de l'enfant – qui sont autant de limites au pouvoir de l'éducation ; elle fait de la puissance même de l'enfant une limitation. Car la nature, c'est aussi l'amour de soi « qui guide les premières actions plus que la raison et la réflexion » (§ 110 c). C'est encore la volonté de l'enfant, à la fois principe d'opposition à l'action éducative et ressort de son succès. Et cette volonté de l'enfance s'enracine dans deux passions. La première est le goût naturel de la liberté. Chacun sait par expérience que dès son plus jeune âge l'enfant veut faire sa volonté en toutes choses : il y va de sa liberté naturelle de désirer, d'agir, d'abandonner un objet pour en prendre un autre, etc. Il faut donc qu'il joue, qu'il ait des temps de récréation (§ 148), etc. Mais il est habité encore par une autre passion, plus redoutable : la volonté de dominer. « Les enfants aiment quelque chose de plus que la liberté, ils aiment la domination » (§ 103), Locke ne niant pas de l'enfant ce que Hobbes disait de la nature humaine. D'autant moins que l'enfant, si l'on ne fait pas obstacle, si l'on cède à ses caprices, change cette volonté en un droit (§ 35) : droit de commander autrui, droit de posséder tout ce qu'il désire. Et ce n'est pas parce qu'une telle volonté s'extériorise dans des caprices qu'il faut en sous-estimer la puissance. Par bonheur, il est vrai, l'enfant n'est pas constant dans ses volontés, il change souvent d'objet.

Or ces passions, et c'est le troisième point, si on leur laisse libre cours, sont la source des vices et des mauvaises habitudes : « la volonté, où est la source du mal, doit être domptée, assouplie, par une rigueur qui suffise à la maîtriser » (§ 114). Les inclinations naturelles sont des obstacles au développement moral de l'individu, d'autant plus redoutables qu'elles sont indestructibles et que leur énergie est indispensable au devenir de l'enfant.

Le paradoxe de l'éducation

Cette ambivalence de la nature de l'enfant est la cause d'un paradoxe qu'on peut représenter de plusieurs façons, mais qui est toujours le même. Retenons-en deux versions.

1) Il faut faire de l'enfant un être raisonnable, alors que ses capacités de réflexion et de raisonnement sont encore très limitées. Et sans l'éducation, ces facultés ne se développeront pas, car on ne saurait prétendre qu'il suffit de laisser libre cours aux inclinations et aux talents naturels : la puissance naturelle de l'enfant n'est pas d'elle-même rationnelle, même en puissance. Aussi n'y a-t-il de ressource que d'en appeler à un autre principe : l'habitude, qui s'acquiert par l'exercice (§ 66 a). « La grande affaire dans l'éducation, c'est de consi-

dérer quelles habitudes vous faites prendre à l'enfant » (§ 18). L'habitude est, en regard de la nature, un artifice. Mais elle a cet avantage, quand elle est bien établie, de favoriser des attitudes ou des actions qui sont sans effort ni réflexion et qui, en un mot, deviennent naturelles. Et son influence est beaucoup plus constante et plus sereine que celle d'un commandement ou d'une règle imposée. Cependant, et l'objection est évidente, on ne voit pas bien par quelle transition l'on pourrait passer d'un comportement qui est habituel à un comportement proprement raisonnable, même si le premier peut revêtir les apparences du second et faire qu'on obtienne des résultats comparables [1].

2) Tout être raisonnable est un être libre. D'où derechef la question paradoxale : comment, par une action efficace et durable, agir sur l'être même de l'enfant, qui est de ce fait dans la dépendance de l'adulte, pour en faire un esprit libre ? Comment des parents peuvent-ils en formant leur enfant, en exerçant sur lui leur autorité, en faire une personne qui, comme on dit, se prendra en charge elle-même, une fois devenue adulte ? Comment peuvent-ils en combattant ses désirs et ses inclinations en faire un être qui plus tard suivra les avis de sa propre raison (112 a) ? Qu'est-ce à la fin qu'une volonté rendue « souple et docile à la raison » (§ 155) ? :

> Celui qui a trouvé le moyen de conserver à l'enfant un esprit facile, actif et libre, tout en le détournant d'un grand nombre de choses dont il aurait envie et en le disposant à des actions qui lui sont désagréables : celui-là, dis-je, qui a su réconcilier ces contradictions apparentes, a, selon moi, découvert le secret de l'éducation (§ 46).

Les deux réponses extrêmes sont bien connues : ou soumettre l'enfant à une discipline de fer et le façonner pour son bien comme on l'entend, en laissant sa nature rebelle s'en accommoder ou s'en révolter ; ou prétendre lui donner pour guide ce qui serait sa vraie nature, en l'orientant insensiblement entre des rails invisibles, selon les exigences de la vie en société. Dans les § 45 et 46, Locke présente le résultat obtenu : ou des créatures basses et faibles dont l'esprit a été énervé et les puissances abattues, cédant servilement à la contrainte ; ou des vauriens, des bons à rien cédant eux aussi à la nécessité, mais

---

1. Cf. *Second traité sur le gouvernement civil*, § 57-58.

sournoisement, et se livrant dès qu'ils le peuvent à leurs plaisirs les plus immédiats.

Et, qu'il impose à l'enfant une discipline rigoureuse, qu'il lui administre des coups pour le faire plier ou qu'il tente de le flatter, de le séduire par des récompenses, l'éducateur, s'il a quelque conscience, découvre bientôt son impuissance : l'enfant lui échappe, il sera ce qu'il sera, au hasard de la vie et des influences. Les châtiments enseignent à éviter la souffrance, mais non à obéir à sa raison ; ils apprennent à l'enfant à haïr son devoir ; les récompenses favorisent l'inclination naturelle au plaisir, elles accoutument l'enfant à placer son bonheur là où il n'est pas. Le vice d'une telle éducation, qui communément joue tantôt des châtiments tantôt des récompenses, ou des deux en même temps, est évident : c'est vouloir agir sur les peines ou les plaisirs du corps, alors qu'il s'agit d'éduquer l'âme.

Or, la solution à cette difficulté n'est pas une, mais multiple – manière d'avouer qu'il n'y a pas de remède dont le résultat serait parfaitement assuré et que tous les moyens réunis ensemble sont un pis-aller. Locke l'exprime sous la forme d'un programme très élaboré :

> Que l'enfant apprenne sous votre direction à dominer ses inclina-
> tions et à soumettre ses appétits à la raison. Si vous obtenez cela, et
> si par une pratique constante vous lui en faites une habitude, vous
> aurez rempli la partie la plus difficile de votre tâche. Et pour qu'un
> jeune homme en vienne là, je ne connais pas de moyen plus efficace
> que le désir d'être loué et d'être estimé : c'est donc ce sentiment
> qu'il faut lui inspirer par tous les moyens imaginables. Rendez-le
> sensible à l'honneur et à la honte, autant que possible. Lorsque vous
> y serez parvenu, vous aurez jeté dans son esprit un principe qui
> influencera sa conduite, quand vous ne serez plus auprès de lui, un
> principe auquel ne peut être comparé la crainte du fouet et de la
> petite douleur que cause le fouet, et qui sera enfin la tige sur
> laquelle vous pourrez ensuite greffer les vrais principes de la
> moralité et de la religion (§ 200).

Nous venons de parler de l'habitude. Quant à l'honneur et à l'estime de soi, c'est un sentiment qui peut être cultivé et qui a cet

avantage de faire de la honte un châtiment cuisant et du contentement
de soi une récompense toujours bien reçue.

> L'honneur et le déshonneur sont de tous les aiguillons ceux qui
> stimulent le plus l'esprit, dès qu'il peut y être sensible. Si vous
> pouvez inspirer à vos enfants le sentiment de l'honneur, la crainte
> de la honte et du déshonneur, vous aurez établi dans leurs esprits les
> vrais principes qui ne cesseront plus de les disposer au bien (§ 56).

L'avantage de l'honneur est qu'il ne rentre pas en conflit direct
avec les passions, à la différence de la raison ou de la règle. Et
l'honneur est en relation avec la troisième des lois pratiques, celle
de la politesse, politesse des apparences mais aussi des sentiments
intérieurs et des actions. L'estime de soi va de pair avec la réputation :
le regard que l'on porte sur soi est indissociable du regard des autres.

Mais, si l'efficacité de ces sentiments n'est pas à nier, l'objection
demeure : l'estime est encore une éducation par le plaisir, la honte par
la peine, surtout si, par ruse, l'on y joint comme conséquence l'amitié
des parents ou au contraire leur indifférence. Ces « auxiliaires de la
vertu » (§ 58) enseignent à l'enfant les causes et les effets qui ont cours
(ou devraient avoir cours) dans le monde des hommes et l'instruit de la
nécessité de cette liaison ; mais se porteront-ils pour autant à la vertu
pour elle-même ? Même le pardon et la réconciliation finale instruisent plus par le soulagement qu'ils procurent que par une disposition
proprement morale. Il ne faut donc pas confondre la loi morale,
renforcée de l'autorité de Dieu, et la loi des mœurs, renforcée de
l'autorité de la société.

Locke est tout à fait clair sur ce point ; et il faut citer le paragraphe
dans son entier :

> Sans doute la réputation n'est pas le vrai principe ni la mesure de la
> vertu, car ce principe consiste dans la connaissance que l'homme a
> de son devoir, dans le plaisir qu'il trouve à obéir à son Créateur, en
> suivant les indications de la lumière naturelle qu'il tient de Dieu, et
> dans l'espoir de lui plaire et d'en recevoir une récompense. Cepen-
> dant l'amour de la réputation est de tous les principes d'action celui
> qui se rapproche le plus de la vertu. La réputation en effet,
> puisqu'elle est le témoignage d'approbation que la raison des

autres hommes, par un consentement unanime en quelque sorte,
accorde aux actions vertueuses et conformes à l'ordre, la réputation
doit être considérée comme le véritable guide, comme l'aiguillon le
plus puissant de l'enfance, jusqu'au jour où les enfants ont assez
grandi pour être capables de se juger eux-mêmes et de trouver dans
leur propre raison les principes de l'honnêteté (§ 61).

Ce n'est pas devant le regard des hommes, mais devant le regard
de Dieu que l'on est comptable de ses actions ; c'est au fond du cœur
humain que Dieu a inscrit les principes de la vertu et établit ses vrais
ressorts ; et comme il est notre créateur, il n'agit pas par artifice, son
commandement est notre nature.

L'action la plus fondamentale de l'éducation n'est pas de détruire
la volonté de l'enfant, mais de faire en sorte qu'il prenne l'habitude de
la soumettre à la raison des autres, en attendant d'avoir l'âge de la
soumettre à sa propre raison : « Celui qui n'a pas pris l'habitude de
soumettre sa volonté à la raison des autres, quand il était jeune, aura
quelque peine à se soumettre à sa propre raison, quand il sera à l'âge
d'en faire usage » (§ 36). En quelque sorte, les parents exercent la
raison de l'enfant par procuration[1]. Et rappelons qu'il ne faut pas
hésiter à raisonner avec les enfants. Mais outre que la coercition
exercée par les parents sur la volonté de l'enfant n'est pas semblable à
la coercition que le jeune adulte exercera de son propre chef sur ses
passions, l'identité posée de la raison de l'enfant et de la raison des
parents ne peut l'être que dans le jeune adulte. Dans l'enfant, il n'y a
que la rivalité entre la volonté de l'enfant et la raison des parents. Et si
ceux-ci ne parviennent pas à « assouplir » cette volonté, si l'enfant
s'obstine ou se rebelle, ce n'est pas la raison qui parlera, mais bien la
violence : « Il y a une faute, et il n'y en a qu'une, pour laquelle selon
moi, les enfants doivent être battus : c'est l'obstination ou la rébellion.
[...] C'est seulement l'opiniâtreté, la désobéissance obstinée, qui doit
être réprimée par la force et par les coups : car dans ce cas il n'y a pas
d'autre remède » (§ 78). Locke est fort clair sur ce point : céder à
l'enfant serait faire de lui le maître et perdre définitivement son
autorité de pédagogue. Certes, il ne faut point vouloir châtier des

---

1. *Second traité*, § 58 *sq.*

peccadilles ni s'emporter quand on administre une punition corporelle (§ 83), certes il faut joindre au fouet le sentiment de la honte (mais la honte ne sera-t-elle pas par contamination une autre sorte de fouet?), certes il s'agit de la dernière ressource quand tous les autres moyens ont échoués (§ 80, 84), mais il y a bien ceci : ou vous cédez ou il cède; c'est par la discipline et par le châtiment corporel qu'en dernier recours l'on triomphe de la « volonté perverse » de l'enfant et qu'on lui apprend à être raisonnable.

N'y a-t-il pas pire tyrannie que de vouloir atteindre ainsi la racine de la résistance de l'enfant, et peut-être ce qu'il y a de plus originel dans son individualité, afin que non seulement il obéisse, mais qu'il accepte d'obéir et qu'il avoue la légitimité de la correction? Le remède serait-il pire que le Mal? « Ce qui est certain, c'est que les châtiments corporels, quand ils ne font pas de bien, font beaucoup de mal. S'ils n'atteignent pas l'esprit et n'assouplissent pas la volonté, ils endurcissent le coupable » (§ 78 c). Comment une gifle peut-elle rendre moral et la douleur se changer dans la honte? Et à quel signe reconnaître que la volonté abandonne sa mauvaise disposition (§ 87)?

Mais il faut éviter de parvenir à une telle extrémité. Et la méthode la plus simple est de rendre l'autorité naturelle à l'enfant, dès son plus jeune âge : « votre autorité doit s'imposer à l'esprit de l'enfant dès la première lueur de son intelligence, afin qu'elle puisse agir sur lui comme un principe naturel dont il ne se rappelle pas l'origine, et sans qu'il puisse se douter que les choses ont été ou pourraient être autrement » (§ 100). De même la honte de toute mauvaise action doit-elle lui devenir tôt naturelle (§ 101).

Il n'est pas de parent qui n'ait connu cette sorte de conflit allant jusqu'à l'affrontement, la menace et éventuellement la violence, et qui n'ait appris à ses dépens que l'autorité est un art difficile et que la correction physique administrée est toujours l'aveu d'un échec. Heureusement, les conséquences ne sont pas ordinairement si dramatiques. Et il ne faut pas changer en tragédie une question philosophique. Il en va comme de l'action de l'âme sur le corps ou du corps sur l'âme pour un cartésien : l'expérience montre que la gifle peut atteindre effectivement l'âme, pour le meilleur ou pour le pire.

Peut-être touche-t-on ainsi aux limites de toute philosophie de l'éducation. Je veux dire que l'éducation n'est pas un problème théorique, mais qu'elle est une pratique à l'image de toutes les pratiques humaines, c'est-à-dire, impure : mélange d'instructions, de conseils et de règlements, relevant de trois lois différentes et donc de trois sources d'autorité, et contrainte de faire avec la volonté irréductible de l'enfant.

Note sur la présente édition

Nous reproduisons la traduction donnée par Gabriel Compayré (Paris, Hachette, 1882), la seconde donnée après celle de Coste à la fin du XVIIᵉ siècle.

Pierre Coste, jeune français huguenot, ayant quitté la France après la révocation de l'Édit de Nantes, réfugié en Hollande, avait entrepris à l'incitation de Pierre Bayle et Jean Le Clerc, la traduction des *Thoughts concerning education* dès 1693, année de la parution de l'ouvrage. En 1695, il s'introduit auprès de Locke dans une lettre du 8 juillet où il l'informe de la parution de sa traduction qui rencontre un franc succès. Locke est enchanté et apprécie le travail de Coste qui entreprend la traduction de l'*Essay concerning the human mind*. En 1697, il place Coste dans la famille Masham qui l'embauche comme gouverneur de leur fils de dix ans. Jour après jour, Coste traduit l'*Essai* (la traduction paraît en 1700) et il sert à Locke d'assistant. Il suit tout le travail de correction que Locke fait sur ses textes avant sa disparition, le 28 octobre 1704. Il donne en 1708, une seconde édition de sa traduction, « sur la dernière édition revue, corrigée et augmentée de plus d'un tiers par l'auteur ». De nombreuses rééditions de cette traduction parurent au XVIIIᵉ et au XIXᵉ siècle.

Cette position de Coste qui fit de lui un proche de Locke, confère assurément une autorité historique à ses traductions, qui furent très populaires. Coste ne traduit pas mot à mot, un procédé qui serait de toute façon difficile à appliquer à l'anglais de Locke, et cherche plutôt à « rendre » les intentions et les idées du texte. Il avait l'immense avantage de pouvoir consulter le philosophe autant que de besoin.

Mais, les exigences en matière de traduction s'étant peu à peu accrues, Gabriel Compayré dont l'intérêt pour les questions pédagogiques s'était déjà manifesté à plusieurs reprises [1] et qui était un bon connaisseur des ouvrages de langue anglaise, fit paraître une traduction entièrement nouvelle, plus scrupuleuse et plus accessible au lecteur moderne, non sans garder une incontestable élégance qui rend son tour aisé et agréable. On pourrait certainement gagner sur elle en acribie, mais ce serait au détriment d'une simplicité que l'on doit conserver au texte. C'est pourquoi, *Les pensées sur l'éducation* ne faisant pas un ouvrage de philosophie abstraite, il nous a paru préférable, comme l'avait fait J. Château, dans une précédente édition (Paris, Vrin, 1966), de conserver en l'état la traduction de Compayré et de nous borner à quelques corrections indispensables.

Compayré avait assorti sa traduction de notes abondantes, reflet des intérêts d'un auteur ayant écrit une histoire de l'éducation et témoin attentif de la pédagogie de son temps. Certaines de ces notes se bornent à répéter à leur manière le texte de Locke pour en souligner l'intérêt ; d'autres sont trop désuètes pour avoir encore quelque valeur aujourd'hui. Nous les avons donc supprimées. Mais nous avons conservé celles qui sont les plus représentatives des idées pédagogiques de Compayré et de son époque. Nous ne sommes jamais intervenu que par omission, de sorte que *toutes les notes qu'on trouvera dans la présente édition sont de Compayré*. Nous nous sommes par ailleurs efforcé de préciser les références et les citations qu'il aime multiplier. Ces citations sont parfois approximatives. Nous les avons laissées en l'état. Nous renvoyons à des éditions et des traductions plus modernes (sans changer le texte traduit) : le lecteur n'aura pas de peine à s'y retrouver. Ainsi, de Locke à Compayré, en passant par Rousseau, Kant et quelques autres, c'est un dialogue toujours repris qui se poursuit. Il appartient au lecteur d'aujourd'hui de l'enrichir encore avec ses propres ressources.

Nous avons conservé les divisions et les titres de Compayré. La division en paragraphes numérotés est de Locke ; la division en

---

1. *Histoire critique des doctrines de l'éducation en France depuis le XVIe siècle*, Paris, Hachette, 1879 ; *Éléments d'éducation civique et morale*, Paris, Garcet et Nisius, 1880 ; etc.

chapitres ou sections remonte à la seconde édition de la traduction de Coste. Les titres de Compayré ont l'avantage de la facilité. Ils concordent approximativement, mais pas toujours exactement, avec les titres donnés en note dans l'édition anglaise de référence (éditée par J. W. et J. S. Yolton, at Clarendon Press, Oxford, 1989, qui prennent pour *copy-text* la troisième édition, celle de 1695).

Il serait assurément intéressant de replacer le présent texte dans le cadre de la philosophie de Locke et de multiplier au fil des paragraphes les renvois à l'*Essai sur l'entendement humain*. L'on a préféré conserver à l'ouvrage sa qualité de n'être pas un ouvrage savant. Le lecteur soucieux d'érudition trouvera néanmoins en annexe deux tables composées par Jean-Michel Vienne [1], l'une des correspondances que l'on peut établir entre les *Pensées sur l'éducation* et l'*Essai*, l'autre sur les mentions de l'enfance dans ce dernier texte.

Les notes de Compayré sont appelées par des chiffres arabes. Les deux notes de Locke sont appelées par un astérisque.

Michel MALHERBE
Janvier 2007

---

1. J.-M. Vienne a également relu cette introduction. Nous le remercions de ses remarques.

John LOCKE

QUELQUES PENSÉES SUR L'ÉDUCATION

À EDOUARD CLARKE, DE CHIPLEY
ÉCUYER

Monsieur,

Ces *Pensées sur l'éducation* qui vont maintenant paraître dans le monde vous appartiennent de droit, puisqu'elles ont été écrites depuis plusieurs années à votre intention[1] : elles ne contiennent pas autre chose que ce que vous avez déjà reçu de moi dans mes lettres. Je n'y ai pas apporté de changement, excepté dans l'ordre des réflexions qui vous ont été adressées à différentes époques et dans diverses circonstances : de sorte que le lecteur reconnaîtra aisément, à la simplicité familière et à la forme du style, que ces pensées sont plutôt l'entretien privé de deux amis qu'un discours destiné au public[2].

Ce sont les importunités de leurs amis que les auteurs allèguent généralement pour s'excuser de publier des livres qu'ils n'osent d'eux-mêmes produire au grand jour. Mais quant à moi, vous le savez, je puis le dire avec vérité : si quelques personnes, ayant entendu parler de mes écrits sur ce sujet,

1. Edouard Clarke, membre du parlement, habitait Chipley, à quelques miles de Taunton (Sommerset). Locke le connaissait depuis longtemps quand il publia ses *Pensées sur l'éducation*. Il avait une affection particulière pour une de ses filles, Elisabeth Clarke, lui écrivait souvent, et l'appelait en plaisantant « ma femme », ou « madame Locke ».

2. C'est pendant son séjour en Hollande, de 1684 à 1689, que Locke avait adressé à Edouard Clarke ses lettres sur l'éducation.

n'avaient pas insisté pour les lire et ensuite pour les voir imprimer, ils dormiraient encore dans le secret de l'intimité pour
laquelle ils étaient faits[1]. Mais ces personnes, dont le jugement
m'inspire une extrême déférence, m'ayant dit qu'elles étaient
persuadées que cette simple esquisse pouvait rendre quelques
services si elle était publiée, j'ai cédé à des raisons qui exerce-
ront toujours un grand empire sur mes décisions : car je pense
que le devoir absolu de tout homme est de faire pour le service
de son pays tout ce qu'il peut, et je ne vois pas quelle différence
pourrait établir entre lui-même et les animaux qui l'entourent
celui qui vivrait sans cette pensée. Ce sujet est d'une si grande
importance, une bonne méthode d'éducation est d'une utilité
si générale, que, si mon talent avait répondu à mes désirs, je
n'aurais pas attendu les exhortations et les importunités de mes
amis. Néanmoins, la médiocrité de cet écrit et la juste défiance
qu'il m'inspire ne doivent pas m'empêcher, par la honte de
faire trop peu, de faire quelque chose et d'apporter ma petite
pierre à l'édifice[2], surtout quand on ne me demande pas autre

---

1. Parmi ces personnes il faut citer un des meilleurs amis de Locke,
William Molyneux. Dans une lettre datée du 2 mars 1692, Molyneux écrivait à
Locke : « Mon frère m'a dit quelquefois que, du temps où il avait le bonheur
d'être en relation avec vous à Leyde, vous étiez en train de travailler à un
ouvrage sur les méthodes d'enseignement, et cela à la requête d'un tendre
père... Laissez-moi donc vous supplier instamment de ne pas laisser de côté
cette œuvre infiniment utile, jusqu'à ce que vous l'ayez terminée... » (*Correspondence*, t. IV, 649). William Molyneux, savant physicien et mathématicien
irlandais (1656-1698), était entré en relations avec Locke à la suite des éloges
publics qu'il avait adressés à l'*Essai sur l'Entendement humain*. Son frère,
Thomas Molyneux, étudiait la médecine à Leyde quand Locke l'y avait connu.
William publia en 1692 une *Dioptrique* qui resta longtemps classique. C'est lui
qui posa à Locke la question de savoir si un aveugle-né qui recouvrerait la vue
serait en état d'apprécier immédiatement la forme des objets. C'est ce qu'on
appelle le *problème de Molyneux*.
   2. Le texte anglais est intraduisible : « *from contributing my mite* », mot à
mot « de contribuer de ma mite ».

chose que de livrer mes idées au public. Et s'il se rencontrait encore quelques autres personnes du même rang et du même mérite qui y prissent goût au point de les juger, elles aussi, dignes de l'impression, je pourrais me flatter de l'espoir que tous ceux qui les liront ne perdront pas leur peine [1].

J'ai été si souvent consulté, dans ces derniers temps, par des personnes qui déclaraient ne pas savoir comment élever leurs enfants, et, d'autre part, la corruption de la jeunesse est devenue un sujet si universel de lamentations, qu'il me semble qu'on ne saurait taxer d'impertinente l'entreprise de celui qui appelle sur ce sujet l'attention du public et qui propose quelques réflexions personnelles sur la matière, dans l'intention d'exciter les efforts des autres et de provoquer les critiques. Car c'est en fait d'éducation que les erreurs méritent le moins d'être excusées. Comme les défauts qui proviennent de la première cuisson d'une faïence et qui ne sauraient être corrigés dans la seconde ou dans la troisième, ces erreurs laissent après elles une empreinte ineffaçable, dont la trace subsiste à travers tous les degrés et toutes les stations de la vie.

Je suis si loin d'être entêté d'aucune des idées que je présente ici, que je ne serais nullement chagrin, même à cause de vous, si quelque autre écrivain plus habile et mieux préparé à ce travail voulait, dans un traité régulier d'éducation approprié à notre *gentry* anglaise, rectifier les erreurs que j'aurais pu commettre : car ce serait une bien plus grande satisfaction pour moi de voir les jeunes gens suivre pour leur instruction et leur éducation les méthodes les meilleures (ce que tout le monde doit désirer), que d'apprendre le succès de mes opinions sur ce sujet. Vous devez cependant me rendre ce témoignage que ma méthode a produit des effets extraordinaires dans l'éducation

---

1. Les approbations que Locke souhaitait pour son ouvrage ne se firent pas attendre et durent dépasser son espoir.

d'un jeune gentleman pour laquelle elle n'avait point été faite expressément[1].

Je ne veux pas dire que le bon naturel de l'enfant n'ait pas contribué à ce succès : mais je crois que ses parents reconnaîtront comme vous que la méthode contraire, celle qu'on suit habituellement dans les écoles, n'aurait point corrigé ses défauts, ni réussi à lui inspirer l'amour des livres, le goût de l'instruction et le désir d'apprendre toujours plus de choses que les personnes qui l'entourent ne jugent convenable de lui en enseigner.

Mais il ne m'appartient pas de vous recommander ce traité, à vous dont je connais déjà l'opinion, ni de le recommander au public, en m'appuyant sur votre jugement et sur votre patronage. La bonne éducation des enfants est à tel point le devoir et l'intérêt des parents, et le bonheur d'une nation y est si fortement engagé, que je voudrais voir tous les hommes prendre ces questions sérieusement à cœur ; je voudrais que chacun, après avoir soigneusement examiné et distingué ce que la fantaisie, la coutume ou la raison conseillent sur ce point, appliquât tous ses efforts à répandre la méthode d'éducation qui, en tenant compte des diverses conditions, est la plus facile, la plus courte, la plus propre à faire des hommes vertueux, utiles à leurs semblables, capables enfin chacun dans son état. Mais de tous les états, c'est celui de gentleman qui mérite le plus d'attention ; car si l'éducation avait une fois réformé les

---

1. Il s'agit sans doute du jeune Frank Masham, qui avait pour mère Damaris Cudworth, fille du philosophe de ce nom, et pour père François Masham, membre du Parlement. Locke, vers 1690, s'installa auprès de cette famille, à Oates, dans le comté d'Essex. Il avait toujours eu pour lady Masham une vive affection, qui prit une grande place dans ses dernières années. Peut-être aussi le jeune homme que Locke désigne ici est-il Antoine Shaftesbury, Shaftesbury le philosophe, le petit-fils de lord Ashley, l'ami politique de Locke. Locke avait vu naître cet enfant, et à la demande de son grand-père il avait dirigé son éducation dès ses premières années.

hommes de ce rang, ils n'auraient pas de peine à régler, comme il faut, l'éducation des autres.

J'ignore si, dans ce bref discours, j'ai fait autre chose que témoigner de mes bonnes intentions ; mais ce livre, tel qu'il est, appartient maintenant au public, et s'il contient quelque chose qui mérite d'être bien accueilli, c'est vous qu'on devra remercier.

C'est en effet mon affection pour vous qui a donné naissance à cet écrit, et je suis heureux de pouvoir laisser à la postérité ce témoignage de l'amitié qui nous unit. Je ne connais pas en effet de plus grand plaisir dans cette vie, ni de meilleur souvenir à laisser après soi, que celui d'avoir été longtemps l'ami d'un homme bon, utile, capable et qui aime son pays. Je suis,

Monsieur,
Votre très humble et très dévoué serviteur,
John LOCKE
7 mars 1693

PRÉAMBULE

1. Un esprit sain dans un corps sain [1], telle est la brève, mais complète, définition du bonheur dans ce monde. L'homme qui possède ces deux avantages n'a plus grand-chose à désirer. Celui auquel manque l'un ou l'autre ne saurait guère profiter de n'importe quel autre bien. Le bonheur ou le malheur de l'homme est en grande partie son œuvre. Celui dont l'esprit ne sait pas se diriger avec sagesse ne suivra jamais le droit chemin ; et celui dont le corps est faible et délabré, sera incapable d'y marcher. Il y a, je l'avoue, des gens dont le corps et l'esprit sont naturellement si vigoureux, si bien constitués, qu'ils n'ont pas grand besoin du secours d'autrui. Dès le berceau, par la seule force de leur génie naturel, ils sont portés à tout ce qui est excellent ; par le seul privilège de leur heureuse organisation, ils sont en état de faire merveille. Mais les exemples de ce genre sont rares ; et je crois pouvoir dire que les neuf dixièmes des hommes que nous connaissons, sont ce qu'ils sont, bons ou mauvais, utiles ou nuisibles, par l'effet de leur éducation [2].

---

1. *Orandum est ut sit mens sana in corpore sano* (Juvénal, *Satires*, X, v. 356).

2. Helvétius qui se donne pour le disciple de Locke a poussé encore plus loin le paradoxe de la toute-puissance de l'éducation. « Tous les hommes, dit-il, naissent égaux et avec des aptitudes égales, et l'éducation seule fait les différences », *De l'esprit*, 3e discours ; voyez aussi le traité *De l'homme, de ses facultés intellectuelles et de son éducation*, chap. II. Locke ne méconnaissait pas

C'est l'éducation qui fait la différence entre les hommes. Même des impressions légères, presque insensibles, quand elles ont été reçues dès la plus tendre enfance, ont des conséquences importantes et durables. Il en est de ces premières impressions, comme des sources de certaines rivières : il suffit à la main de l'homme d'un petit effort pour détourner leurs dociles eaux en différents canaux qui les dirigent dans des sens opposés ; de sorte que, selon la direction qui leur a été imprimée dans leur source, ces rivières suivent différents cours, et finissent par aboutir dans des contrées fort éloignées les unes des autres.

2. J'imagine que l'esprit des enfants pourrait être dirigé d'un côté ou d'un autre, aussi facilement que l'eau elle-même. Mais bien que l'esprit[1] soit la partie principale de la nature humaine et que l'éducation doive surtout porter sur le dedans de l'homme, il ne faut pas cependant oublier de prendre soin de notre maison d'argile. C'est donc par là que je vais commencer, en traitant de la santé du corps ; soit parce que ces considérations sont de celles que vous devez attendre du genre d'études auxquelles je passe pour m'être particulièrement appliqué[2], soit parce que j'en aurai vite fini avec ce sujet qui, si je ne me trompe, se réduit à peu de chose.

au même point les inégalités naturelles des esprits. Il dit plus loin que « nous ne pouvons pas avoir la prétention de changer le naturel des enfants » (§ 66). Remarquons d'ailleurs que par *éducation* Locke entend ici autre chose que l'instruction reçue à l'école : l'éducation est pour lui l'ensemble des influences qui agissent sur l'âme, de toutes les impressions qui directement ou indirectement contribuent à former l'homme. Dans un autre de ses ouvrages (*De la conduite de l'entendement*, § 4), il explique mieux sa pensée : « Ce qui fait l'esprit ce qu'il est, c'est l'exercice ; bien des qualités qui passent pour des dons naturels sont les effets de l'exercice ».

1. Locke écrit toujours *mind* et non *soul* [Compayré traduit régulièrement par *esprit*. Nous avons corrigé par *âme*, quand le contexte l'exigeait].

2. Locke avait été destiné d'abord à l'état ecclésiastique, mais le jour où il lui fallut prendre un parti, il abandonna la théologie pour la médecine.

L'ÉDUCATION DU CORPS

De la santé du corps

3. Que la santé est nécessaire à nos affaires et à notre bonheur et que pour faire quelque figure dans le monde, nous ne pouvons nous passer d'un tempérament vigoureux, qui résiste au travail et à la fatigue : c'est un point évident, où la preuve est inutile [1].

4. En parlant ici de la santé, mon dessein n'est pas de dire comment un médecin doit soigner un enfant malade ou débile : je veux seulement indiquer ce que, sans recourir à la médecine, les parents ont à faire pour conserver et développer chez leurs enfants une constitution saine ou tout au moins exempte de maladie. Et peut-être tout ce que j'ai à dire se résumerait dans cette courte maxime : les gentlemen doivent en user avec leurs enfants comme les bons fermiers et les riches paysans le font avec les leurs. Mais comme les mères trouveront sans doute cette règle trop dure et les pères trop courte, je vais expliquer

---

1. Locke savait par expérience ce qu'il en coûte pour avoir une santé débile. À plusieurs reprises, la maladie de poitrine dont il souffrit toute sa vie l'empêcha d'accepter de hautes situations politiques ; c'est pour se soigner qu'il fit en 1675 son premier voyage en France et qu'il séjourna un an à Montpellier. Locke parvint cependant à un âges avancé (72 ans) : mais ce fut à force de soins, de prudence et de précaution.

ma pensée avec plus de détails, après avoir posé en principe, comme une vérité généralement certaine, recommandée à l'attention des femmes, que chez la plupart des enfants la santé est compromise ou tout au moins affaiblie par les gâteries et l'excès de la tendresse.

Le chaud et le froid

5. La première précaution à prendre, c'est que l'enfant ne soit pas trop couvert, trop chaudement vêtu, soit en hiver, soit en été[1]. Quand nous venons au monde, le visage n'est pas moins délicat que les autres parties du corps. C'est l'habitude seule qui endurcit la figure et l'affermit contre le froid. Aussi rien de plus juste que la réponse du philosophe scythe à un Athénien qui s'étonnait qu'il pût marcher nu dans la glace et dans la neige : « Et vous, dit le Scythe, comment pouvez-vous supporter que votre visage soit exposé à l'air froid de l'hiver ? ». – « C'est que mon visage y est accoutumé ». – « Eh bien, reprit le Scythe, imaginez que je suis tout visage »[2]. Et en effet, c'est sans souffrance que notre corps supporte tout ce qu'il a pris de bonne heure l'habitude d'endurer.

Voici encore un exemple remarquable, mais qui se rapporte à l'extrême opposé, à l'excès de la chaleur, et qui peut servir à établir notre thèse sur la puissance de l'habitude. Je l'emprunte à un récit de voyage récemment paru et plein

1. M. Herbert Spencer pense, au contraire, qu'il faut tenir compte dans l'habillement des sensations de chaud et de froid. « L'idée qu'on doit endurcir le corps est, dit-il, une illusion fâcheuse. Beaucoup d'enfants sont si bien endurcis, qu'ils s'en vont de ce monde », *Education : intellectual, moral and physical*, London, Manwaring, 1861 ; trad. fr. A. Bertrand, Paris, Belin, 1887 ; M. Guymiot, Paris, Schleicher, 1908, chap. IV, p. 227-228.

2. Cette anecdote est empruntée à l'écrivain grec Elien, *Histoires variées*, VII, 6.

d'intérêt*. L'auteur s'exprime ainsi : « Les chaleurs sont ici [dans l'île de Malte] plus excessives qu'en aucun autre lieu de l'Europe, elles passent celles de Rome, c'est un étouffement d'autant plus insupportable, que rarement on est rafraîchi du vent, et que la colline de la montagne est justement exposée au midi ; aussi tous les paysans sont noirs comme des Égyptiens, au reste ils ne se soucient nullement du soleil, la plus brûlante chaleur n'étant pas capable de les faire rentrer dans leur maison, ni de leur faire cesser le travail ; ce qui me fait connaître que la nature peut se faire à bien des choses qui paraissent impossibles, pourvu qu'on s'y habitue dès l'enfance, et c'est ce que font les Maltais, qui endurcissent le corps de leurs enfants à la chaleur, en les faisant aller nus comme la main, sans chemises, ni caleçons, ni bonnet, depuis la mamelle, jusques à l'âge de dix ans ; de sorte que leur peau devient comme du cuir ».

Laissez-moi donc vous conseiller de ne pas prendre trop de précautions contre les froids de notre climat. Il y a beaucoup de personnes, en Angleterre, qui portent les mêmes vêtements en hiver qu'en été, sans en ressentir aucun inconvénient, sans avoir plus froid que les autres. Mais si les mères, de peur d'incommoder l'enfant, si les pères, pour échapper aux reproches, veulent absolument avoir égard aux saisons où il gèle et où il neige, que du moins ils ne donnent pas à leur fils des vêtements trop chauds. Puisque la nature a elle-même si bien protégé la tête de l'enfant en la couvrant de cheveux, puisqu'elle aguerrit assez un garçon, vers l'âge d'un ou de deux ans, pour qu'il puisse jouer pendant le jour la tête nue, le

---

* *Nouveau voyage du Levant par le sieur D. M.* [Jean du Mont, baron de Carlscroon, La Haye, 1694, p. 150-151].

mieux est que la nuit aussi il dorme sans bonnet[1]. Il n'y a rien qui nous expose davantage aux rhumes, aux refroidissements, aux catarrhes, à la toux et à d'autres maladies encore, que de nous tenir la tête chaude.

6. J'ai parlé des garçons, parce que l'objet principal de mon discours est de montrer comment un jeune homme doit être élevé dès son enfance. Dans certains cas, ce qui convient aux garçons peut ne pas convenir aux filles ; mais partout où la différence des sexes exigera des soins différents, on n'aura pas de peine à le reconnaître.

7. Je conseillerai aussi de laver les pieds aux enfants tous les jours et dans l'eau froide, et de leur donner des chaussures si minces qu'elles laissent passer l'eau, quand leurs pieds seront en contact avec elle[2]. Ici, je le crains bien, j'aurai contre moi les mères et les servantes. Les unes trouveront la chose trop sale ; les autres penseront peut-être qu'elles auraient trop de peine à nettoyer les bas des enfants ! Il n'en est pas moins vrai que la santé de l'enfant importe plus et dix fois plus que toutes ces considérations. Qui voudra réfléchir combien c'est chose dangereuse et mortelle de sentir de l'humidité aux pieds, quand on a été élevé trop délicatement, regrettera certainement de n'avoir pas marché pieds nus dans son enfance, comme font les enfants du pauvre peuple, qui s'accoutument si bien ainsi à avoir les pieds mouillés qu'ils n'en souffrent pas plus que d'avoir les mains mouillées. D'où vient, je vous le demande, chez les autres hommes, cette grande différence de sensibilité pour les pieds et pour les mains, sinon de l'habitude ? Je ne

---

1. « Accoutumez vos enfants à demeurer, été et hiver, jour et nuit, toujours tête nue », Rousseau, *Émile*, « Bibliothèque de la Pléiade », Paris, Gallimard, 1969, livre II, p. 373.

2. « Qu'Émile coure les matins pieds nus, en toute saison, par la chambre, par l'escalier, par le jardin : loin de l'en gronder, je l'imiterai », Rousseau, *Émile*, livre II, p. 390.

doute pas qu'un homme qui, dès sa naissance, aurait eu toujours les pieds nus et les mains constamment fourrées dans de chaudes mitaines, constamment couvertes de gants, que les Hollandais appellent les *souliers des mains* (*Hand-shoes*); je ne doute pas, dis-je, que sous l'influence de cette habitude cet homme n'en vînt à souffrir de l'humidité aux mains autant que la plupart des hommes souffrent aujourd'hui de l'humidité aux pieds.

Le moyen de remédier à cet inconvénient est, je le répète, d'avoir des chaussures qui fassent eau et aussi de baigner chaque jour dans l'eau froide les pieds de l'enfant. Cela serait déjà à recommander pour la propreté; mais ce que je considère surtout dans cet usage, c'est qu'il profite à la santé. Aussi je ne tiens pas à fixer pour ce lavage à l'eau froide telle heure du jour, plutôt que telle autre. Je sais des gens qui l'ont pratiqué avec succès pendant la nuit, et cela durant tout l'hiver, sans l'interrompre une seule nuit, même par de très grands froids. Dans le temps même où l'eau était recouverte d'une couche de glace, l'enfant y plongeait ses jambes et ses pieds, quoiqu'il fût encore d'un âge à ne pouvoir se frotter et s'essuyer lui-même. J'ajoute qu'au début de ce traitement il était malingre et fort délicat. Mais comme il s'agit de fortifier les membres inférieurs par un usage fréquent et ordinaire de l'eau froide, et par là de prévenir les accidents que cause l'humidité aux pieds à ceux qui ont été élevés d'une autre manière, je pense qu'il faut laisser à la sagesse et aux convenances des parents le choix entre le soir et le matin. L'heure est, je crois, indifférente, pourvu que la chose se fasse. La santé, la force, qui en résulteront, seraient encore une bonne acquisition, dût-on les acheter plus chèrement [1]. J'ajoute que par là on évite les cors aux pieds,

---

1. Locke écrivait à Molyneux dans le même sens : « Vous dites que votre fils n'est pas assez fort : pour le rendre fort, vous devez le traiter durement… J'en ai un exemple dans la maison où je vis [celle de lady Masham], où le fils

ce qui pour quelques personnes ne sera pas une considération sans valeur. Il faudra commencer au printemps avec de l'eau tiède, puis continuer avec de l'eau toujours plus froide, jusqu'à ce que, au bout de quelques jours, on en vienne à employer de l'eau tout à fait froide, et cela pendant l'hiver comme pendant l'été. Il faut en effet observer ici, comme dans toutes les autres modifications que nous apportons à notre régime de vie ordinaire, que le changement doit se faire par degrés adoucis et insensibles : c'est ainsi que nous habituerons notre corps à toute chose sans souffrance et sans danger.

Quel accueil de tendres mères vont-elles faire à cette doctrine ? Il n'est pas difficile de le deviner. Traiter ainsi leurs pauvres enfants : mais c'est vouloir leur mort. Quoi ! Plonger leurs pieds dans l'eau froide, alors qu'il gèle et qu'il neige, et qu'on a toutes les peines du monde à leur tenir les pieds chauds !

Essayons de calmer un peu ces alarmes par des exemples, puisque sans exemples les meilleures raisons ont de la peine à se faire entendre. Sénèque raconte de lui-même qu'il avait coutume de se baigner dans l'eau froide et l'eau de source en plein hiver[1]. S'il n'avait pas cru que cette pratique était non seulement tolérable, mais favorable pour la santé, il n'aurait eu garde de s'y assujettir, dans sa grande situation de fortune qui pouvait bien, je pense, supporter la dépense d'un bain chaud, et à un âge (car il était vieux en ce temps-là) où il aurait été

---

unique d'une tendre mère avait été presque perdu par la faute d'une éducation trop douce. Il est maintenant habitué à suivre un système contraire, à supporter le vent et les intempéries des saisons, à avoir froid aux pieds… », lettre du 23 août 1693, *The Correspondence of John Locke*, E. D. Beer (ed.), Oxford, Clarendon, 1976-1989, t. 4, p. 721.

1. *Épîtres à Lucilius*, ép. 53, 3 ; 83, 5 : « *Ille tantus psychrolutes qui kalendis januariis in Euripum saltabam…* » [« Moi qui, grand amateur des bains froids, ne manquait pas, au matin des calendes de janvier, de m'ébrouer dans l'Euripe… »].

excusable de se ménager. Mais, dira-t-on, ce sont les principes stoïciens du philosophe qui lui inspiraient le goût de ce régime sévère ! Admettons que le stoïcisme lui avait appris à supporter la sensation désagréable de l'eau froide. Il restera à savoir pourquoi l'usage de l'eau froide était favorable à sa santé qui n'était point affaiblie par ce rude usage. D'ailleurs que dirons-nous d'Horace, qui ne se passionnait pour la gloire d'aucune secte et encore moins pour les austérités affectées du stoï-cisme ? Eh bien ! Horace nous apprend qu'il avait coutume en hiver de se plonger dans l'eau froide [1]. Mais, dira-t-on encore, le climat de l'Italie est plus chaud que le climat de l'Angleterre et l'eau y est moins froide en hiver. Si les rivières de l'Italie sont plus chaudes que les nôtres, celles de l'Allemagne et de la Pologne sont beaucoup plus froides qu'aucune de celles qui arrosent notre pays, et cependant dans ces contrées les juifs, hommes et femmes, se baignent dans les rivières pendant toutes les saisons de l'année, sans aucun préjudice pour leur santé. Tout le monde n'est pas disposé à croire que c'est par un miracle ou par une vertu particulière de la fontaine de Saint-Winifred [2] que les personnes les plus délicates peuvent, sans prendre mal, se baigner dans les eaux glacées de cette source fameuse. Tout le monde sait aujourd'hui quels merveilleux effets produisent les bains froids sur des tempéraments faibles ou délabrés, pour leur rendre la santé et la force ; ils ne sauraient par conséquent passer pour intolérables ou impraticables. quand il s'agit seulement de fortifier et d'améliorer des constitutions plus robustes [3].

1. « ... gelida cum perluor unda per medium frigus », *Épîtres*, I, 15, 4 [« En me plongeant, au milieu de l'hiver, dans une onde glacée »].

2. Fontaine située à Holywell, dans le Flintshire, réputée guérir les maladies et objet d'un pèlerinage dédié à une jeune chrétienne du VIIe siècle, entrée dans la légende.

3. C'est vers le milieu du dix-septième siècle que la mode des bains froids se généralisa en Angleterre. Elle venait, dit-on, de Hollande.

Mais on pensera peut-être que des exemples empruntés à ce qui arrive chez les adultes ne peuvent tirer à conséquence pour des enfants, les enfants étant trop délicats pour supporter un pareil régime. Qu'on veuille bien alors considérer comment les Germains autrefois traitaient leurs enfants, comment les Irlandais les traitent aujourd'hui, et l'on reconnaîtra que les enfants aussi, quelque délicats qu'on les suppose, peuvent sans aucun danger se baigner non seulement les pieds, mais le corps tout entier, dans l'eau froide. Il y a aujourd'hui même, dans les montagnes d'Écosse, des dames qui au cours de l'hiver soumettent leurs enfants à ce régime, sans que l'eau froide leur fasse mal, même quand elle est pleine de glaçons.

8. Je n'ai guère besoin d'insister sur la natation : il faut l'apprendre à l'enfant sitôt qu'il est assez âgé pour cela et quand on a quelqu'un qui puisse l'exercer[1]. C'est un art qui sauve la vie de bien des gens. Les Romains le considéraient comme si nécessaire qu'ils le plaçaient au même rang que les Lettres[2]. Ils avaient une espèce de proverbe pour désigner un homme sans éducation et qui n'est bon à rien. Ils disaient de lui : « Il n'a appris ni les lettres ni la natation », *nec litteras didicit nec natare*. Mais outre le profit d'acquérir un art qui peut rendre service à l'occasion, il y a de si grands avantages pour la santé à se baigner fréquemment dans l'eau froide

---

1. « Gargantua nageoit en profonde eaue, à l'endroit, à l'envers, de cousté, de tout le corps, des seuls pieds, une main en l'aer, en laquelle tenant ung livre, transpassoit toute la Seine sans iceluy mouiller… », Rabelais, livre I, Gargantua, chap. XXIII. – « Dans l'eau, si l'on ne nage, on se noie, et l'on ne nage point sans l'avoir appris… Émile sera dans l'eau comme sur la terre », Rousseau, *Émile*, livre II, p. 379.

2. Locke aurait dû nommer les Grecs avant les Romains. « Quand les anciens Grecs vouloient accuser quelqu'un d'extreme insuffisance, ils disoient en commun proverbe "qu'il ne sçavoit ny lire ny nager" », Montaigne, *Essais*, livre II, XXXIV, P. Villey (éd.), Paris, PUF, 1965, p. 742. Le proverbe grec était μήτε νεῖν, μήτε γράμματα ἐπίσταται.

pendant les chaleurs de l'été, que je ne pense pas qu'il soit nécessaire de discourir longuement pour recommander cet exercice. Seulement on doit avoir soin de ne jamais entrer dans l'eau quand on est encore tout échauffé par la marche, ou qu'on a le sang et le pouls troublés par quelque émotion.

Le plein air

9. Une autre habitude très favorable à la santé de tout le monde et surtout à la santé des enfants, c'est de rester souvent en plein air, et de se tenir le moins possible auprès du feu, même en hiver. L'enfant s'habituera par là à supporter le froid et le chaud, le soleil et la pluie. Sans cette habitude, l'homme ne saurait attendre de grands services de son corps dans les affaires de ce monde, et, quand on a atteint l'âge mûr, il est trop tard pour s'y faire. Il faut s'y accoutumer de bonne heure et par degrés. C'est en procédant ainsi que le corps s'habitue à tout. Si je recommandais qu'on laissât l'enfant jouer au vent et au soleil sans chapeau, je doute fort qu'on suivît ce conseil[1]. On me ferait là-dessus mille objections, qui reviendraient toutes à ceci, c'est que l'enfant aurait le teint brûlé par le soleil. Et cependant, si notre jeune homme reste toujours à l'ombre, si on ne l'envoie jamais au soleil et au vent de peur de lui gâter le tempérament, ce sera sans doute la vraie manière de faire de lui un *beau garçon*, mais nullement un homme d'action[2]. Et bien qu'il faille avoir plus d'égards pour la beauté des femmes, je

---

1. « Platon conseille merveilleusement, pour la santé de tout le corps, de ne donner aux pieds et à la teste aultre couverture que celle que nature y a mise », Montaigne, *Essais*, livre I, XXXVI, p. 227.

2. « Endurcissez l'enfant à la sueur et au froid, au vent, au soleil et aux hazards qu'il luy fault mespriser : ostez luy toute mollesse et délicatesse au vestir et coucher, au manger et au boire : accoutumez le à tout ; que ce ne soit pas un beau garson et dameret, mais un garson vert et vigoureux… », Montaigne, *Essais*, livre I, XXVI, p. 165.

prendrai la liberté de dire que plus elles seront exposées à l'air,
sans que leur visage en soit incommodé, et plus elles seront
vigoureuses ; plus on rapprochera l'éducation des sœurs de la
dure éducation de leurs frères, et mieux cela vaudra pour elles,
durant le reste de leur vie.

10. Le jeu en plein air n'offre, à ma connaissance, qu'un
seul danger : c'est que l'enfant, tout échauffé d'avoir couru à
droite et à gauche, n'aille aussitôt après s'asseoir ou se coucher
sur le sol froid et humide [1]. Je conviens de cela, et je reconnais
aussi que l'habitude de boire de l'eau froide, alors qu'on est
échauffé par le travail ou par l'exercice, conduit plus de gens
au tombeau ou aux portes du tombeau, que ne font les fièvres
ou d'autres maladies, et toutes les autres causes de mort. Mais
ces inconvénients seront assez facilement évités avec un petit
enfant qu'on perd rarement de vue. Et si, pendant son enfance,
on l'a toujours sévèrement empêché de s'asseoir par terre
ou de boire quelque chose de froid lorsqu'il a chaud, cette
interdiction prolongée se changera en habitude qui l'aidera à
s'abstenir de lui-même lorsqu'il ne sera plus sous les yeux de
sa bonne ou de son gouverneur. C'est, je crois, tout ce qu'on
doit faire à cet égard. Car, à mesure que les années s'ajoutent
aux années, la liberté doit venir avec elles ; et, pour beaucoup
de choses, il faut savoir confier l'enfant à lui-même [2], puisqu'il
est impossible de maintenir autour de lui une surveillance de
tous les instants, excepté celle qu'il exercera sur lui-même, si
vous lui avez donné de bons principes et de fermes habitudes ;

---

1. Rousseau n'admet pas ces sages ménagements. « Locke, dit-il au milieu
des préceptes mâles et sévères qu'il nous donne, retombe dans des contradictions qu'on n'attendrait pas d'un raisonneur aussi exact… Puisqu'il veut que les
souliers des enfants prennent l'eau dans tous les temps, la prendront-ils moins
quand l'enfant aura chaud ? », Rousseau, *Émile*, livre II, p. 374.

2. Il ne faut jamais oublier en effet que le but de l'éducation est d'apprendre
à l'enfant à se gouverner lui-même. L'idée, toute anglaise, du *self government*
doit présider à toute éducation libérale.

celle-là est la meilleure et la plus sûre, et celle, par conséquent, dont il faut le plus se préoccuper. En effet, de la répétition des mêmes règles et des mêmes maximes, quelque effort que vous fassiez pour les inculquer, vous ne devez rien attendre, ni dans ce cas, ni dans aucun autre, tant que la pratique ne les aura pas changées en habitudes.

Les vêtements

11. Ce que j'ai dit des jeunes filles me remet en mémoire une chose qu'il ne faut pas oublier : c'est que les vêtements de votre enfant ne doivent jamais être trop étroits, surtout autour de la poitrine [1]. Laissons à la nature le soin de former le corps comme elle croit devoir le faire. Elle travaille spontanément beaucoup mieux, avec beaucoup plus d'art, que nous ne pourrions faire nous-mêmes si nous prétendions la diriger. Et si les femmes avaient le pouvoir de façonner dans leur sein le corps de leurs enfants, de même qu'elles s'efforcent souvent de refaire leur taille quand ils sont nés, il y aurait certainement aussi peu de nouveau-nés bien conformés qu'il y a beaucoup d'enfants contrefaits pour avoir été trop étroitement lacés, ou pour avoir pris trop de remèdes. Cette considération, ce semble, devrait empêcher beaucoup de gens (je ne parle pas des nourrices ignorantes ni des faiseurs de corsets) de se mêler d'une affaire qu'ils n'entendent point ; ils devraient craindre de détourner la nature de ses voies, en essayant de façonner eux-mêmes les membres et les organes, alors qu'ils ne savent

---

1. Tous les pédagogues sont d'accord avec Locke sur la nécessité des vêtements larges. «Les recherches de nombreux auteurs très savants nous enseignent que les corsets ne sont en ceci d'aucun secours, mais qu'ils ne font qu'aggraver le mal en faisant obstacle à la circulation du sang et des humeurs, aqinsi qu'à l'expansion si importante des parties aussi bien externes qu'internes du corps », Kant, *Réflexions sur l'éducation*, trad. fr. A. Philonenko, Paris, Vrin, 1993, p. 133.

seulement pas comment est faite la plus petite, la plus simple partie du corps[1]. Et cependant j'ai vu en si grand nombre des exemples d'enfants auxquels on avait fait beaucoup de mal pour les avoir trop serrés dans leurs vêtements, que je ne puis m'empêcher de conclure qu'il y a d'autres créatures que les singes, qui, avec aussi peu de sagesse, font périr leurs enfants par une tendresse aveugle et en les embrassant trop.

12. Une poitrine étroite, une respiration courte, une mauvaise haleine, des poumons malades, un corps voûté, tels sont les effets naturels et presque constants de l'usage des corsets et des vêtements qui serrent. Les moyens employés pour donner aux enfants une taille fine et svelte ont précisément pour résultat de la leur gâter. En effet, il se fait nécessairement un partage inégal de la nourriture préparée pour les différentes fonctions du corps, quand elle ne peut se distribuer selon le plan de la nature. Et par conséquent comment s'étonner si, la nourriture se portant où elle peut, dans quelque partie du corps moins comprimée, il arrive qu'une hanche ou une épaule soit plus haute ou plus grosse que ne le voudraient de justes proportions? On sait généralement que les Chinois, qui voient en cela je ne sais quel idéal de beauté, parviennent à se rendre le pied très petit en le couvrant dès leur enfance de liens fortement serrés. J'ai vu récemment une paire de souliers chinois, qui, disait-on, étaient faits pour une femme d'un âge avancé; ils étaient à tel point disproportionnés avec le pied d'une femme de notre pays qui serait du même âge, qu'ils auraient pu à peine convenir pour chausser une petite fille. On

---

1. M. H. Spencer a vivement critiqué chez les parents l'ignorance de tout ce qui a rapport aux conditions physiques de la vie. « Les millions d'êtres humains qui sont tués, les centaines de millions qui survivent pour traîner des santés affaiblies, les millions qui grandissent avec des constitutions moins fortes qu'elles n'auraient dû l'être, nous donnent l'idée du mal fait par des parents qui ignorent les lois de la vie », *Éducation*, p. 36.

a remarqué en outre que les Chinoises sont très petites de taille et qu'elles vivent peu; tandis que les Chinois ont la même stature que les autres hommes et vivent le même nombre d'années. Les infirmités propres aux femmes de ces contrées ont été quelquefois attribuées à leur absurde coutume de comprimer leurs pieds : par là, en effet, la libre circulation du sang est gênée, et le corps entier en souffre dans sa croissance et sa santé. Combien de fois ne voyons-nous pas, lorsque le pied, en quelque endroit, a souffert d'un effort ou d'une blessure, que toute la jambe ou la cuisse s'en ressent, perd ses forces et s'amaigrit! À quels inconvénients plus graves ne doit-on pas s'attendre quand la poitrine, où est placé le cœur, le siège de la vie, est comprimée d'une façon anormale et gênée dans sa libre expansion!

La nourriture

13. Quant à la nourriture de l'enfant, elle doit être commune et fort simple, et si l'on m'en croyait, on lui interdirait l'usage de la viande, tant qu'il est au maillot ou tout au moins jusqu'à deux ou trois ans. Mais quelque avantage que cette habitude puisse avoir pour sa santé présente comme pour sa force future, je crains que les parents n'y consentent pas; trompés par l'habitude qu'ils ont de manger eux-mêmes beaucoup de viande, ils se laissent aller à croire qu'il arriverait à leurs enfants, comme à eux-mêmes, de mourir de faim, s'ils n'en mangeaient pas au moins deux fois par jour. Ce dont je suis sûr pourtant, c'est que les enfants courraient moins de dangers quand ils mettent les dents, qu'ils seraient plus à l'abri des maladies pendant leurs premières années, qu'enfin ils établiraient plus sûrement en eux les principes d'une constitution saine et vigoureuse, s'ils n'étaient pas gorgés, comme ils le sont, par des mères faibles et par des domestiques impru-

dents, et s'ils s'abstenaient entièrement de viande pendant les trois ou quatre premières années de leur vie.

Mais s'il faut absolument que notre petit homme mange de la viande, ayez soin au moins de ne lui en donner qu'une fois par jour, et d'une seule sorte par repas. Du bœuf au naturel, du mouton, du veau, etc., sans autre assaisonnement que l'appétit, voilà ce qui convient le mieux. Il faut aussi qu'il mange beaucoup de pain, soit du pain sec, soit avec les autres mets, et qu'il mâche bien tous les aliments solides[1]. En Angleterre nous négligeons très souvent ce soin : de là des indigestions et d'autres incommodités graves.

14. Pour le déjeuner et le souper, le lait, les soupes au lait, les bouillies de gruau d'avoine, et vingt autres mets qui sont en usage chez nous, conviennent parfaitement aux enfants. Seulement pour tous ces aliments il faut veiller à ce qu'ils soient purs, sans grand mélange, très modérément assaisonnés de sucre, ou mieux encore sans sucre du tout[2] : les épices en particulier, comme tout ce qui peut échauffer le sang, doivent être soigneusement interdites. Soyez aussi ménager du sel dans l'assaisonnement de tous leurs plats, et n'en mettez pas

---

1. On connaît la formule de salutation qu'un médecin célèbre employait avec ses amis. Au lieu de leur dire : « Portez-vous bien », il leur disait : « Mâchez bien ».

2. Locke condamne absolument le sucre. M. H. Spencer est d'un avis contraire, et, avec un optimisme aussi imprudent que complaisant, il croit qu'on doit satisfaire aux goûts de l'enfant, particulièrement à son appétit pour le sucre. « Le goût des sucreries est très marqué et presque universel chez les enfants. Probablement quatre-vingt-dix-neuf personnes sur cent s'imaginent qu'il n'y a là rien qu'une sensualité du palais, et que, de même que d'autres plaisirs sensuels, elle doit être réprimée. Le physiologiste, cependant, qui est conduit par ses découvertes à révérer de plus en plus l'ordre de la nature… a reconnu aujourd'hui que le sucre joue un rôle important dans le développement de l'organisme. Le sucre est une nourriture productive de calorique… C'est la forme sous laquelle plusieurs autres composés doivent passer avant que de pouvoir nous fournir de la chaleur animale », *Éducation*, p. 209.

du tout dans les viandes d'un goût relevé. Nos palais prennent goût aux assaisonnements et à la cuisine dont ils font ordinairement usage ; et un usage immodéré du sel, outre qu'il excite la soif et force à boire avec excès, produit sur le corps d'autres effets pernicieux. J'inclinerais à croire qu'un gros morceau de pain bis, bien pétri et bien cuit, tantôt sec, tantôt avec du beurre ou du fromage, sera souvent pour l'enfant le meilleur des déjeuners.

Je suis sûr que ce sont là des repas sains, qui feraient de lui un homme robuste, au moins aussi bien que des mets plus délicats ; et si on l'y accoutumait de bonne heure, il y prendrait goût autant qu'à autre chose. S'il lui arrive de demander à manger entre les repas, ne lui donnez que du pain sec. Si c'est la faim qui le pousse en effet, et non un pur caprice, le pain lui suffira ; et s'il n'a pas faim, il n'est pas nécessaire qu'il mange. Par là vous obtiendrez deux bons résultats : 1) d'abord par l'habitude il prendra goût à manger du pain ; car, je l'ai déjà dit, il suffit, pour que nos palais et nos estomacs trouvent un aliment agréable, qu'ils s'y soient accoutumés ; 2) un autre bénéfice, c'est qu'il ne sera plus nécessaire de lui apprendre à s'abstenir de manger plus copieusement et plus fréquemment que la nature ne l'exige. Je ne crois pas sans doute que tout le monde ait le même appétit : les uns ont l'estomac naturellement plus exigeant, les autres moins. Mais ce que je crois, c'est que beaucoup de gens sont devenus gloutons et gourmands par habitude, qui par nature ne l'étaient pas. Je vois dans certains pays des hommes, qui ne font que deux repas, devenir aussi robustes que d'autres personnes, que, sous l'empire de l'habitude, leur estomac, comme une sonnette d'alarme, appelle à table quatre ou cinq fois par jour. Les Romains jeûnaient ordinairement jusqu'au souper, qui d'ailleurs était alors le seul repas réglé, même de ceux qui mangeaient plus d'une fois par jour[1]. Quant à ceux qui avaient l'habitude de déjeuner (ce qu'ils faisaient, les uns à huit heures, les autres à dix, d'autres à midi, et quelques-uns même plus tard), ils ne mangeaient jamais de viande, et il n'y avait rien de préparé pour ce repas. Auguste, du temps où il était le plus grand monarque de la terre, n'emportait, nous dit-il, qu'un morceau de pain sec, pour le manger dans sa voiture[2]. De même Sénèque (dans la 83e lettre à Lucilius, où il donne une idée de la façon dont il se traitait, même pendant sa vieillesse, et alors que l'âge eût autorisé plus de complaisance), raconte qu'il avait coutume de manger pour son dîner un morceau de pain sec, sans prendre même la peine de s'asseoir[3]; et cependant, si sa santé l'eût exigé, il avait les moyens de s'offrir de somptueux repas, autant que les plus riches de nos compatriotes, même à les supposer deux fois plus riches qu'ils ne sont.

Les maîtres du monde suivaient ce frugal régime, et les jeunes patriciens de Rome ne manquaient de force ni d'esprit, pour être habitués à ne manger qu'une fois par jour. S'il arrivait par hasard que quelqu'un d'entre eux ne pût prolonger son jeûne jusqu'au souper, leur seul repas réglé, il ne prenait qu'un morceau de pain sec, ou tout au plus quelques raisins, ou quelque aliment léger de ce genre, pour soutenir son estomac. Les Romains jugeaient ces habitudes de tempérance si nécessaires à la fois pour la santé et pour les affaires, que l'usage d'un seul repas par jour se maintint malgré le luxe excessif qui s'introduisit parmi eux, à la suite de leurs conquêtes et de leurs

---

1. Les usages varièrent à Rome selon les temps. Ce que dit Locke s'applique surtout à l'époque de la République. Sous l'Empire, les Romains furent moins sobres. Chez les Grecs, même du temps d'Homère, on faisait généralement trois et même quatre repas par jour.

2. *Dum lectica ex regia domum redeo, panis unciam cum paucis acinis uvæ duracinae comedi* (Suétone, *Vie des douze Césars*, livre II, 76).

3. *Panis deinde siccus et sine mensa prandium, post quod non sunt lavandæ manus.*

pillages dans l'Orient; et ceux d'entre eux qui, renonçant à leurs vieilles habitudes de frugalité, se plongeaient dans les fêtes, ne les commençaient du moins que le soir. Faire plus d'un repas par jour était chose si monstrueuse que, jusqu'au temps de César on était blâmé pour avoir célébré un festin ou fait un repas en forme avant le coucher du soleil.

C'est pourquoi, si je ne craignais pas de paraître trop sévère, je demanderais que mon petit homme n'eût pas autre chose que du pain pour son déjeuner. Vous ne pouvez vous imaginer quelle est la force de l'habitude, et d'ailleurs j'attribue une grande partie de nos maladies à ce que, en Angleterre, nous mangeons trop de viande et pas assez de pain.

L'heure des repas

15. Quant aux repas de l'enfant, j'estime que le mieux serait, autant qu'on pourra le faire commodément, de ne pas les fixer toujours à une même heure[1]. En effet si l'habitude est prise de manger à des intervalles parfaitement réglés, l'estomac réclamera des aliments à l'heure ordinaire; l'enfant sera de mauvaise humeur, si l'heure passe sans qu'il ait mangé, et son estomac, ou bien sera en proie à un violent accès de faim, ou bien s'engourdira dans un manque complet d'appétit. Je voudrais donc qu'il n'y eût pas d'heure fixe pour son déjeuner, son dîner et son souper, et qu'au contraire on changeât l'heure de ses repas presque chaque jour. Si, dans l'intervalle des repas proprement dits, l'enfant demande à manger, donnez-lui, aussi souvent qu'il le voudra, des morceaux de pain sec. Si quelqu'un s'imaginait qu'un pareil régime est trop sévère ou

---

1. Fénelon dit tout au contraire : « Ce qui est le plus utile dans les premières années de l'enfant… c'est de régler ses repas, en sorte qu'il mange toujours à peu près aux mêmes heures », *Traité de l'éducation des filles*, Paris, 1687, chap. 3. Les médecins et les pédagogues modernes sont du même avis que Fénelon. La régularité dans les repas est une condition des bonnes digestions.

insuffisant pour un enfant, qu'il sache bien qu'un enfant ne
mourra jamais de faim ni ne dépérira par inanition, lorsque,
outre la viande au dîner, le potage, ou quelque autre chose au
souper, on lui donnera encore à discrétion, et aussi souvent
qu'il aura faim, du bon pain et de la bière. C'est ainsi, en effet,
que je juge après réflexion qu'on devrait régler la nourriture
des enfants. Le matin est généralement destiné à l'étude, et un
estomac trop chargé prépare mal au travail de l'esprit. Le pain
sec est la meilleure des nourritures ; c'est en même temps celle
qui excite le moins de tentations. Tous les parents soucieux de
la santé physique et morale de leurs enfants, et qui désirent
qu'ils ne soient ni inintelligents, ni maladifs, ne doivent pas
permettre qu'ils aient l'estomac alourdi après leur déjeuner. Et
qu'on n'aille pas croire que ce traitement ne convient pas à un
enfant riche et de bonne famille. Il faut qu'à tout âge le
gentleman suive un régime qui le prépare à porter les armes et à
être soldat. Les parents qui de notre temps élèvent leurs fils
comme s'ils étaient destinés à rester oisifs toute leur vie, dans
l'abondance et dans la jouissance des richesses qu'ils ont
l'intention de leur laisser, ne réfléchissent pas aux exemples
qu'ils ont eus sous les yeux ni au siècle où nous vivons [1].

Les boissons

16. Pour boisson, il faut donner seulement à l'enfant de la
petite bière, et encore avec cette réserve qu'il n'en boira jamais
entre les repas, à moins qu'il n'ait mangé auparavant un
morceau de pain [2]. Voici les raisons qui me font parler ainsi :

1. Locke fait sans doute allusion à la guerre civile et à la Révolution de
1688, qui eurent pour conséquence de déplacer des fortunes et de ruiner un
grand nombre de familles.
2. Opinion critiquée par Rousseau, qui trouve étrange que, quand l'enfant a
soif, il faille lui donner à manger. « J'aimerais mieux, quand il a faim, lui donner

17. 1) Il n'y a rien qui détermine plus de fièvres et d'indigestions chez les gens du peuple que l'imprudence de boire lorsqu'on a chaud. Si donc l'enfant s'est échauffé en jouant, et s'il a soif, il ne mangera son pain qu'avec répugnance : de sorte que s'il ne lui est permis de boire qu'à la condition de manger du pain, il aimera mieux s'abstenir de boire[1]. S'il a très chaud, il ne devrait pas boire du tout ; mais du moins, si on a soin de lui faire manger d'abord un bon morceau de pain, on gagnera du temps pour laisser la bière se réchauffer, et il pourra alors en boire sans danger. S'il a très soif, la bière ainsi réchauffée sera mieux digérée et étanchera mieux sa soif, et s'il ne veut pas en boire, il n'y aura pas de mal à ce qu'il s'abstienne. En outre, il apprendra par là à se contraindre, ce qui est une habitude d'un grand prix, aussi bien pour la santé du corps que pour la santé de l'esprit.

18. 2) En interdisant à l'enfant de boire sans avoir mangé, vous préviendrez la mauvaise coutume d'avoir toujours le verre aux lèvres, coutume dangereuse qui ne dispose que trop l'enfant à rechercher plus tard les parties de plaisir. On voit des hommes qui par l'habitude se créent un besoin artificiel de manger et de boire. Et si vous voulez en faire l'essai, vous vous convaincrez qu'il dépend de vous d'accoutumer de nouveau des enfants déjà sevrés à avoir un tel besoin de boire pendant la nuit qu'ils ne puissent plus s'endormir sans cela. Comme les nourrices, pour apaiser leur nourrisson qui crie, n'emploient guère d'autre chanson que celle-là, je ne m'étonne pas que les mères trouvent généralement quelque difficulté à déshabituer

à boire. Jamais on ne me persuadera que nos premiers appétits soient si déréglés qu'on ne puisse les satisfaire sans nous exposer à périr », *Émile*, livre II, p. 374.

1. Rousseau n'admet pas qu'on prive l'enfant de boire quand il a soif. « Toutes les fois qu'Émile aura soif, je veux qu'on lui donne à boire ; je veux qu'on lui donne de l'eau pure et sans aucune préparation, pas même de la faire dégourdir, fût-il tout en nage et fût-on dans le cœur de l'hiver », *Émile*, livre II, p. 375.

leurs enfants de boire pendant la nuit, dans les premiers temps qu'elles les reprennent à la maison[1]. Réfléchissons-y, l'habitude a autant de force le jour que la nuit, et vous pouvez, s'il vous plaît de l'expérimenter, habituer n'importe qui à avoir soif à toute heure.

J'ai vécu dans une maison où, pour apaiser un enfant indocile, on lui donnait à boire toutes les fois qu'il poussait des cris, de sorte qu'il avait toujours le biberon à la bouche. Et bien qu'il ne fût pas encore en âge de parler, il buvait certainement dans ses vingt-quatre heures plus que je n'aurais pu le faire moi-même. Expérimentez la chose sur vous-même, si vous voulez, et en buvant de la bière légère, ou de la bière forte, vous en viendrez à avoir une soif ardente. La grande affaire dans l'éducation, c'est de considérer quelles habitudes vous faites prendre à l'enfant, et par conséquent, pour la boisson comme pour tout le reste, vous ne devez pas commencer par rendre habituelle une pratique que vous n'avez pas l'intention de prolonger et de développer. Ce qui convient pour la santé et pour la tempérance, c'est de ne pas boire plus souvent que la nature ne l'exige, et quiconque s'abstiendra de manger des mets salés, ou de boire des boissons fortes, aura rarement soif entre ses repas, à moins qu'il ne se soit accoutumé, comme nous venons de le voir, à boire à tout propos.

19. Surtout, prenez-y bien garde, l'enfant ne doit boire que rarement, sinon jamais, du vin ou toute autre boisson forte[2]. Or

---

1. On voit, d'après ce passage, que, en Angleterre, du temps de Locke, comme en France, du temps de Rousseau, l'allaitement maternel n'était pas à la mode. Mais Locke constate le fait sans le blâmer, et il a laissé à Rousseau l'honneur de rappeler les mères à leurs devoirs.

2. Platon disait de même dans les *Lois* (livre II, 672b) que l'enfant ne doit pas boire de vin avant l'âge de dix-huit ans. L'hygiène moderne ne saurait souscrire à ces interdictions que rien n'explique. Il faut d'ailleurs remarquer que Locke est d'un pays où le vin est très rare; mais son erreur est de le

il n'y a rien qu'on soit plus ordinairement disposé à donner aux enfants en Angleterre, rien qui leur soit plus pernicieux. Ils ne devraient jamais prendre de liqueurs fortes, à moins qu'ils n'en aient besoin comme d'un cordial et que le médecin l'ait prescrit. Et c'est sur ce point que les domestiques doivent être le plus rigoureusement surveillés et le plus sévèrement grondés, quand ils sont en faute. En effet, comme ces gens-là, qui appartiennent à une condition inférieure, font consister en grande partie leur plaisir à boire des liqueurs fortes, ils sont souvent tentés, pour faire la cour à leur petit maître, de lui offrir ce qu'ils aiment le plus eux-mêmes; et comme ils savent que ces boissons les mettent eux-mêmes en gaieté, ils s'imaginent sottement qu'elles ne peuvent faire de mal aux enfants. Vous aurez donc l'œil ouvert sur ce danger, et vous y veillerez avec tout le soin et tout le zèle possibles : car il n'y a rien qui, pour le corps comme pour l'esprit de l'enfant, soit une source plus certaine de maux que l'habitude de boire des boissons fortes, surtout de boire en particulier avec les domestiques [1].

Les fruits

20. Dans un traité sur le régime sanitaire de l'enfance, la question des fruits est un des chapitres les plus délicats. C'est pour un fruit que nos premiers parents ont perdu le paradis. Il ne faut donc pas s'étonner que nos enfants ne puissent pas résister à cette tentation, même au prix de leur santé. Je ne crois

confondre avec les boissons fortes. Ajoutons enfin que Locke ne s'explique pas sur l'usage du thé et du café.
 1. Les recommandations que Locke fait ici, pour le régime des enfants, l'illustre médecin Sydenham, son ami, les lui avait faites à lui-même, dans l'intérêt de sa santé délicate et compromise. Vers 1674, il lui écrivait : « Couchez-vous de très bonne heure, à huit heures s'il se peut; mangez des viandes légères et non épicées; abstenez-vous de fruits et de crudités; buvez, au lieu de vin, une bière très douce… », *Correspondence*, t. I, p. 415-416.

pas possible d'établir des lois générales pour régler l'usage des fruits : car je ne suis nullement de l'avis de ceux qui voudraient les interdire presque absolument aux enfants, comme quelque chose qui serait tout à fait malsain pour eux. Le seul résultat de cette sévère prohibition, c'est de rendre les enfants plus avides et de faire qu'ils mangent tous ceux qu'ils peuvent attraper, bons ou mauvais, mûrs ou pas mûrs. Les melons, les pêches, la plupart des prunes, et toutes les espèces de raisin qui croissent en Angleterre, voilà, je crois, les fruits qu'il faut absolument défendre aux enfants ; avec un goût très agréable, ils ont un suc très malsain, de sorte que, s'il était possible, il serait bon que les enfants n'en vissent jamais, qu'ils n'en connussent même pas l'existence. Mais les fraises, les cerises, les groseilles, les groseilles à maquereau, quand elles sont bien mûres, je crois qu'on peut, en toute sécurité, en permettre l'usage aux enfants, et cela très largement, pourvu qu'ils les mangent avec les précautions suivantes : 1) Jamais après les repas, comme nous faisons d'ordinaire, alors que l'estomac est déjà plein d'une autre nourriture[1]. Il vaudrait mieux en manger avant ou pendant les repas, et il faut les servir aux enfants pour leur déjeuner. 2) Manger du pain avec les fruits. 3) Qu'ils soient parfaitement mûrs. Si l'on suit ces prescriptions, je crois qu'ils feront plus de bien que de mal à la santé. Les fruits d'été, appropriés à la chaude saison où ils mûrissent, rafraîchissent l'estomac que la chaleur alanguit et affaiblit. Aussi ne serai-je pas aussi rigoureux sur ce point que le sont beaucoup de parents. Qu'arrive-t-il ? C'est que les enfants trop sévèrement tenus, au lieu d'une petite quantité de fruits bien choisis, dont ils se contenteraient, si on les leur donnait, satisfont leur envie aussi gloutonnement qu'ils le peuvent, et les dévorent jusqu'à

---

1. En d'autres termes, Locke exclut les fruits du dessert et se met en contradiction avec un usage presque universel. La raison qu'il invoque ne paraît pas suffisante pour justifier son opinion.

se donner des indigestions, toutes les fois qu'ils en trouvent à leur portée ou qu'ils peuvent corrompre un domestique pour s'en procurer.

Quant aux poires et aux pommes, lorsqu'elles sont bien mûres et cueillies depuis quelque temps, je pense que les enfants peuvent en manger sans danger, en toute saison, et en très grande quantité : surtout les pommes, qui, à ma connaissance, n'ont jamais fait de mal après le mois d'octobre.

Les fruits secs sans sucre sont aussi, je crois, un aliment très sain. Mais il faut s'abstenir de toute espèce de confitures, dont il est malaisé de dire qui elles incommodent le plus, celui qui les fait [1] ou celui qui les mange. Ce dont je suis sûr, c'est qu'elles sont une des plus folles dépenses que le luxe ait inventées : il faut les laisser aux dames.

Le sommeil

21. De tout ce qui a un caractère efféminé et mou, il n'est rien que l'on doive permettre aux enfants avec plus d'indulgence que le sommeil [2]. C'est la seule chose où il faille leur donner pleine et entière satisfaction : car rien ne contribue davantage à leur force et à leur santé. La seule chose qu'il faille régler dans le sommeil des enfants, c'est dans quelle partie des vingt-quatre heures de la journée ils doivent s'y livrer : question que nous résoudrons simplement en disant qu'il est très utile de les habituer à se lever de bonne heure. Cela est meilleur pour la santé ; et de plus celui qui, dès son enfance, se sera fait une habitude régulière et facile du lever matinal, une fois devenu homme, ne perdra pas la meilleure et la plus utile partie de sa vie à rester nonchalamment couché dans son lit.

1. Par les exhalaisons du charbon que respirent sans cesse les personnes qui font les confitures liquides dont il s'agit ici.

2. « Il faut un long sommeil aux enfants, parce qu'ils font un extrême exercice », Rousseau, *Émile*, livre II, p. 375.

S'il faut éveiller les enfants de bon matin, il s'ensuit naturellement qu'ils doivent aller au lit de bonne heure : par là ils échapperont aux heures peu sûres et malsaines de la dissipation,
c'est-à-dire aux heures de la soirée. Quant aux heures saines
du jour, il est rare qu'on se rende alors coupable de graves
désordres. Je ne veux pourtant pas dire que votre fils, une fois
devenu grand, ne doive jamais se trouver en compagnie passé
huit heures, ni causer à côté d'un verre de vin jusqu'à minuit.
Vous devez seulement, par la façon dont vous dirigerez ses
jeunes années, le détourner le plus possible de ces irrégularités, et ce ne sera pas un médiocre avantage, si l'habitude de se
coucher de bonne heure lui inspire de l'aversion pour les
longues veilles, et a pour résultat qu'il évite le plus souvent et
qu'il ne recherche que rarement les fêtes bruyantes de minuit.
Mais à supposer même que vous ne puissiez pas en arriver là,
que la mode, que le goût de la société doive l'emporter, et que
votre fils soit destiné, quand il aura vingt ans, à vivre comme
les autres jeunes gens, il vaut la peine cependant de l'accoutumer à se lever et à se coucher de bonne heure, au moins
jusqu'à cet âge, dans l'intérêt présent de sa santé et pour
d'autres avantages [1].

Bien que j'aie dit qu'il fallait accorder aux enfants, tant
qu'ils sont petits, une large ration de sommeil et même les
laisser dormir tout le temps qu'ils veulent, je n'entends pas
cependant qu'on doive toujours le leur permettre avec la même
complaisance, et qu'on les autorise, lorsqu'ils sont devenus
plus grands, à satisfaire, en restant trop longtemps couchés, les
instincts nonchalants de leur paresse. Est-ce à sept ans, ou à
dix, ou plus tard, qu'il faut commencer à leur imposer quelque
restriction ? C'est ce qu'il est impossible de déterminer avec
précision. Il faut en effet tenir compte de leur tempérament, de
leurs forces et de leur constitution. Mais, à un moment ou un

---

1. Rabelais fait lever Gargantua à quatre heures du matin.

autre, entre la septième et la quatorzième année, s'ils aiment trop le lit, je pense qu'il est à propos de les réduire par degrés à une durée de sommeil qui ne dépasse pas huit heures, ce qui est en général un repos suffisant pour des adultes bien portants. Si vous les avez accoutumés comme vous deviez le faire, à se lever régulièrement de bonne heure chaque matin, le défaut de rester trop longtemps au lit sera facilement corrigé, et la plupart des enfants seront suffisamment disposés d'eux-mêmes à abréger leur sommeil par leur désir de passer la soirée en votre compagnie. Il est vrai que, si l'on n'y prenait pas garde, ils pourraient avoir envie de se rattraper le matin, chose qu'il faut absolument empêcher. Réveillez-les régulièrement et forcez-les à se lever à la même heure matinale; mais ayez grand soin, en les éveillant, de ne pas le faire trop brusquement, avec un ton de voix trop fort ou trop perçant, ou quelque autre bruit trop violent[1]. Par là en effet on risquerait d'effrayer l'enfant et de lui faire du mal car il n'est personne qui ne soit déconcerté, si une soudaine alarme rompt brusquement son sommeil. Lors donc que vous éveillerez vos enfants, ayez soin de commencer par les appeler doucement; ne les secouez qu'avec précaution, afin de les tirer peu à peu de leur assoupissement; enfin dans vos paroles et dans vos procédés, soyez plein de ménagements, jusqu'au moment où, ayant pris complètement possession d'eux-mêmes, ils auront achevé de s'habiller, et que vous serez sûr qu'ils sont tout à fait éveillés. Les forcer à se lever du lit, quelque douceur que vous y mettiez, c'est déjà bien assez

---

1. Locke s'inspire ici de Montaigne qui raconte que son père le faisait éveiller au son de quelque instrument, «parce qu'aulcuns tiennent que cela trouble la cervelle tendre des enfants de les esveiller le matin en sursault et de les arracher du sommeil (auquel ils sont plongez beaucoup plus que nous ne sommes) tout à coup et par violence», *Essais*, I, XXV, p. 174. Rousseau, moins respectueux du sommeil d'Émile, dit qu'il faut l'accoutumer à tout, même à être éveillé brusquement.

dur pour eux; et il faut avoir soin de ne pas y joindre d'autres désagréments, ni surtout rien qui puisse les effrayer.

22. Il faut que le lit soit dur, fait de matelas plutôt que de plumes. Une couche dure fortifie les membres; tandis que l'habitude de s'ensevelir chaque nuit dans la plume, en amollissant et énervant le corps, a souvent pour résultat des faiblesses qui sont comme les signes précurseurs d'une mort prématurée. Outre la pierre qui provient fréquemment de ce que les reins ont été ainsi enveloppés de trop de chaleur[1], plusieurs autres incommodités, et en particulier celle qui est le principe de toutes les autres, une complexion faible et délicate, sont dues en grande partie aux lits de plumes. De plus celui qui s'est accoutumé chez lui à coucher sur la dure, ne perdra pas le sommeil (alors que le sommeil lui est le plus nécessaire) dans ses voyages au dehors, faute d'avoir un lit moelleux et un oreiller bien placé. Aussi je crois qu'il ne serait pas mauvais de faire le lit de l'enfant de différentes façons. Mettez-lui la tête tantôt plus haute, tantôt plus basse, afin qu'il ne soit pas sensible au moindre petit changement, à quoi est nécessairement exposé quiconque n'est pas destiné à coucher toujours dans un bon lit, comme mon petit maître, ni à avoir à ses côtés une gouvernante qui mette ses effets en ordre et prenne soin de le tenir chaudement. Le grand cordial de la nature, c'est le sommeil. Celui qui perd le sommeil, en souffrira; et il est bien malheureux, l'enfant qui, pour ainsi dire, ne peut prendre ce cordial que dans la belle coupe dorée de sa mère, et non dans une vulgaire tasse de bois. Par cela seul qu'on dort d'un profond sommeil, le cordial est pris, et il importe peu que ce

---

1. Rousseau copie presque textuellement ce passage de Locke : « Un lit mollet où l'on s'ensevelit dans la plume ou dans l'édredon, fond et dissout le corps pour ainsi dire. Les reins enveloppés trop chaudement s'échauffent. De là résultent souvent la pierre ou d'autres incommodités, et infailliblement une complexion délicate qui les nourrit toutes », *Émile*, livre II, p. 376.

soit sur un lit moelleux ou sur des planches dures. C'est le sommeil seulement qui est la chose nécessaire.

La constipation

23. Il y a encore une chose qui a une grande influence sur la santé, c'est d'aller à la garde-robe régulièrement[1] : il est rare que les gens dont le ventre est relâché aient l'esprit solide ou le corps vigoureux. Mais comme il est beaucoup plus aisé de remédier à ce mal qu'au mal contraire, soit par le régime, soit par des médicaments, il n'est pas besoin d'y insister. En effet dans le cas où, par sa violence ou par sa durée, une indisposition de ce genre réclamerait des soins, il sera toujours assez tôt, et parfois trop tôt, pour appeler un médecin; si elle est légère ou de peu de durée, le mieux ordinairement sera de s'en rapporter à la nature. D'autre part la constipation a aussi de fâcheux effets, et il est beaucoup plus difficile d'y remédier par les soins de la médecine; les purgatifs, qui semblent donner du soulagement, ont pour conséquence d'accroître plutôt que de supprimer le mal.

24. C'est donc une incommodité qui mérite particulièrement l'attention, et comme je n'ai pas trouvé dans les livres les moyens de la guérir, je vais exposer mes vues sur le sujet, persuadé que de bien plus grands changements que celui-là peuvent être accomplis dans notre corps, si nous prenons le bon chemin et si nous procédons rationnellement et par degrés.

1) J'ai donc considéré qu'aller à la selle était l'effet d'un certain mouvement du corps : particulièrement du mouvement péristaltique des intestins.

2) J'ai remarqué aussi que plusieurs mouvements, qui ne sont pas entièrement volontaires, peuvent cependant, par

---

1. Rabelais, qui était médecin comme Locke, accorde la même attention à ces questions et ne dédaigne pas les détails les plus répugnants.

l'usage, par une pratique constante, se changer en habitudes, si
régulièrement et constamment on les provoque à se produire
à certains moments du jour.

3) J'avais observé encore que quelques personnes, pour
avoir fumé après souper une pipe de tabac, ne manquaient
jamais d'aller à la selle. J'en vins à me demander si ce n'était
pas plutôt à l'habitude qu'au tabac qu'elles devaient ce bénéfice de nature ; ou tout au moins, au cas où le tabac en eût été la
cause, s'il agissait par le mouvement violent qu'il déterminait
dans les intestins, plutôt que par une action purgative : car,
dans cette dernière hypothèse, il aurait produit d'autres effets.
Ayant ainsi acquis la conviction qu'il était possible de créer
une habitude de ce genre, ce que j'avais à examiner, c'était de
quels moyens on devait le plus vraisemblablement se servir
pour en arriver là.

4) Je conjecturai alors que si un homme, après son premier
repas du matin, voulait bien solliciter la nature et essayer de se
forcer à décharger son ventre, il en viendrait par une pratique
constante à s'en faire une habitude [1].

25. Voici les raisons qui m'ont déterminé à choisir ce
moment-là : 1) D'abord, à cette heure, l'estomac est vide ; de
sorte que recevant des aliments qui lui plaisent (car je ne
voudrais pas que jamais, sauf dans le cas de nécessité, l'enfant
mangeât ce qu'il n'aime pas et quand il n'a pas faim), il se
trouve en état de produire une forte contraction de ses fibres ;
et cette contraction, je crois, se continuant dans les intestins,
accroît ainsi leur mouvement péristaltique, de même qu'il
arrive dans les coliques qu'un mouvement inverse, qui a
commencé plus bas dans l'intestin, se continue le long du tube

---

1. Montaigne a traité le même sujet à peu près dans les mêmes termes : « Il
est besoing de renvoyer cette action à certaines heures prescriptes... et s'y
forcer par coutume et assubjectir comme j'ay faict... au sault du lict... »,
Essais, livre III, XIII, p. 1085.

intestinal et force l'estomac lui-même à obéir à ce mouvement anormal.

2) De plus, lorsqu'on mange, on relâche d'habitude ses pensées, et alors les esprits[1], libres de tout autre emploi, sont distribués avec plus de force dans le bas ventre, ce qui contribue au même résultat.

3) Enfin, toutes les fois qu'une personne a le loisir de manger, elle a aussi le loisir de rendre visite à Mme Cloacine[2], aussi longuement qu'il le faut pour atteindre notre but. Autrement dans la variété des affaires humaines et des accidents de la vie, il serait impossible de fixer pour ce soin une heure déterminée, et par suite l'habitude ne pourrait plus être aussi régulière ; au lieu que les personnes bien portantes manquant rarement de manger une fois par jour, à supposer même que l'heure change, l'habitude pourra être maintenue.

26. D'après ces principes, mes expériences ont commencé, et en voici le résultat : toutes les fois qu'on y met quelque persévérance et qu'on s'impose l'obligation d'aller régulièrement au cabinet après son premier déjeuner, qu'on en ait envie ou non, et de faire quelques efforts pour mettre la nature en train, on ne saurait manquer de réussir, au bout de quelques mois, à atteindre le succès désiré, et à acquérir une habitude réglée d'aller à la selle après le premier repas, à moins que par négligence on ne laisse échapper l'occasion. En effet, si l'on se met en posture, qu'on se sente pressé ou non, et si l'on fait les efforts voulus, la nature obéit.

---

1. « Les esprits », ce qu'on appelait alors, dans la philosophie et dans la médecine du dix-septième siècle, *les esprits animaux*, agents obscurs des opérations que l'âme exerce sur le corps ou le corps sur l'âme.

2. Euphémisme bizarre, tiré du mot latin *cloaca*, égout. À Rome la *cloaca maxima* était un énorme égout construit par Tarquin l'Ancien et qui déversait dans le Tibre toutes les ordures de la ville. Les Romains, qui attribuaient une divinité même aux choses les plus dégoûtantes, adoraient une déesse Cloacine qui présidait aux égouts.

27. Je conseillerai donc de suivre ce train-là avec l'enfant. Aussitôt après son déjeuner, mettez-le sur sa chaise percée, comme s'il avait le pouvoir de décharger son ventre aussi bien que de le remplir, et ne lui laissez pas croire, pas plus qu'à sa bonne, qu'il puisse en être autrement. Maintenez-le dans cette opinion, et si vous l'obligez à faire effort, en l'empêchant de jouer ou de manger de nouveau avant qu'il ait réussi, ou du moins qu'il ait fait tout son possible, je ne doute pas qu'il n'en vienne avant peu de temps à en prendre l'habitude régulière. Il est facile d'observer en effet que les enfants, préoccupés de leurs jeux, comme ils sont d'ordinaire, et très étourdis pour tout le reste, laissent souvent passer les besoins naturels quand ces besoins ne se font sentir que modérément; de telle sorte que négligeant ces occasions qui s'offrent d'elles-mêmes, ils en viennent bientôt à souffrir d'une constipation chronique. Que par la méthode indiquée on peut prévenir la constipation, je fais plus que de le conjecturer, ayant expérimenté par une pratique constante et prolongée qu'un enfant peut être habitué à aller régulièrement à la selle chaque matin après son déjeuner.

28. Jusqu'à quel point les personnes âgées jugeront convenable de faire l'essai de cette méthode, cela les regarde : mais je ne puis m'empêcher de dire que, considérant les maux qui résultent de la constipation, je ne connais pas d'habitude qui soit plus favorable au maintien de la santé [1]. Une fois par vingt-quatre heures, je crois que c'est assez; personne, je suppose, ne trouvera que c'est trop. Et par cette méthode on arrivera à ce résultat, sans recourir à la médecine, qui le plus souvent est impuissante à guérir une constipation invétérée et chronique.

---

1. Il y a des exceptions même aux règles les mieux établies. « Nous ne devons pas tant nous dépiter, écrivait Voltaire à Mme du Deffand, d'être un peu constipés : c'est ce qui m'a fait vivre quatre-vingt-et-un ans, et c'est ce qui vous fera vivre beaucoup plus longtemps », Lettre du 19 avril 1775.

De la médecine

29. Voilà tout ce que j'avais à vous recommander, touchant les soins à prendre de l'enfant dans le cours normal de sa santé. Peut-être attendiez-vous de moi que je prescrivisse ici quelques règles médicales pour prévenir les maladies : je n'en ai qu'une à donner, et celle-là doit être rigoureusement observée, c'est de ne jamais faire prendre de remède à l'enfant comme moyen préventif. La méthode que j'ai déjà fait connaître sera, je crois, plus efficace que toutes les potions à la mode chez les dames, que toutes les médecines des apothicaires. Soyez d'une extrême prudence sur ce point, sans quoi, au lieu de prévenir les maladies, vous les provoqueriez. N'allez pas non plus, à tout propos et pour la moindre indisposition, donner des remèdes à vos enfants ou appeler le médecin, surtout si le médecin est un homme empressé, qui se hâte de remplir vos fenêtres de fioles, de potions amères, et leur estomac de drogues. Il est plus sage de confier les enfants à la seule conduite de la nature, que de les mettre dans les mains d'un médecin trop disposé à les droguer et à croire que dans les indispositions ordinaires la diète ou un régime qui s'en rapproche n'est pas le meilleur des remèdes. Pour moi, par raison et par expérience, je crois que les tempéraments délicats des enfants doivent être médicamentés aussi peu que possible et seulement dans le cas de nécessité absolue. Un peu d'eau fraîche mêlée avec de l'eau de pavot rouge, qui est le vrai remède contre l'indigestion, le repos, l'abstinence de la viande : voilà les meilleurs moyens d'arrêter dès le début des indispositions qui, par l'emploi trop prompt des remèdes, pourraient devenir des maladies graves. Lorsque ce traitement modéré ne suffira pas à couper court à l'indisposition naissante et à l'empêcher de dégénérer en maladie caractérisée, il sera temps alors de demander conseil à un médecin sage et discret. Sur ce point j'espère obtenir aisément créance : personne ne

pouvant songer à se défier de l'opinion d'un homme qui a
consacré à l'étude de la médecine une partie de sa vie, lorsqu'il
est le premier à conseiller de ne pas recourir trop vite à la
médecine et aux médecins.

30. J'en ai fini avec ce qui concerne le corps et la santé :
tout se réduit à un petit nombre de règles faciles à observer :
beaucoup d'air, d'exercice, de sommeil ; un régime simple,
pas de vin ni de liqueurs fortes ; peu ou même pas du tout de
médecines ; des vêtements qui ne soient ni trop étroits ni trop
chauds ; enfin et surtout l'habitude de tenir la tête et les pieds
froids, de baigner souvent les pieds dans l'eau froide et de les
exposer à l'humidité.

L'ÉDUCATION DE L'ÂME

Des soins de l'âme

31. Quand on a pris les soins nécessaires pour conserver au corps sa force et sa vigueur, pour le mettre en état d'obéir aux ordres de l'âme, l'affaire principale est ensuite de bien élever l'âme elle-même, afin que, en toute occasion, elle ne donne son consentement qu'à ce qui est conforme à la dignité et à l'excellence d'une créature raisonnable [1].

32. S'il est vrai, comme je l'ai dit au début de ce discours [2], et comme je ne saurais en douter, que les différences qui existent dans les mœurs et les talents des hommes proviennent de leur éducation plus que d'aucune autre cause, nous avons le droit de conclure qu'il faut mettre un grand soin à former l'âme des enfants et à lui donner de bonne heure cette première façon qui doit influer sur le reste de la vie. En effet, si plus tard les enfants agissent bien ou mal, c'est sur leur éducation que portera l'éloge ou le blâme ; et lorsqu'ils commettront quelque

---

1. L'éducation, aux yeux de Locke, a avant tout un caractère moral : elle a pour but de former des hommes ayant conscience de leur dignité, pourvus de bonnes habitudes, sages encore plus qu'instruits. Locke appartient à cette école de pédagogues qui met les qualités morales au-dessus des qualités intellectuelles.

2. Voyez *supra*, § 1.

faute, on ne manquera pas de leur appliquer le dicton ordinaire : « C'est la faute de leur éducation ».

33. Si la vigueur du corps consiste surtout à supporter la peine et l'effort, il en est de même pour la force d'esprit. Le grand principe, le fondement de toute vertu, de tout mérite, c'est que l'homme soit capable de se refuser à lui-même la satisfaction de ses propres désirs, de contrarier ses propres inclinations, et de suivre uniquement la voie que la raison lui indique comme la meilleure, quoique ses appétits l'inclinent d'un tout autre côté[1].

34. La grande faute où l'on tombe d'ordinaire dans l'éducation des enfants, c'est qu'on ne prend pas soin d'eux au moment voulu ; c'est qu'on ne sait pas former leurs esprits à la discipline, les habituer à plier devant la raison, à l'âge où ils sont le plus dociles, le plus en état de recevoir un pli. Les parents que la nature a sagement disposés à aimer leurs enfants ne sont que trop portés, si la raison ne modère pas leur affection naturellement si forte, à la laisser dégénérer en aveugle tendresse. Ils aiment leurs petits, et c'est leur devoir ; mais trop souvent aussi avec leurs personnes ils aiment leurs défauts. Il ne faut pas contrarier les enfants, disent-ils. Il faut leur permettre d'avoir leur volonté en toutes choses ; et comme dans leur enfance ils ne se rendent guère coupables de grands crimes, leurs parents pensent qu'ils peuvent sans danger tolérer leurs désobéissances, et se faire un jeu de l'aimable malice qui leur paraît convenir à cet âge innocent. Ils se trompent, et c'est avec raison que Solon répondait à un père trop faible, qui ne voulait pas châtier son fils pour un trait de méchanceté, et qui l'excusait en disant : « C'est peu de chose ».

---

1. On voit quelle importance Locke attache au développement de la volonté, de l'énergie morale. Il pense sur ce point comme Kant, qui disait : « Il n'y a qu'une seule chose qu'on puisse tenir pour bonne sans restriction, c'est la bonne volonté », *Fondements de la métaphysique des mœurs*, 1 re section.

– « Assurément, c'est peu de chose que cela : mais c'est une grande chose que l'habitude »[1].

35. Le petit mignon doit savoir donner des coups, dire des injures ; il faut lui donner tout ce qu'il demande en criant ; qu'il fasse tout ce qu'il voudra. C'est ainsi que les parents, en flattant, en choyant leurs enfants quand ils sont petits, corrompent les principes de la nature[2]. Ils viendront plus tard se plaindre de l'amertume des eaux qu'ils boivent, et ce sont eux qui en ont empoisonné la source ! En effet, lorsque les enfants ont grandi, et avec eux leurs mauvaises habitudes, lorsqu'ils sont trop âgés pour être dorlotés, et que les parents ne peuvent plus en faire leurs jouets, alors on n'entend plus que des plaintes. Les parents les trouvent indociles et pervers ; ils sont choqués de leur opiniâtreté ; ils sont effrayés de leurs mauvaises inclinations ; mais ne les ont-ils pas eux-mêmes excitées et entretenues ! Alors, et peut-être trop tard, ils voudraient bien pouvoir arracher ces mauvaises herbes qu'ils ont plantées de

1. Montaigne raconte, en d'autres termes, le même trait : « Platon tansa un enfant qui jouoit aux noix. Il lui répondit : "Tu me tanses de peu de chose". – "L'accoustumance, répliqua Platon, n'est pas chose de peu" », Montaigne, *Essais*, livre I, XXIII, p. 110. L'anecdote est rapportée par Diogène Laerce (*Vie, doctrines et sentences des philosophes illustres*, III, 38), qui attribue le mot à Platon, et qui parle d'un enfant qui jouait aux dés.

2. Comparez avec Montaigne : « Je treuve que nos plus grands vices prennent leur ply dez nostre plus tendre enfance et que nostre principal gouvernement est entre les mains des nourrices. C'est passe-temps aux meres de veoir un enfant tordre le col à un poulet, et s'esbattre à blecer un chien et un chat ; et tel pere est si sot de prendre à bon augure d'une ame martiale, quand il veoid son fils gourmer injurieusement un païsan ou un laquay qui ne se deffend point ; et à gentillesse, quand il le veoid affiner son compagnon par quelque malicieuse desloyauté et tromperie. Ce sont pourtant les vrayes semences et racines, de la cruauté, de la tyrannie, de la trahison : elles se germent là ; et s'eslevant aprez gaillardement, et proufitent à force entre les mains de la coustume. Et est une tres dangereuse institution d'excuser ces vilaines inclinations par la foiblesse de l'aage et legiereté du subject… », *Essais*, livre I, XXIII, p. 110.

leurs propres mains, et qui maintenant ont poussé de trop profondes racines pour être aisément extirpées. Si l'enfant, en effet, a été accoutumé à faire sa volonté en toutes choses, du temps où il était en robe, comment être surpris qu'il veuille continuer encore et qu'il défende les droits de sa volonté, une fois qu'il est en culottes ? Sans doute, à mesure qu'il se rapproche de l'âge d'homme, ses fautes frappent davantage : de sorte qu'il y a peu de parents assez aveugles pour ne pas les apercevoir, et assez insensibles pour ne pas souffrir des mauvais effets de leur propre indulgence. L'enfant a fait de la gouvernante tout ce qu'il lui a plu, avant de savoir parler ou marcher ; il a régenté ses parents depuis qu'il sait babiller : et maintenant qu'il a grandi, maintenant qu'il est plus fort et plus intelligent qu'il n'était alors, pourquoi voudriez-vous qu'il fût tout d'un coup gêné dans ses caprices et qu'il se courbât sous la volonté d'autrui ? Pourquoi devrait-il, à sept, à quatorze ou à vingt ans, perdre le privilège que l'indulgence de ses parents lui a accordé jusqu'à cet âge ? Faites-en l'essai sur un chien, sur un cheval ou sur tout autre animal, et vous verrez s'il est facile de leur faire passer, quand ils sont grands, les mauvaises et tenaces habitudes qu'ils ont contractées étant petits. Et cependant aucun de ces animaux n'est de moitié aussi volontaire, aussi fougueux, aussi avide de conquérir le gouvernement de soi-même et des autres que le sont les créatures humaines.

36. Nous sommes généralement assez avisés pour commencer l'éducation des animaux quand ils sont jeunes, pour les discipliner de bonne heure, si nous voulons les employer à notre usage. Il n'y a que nos propres enfants que nous négligeons sur ce point. Après en avoir fait de méchants enfants, nous avons la naïveté d'espérer qu'ils deviendront des hommes bons. S'il faut donner à l'enfant, toutes les fois qu'il en a envie, des raisins et des dragées, plutôt que de laisser le pauvre baby crier ou se désoler, comment une fois grand

renoncerait-il à obtenir la même satisfaction, quand ses désirs l'entraîneront vers le vin ou vers les femmes? Ce sont là les objets naturels des inclinations d'un jeune homme, au même degré que les friandises, qu'il demandait en criant quand il était petit, sont les objets naturels des désirs de l'enfant. Le mal n'est pas d'avoir des désirs appropriés aux goûts et aux idées de chaque âge : le mal est de ne pas savoir soumettre ces désirs aux règles et aux restrictions de la raison. La différence ne consiste pas à avoir ou à ne pas avoir de passions, mais à pouvoir ou non se gouverner, se contrarier soi-même dans la satisfaction de ses passions. Celui qui n'a pas pris l'habitude de soumettre sa volonté à la raison des autres, quand il était jeune, aura quelque peine à se soumettre à sa propre raison, quand il sera à l'âge d'en faire usage. Et quelle espèce d'homme fera un enfant ainsi élevé ? il est aisé de le prévoir.

37. Ce sont là les méprises ordinaires de ceux-là mêmes qui paraissent avoir le plus grand soin de l'éducation de leurs enfants. Mais si nous observons la manière dont on se comporte communément, nous aurons le droit de nous étonner que dans ce grand dérèglement de mœurs dont tout le monde se plaint, il puisse subsister encore quelque principe de vertu. Je voudrais bien que l'on me citât un défaut que les parents et ceux qui entourent les enfants ne leur enseignent pas, et dont ils ne jettent pas les semences dans leur esprit aussitôt qu'ils sont en état de les recevoir. Je n'entends pas seulement par là les exemples qu'on leur donne, les modèles qu'on leur met sous les yeux, qui sont déjà un encouragement suffisant : mais ce que je veux observer ici, c'est qu'on leur enseigne directement le vice, c'est qu'on les détourne du chemin de la vertu. Avant qu'ils puissent même marcher, on leur inculque des principes de violence, de ressentiment, de cruauté. *Frappe-moi, pour que je te le rende* : c'est une leçon que la plupart des enfants entendent chaque jour; et l'on s'imagine que cela ne

signifie rien, parce que leurs mains n'ont pas encore assez de force pour faire du mal. Mais je le demande, ne corrompt-on pas ainsi leur âme ? N'est-ce pas la pratique de la force et de la violence qu'on leur met devant les yeux ? Et si on leur a appris, dans leur enfance, à frapper, à battre leurs camarades par procuration, pour ainsi dire, si on les a encouragés à se réjouir du mal qu'ils leur ont causé, si on les a habitués à les voir souffrir, ne les a-t-on pas préparés à agir eux-mêmes de la même façon lorsqu'ils seront assez forts pour faire sentir leurs coups et pourront frapper tout de bon ?

Les vêtements ont naturellement pour raison d'être la pudeur, le besoin d'avoir chaud et de protéger notre corps, mais les parents sont assez sots et assez fous pour les recommander en vue d'usages tout différents. Ils en font un objet de vanité et d'envie. On inspire à un garçon une véritable passion pour un nouvel habit, parce que cet habit sera beau. Lorsqu'une petite fille est ajustée dans sa robe neuve, et attifée d'une coiffure à la mode, sa mère peut-elle faire moins que lui apprendre à s'admirer elle-même, en l'appelant *ma petite reine, ma princesse* ? C'est ainsi que les petits enfants apprennent à tirer vanité de leurs habits, avant qu'ils soient capables de les mettre eux-mêmes. Et comment ne continueraient-ils pas à être glorieux de l'élégance extérieure, dont le mérite revient à leur tailleur ou à leur habilleuse, alors que leurs parents leur ont enseigné de si bonne heure à faire ainsi ?

De même les mensonges et les équivoques, les excuses qui diffèrent si peu des mensonges, on les met sur les lèvres des enfants [1]. On loue d'y recourir les enfants et les apprentis, quand l'intérêt des parents ou des patrons y trouve son compte. Et comment supposer que l'enfant qui a vu qu'on autorisait, qu'on encourageait même l'altération de la vérité, quand c'était pour

---

1. « Les mensonges, dit Rousseau, sont tous l'ouvrage des maîtres ».

le bien de son honnête patron, ne profitera pas de la même permission pour lui-même, quand il y trouvera son compte ?

C'est seulement la médiocrité de leur fortune qui empêche les gens du peuple d'encourager l'intempérance chez leurs enfants, de les provoquer par des friandises, de les inviter à boire ou à manger ou delà du nécessaire. Leur propre mauvais exemple, quand ils trouvent l'occasion de festoyer, montre bien que ce n'est point par aversion pour l'ivrognerie ou la gloutonnerie, que c'est seulement faute de ressources qu'ils s'abstiennent de ces excès. Si, d'autre part, nous jetons les yeux sur les maisons de ceux qui sont un peu plus favorisés de la fortune, le boire et le manger y sont à tel point la grande affaire et le grand bonheur de la vie, que les enfants passent pour négligés s'ils n'en ont point leur bonne part. Les sauces et les ragoûts, les aliments de toute espèce relevés par les artifices de la cuisine, voilà ce qu'on emploie pour exciter leur palais quand ils ont déjà le ventre plein ; et alors, de peur que leur estomac ne soit surchargé, le prétexte est tout trouvé pour leur offrir un autre verre de vin, histoire d'aider la digestion, tandis qu'en réalité cela sert seulement à accroître l'indigestion.

Si mon petit maître est légèrement indisposé, la première question qu'on lui fait est celle-ci : « Mon ami, que veux-tu manger ? Que pourrions-nous inventer pour te satisfaire ? ». On le presse instamment de boire et de manger ; on met en œuvre toute espèce d'artifices, afin de trouver quelque chose d'assez exquis, d'assez délicat, qui triomphe de ce défaut d'appétit, que la nature a sagement placé au début des maladies, comme un moyen d'en empêcher l'accroissement : afin que, débarrassée du travail ordinaire de la digestion et déchargée de tout nouveau poids sur l'estomac, elle puisse à loisir corriger et maîtriser les humeurs peccantes.

Lors même que les enfants sont assez heureux pour avoir des parents avisés, dont la prudence les préserve des excès de leur table et les soumet à la sobriété d'un régime simple et frugal, il est difficile que leur esprit échappe aux influences empoisonnées qui le corrompent. Grâce au régime sobre qu'ils suivent lorsqu'ils sont surveillés, leur santé peut être garantie ; mais leurs désirs en général doivent nécessairement se conformer aux leçons d'épicurisme qu'on leur donne partout sur ce sujet. L'éloge que l'on fait partout devant eux de la bonne chère ne peut manquer d'être le stimulant actif d'une passion d'ailleurs naturelle, et de les disposer bien vite à aimer une table bien servie, quelque dispendieuse qu'elle soit. N'est-ce pas là, en effet, ce que tout le monde, même ceux qui réprouvent ce vice, appellent bien vivre ? Qu'est-ce qu'une raison chagrine pourrait objecter contre le témoignage général de l'opinion publique ? Peut-on espérer qu'elle sera entendue, si elle dénonce ces habitudes comme des habitudes de luxe, alors que le luxe est si fort applaudi et universellement en honneur chez les gens de qualité ?

C'est maintenant un vice si invétéré, et qui a de si puissants partisans, que je ne sais s'il ne prétend pas même au titre de vertu, et si on ne passerait point pour fou ou pour ignorant des choses du monde, à vouloir seulement ouvrir la bouche pour l'attaquer. Et je soupçonne que mes discours sur ce sujet pourraient bien être critiqués comme une petite satire étrangère à mon propos, si je n'en avais parlé avec l'intention d'exciter et d'accroître le soin et la vigilance des parents dans l'éducation de leurs enfants, en leur faisant voir combien ils sont assiégés de tous côtés, non seulement par des tentations propres à les corrompre, mais par des professeurs de vice, qui peut-être se rencontrent précisément parmi les personnes qu'ils considèrent comme les garants de leur sécurité [1].

---

1. Dans ces réclamations de Locke contre les mauvais exemples et les influences fâcheuses du milieu social, se trouve peut-être le germe du paradoxe

Je ne veux pas m'étendre plus longtemps sur ce sujet, encore moins insister sur tous les détails qui montreraient quel mal on se donne pour gâter les enfants et leur inculquer les principes du vice ; mais je prie les parents de considérer sérieusement s'il y a un seul vice ou un seul défaut qu'on n'enseigne pas aux enfants, et s'il n'est pas de leur devoir et de leur sagesse de leur procurer d'autres enseignements.

Les fantaisies de l'enfant

38. Il me paraît évident que le principe de toute vertu et de toute excellence morale consiste dans le pouvoir de nous refuser à nous-même la satisfaction de nos propres désirs, lorsque la raison ne les autorise pas. Ce pouvoir, on l'acquiert et on le développe par l'habitude, on en rend l'exercice aisé et familier, en le pratiquant de bonne heure. Si donc je pouvais me faire écouter, je dirais que, contrairement à la méthode ordinaire, les enfants doivent être accoutumés à dominer leurs désirs et à se passer de leurs fantaisies, même dès le berceau. La première chose qu'il faudrait leur apprendre, c'est que, toutes les choses qu'on leur donne, ils ne les obtiennent pas parce qu'elles leur sont agréables, mais parce qu'on juge qu'elles leur sont utiles. Si l'on avait soin, après leur avoir accordé tout ce qui est nécessaire à leurs besoins, de ne jamais leur donner ce qu'ils réclament par des cris, ils apprendraient à s'en passer ; ils ne s'aviseraient plus de vouloir être les maîtres à force de brailler ou de se dépiter ; ils ne seraient pas enfin de moitié aussi importuns à eux-mêmes et aux autres, qu'ils le sont d'ordinaire, pour n'avoir pas été ainsi traités dès le début de leur éducation. Si l'on n'accordait jamais la satisfaction de

pédagogique de Rousseau qui, dans l'*Émile*, isole absolument son élève et lui interdit tout contact avec la société.

leurs désirs à l'impatience qu'ils témoignent, ils ne crieraient pas plus pour avoir ceci ou cela, qu'ils ne crient pour avoir la lune[1].

39. Ce n'est pas qu'il faille, selon moi, n'avoir aucune complaisance pour l'enfant, ou espérer qu'il se comportera avec la sagesse d'un parfait magistrat. Je prends l'enfant pour ce qu'il est, pour un enfant qu'il faut traiter avec douceur, qui doit jouer et avoir des jouets. Ce que je veux dire, c'est que toutes les fois qu'il veut obtenir une chose ou faire une action qui ne lui convient pas, on ne doit pas le lui accorder sous prétexte qu'il est petit, et parce qu'il le désire ; il faut, au contraire, toutes les fois qu'il réclamera quelque chose avec importunité, lui faire comprendre que pour cette raison même elle lui sera refusée[2]. J'ai vu à table des enfants, qui, quelques plats qu'il y eût devant eux, ne demandaient jamais rien, mais se contentaient de prendre ce qu'on leur donnait. J'en ai vu d'autres qui criaient pour avoir de tout ce qu'ils voyaient sur la table ; il fallait leur donner de chaque plat, et encore les servir les premiers. D'où provenait une telle différence ? De ce que les uns avaient été accoutumés à obtenir tout ce qu'ils demandaient avec des cris et les autres à s'en passer. Plus ils sont petits, et plus je crois nécessaire de résister à leurs appétits

1. « On ne doit jamais céder aux cris des enfants, même dans leur première jeunesse, et leur permettre d'imposer quelque chose de cette manière », Kant, *Réflexions sur l'éducation*, p. 164.

2. M. Molyneux, à qui Locke avait communiqué son ouvrage avant l'impression, lui écrivait : « Il y a un point dans votre livre où vous me semblez trop rigoureux […]. Pour enseigner aux enfants la modération et la tempérance, est-il nécessaire de résister à tous leurs désirs quand il s'agit de choses indifférentes et innocentes ? […] Je ne puis là-dessus être d'accord avec vous : ce serait supprimer la liberté qui doit régner dans les rapports des parents et des enfants. Une autre raison pour accorder aux enfants la liberté d'exprimer leurs désirs innocents c'est que le contraire est impraticable… », Lettre du 12 août 1693, *Correspondence*, t. IV, p. 713-714.

déréglés et désordonnés. Moins ils ont de raison par eux-mêmes, et plus ils doivent être soumis au pouvoir absolu et à la direction de ceux qui en ont la garde. Ce qui résulte de là, j'en conviens, c'est qu'il ne faut laisser auprès d'eux que des personnes sages. Si en général les choses se passent autrement, je n'y puis rien. Je dis ce que je crois nécessaire qu'on fasse. Si la mode était déjà à le faire, je n'aurais pas besoin d'importuner les gens par mes sermons. Cependant, je n'en doute pas, si l'on veut bien y réfléchir, je ne serai pas seul à penser que plus tôt on commencera à faire prendre ce pli aux enfants, mieux cela vaudra pour leurs maîtres et pour eux-mêmes, et qu'il faut observer comme une maxime inviolable de ne jamais accorder à leurs cris ou à leurs importunités ce qu'on leur a une fois refusé, à moins qu'on ne veuille leur apprendre à être impatients et fâcheux, en les récompensant de leur impatience et de leur fâcherie [1].

40. Ceux donc qui prétendent gouverner leurs fils, doivent commencer, quand ils sont tout petits, à obtenir d'eux une soumission complète à leur volonté. Voulez-vous avoir un fils qui vous obéisse, une fois l'âge de l'enfance écoulé, ayez soin alors d'établir votre autorité de père, aussitôt que l'enfant est capable de soumission et peut comprendre de qui il dépend. Si vous voulez qu'il ait du respect pour vous, inculquez-lui ce sentiment dès son enfance; et à mesure qu'il s'avancera vers l'âge viril, admettez-le plus intimement dans votre familiarité. De cette façon vous aurez en lui un sujet obéissant (comme il convient), pendant qu'il est petit, et un ami affectueux quand

---

1. Comme l'on sait Rousseau a repris cette règle. Kant a suivi Locke et Rousseau : « Si l'on a des raisons pour ne pas céder aux prières de l'enfant, on ne doit pas se laisser toucher par beaucoup de prières. Tout refus doit être irrévocable. C'est un moyen infaillible de n'avoir pas besoin de refuser souvent », *Réflexions sur l'éducation*, p. 165.

il sera devenu un homme[1]. Car, à mon avis, c'est se tromper gravement sur la conduite à tenir avec les enfants, que de se montrer indulgent et familier avec eux lorsqu'ils sont petits, et d'être sévère au contraire, de les tenir à distance, lorsqu'ils sont grands. La liberté et la complaisance ne peuvent être bonnes pour des enfants. Comme ils manquent de jugement, ils ont besoin de direction et de discipline. Au contraire une sévérité impérieuse est une mauvaise manière de se conduire avec des hommes, qui ont par eux-mêmes assez de raison pour se diriger. Je ne suppose pas qu'il vous convienne d'avoir des enfants qui, une fois qu'ils auront grandi, seront fatigués de vous et diront tout bas : « Mon père, quand mourrez-vous donc ? ».

41. J'imagine que, de l'aveu de tout le monde, il est raisonnable que les enfants, tant qu'ils sont en bas âge, tiennent leurs parents pour leurs seigneurs, pour leurs maîtres absolus, et qu'en cette qualité ils les craignent, que d'autre part, à un âge plus avancé, ils ne voient en eux que leurs meilleurs amis, les seuls qui soient sûrs, et que par conséquent ils les aiment et les respectent. La méthode que j'ai proposée est, si je ne me trompe, le seul moyen d'obtenir ces résultats. Nous devons nous rappeler que nos enfants, une fois devenus grands, sont en tous points semblables à nous, qu'ils ont les mêmes passions, les mêmes désirs que nous. Or nous voulons être pris pour des créatures raisonnables ; nous voulons jouir de notre liberté ; nous détestons d'être gênés par de perpétuelles réprimandes, par un ton plein de morgue ; nous ne saurions supporter chez ceux que nous fréquentons l'humeur sévère, l'habitude de

1. Locke, en parlant ainsi, se ressouvenait de l'éducation qu'il avait lui-même reçue. Comme Stuart Mill, il avait été élevé sévèrement par son père, qui le tenait à distance et qui le forma de bonne heure à l'obéissance et au respect. Mais à mesure que l'enfant devint homme, la familiarité succéda à la rigueur, et son père le traita en « parfait ami », au point de lui demander solennellement pardon pour l'avoir une fois frappé tout petit dans un accès de colère.

nous tenir à distance. Quiconque est ainsi traité, une fois arrivé à l'âge d'homme, s'empresse de chercher une autre société, d'autres amis, d'autres relations avec qui il puisse vivre plus librement. Si donc, dès les commencements, on tient de court les enfants qui sont faciles à gouverner durant leur bas âge, ils se soumettront sans murmure à ce régime, n'en ayant pas connu d'autre. Et si, à mesure qu'ils acquièrent l'usage de la raison, on a soin de relâcher doucement la rigueur de la discipline, si, à mesure qu'ils s'en rendent dignes, leur père les regarde d'un front moins sévère et peu à peu rapproche les distances, alors la contrainte où on les aura tenus d'abord ne fera qu'accroître leur amour pour leurs parents, parce qu'ils comprendront qu'elle n'avait pas d'autre cause que la tendresse, et qu'elle n'était qu'une précaution prise pour les rendre capables de mériter la faveur de leurs parents et l'estime de tout le monde.

42. Telles sont les règles générales à suivre pour établir votre autorité sur vos enfants. C'est par la crainte et le respect que vous devez d'abord prendre de l'empire sur leurs esprits ; c'est par l'amour et l'amitié que plus tard vous devez le conserver. Le moment viendra, en effet, où les enfants échapperont au fouet et aux châtiments, et alors si l'affection qu'ils ont pour vous ne suffit pas pour les rendre obéissants et les attacher à leurs devoirs, si l'amour de la vertu, si l'amour-propre ne les maintient pas dans la bonne voie, sur quelle influence comptez-vous donc, je vous prie, pour les obliger à se bien conduire ? Sans doute la crainte d'être mal partagés dans votre héritage, s'ils venaient à vous déplaire, peut les rendre en apparence les esclaves de vos désirs : mais cela ne les empêchera pas de se conduire mal dans leur particulier, et d'ailleurs cette contrainte ne durera pas toujours. Il faudra bien que tôt ou tard l'homme soit livré à lui-même et à sa propre conduite, et celui-là seul est vraiment bon, vertueux et capable, qui est tout cela par le dedans. Aussi faut-il commencer de bonne heure à inspirer

à l'enfant les dispositions qui doivent être le résultat de son
éducation, qui agiront et qui régneront sur toute sa vie : je veux
dire des habitudes qui deviennent les vrais principes de ses
actes, et non ces apparences hypocrites, ces dehors plâtrés, que
la peur seule maintient chez les enfants, parce qu'ils veulent
éviter pour le moment la colère qui peut-être les déshéritera.

DES CHÂTIMENTS

43. Après ces explications générales sur la méthode à suivre, il convient d'examiner maintenant avec plus de détail les moyens de discipline à employer. J'ai tant parlé de la nécessité de diriger les enfants d'une main ferme, que vous me soupçonnerez peut-être de ne pas tenir compte suffisamment des exigences de leur jeune âge et de leur faible constitution. Mais ce soupçon s'évanouira de votre esprit, si vous voulez bien me prêter encore quelque attention. Je suis en effet très porté à penser que, dans l'éducation des enfants, des châtiments trop sévères ne font pas beaucoup de bien et font au contraire beaucoup de mal; et je crois que, *cæteris paribus*, les enfants qui ont été les plus châtiés sont les moins aptes à devenir de braves gens. Tout ce que j'ai prétendu établir jusqu'ici, c'est que, quel que soit le degré de rigueur nécessaire, il convient d'en user d'autant plus volontiers que l'enfant est plus jeune. Une fois que cette sévérité, convenablement appliquée, a produit son effet, il est bon de la modérer et de lui substituer une forme de discipline plus douce.

44. Si par une direction ferme les parents ont su rendre complaisante et souple la volonté de leurs enfants, avant qu'ils aient assez de mémoire pour se rappeler comment on les a traités, ces dispositions leur paraîtront naturelles, et elles

agiront désormais en eux comme si elles l'étaient en effet; elles préviendront toute tentative de résistance ou de révolte. Il faut seulement avoir soin de commencer de bonne heure, et se montrer inflexible, jusqu'à ce que la crainte et le respect soient devenus des sentiments familiers à l'enfant, et qu'on ne sente plus le moindre effort dans la soumission, dans l'obéissance spontanée de leur esprit. Une fois que cette habitude du respect est prise (et elle doit l'être de bonne heure, sans quoi, pour la rétablir, il faudra prendre beaucoup de peine et ne pas ménager les coups, et la difficulté sera d'autant plus grande qu'on aura différé davantage), c'est par cette habitude, en y mêlant toujours autant d'indulgence qu'en méritera l'enfant par le bon usage qu'il saura en faire, ce n'est point par les coups, par les gronderies et autres châtiments serviles, qu'il faudra désormais le gouverner à mesure qu'il acquiert plus d'intelligence [1].

45. Qu'il faille se conduire ainsi, c'est ce qu'on ne peut manquer d'accorder, si l'on veut bien considérer ce qu'est une éducation libérale et à quel but elle tend. 1) L'homme doit avoir la maîtrise de ses inclinations; il faut qu'il sache résister à l'impression importune d'un plaisir présent ou d'une peine, et se conformer à ce que la raison lui dit qu'il est convenable de faire, s'il ne veut pas manquer des vrais principes de la vertu et de la prudence, et s'exposer à n'être jamais bon à rien. Il faut donc cultiver à temps ces dispositions, qui sont contraires à la nature livrée à elle-même; il faut faire de ces habitudes les vrais fondements du bonheur et du savoir-vivre dans la suite de l'existence; il faut les inculquer dans l'esprit aussitôt que possible, dès que paraissent les premières lueurs de l'intelligence; il faut enfin que ceux qui dirigent l'éducation d'un

---

1. Voir Montaigne : « J'accuse toute violence en l'education d'une ame tendre qu'on dresse pour l'honneur et la liberté. On m'a ainsi eslevé : ils disent qu'en tout mon premier aage, je n'ay tasté des verges qu'à deux coups et bien mollement », *Essais*, livre II, VIII, p. 389.

enfant les fortifient en lui par tous les soins, par tous les moyens imaginables.

46. 2) D'autre part, si l'esprit des enfants est trop humilié, trop asservi, si leurs facultés sont comme abattues et énervées par l'excès d'une discipline trop rigoureuse, ils perdent toute leur vigueur, toute leur activité, et tombent dans un état pire que le précédent. En effet, de jeunes étourdis, qui ont de la vivacité et de l'esprit, peuvent parfois se réformer et devenir des hommes capables, même de grands hommes; mais des esprits abattus, timides et mous, des esprits bas et faibles, ne peuvent que difficilement se redresser, et il est rare qu'ils parviennent à quelque chose. Eviter à la fois les deux écueils, c'est le grand art. Celui qui a trouvé le moyen de conserver à l'enfant un esprit facile, actif et libre, tout en le détournant d'un grand nombre de choses dont il aurait envie et en le disposant à des actions qui lui sont désagréables : celui-là, dis-je, qui a su réconcilier ces contradictions apparentes, a, selon moi, découvert le secret de l'éducation.

47. La méthode ordinaire, méthode expéditive et commode pour la paresse des maîtres, celle qui procède par châtiments et coups de fouet[1], et qui est à peu près la seule que les précepteurs emploient, la seule même qu'ils croient possible, est de toutes la moins propre au service de l'éducation, parce qu'elle tend à produire deux maux contraires, ce Charybde et ce Scylla, contre lesquels, je l'ai montré, viennent d'un côté ou de l'autre échouer toutes les éducations mal dirigées.

48. 1) Les châtiments de ce genre ont le tort de ne pas nous exercer à vaincre l'inclination naturelle qui fait que nous recherchons le plaisir sensible et immédiat, et que nous

---

1. Les châtiments corporels étaient alors extrêmement répandus. Locke lui-même ne les condamne pas absolument ; il les admet dans des cas extrêmes et d'impérieuse nécessité (voir *infra*, § 78).

voulons éviter la peine coûte que coûte; tout au contraire ils
l'encouragent, et par suite fortifient en nous la disposition d'où
jaillissent toutes les actions vicieuses, toutes les irrégularités
de la vie. Quel est en effet le sentiment qui gouverne alors
l'enfant, sinon l'amour du plaisir ou l'aversion de la peine
sensible, quand il étudie sa leçon contre son gré, ou s'abstient
de manger un fruit malsain qui lui est agréable pour cette seule
raison qu'il a peur d'être fouetté? Il ne fait en ce cas que préférer le plus grand plaisir, ou éviter la plus grande peine sensible.
Et qu'est-ce, je le demande, que proposer de pareils motifs à sa
conduite et à ses actions, sinon cultiver en lui la disposition que
nous devons précisément déraciner et détruire? Je ne saurais
donc croire qu'une correction soit utile à un enfant, quand la
honte de la subir pour avoir commis quelque faute, n'a pas plus
de pouvoir sur son esprit que la peine elle-même.

    49. 2) Les châtiments de cette espèce ont pour résultat
nécessaire de faire haïr à l'enfant des choses que le devoir des
précepteurs serait précisément de lui faire aimer. En effet rien
de plus ordinaire que de voir des enfants se mettre à détester
des choses qui ne leur répugnaient pas tout d'abord, uniquement parce qu'elles leur ont valu des réprimandes, des coups
de fouet, de mauvais traitements. Et comment s'étonner qu'il
en soit ainsi, alors que les hommes faits eux-mêmes ne
sauraient prendre goût à rien, si on employait avec eux des
méthodes semblables? Quel est l'homme qui ne prendrait en
dégoût un divertissement innocent et par lui-même indifférent,
si à force de coups et d'injures on prétendait l'y contraindre,
quand il n'y est pas disposé; ou si, à raison de certaines
circonstances, toutes les fois qu'il s'y livrerait il était traité de
la sorte? Il est naturel qu'il en soit ainsi. Les choses les plus
indifférentes deviennent désagréables par le fait des circonstances désagréables qui les accompagnent: la seule vue de la
coupe, où l'on prend d'habitude des médecines répugnantes,

soulève l'estomac, et l'on ne saurait y rien boire avec plaisir, alors même que la coupe serait des plus propres, des plus élégantes, et faite de la plus riche matière.

50. 3) Enfin une discipline servile fait des caractères serviles[1]. L'enfant se soumet et feint d'obéir, tant que la crainte du fouet agit sur lui : mais dès qu'il en est délivré et que, n'étant plus sous les yeux de son maître, il peut se permettre l'impunité, il donne libre carrière à ses inclinations naturelles, qui loin d'être affaiblies par cette méthode se sont au contraire accrues et fortifiées en lui, et qui, un instant contraintes, éclatent avec d'autant plus de violence. Reste une autre hypothèse.

51. 4) Si la sévérité poussée jusqu'à ses extrêmes limites parvient à dominer l'enfant et à corriger pour le moment son caractère désordonné, elle met souvent à la place une maladie pire encore et plus dangereuse, qui est de briser les ressorts de son esprit. Alors au lieu d'un jeune homme turbulent, vous avez une pauvre créature sans énergie, capable encore de plaire avec sa sagesse forcée aux sots qui aiment les enfants mous et indolents, parce qu'ils ne font pas de bruit et ne causent aucun ennui, mais qui ne manquera probablement pas de paraître à ses amis un être incommode, et qui en effet, pendant toute sa vie, sera pour lui-même et pour les autres un être inutile.

---

1. Il est impossible de prononcer plus nettement et avec plus de force la condamnation des châtiments corporels. On oublie trop dans la discipline que le but n'est pas seulement de faire régner l'ordre dans la classe et dans l'école, d'obtenir la droiture apparente et le travail du moment. Le but à atteindre est plus élevé : il s'agit de préparer des caractères libres et droits, sachant se gouverner eux-mêmes, et le problème de la discipline peut être formulé ainsi : « préparer la liberté par l'obéissance ».

DES RÉCOMPENSES ET DE L'HONNEUR

Les récompenses

52. Les coups et les autres sortes de châtiments serviles et corporels ne conviennent donc pas comme moyens de discipline dans l'éducation d'un enfant dont nous voulons faire un homme sage, bon et libre ; aussi ne faut-il y recourir que rarement et surtout dans les grandes occasions, dans les cas extrêmes. D'un autre côté, il faut éviter avec le même soin de flatter les enfants en les récompensant par des choses qui leur plaisent. Celui qui donne à son fils des pommes, ou des dragées, ou quelque autre chose du même genre, pour le décider à apprendre sa leçon, ne fait qu'encourager son inclination pour le plaisir, et choyer cette dangereuse tendance qu'il devrait par tous les moyens vaincre et étouffer en lui. Vous ne pouvez avoir l'espoir de l'habituer à la maîtriser, si vous compromettez la résistance que vous lui opposez sur un point par la satisfaction que vous lui accordez sur un autre point.

Pour devenir un homme bon, sage et vertueux, il est nécessaire que l'enfant apprenne à dominer ses appétits, à triompher de son inclination pour la richesse, la parure, pour tout ce qui flatte le palais, etc., toutes les fois que sa raison conseille le contraire et que son devoir l'exige. Mais si vous l'engagez à faire quelque chose de raisonnable en lui offrant de l'argent, si vous le dédommagez de la peine d'apprendre sa leçon par le plaisir de manger un morceau friand ; si vous lui promettez une cravate à dentelles ou un bel habit neuf, pour le récompenser de quelques-uns de ses petits devoirs d'écolier, n'est-il pas vrai que lui proposer ces récompenses c'est reconnaître qu'elles sont de fort désirables choses qu'il faut rechercher, c'est l'encourager à les aimer, c'est l'accoutumer à y placer son bonheur [1]. C'est ainsi que, en général, pour obtenir des enfants qu'ils apprennent avec zèle la grammaire, la danse, ou quelque autre chose du même genre, de peu d'importance pour le bonheur et l'utilité de leur vie, les parents emploient mal à propos les récompenses et les châtiments ; ils compromettent la vertu, renversent les principes de l'éducation, et enseignent à leurs enfants le luxe, l'orgueil ou la convoitise, etc. En effet, par leur complaisance pour de mauvaises inclinations qu'ils flattent au lieu de les modérer, ils jettent les fondements de tous les vices futurs, vices qu'il est impossible de combattre autrement qu'en pliant les désirs de l'enfant et en l'habituant de bonne heure à se soumettre à la raison.

53. Je n'entends pas cependant qu'il faille priver les enfants des agréments ou des plaisirs de la vie, toutes les fois que ces plaisirs ne portent pas préjudice à leur santé ou à leur

---

1. En résumé Locke ne veut pas de récompenses sensibles, ni de punitions sensibles, parce qu'elles habituent selon lui l'enfant à faire du plaisir ou de la douleur le principe de sa conduite. C'est dans le même sens que Kant a dit : « Si on punit l'enfant quand il fait mal, et si on le récompense quand il fait bien, il fait alors le bien pour être bien traité », *Réflexions sur l'éducation*, p. 167. Il faudrait cependant se décider à prendre l'homme pour ce qu'il est, pour un être que le plaisir et l'intérêt gouverneront toujours en partie, surtout quand il est enfant, et que le seul sentiment de l'honneur, pas plus que l'idée du devoir, ne peut suffire à guider. Il est à remarquer qu'un contemporain de Locke, l'idéaliste Malebranche, se rencontre sur ce point avec le sensualiste anglais et proscrit les récompenses sensibles, parce qu'il veut développer de bonne heure chez l'enfant le goût des idées abstraites.

vertu. Au contraire je voudrais que leur vie fût aussi douce, aussi agréable que possible, qu'elle s'écoulât dans la pleine jouissance de tout ce qui peut innocemment les charmer : à cette condition pourtant qu'ils ne voient dans ces plaisirs que les suites naturelles de l'estime qu'ils ont méritée. Il ne faut jamais les leur offrir ou les leur accorder comme les récompenses de tel ou tel devoir particulier pour lequel ils éprouvent de la répugnance, ou auquel ils ne se décideraient pas à s'appliquer, s'ils n'y étaient engagés par l'espoir de cette récompense.

54. Mais, dira-t-on, si d'un côté on doit renoncer au fouet, et de l'autre à ces petits encouragements qui plaisent et séduisent, comment faut-il alors gouverner les enfants ? Otez l'espérance et la crainte, il n'y a plus de discipline. J'accorde que le bien et le mal, la récompense et la punition, sont les seuls motifs d'action pour une créature raisonnable ; ce sont comme les aiguillons qui excitent à l'action et comme les rênes qui guident le genre humain tout entier. Par conséquent il faut aussi s'en servir avec les enfants, qui – je prie les parents et les maîtres de se le mettre bien dans l'esprit – doivent être traités comme des créatures raisonnables [1].

55. Oui, je l'avoue, les récompenses et les punitions doivent être employées avec les enfants, si l'on veut agir sur eux. Mais l'erreur que je combats, c'est qu'à mon avis on choisit mal celles que l'on met généralement en usage. Les plaisirs et les peines du corps sont, je crois, d'un funeste effet, quand on en fait des récompenses et des punitions destinées à

---

1. « Les plus petits enfants, dit Malebranche, ont de la raison, aussi bien que les hommes faits », *Recherche de la vérité*, II, I, § 8, 2. Contre ces exagérations, Rousseau proteste avec force : « De toutes les facultés de l'homme la raison est celle qui se développe le plus difficilement et le plus tard, et c'est de celle-là qu'on veut se servir pour développer les premières ! Le chef-d'œuvre d'une bonne éducation est de faire un homme raisonnable, et l'on prétend élever un enfant par la raison ! [...] La nature veut que les enfants soient enfants avant que d'être hommes », *Émile*, livre II, p. 317-319.

assurer l'autorité des parents sur leurs enfants ; par là, comme je l'ai dit plus haut, on ne fait qu'augmenter la force de ces inclinations qu'il s'agit précisément de dominer et de maîtriser. Quel principe de vertu avez-vous jeté dans l'esprit d'un enfant, si vous ne parvenez à le détourner de désirer un plaisir qu'en lui proposant un autre plaisir ? Vous ne faites ainsi que donner plus de force à ses appétits et égarer son désir sur un grand nombre d'objets. Si un enfant crie pour avoir un fruit malsain et dangereux, vous essayez de le faire tenir tranquille en lui donnant une sucrerie plus inoffensive. Par là peut-être vous préservez sa santé, mais vous gâtez son esprit, vous le précipitez dans un plus grand désordre encore. Ici en effet vous changez seulement l'objet ; vous n'en flattez pas moins ses appétits ; vous lui permettez de se satisfaire, et c'est là, comme je l'ai montré, la racine du mal. Jusqu'à ce que vous l'ayez mis en état de supporter le refus de cette satisfaction, vous pouvez avoir réussi à le rendre pour le moment sage et tranquille, mais vous n'avez pas guéri la maladie. Par cette manière de procéder, vous fomentez, vous caressez en lui l'instinct qui est la source d'où jaillissent tous les maux, et vous pouvez être certain qu'à la première occasion cet instinct éclatera de nouveau avec plus de violence, lui inspirera une plus ardente passion et vous causera plus d'ennui.

Le sentiment de l'honneur

56. Les récompenses et les punitions qui vous serviront à tenir vos enfants dans le devoir sont d'une nature toute différente, et leur action est si puissante qu'une fois que nous avons réussi à les mettre en œuvre il ne restera plus, je crois, rien à faire : toutes les difficultés seront aisément surmontées. L'honneur et le déshonneur (*esteem and disgrace*) sont de tous les aiguillons ceux qui stimulent le plus l'esprit, dès qu'il peut y être sensible. Si vous pouvez inspirer à vos enfants le senti-

ment de l'honneur, la crainte de la honte et du déshonneur, vous aurez établi dans leurs esprits les vrais principes qui ne cesseront plus de les disposer au bien[1]. Mais, dira-t-on, que faire pour y réussir ?

Je confesse que la chose, à première vue, ne paraît pas exempte de difficulté ; mais j'estime qu'il vaut la peine de rechercher (et de mettre en pratique une fois qu'on les aura découverts) les moyens d'atteindre à un résultat où est renfermé, selon moi, le grand secret de l'art de l'éducation.

57. D'abord, les enfants (plus tôt peut-être que nous ne pensons) sont très sensibles à la louange et aux compliments. Ils trouvent du plaisir à être estimés et appréciés surtout par leurs parents et par tous ceux dont ils dépendent. Si, par conséquent, le père les caresse et les loue, lorsqu'ils ont fait quelque chose de bien, s'il leur montre au contraire un air froid et indifférent, lorsqu'ils ont fait quelque chose de mal, si en même temps leur mère et toutes les personnes qui les entourent les traitent de même, il ne faudra pas beaucoup de temps pour qu'ils saisissent la différence. De tels moyens, si on les emploie

---

1. Locke ne veut ni de la crainte des châtiments corporels, ni de l'appât des récompenses sensibles, comme moyen essentiel de discipline ; c'est donc dans le sentiment de l'honneur seul qu'il compte trouver le principe de la direction des volontés.

Locke a toujours considéré le sentiment de l'honneur comme le principal ressort des actions humaines. Voici ce qu'il écrivait à Paris, dans son journal, en 1678. « La principale source des actions des hommes, la règle par laquelle ils se conduisent, et la fin à laquelle ils tendent, semble être l'honneur et la réputation, et ce qu'ils veulent à tout prix éviter, c'est surtout le déshonneur et la honte. C'est ce qui fait que les Hurons et d'autres peuples du Canada endurent avec tant de constance d'incroyables tortures. C'est ce qui fait les marchands dans un pays, les soldats dans un autre. C'est ce qui fait qu'on étudie ici l'astrologie, là les mathématiques et la physique. C'est ce qui détermine la forme des vêtements pour les femmes, les modes pour les hommes… La honte d'être méprisé par ceux avec qui l'on a vécu et auprès desquels on voudrait se rendre recommandable est le grand principe qui dirige les actions des hommes ».

constamment, feront plus d'effet sur leurs esprits, je n'en doute pas, que les coups et les menaces, qui perdent leur force pour peu qu'ils deviennent communs, qui ne servent à rien, s'ils ne sont pas accompagnés d'un sentiment de honte, et qu'il faut par conséquent s'interdire de jamais employer, excepté dans les cas extrêmes que nous avons mentionnés plus loin.

58. Mais, en second lieu, pour rendre plus profond le sentiment de l'honneur et du déshonneur, pour lui donner plus d'autorité, il faut que d'autres choses agréables ou désagréables soient constamment jointes à ces deux états différents : non comme des récompenses ou des punitions particulières attribuées à telle ou telle action particulière, mais comme des conséquences nécessaires qui attendent infailliblement tout enfant, lorsque par sa propre faute il a mérité le blâme ou la louange. Par cette façon d'agir, les enfants en viendront facilement à comprendre que tous ceux qui ont mérité d'être loués et estimés, pour leur application à bien faire, sont nécessairement aimés et choyés par tout le monde, et qu'ils obtiennent tous les avantages qui sont les conséquences de leur bonne conduite ; tandis que d'autre part l'enfant qui par quelque faute a perdu l'amitié de ses parents et n'a pas pris soin de conserver intacte sa bonne réputation, doit immanquablement s'attendre à l'indifférence et au mépris, et par suite se verra privé de tout ce qui pourrait le satisfaire ou le réjouir. De cette façon les objets du désir deviennent pour l'enfant les auxiliaires de sa vertu, pour peu qu'une expérience constante lui ait appris, dès le début de la vie, que les choses qui lui sont agréables appartiennent et sont réservées uniquement à ceux qui ont gardé leur bonne réputation. Si par ces moyens vous avez réussi une seule fois à leur faire honte de leurs fautes (et je serais d'avis qu'on ne recourût pas à d'autre châtiment que celui-là), si vous les avez rendus sensibles au plaisir d'être estimés, vous pourrez faire d'eux tout ce que vous voudrez, et ils aimeront toutes les formes de la vertu.

59. La grande difficulté provient, je crois, de la sottise et de la folie des domestiques, qu'on a beaucoup de peine à empêcher de se mettre en travers des intentions du père et de la mère. Les enfants, rebutés par leurs parents pour la faute qu'ils ont commise, trouvent d'ordinaire un refuge et une consolation dans les caresses de ces flatteurs imprudents, qui défont ainsi tout ce que les parents s'efforcent de faire. Lorsque le père ou la mère bat froid à son enfant, tout le monde devrait garder avec lui la même réserve; personne ne devrait lui donner d'encouragement, jusqu'à ce que, ayant demandé pardon et s'étant amendé, il soit rentré dans la bonne voie et mérite de nouveau les bonnes grâces de ses parents. Si l'on s'en tenait fermement à cette méthode, j'imagine qu'on n'aurait guère besoin d'employer les coups ou les réprimandes. Leur propre plaisir et leur propre intérêt disposeraient bien vite les enfants à rechercher l'approbation de leurs parents et à éviter des actions qu'ils verraient condamner par tout le monde et dont ils seraient sûrs de porter la peine, sans qu'il fût nécessaire de les gronder ou de les battre. Ils apprendraient ainsi à être modestes, à connaître le sentiment de la honte et ils en viendraient bien vite à éprouver une horreur naturelle pour des actions qui les exposent, ils le savent, à l'indifférence et au mépris de tout le monde. Mais quant à chercher les moyens de remédier aux maux dont les domestiques sont la cause, c'est un soin que je dois laisser à l'examen des parents. Mon seul but était de dire que la chose est d'une importance extrême, et qu'il faut estimer très heureux ceux qui ont réussi à entourer leurs enfants de personnes sages et discrètes.

60. Qu'on évite donc avec soin de battre ou de gronder fréquemment les enfants. De l'emploi des châtiments de cette espèce on ne peut espérer d'autre profit que d'exciter chez l'enfant un sentiment de honte et d'aversion pour les actes qui lui ont mérité ces punitions, et si son chagrin ne consiste pas

surtout dans le déplaisir d'avoir mal fait et dans la crainte de s'être attiré par là les légitimes colères de ses meilleurs amis, les coups de fouet n'auront produit qu'une cure imparfaite. Ils ne guérissent le mal que pour le moment et par une cicatrisation superficielle ; ils ne pénètrent pas au fond de la plaie. Un généreux sentiment de honte et la crainte d'avoir déplu, voilà les vrais principes pour gouverner l'enfant, les seuls qui puissent tenir son caractère en bride et l'obliger à rester dans l'ordre. Les châtiments, s'ils se renouvellent fréquemment, cessent de produire cet effet et ne tardent pas à user le sentiment de la honte. Il en est de ce sentiment chez l'enfant comme de la pudeur chez les femmes : elles la perdent, si elles en violent fréquemment les lois. Quant à la crainte de causer du déplaisir à ses parents, ce sentiment ne peut manquer lui aussi de devenir insignifiant, si les marques de ce déplaisir disparaissent trop vite, et s'il suffit de quelques coups reçus pour que la faute soit pleinement expiée. Les parents devraient examiner attentivement quelles sont chez leurs enfants les fautes assez graves pour mériter l'expression de leur colère ; mais une fois qu'ils ont manifesté un déplaisir assez vif pour qu'une punition s'ensuive, il ne faut pas qu'ils radoucissent tout de suite la sévérité de leur air ; il faut, au contraire, qu'ils fassent quelque difficulté de rendre leurs bonnes grâces au coupable, et qu'ils ajournent la réconciliation complète jusqu'à ce que l'enfant, redevenu sage et même plus sage qu'il n'est d'habitude, ait prouvé la sincérité dans son repentir. Si les choses ne sont pas réglées ainsi, la punition, par son renouvellement même, devient une chose vulgaire et commune qui perd toute influence ; la faute, la punition et le pardon forment alors aux yeux de l'enfant une série aussi naturelle, aussi nécessaire que la succession du jour, de la nuit et du matin.

61. À propos de la réputation je n'ajouterai qu'une seule remarque. Sans doute la réputation n'est pas le vrai principe ni

la mesure de la vertu, car ce principe consiste dans la connaissance que l'homme a de son devoir, dans le plaisir qu'il trouve
à obéir à son Créateur, en suivant les indications de la lumière
naturelle qu'il tient de Dieu, et dans l'espoir de lui plaire et
d'en recevoir une récompense. Cependant l'amour de la réputation est de tous les principes d'action celui qui se rapproche
le plus de la vertu. La réputation en effet, puisqu'elle est le
témoignage d'approbation que la raison des autres hommes,
par un consentement unanime en quelque sorte, accorde aux
actions vertueuses et conformes à l'ordre, la réputation doit
être considérée comme le véritable guide, comme l'aiguillon
le plus puissant de l'enfance, jusqu'au jour où les enfants ont
assez grandi pour être capables de se juger eux-mêmes et de
trouver dans leur propre raison les principes de l'honnêteté.

62. Cette observation peut servir à diriger les parents dans
leur façon de louer ou de blâmer leurs enfants. Les réprimandes, que leurs fautes rendent parfois difficiles à éviter,
doivent non seulement être faites dans des termes sobres,
graves et sans passion, mais aussi en particulier et en tête-
à-tête ; tandis que les éloges que peuvent mériter les enfants,
doivent leur être adressés devant d'autres personnes[1]. C'est
doubler en effet la récompense que publier l'éloge ; et d'autre
part si les parents témoignent de la répugnance à divulguer les
fautes commises, cela disposera davantage les enfants à désirer
le maintien de leur réputation ; cela leur apprendra à être plus
soucieux de conserver l'estime des autres, parce qu'ils croiront
encore la posséder. Si au contraire on les a couverts de honte en
publiant leurs fautes et s'ils croient avoir perdu cette estime, ce
moyen n'a plus d'action sur eux, et ils se montreront d'autant

---

1. À Port-Royal, où l'on se défiait trop de l'amour-propre, il était défendu au
contraire de décerner des éloges publics ou privés. « Si Dieu a mis quelque bien
dans l'âme d'un enfant, il faut l'en louer (en louer Dieu) et garder le silence ».

moins désireux de mériter l'approbation d'autrui, qu'ils seront plus portés à croire que leur réputation est déjà compromise.

63. Mais si l'on suit avec les enfants les bonnes méthodes, il ne sera pas nécessaire d'appliquer le système ordinaire des punitions et des récompenses, aussi souvent qu'on se l'imagine ou qu'on a coutume de le faire. En effet les folies innocentes, les jeux, les amusements puérils, tout cela doit être permis à l'enfant, librement et sans restriction, au moins dans la mesure où ces actions peuvent se concilier avec le respect qui est dû aux personnes présentes ; et on ne saurait sur ce point être trop indulgent. Ces défauts sont les défauts de l'âge plutôt que les défauts des enfants eux-mêmes ; et si, comme on devrait le faire, on laissait au temps, à l'exemple, au progrès des années, le soin de les corriger, on épargnerait à l'enfant beaucoup de corrections appliquées mal à propos et sans profit. Ces corrections en effet, ou bien ne parviennent pas à dominer les dispositions naturelles de l'enfance ; et alors de leur renouvellement inutile il résulte seulement que, dans des cas où elle serait nécessaire, la correction a perdu toute sa force ou bien si elles sont assez puissantes pour réprimer la gaieté naturelle de cet âge, elles ne servent qu'à gâter à la fois le corps et l'âme. Si le bruit, si le désordre que les enfants font en jouant, causent parfois quelque dérangement, si le lieu, si les personnes présentes ne peuvent s'en accommoder (ce qui n'arrive que quand leurs parents sont là), un regard ou un mot du père ou de la mère, si du moins ils ont su prendre l'autorité qui leur appartient, suffira soit pour les éloigner, soit pour les faire tenir tranquilles quelque temps. Mais cette humeur folâtre que la nature a sagement départie à leur âge et à leur tempérament, il vaut mieux l'encourager que la combattre et la réprimer, si l'on veut exciter leurs esprits, accroître leur force et leur santé. L'art suprême est de faire que tout ce qu'ils ont à faire soit pour eux un jeu et un divertissement.

DES RÈGLES ET DES HABITUDES

De l'utilité des règles

64. Laissez-moi noter ici une chose que je considère comme un vice de la méthode ordinairement suivie dans l'éducation : c'est qu'on charge la mémoire de l'enfant, en toute occasion, de règles et de préceptes que souvent il ne comprend point, et que toujours il oublie aussitôt qu'on les lui a enseignés. S'il s'agit d'une action que vous voulez qu'il fasse, ou qu'il fasse autrement : toutes les fois qu'il oubliera de la faire ou qu'il la fera mal, forcez-le à la refaire, à la répéter jusqu'à ce qu'il y réussisse parfaitement[1]. Par là vous obtiendrez deux avantages : celui d'abord de reconnaître si c'est une action dont il soit déjà capable ou que l'on puisse attendre de lui ; car il arrive quelquefois que l'on demande aux enfants des choses dont on s'aperçoit qu'ils sont incapables, quand on les met à l'épreuve, de sorte qu'il est nécessaire de leur enseigner à les faire et de les y exercer, avant de les exiger d'eux. Mais un précepteur trouve plus facile de donner des ordres que des enseignements ! Un autre avantage qui en résultera, c'est que, en

---

1. *Cf.* la maxime des Jésuites : *Repetitio mater studiorum* (« C'est la répétition qui est le principe des bonnes études »).

répétant la même action jusqu'à ce qu'il s'en soit fait une habitude, l'enfant, pour l'accomplir, n'aura plus besoin d'un effort de mémoire ou de réflexion, effort qui n'est pas de son âge et qui suppose plus de sagesse et de maturité qu'il n'en a : l'action lui sera devenue naturelle. C'est ainsi que s'incliner devant la personne qui vous salue, regarder en face celui qui vous parle, tout cela, grâce à une habitude constante, est pour l'homme bien élevé chose aussi naturelle que l'acte de respirer ; il le fait sans réflexion, sans y penser. Si par cette méthode vous corrigez un enfant d'un défaut, il en est guéri pour toujours, et en prenant ses défauts un à un, vous pouvez les extirper tous, pour semer à la place les habitudes que vous voudrez.

65. J'ai vu des parents qui chargeaient leurs enfants de tant de règles que les pauvres petits pouvaient à peine en retenir la dixième partie, et encore moins les appliquer. Cependant, soit par des paroles dures, soit même par des coups, on les punissait de manquer à des règles si nombreuses et souvent fort peu raisonnables. D'où il résultait naturellement que les enfants ne réfléchissaient plus à ce qu'on leur disait, une fois qu'ils avaient la preuve que toute l'attention dont ils étaient capables ne les préserverait pas d'un manquement et du châtiment qui devait le suivre.

N'imposez donc à votre fils que le moins de règles possible, et plutôt moins que plus, même de celles qui paraissent absolument nécessaires. En effet si vous l'accablez de trop de règles, il arrivera nécessairement une de ces deux choses : ou bien il faudra le punir très souvent, ce qui sera de fâcheuse conséquence en rendant la punition trop fréquente et trop familière ; ou bien vous le laisserez transgresser quelques-uns de vos préceptes sans le punir, et par là il prendra l'habitude de les mépriser et votre autorité perdra son prestige. N'établissez donc qu'un petit nombre de lois, mais, une fois établies, veillez à ce qu'elles soient rigoureusement observées[1]. Il ne faut que peu de règles pour un enfant qui n'a que peu d'années; à mesure qu'il grandira, et lorsque la pratique aura solidement établi une première loi, vous pourrez en ajouter une autre.

L'importance des habitudes

66. Mais, je vous en prie, rappelez-vous qu'on n'instruit pas les enfants par des règles qui glissent sans cesse de leur mémoire. Tout ce que vous jugez nécessaire qu'ils fassent, apprenez-leur à le faire par une pratique constante, toutes les fois que l'occasion se présentera; et même, s'il est possible, faites naître les occasions. Cela leur donnera des habitudes qui, une fois établies, agiront d'elles-mêmes, facilement et spontanément, sans le secours de la mémoire. Mais laissez-moi vous avertir d'une précaution à prendre : 1) ayez soin d'abord de former les enfants aux habitudes que vous voulez leur donner, par d'insinuantes paroles et de douces exhortations, comme si vous vouliez simplement leur rappeler quelque chose qu'ils oublieraient; plutôt que par de sévères réprimandes, par des gronderies, comme s'ils étaient volontairement coupables de leur oubli; 2) une autre précaution à prendre, c'est de ne pas essayer de leur faire prendre plusieurs habitudes à la fois; sans cela, par la diversité des choses, vous brouillerez leur esprit et vous n'arriverez à rien. C'est seulement quand une habitude constante leur a rendu quelque action facile et naturelle, et qu'ils la font sans réflexion, qu'il convient de passer à l'éducation d'une autre habitude[2].

1. Mme Necker de Saussure dit dans le même sens : « On ne doit d'abord interdire que ce qu'on peut empêcher, mais on doit toujours empêcher ce qu'on a commencé par interdire », Albertine Necker de Saussure, *Éducation progressive ou étude du cours de la vie*, Paris, Sautelet, 1828.

2. L'éducation n'est en grande partie que l'art de former de bonnes habitudes. Aussi ne comprend-on pas que Rousseau ait dit avec plus d'esprit que de sens quet : « La seule habitude qu'on doit laisser prendre à l'enfant est de

Cette méthode, qui consiste à instruire les enfants par une pratique constante, par la répétition du même exercice, plusieurs fois renouvelé en présence et sous la direction de leur maître, jusqu'à ce qu'ils aient acquis l'habitude de le bien faire, et non par des règles confiées à leur mémoire, a de si grands avantages, par quelque côté qu'on la considère, que je ne puis m'empêcher de m'étonner (si tant est qu'on puisse s'étonner de n'importe quelle mauvaise coutume) qu'on l'ait à ce point négligée. Je ferai sur ce point une autre remarque qui me vient présentement à l'esprit. Par cette méthode, nous constaterons si ce qu'on exige de l'enfant est à sa portée et convient par quelque endroit à ses talents naturels et à son tempérament : chose qu'il importe de considérer dans une éducation bien dirigée. Nous ne pouvons pas avoir la prétention de changer le naturel des enfants sans nous exposer à leur faire du tort, de rendre pensifs et graves ceux qui sont gais, folâtres ceux qui sont mélancoliques. Dieu a marqué les esprits des hommes de certains caractères, qui, comme les défauts de leurs corps, peuvent être légèrement amendés, mais qu'on ne saurait entièrement réformer et changer en caractères tout contraires.

Quiconque prend soin de l'éducation des enfants doit donc étudier avec soin leur nature et leurs aptitudes, reconnaître, par de fréquentes expériences, leur tour d'esprit naturel et ce qui leur convient, observer enfin quel est leur fonds naturel, comment on peut l'accroître, et ce qu'ils sont capables de

---

n'en contracter aucune », *Émile*, livre I, p. 282. Kant lui aussi condamne les habitudes, pour cette raison : que plus un homme a d'habitudes, moins il est libre et indépendant. L'idéal de Kant et de Rousseau serait une liberté toujours prête, que rien ne gênerait. Or, l'habitude est une « obéissance » puisqu'elle nous enchaîne au passé. Mais l'idéal de Rousseau et de Kant est irréalisable, et la faiblesse humaine est fort heureuse de pouvoir s'appuyer sur de bonnes habitudes, qui la dispensent d'efforts nouveaux, et lui rendent facile et aisé, presque instinctif, l'accomplissement du devoir.

faire[1]. Il doit considérer ce qui leur manque et s'ils sont en état de l'acquérir par le travail, de se l'approprier par la pratique, s'il vaut la peine d'en faire l'essai. Dans beaucoup de cas, en effet, tout ce que nous pouvons faire, tout ce que nous pouvons tenter, c'est de tirer le meilleur parti possible des dons de la nature, soit en prévenant les vices et les défauts auxquels est enclin tel ou tel tempérament, soit en développant les qualités qui lui sont naturelles. Poussons aussi loin que possible le génie naturel de chaque enfant[2]; mais ne nous astreignons pas au vain travail de lui imposer un caractère qui n'est pas le sien[3] : tous ces dehors plâtrés auront toujours mauvaise grâce et cet air gauche qui est la conséquence de la contrainte et de l'affectation.

L'affectation, j'en conviens, n'est pas le défaut familier de la première enfance, ni l'effet de la nature livrée à elle-même. Elle est de la famille de ces plantes qui ne croissent pas dans les landes sauvages et sans culture, mais qui grandissent dans les jardins par les soins maladroits et sous la main négligente d'un jardinier. Il faut de l'art et de l'instruction, il faut un certain sentiment de la nécessité de l'éducation, pour devenir capable de cette affectation, qui essaye de corriger les défauts naturels et qui a du moins le mérite de chercher à plaire, bien qu'elle n'y

1. Locke se préoccupe avec raison de la différence de l'étude individuelle du caractère et des aptitudes naturelles de chaque enfant. Mais il ne semble pas avoir entrevu le profit que la pédagogie peut attendre de l'étude de la nature humaine, considérée moins dans ses particularités individuelles, que dans ses traits généraux et universels. Il était réservé à Rousseau de faire le premier valoir avec éloquence l'intérêt pédagogique de la psychologie de l'enfant.

2. Sous ce rapport, l'éducation privée est supérieure à l'éducation publique : car n'ayant affaire qu'à un seul enfant, elle peut plus aisément reconnaître ses aptitudes propres et adapter les méthodes qu'elle emploie à sa nature.

3. Montaigne dit dans le même sens : « Faulte d'avoir bien choisi la route des enfants, pour neant se travaille-t-on souvent, et employe-t-on beaucoup d'aage à dresser des enfants aux choses auxquelles ils ne peuvent prendre pied », *Essais*, livre I, XXVI, p. 149.

parvienne pas. Plus on s'efforce, en effet, d'être agréable, et moins on y réussit. Il faut donc s'armer de toutes les précautions possibles contre un défaut qui a sa source dans l'éducation, dans une éducation mal entendue sans doute, mais auquel les jeunes gens sont trop sujets, soit par leur propre faute, soit par la faute de ceux qui les dirigent.

Si l'on examine en quoi consiste la grâce, la grâce qui est sûre de plaire, on constatera qu'elle a pour principe l'accord naturel qui se montre entre l'action accomplie et une certaine disposition d'esprit appropriée aux circonstances, et qui, par suite, ne peut manquer d'être agréable. Nous ne pouvons pas ne pas aimer, dès que nous le rencontrons, un caractère humain, amical, civil. Un esprit libre, maître de lui-même et de ses actions, qui, sans être humble ni bas, n'est ni fier ni insolent, que ne gâte aucun défaut grave, est sûr de faire bonne impression sur tout le monde. Les actions qui émanent naturellement de cet esprit bien fait, nous plaisent elles aussi, parce qu'elles en sont l'expression sincère : manifestation naturelle des dispositions intérieures de l'esprit, elles n'ont rien de forcé ni de contraint. C'est en cela que consiste à mon sens cette beauté qui brille dans les actions de certains hommes, qui embellit ce qu'ils font, et qui séduit tous ceux qui les approchent. Ils ont par une habitude constante si bien réglé leur conduite, ils ont su rendre si naturelles toutes les plus petites manifestations de politesse et de respect, établies par la nature ou par la mode dans la société des hommes, que leurs actions paraissent être, non des façons artificielles ou étudiées, mais les conséquences naturelles d'un caractère doux et d'un esprit bien fait.

D'un autre côté, l'affectation est une imitation gauche et forcée de ce qui doit être naturel et aisé ; elle manque de la beauté qui accompagne ce qui est naturel, parce qu'elle laisse toujours voir un désaccord entre l'action extérieure et les dispositions secrètes de l'esprit. Ce désaccord se produit de deux manières : 1) dans certains cas, on s'efforce de faire paraître des sentiments qu'on n'a pas. On essaye d'en faire montre par des actions forcées; mais la contrainte se trahit toujours. C'est ainsi que des personnes affectent parfois de paraître tristes, ou gaies ou aimables, bien qu'en réalité elles ne le soient point.

2) L'autre cas, c'est quand on s'essaye, non à faire paraître des sentiments qu'on n'éprouve pas, mais à donner aux sentiments qu'on éprouve une expression qui ne leur convient pas. Tels sont, dans la conversation, toutes ces actions contraintes, ces mouvements, ces paroles, ces regards qui, destinés à témoigner ou bien le respect et la politesse dont nous devrions être animés à l'égard de la société que nous fréquentons, ou bien le plaisir et l'agrément qu'elle nous procure, ne sont pas cependant l'expression vraie et naturelle de l'un ou l'autre de ces sentiments, mais prouvent tout au contraire qu'il y a à quelque chose qui y manque. Ces défauts dérivent en grande partie de ce qu'on se travaille à imiter les autres, sans prendre la peine de distinguer ce qu'il y a de réellement gracieux dans leurs manières de ce qui est propre à leur caractère. Mais l'affectation en toutes choses, quel que soit son principe, est toujours déplaisante, parce que tout ce qui est contrefait nous inspire une aversion naturelle ; nous ne saurions estimer ceux qui n'ont pas d'autres moyens de se recommander à nous.

La simple et grossière nature, livrée à elle-même, vaut bien mieux que la grâce affectée et toutes les manières étudiées d'un homme qui veut paraître bien élevé. On ne remarquera pas toujours qu'il nous manque quelque qualité, qu'il y a quelque défaut dans notre conduite, et que nous n'avons pas atteint la perfection suprême de la politesse ; on ne nous blâmera pas toujours pour cela. Mais l'affectation, dans n'importe quelle partie de notre conduite, est comme un flambeau qui éclaire nos défauts et qui infailliblement nous fait passer pour des gens sans jugement ou sans sincérité. Le gouverneur doit donc surveiller ce défaut avec d'autant plus de vigilance que c'est, comme je l'ai déjà dit, une laideur acquise, le résultat d'une éducation mal entendue, un défaut peu fréquent, et auquel sont sujets uniquement ceux qui se piquent d'être bien élevés, et qui ne veulent point passer pour ignorer ce qui est conforme à la mode et aux bonnes manières de la vie sociale. Si je ne me trompe, ce défaut provient souvent de l'insuffisance des recommandations d'un maître qui donne négligemment des règles et propose des exemples, sans joindre la pratique à ses instructions, sans forcer son élève à répéter l'action sous ses yeux, afin d'y reprendre ce qui serait inconvenant ou qui paraîtrait forcé, jusqu'à ce que l'enfant ait acquis l'habitude de la faire sans effort et avec une aisance parfaite.

DES MANIÈRES

De la politesse extérieure

67. Les manières [1], comme on les appelle, pour lesquelles on tracasse tant les enfants, et qui inspirent à la sagesse de leur bonnes et de leur gouvernantes tant de beaux sermons, c'est, selon moi, par des exemples plus que par des règles qu'il convient de les enseigner. Les enfants, si l'on a soin de les éloigner de la mauvaise compagnie, mettront leur amour-propre à acquérir des manières élégantes, par imitation des personnes qui les entourent, lorsqu'ils verront qu'ils s'attirent par là l'estime et les louanges de tout le monde, et si, par une légère négligence sur cet article, l'enfant oublie d'ôter son chapeau ou de faire la révérence avec grâce, il suffira d'un maître à danser pour corriger ce défaut, et pour faire disparaître cette simplicité de manières que les gens à la mode appellent rusticité. Comme la danse me paraît le meilleur moyen de donner aux enfants une honnête assurance, une bonne tenue, et de les encourager à rechercher la société des personnes au-dessus de leur âge, je crois qu'il faut leur apprendre à danser dès qu'on le peut. Bien que la danse en effet ne consiste

1. Locke revient à plusieurs reprises sur ce sujet. Voyez *infra*, sections IX et XXIII.

que dans la grâce extérieure des mouvements, elle donne à l'enfant, je ne sais comment, les pensées et la démarche d'un homme, mieux que ne ferait toute autre chose. À part cela, je ne crois pas qu'il faille trop tourmenter les enfants sur les minuties de l'étiquette ou des bonnes manières.

Ne vous inquiétez jamais pour les fautes dont vous savez que l'âge les guérira. La chose dont les parents doivent avoir le moins de souci, tant que l'enfant est jeune, c'est qu'il manque de cette politesse extérieure, pourvu qu'il ait la politesse du cœur (car pour celle-là on ne saurait la lui enseigner de trop bonne heure). Si vous avez su remplir son esprit encore tendre d'un sentiment de vénération pour ses parents et pour ses maîtres, si vous lui avez appris à les aimer, à les estimer, et à craindre de les offenser; si vous lui avez encore inspiré un sentiment de bienveillance pour tout le monde[1], ces sentiments sauront bien d'eux-mêmes trouver l'expression la plus convenable. Ayez donc soin d'entretenir dans son cœur les principes de la bienveillance et de la douceur, rendez-les-lui aussi familiers que vous pourrez, par l'estime et les éloges que vous lui accorderez et par les avantages qui en seront la conséquence. Une fois que ces sentiments auront pris racine dans son esprit et qu'ils lui seront devenus habituels, grâce à une pratique constante, n'ayez crainte : les ornements de la conversation et tout l'apparat extérieur des bonnes manières viendront en leur temps, pourvu que, le jour où vous le retirerez des mains des femmes, vous le confiez à un homme bien élevé dont vous ferez son gouverneur. Tant que les enfants sont jeunes, il faut leur passer toutes les négligences qui ne témoignent ni d'un sentiment d'orgueil ni d'un mauvais naturel.

---

1. La vraie politesse, en effet, n'est que l'image extérieure de la bonté du cœur. Mais, comme le fait remarquer la Bruyère, il arrive que la politesse « donne seulement les apparences de la bonté et fait paraître l'homme au dehors comme il devrait être intérieurement ».

C'est seulement quand ces sentiments-là se montrent dans quelques-unes de leurs actions que vous devez les corriger immédiatement par les moyens que j'ai déjà indiqués [1].

De ce que je viens de dire je ne voudrais pourtant pas qu'on tirât cette conclusion que je désapprouve les parents qui, ayant pris le parti de donner de bonne heure à leurs enfants des habitudes de politesse, s'efforceraient de façonner doucement leurs mouvements et leur tenue. Ce serait certainement un grand avantage pour les enfants qu'il y eût de bonne heure auprès d'eux, et dès qu'ils sont capables de marcher, quelqu'un qui eût le talent de leur enseigner les bonnes manières et qui sût prendre les bons moyens pour cela. Ce que je critique, c'est la mauvaise méthode que l'on suit d'ordinaire en pareille matière. Il arrive souvent qu'on gronde des enfants qui n'ont jamais reçu la moindre leçon de politesse (et on le fait surtout en présence des étrangers), pour avoir manqué, de façon ou d'autre, aux règles de la civilité. Ils reçoivent des reproches, ils sont accablés de sermons, sur la façon dont ils doivent tenir leur chapeau, ou faire une révérence, etc. Bien qu'en ce cas les parents dont nous parlons prétendent n'avoir en vue que de corriger leurs enfants, cependant c'est en grande partie pour couvrir leur propre honte qu'ils se fâchent contre eux. Ils rejettent le blâme sur les pauvres petits, et quelquefois non sans passion, pour le détourner de leur propre personne; ils craignent que les assistants n'attribuent à leur incurie et à leur maladresse la mauvaise tenue de leurs enfants. Quoi qu'il en soit, en ce qui concerne les enfants eux-mêmes, il est évident qu'ils ne tirent pas un iota de profit de ces remontrances accidentelles. C'est dans d'autres moments qu'il faudrait leur montrer ce qu'ils ont à faire; il faudrait par un exercice réitéré

---

1. Voyez *supra*, section III.

les former d'avance à la pratique de ce qui est convenable et bienséant, et non leur faire accidentellement mille reproches pour une chose qu'ils n'ont pas l'habitude de faire et dont ils ne savent même pas comment elle se fait. Harer[1] l'enfant comme un chien et le réprimander à tout bout de champ, ce n'est pas l'instruire, c'est le tracasser et le chagriner sans profit. Il vaudrait mieux le laisser en repos que de le gronder pour une faute qui n'en est pas une à son âge, et qu'il ne dépend pas de lui d'éviter pour en avoir seulement entendu parler. Il serait bien préférable de laisser au progrès de l'âge la tâche de corriger la négligence et la simplicité qui sont naturelles aux enfants. Ne les soumettez pas à ces censures déplacées qui ne servent ni ne sauraient servir à leur enseigner des manières élégantes. Si leur cœur est bien disposé, s'il est réellement pénétré du sentiment de la politesse, la grossièreté, qui paraît dans leur tenue, faute d'éducation, disparaîtra d'elle-même avec l'âge et l'expérience, à mesure que les enfants grandiront, si du moins ils fréquentent la bonne compagnie. S'ils fréquentent la mauvaise, toutes les règles du monde, toutes les corrections imaginables ne parviendront pas à leur apprendre la politesse. Car, tenez-le pour certain, quelles que soient les instructions que vous donniez à vos enfants, quelles que soient les leçons de civilité, de bonne éducation, qu'ils reçoivent tous les jours, rien n'aura sur leur conduite autant d'influence que la société qu'ils fréquentent et les manières des personnes qui les entourent. Les enfants (et aussi les hommes) agissent beaucoup par imitation. Nous ressemblons aux caméléons qui reflètent toujours quelque chose de la couleur des objets environnants ; et il ne faut pas s'étonner qu'il en soit ainsi chez les enfants qui comprennent mieux ce qu'ils voient que ce qu'ils entendent.

---

1. Terme de chasse, qui signifie *exciter*, *appeler*.

La société des domestiques

68. J'ai déjà dit que les domestiques pouvaient faire beaucoup de mal aux enfants lorsque, par leurs flatteries, ils détruisent l'effet et la force des réprimandes des parents et amoindrissent leur autorité[1]. Mais il y a un autre inconvénient non moins grave qui résulte des mauvais exemples que les enfants ont devant les yeux, quand ils vivent dans la société des domestiques les plus humbles.

Il faut autant que possible interdire aux enfants toute société de ce genre. En effet, la contagion de ces mauvais exemples, au point de vue de la politesse, comme au point de vue de la vertu, corrompt profondément les enfants, toutes les fois qu'ils y sont exposés. À l'école de serviteurs mal élevés ou débauchés, ils apprennent un langage grossier, des manières inconvenantes, des vices enfin que sans cela ils auraient peut-être ignorés toute leur vie.

69. Il est fort possible de prévenir tout à fait ce mal. Vous serez un mortel fortuné, s'il vous échoit de n'avoir jamais à votre service de domestiques grossiers ou vicieux, et si vos enfants ne se corrompent jamais à leur contact. Il n'en faut pas moins faire tous vos efforts pour combattre ce danger. Les enfants doivent rester le plus qu'il est possible dans la compagnie de leurs parents et des personnes à la garde desquelles on les a confiés*. Pour cela, il faut s'efforcer de leur rendre cette

---

* « On peut voir chez Suétone (*Vie des douze Césars*, « Auguste », § 64), chez Plutarque (*Vies parallèles*, « Caton l'ancien », XX, 5-12) et chez Diodore de Sicile (*Bibliothèque historique*, livre II, chap. 3), jusqu'à quel point les Romains considéraient l'éducation des enfants comme une affaire qui regardait spécialement les parents eux-mêmes ».

[Cette note est de Locke, et c'est à peu près la seule qu'il ait jointe à son ouvrage. Locke d'ailleurs généralise trop vite, d'après les exemples qu'il

1. Voyez *supra*, § 50.

société agréable, leur accorder toutes les libertés, toutes les
permissions que leur âge réclame, ne pas leur imposer une
contrainte inutile, quand ils sont sous les yeux de leurs parents
ou de leur précepteur. Si cette société est comme une prison
pour eux, comment s'étonner qu'ils ne s'y plaisent point ? Ne
les empêchez donc pas d'être enfants, de badiner, de jouer,
comme des enfants ; ne leur défendez que de malfaire : tout le
reste doit leur être permis. De plus, pour leur faire aimer votre
compagnie, c'est seulement quand ils sont avec vous, c'est de
vos propres mains qu'ils doivent recevoir les choses qui leur
sont agréables. En même temps, qu'on empêche les domestiques de leur faire la cour en leur offrant des boissons fortes,
du vin, des fruits, des jouets, et toutes les choses de ce genre qui
pourraient leur inspirer le goût de cette société.

emprunte aux auteurs cités. Dans les familles romaines l'éducation était le plus
souvent confiée à des esclaves. Caton, Paul-Émile, Auguste, qui élevèrent eux-
mêmes leurs fils et leurs petit-fils étaient des exceptions. Plutarque prétend
même que les parents de son temps choisissaient pour élever leurs enfants les
plus incapables de leurs esclaves, ceux qu'ils ne pouvaient employer à autre
chose. « S'il s'en trouve quelqu'un qui soit ivrogne, gourmand et inutile à tous
les services, c'est à celui-là qu'ils commettront leurs enfants », Plutarque, *de
l'Éducation des enfants*].

LES AVANTAGES DE L'ÉDUCATION
DOMESTIQUE

70. Comme j'ai déjà dit quelle société convenait aux enfants, j'ai presque envie d'en rester là et de ne pas vous importuner plus longtemps sur ce sujet. Puisque l'exemple et la société, en effet, ont plus d'influence que tous les préceptes, que toutes les règles et toutes les instructions, il semble qu'il soit tout à fait superflu de faire un plus long discours et de donner sans utilité d'autres raisons. Mais je vous vois prêt à me dire : « Que ferai-je donc de mon enfant ? Si je le garde toujours chez moi, il est à craindre qu'il n'y prenne des airs de maître ; et si je l'envoie au collège, comment faire pour le protéger contre la contagion de la grossièreté et du vice, qui sont partout à la mode ? S'il reste à la maison, il sera peut-être plus vertueux, mais en revanche il ignorera le monde ; accoutumé à ne pas changer de société et à voir toujours les mêmes visages, il sera, lorsqu'il entrera dans le monde, un être timide ou entêté »[1].

Je l'avoue, il y a de part et d'autre des inconvénients. Élevé hors de chez lui, l'enfant deviendra, il est vrai, plus hardi ; il

---

1. Montaigne met les parents dans le même embarras. Il condamne l'éducation publique parce qu'elle est trop dure, l'éducation domestique parce qu'elle est trop douce. Où faut-il donc élever son enfant ? Montaigne concluait autrement que Locke, en faveur du collège, mais d'un collège où la discipline est adoucie et les méthodes d'enseignement perfectionnées.

saura se remuer, se tirer d'affaire parmi les enfants de son âge. Ajoutons que l'émulation excitée par la présence des camarades donne souvent plus de vie, plus d'entrain aux jeunes garçons[1]. Mais jusqu'à ce que vous ayez trouvé une école où le maître ait le temps de surveiller les mœurs de ses élèves, et où l'expérience vous prouve qu'il prend autant de soin de leur donner une bonne éducation et de former leur esprit à la vertu, que de former leur langue aux idiomes savants, vous aurez, il faut en convenir, un étrange amour pour les mots, si, préférant le langage des Grecs et des Romains aux qualités qui faisaient d'eux de si braves gens, vous estimez qu'il vaut la peine, pour un peu de grec et de latin, d'exposer à tous les hasards de la vie commune l'innocence et la vertu de votre fils[2]. Quant à la hardiesse et à l'assurance que les enfants peuvent acquérir au collège dans la société de leurs camarades, il s'y mêle ordinairement tant de grossièreté et de sotte présomption, qu'ils sont par la suite obligés de désapprendre toutes ces façons d'agir peu convenables et malséantes. Dès qu'ils entrent dans le monde, les habitudes prises au collège doivent disparaître et faire place à de meilleurs usages, à des manières vraiment dignes d'un homme bien élevé. Si l'on considère combien l'art de vivre et de conduire, comme on le doit, ses affaires dans le monde, est radicalement opposé à ces habitudes d'effronterie, de malice et de violence que l'on prend au collège, on se

1. Il est dommage que Locke, ne s'occupant que de l'éducation privée, n'ait rien à nous apprendre sur les questions d'éducation publique, par exemple sur l'émulation. Du moins Locke ne la condamne pas comme fait Rousseau.

2. Locke, on le voit, se prononce tout à fait contre l'éducation publique. Rousseau le suivra dans cette voie et ne tarira pas en injures contre ces « risibles établissements qu'on appelle collèges », *Émile*, livre I, p. 250. Parmi ceux qui ont fait valoir avec le plus de force les mérites de l'éducation publique, nous citerons chez les anciens Quintilien (*Institutions oratoires*, livre I, chap. 2), chez les modernes, Rollin (*Traité des études*, livre VIII, avant-propos, 2), l'abbé de Saint Pierre, qui trouve douze raisons tout juste pour préférer le collège à l'éducation domestique, etc.

convaincra que les défauts d'une éducation privée valent infiniment mieux que des qualités de ce genre, et l'on n'hésitera
plus à garder son fils à la maison, pour préserver son innocence
et sa modestie, comme des vertus qui se rapprochent davantage de celles d'un homme utile et capable, et qui y préparent
mieux. Personne n'a jamais pensé, ni même soupçonné que la
vie timide et retirée, que l'on impose aux jeunes filles, fasse
d'elles des femmes moins instruites ou moins capables. Le
commerce des hommes donnera bien vite aux jeunes gens,
quand ils entreront dans le monde, l'assurance qui sied ; et tout
ce que le caractère peut comporter en outre de rude et de
violent, il vaudrait autant que les hommes en fussent toujours
exempts ; car le courage et la fermeté n'ont jamais consisté, je
pense, dans la rudesse et la mauvaise éducation.

La vertu est chose plus difficile à acquérir que la connaissance du monde. Si le jeune homme en a une fois perdu le goût,
il est rare qu'il puisse réparer cette perte. La pusillanimité,
l'ignorance du monde, qui sont les défauts imputés à l'éducation domestique, ne sont pas les conséquences nécessaires
de la vie de famille, et, en tout cas, le seraient-elles, elles ne
constitueraient pas des maux incurables. Le vice est un mal
autrement opiniâtre et autrement dangereux : c'est le vice, par
conséquent, qu'il faut combattre avant tout. S'il convient de
prévenir avec soin cette mollesse pusillanime, qui énerve
souvent le caractère des enfants élevés mignardement à la
maison, c'est précisément dans l'intérêt de leur vertu. Il faut
craindre, en effet, que ce caractère faible ne soit trop facilement la proie des impressions vicieuses et qu'il n'expose le
jeune homme novice aux tentations mauvaises. Il faut qu'un
jeune homme, avant de quitter l'abri de la maison paternelle,
avant qu'il soit soustrait à la tutelle de son précepteur, ait
acquis une certaine fermeté de caractère, qu'il ait été mis en
rapport avec les hommes : sans cela, ses vertus ne seront point

en sûreté, et l'enfant sera exposé à se lancer dans un train de vie ruineux, à tomber peut-être dans un abîme fatal, avant d'être suffisamment prémuni contre les dangers de la société, avant de posséder la force nécessaire pour ne pas céder à toutes les tentations. S'il n'y avait pas ce péril à redouter, il ne serait pas si nécessaire de combattre de bonne heure chez l'enfant la timidité et l'ignorance du monde. Ces défauts, en effet, la fréquentation des hommes les corrige en grande partie, et si elle ne doit pas y réussir assez vite, c'est une raison de plus pour donner à l'enfant un bon précepteur à la maison. Si l'on doit, en effet, se donner du mal pour faire acquérir à l'enfant un air viril et une assurance convenable, c'est, je le répète, afin que ces qualités soient comme le rempart de sa vertu, quand il sera appelé à se diriger lui-même dans le monde.

Il est donc absurde de sacrifier son innocence à l'assurance et à l'adresse qu'on acquiert dans la compagnie d'enfants mal élevés et vicieux[1] ; alors que le but principal qu'on poursuit, en lui apprenant à être ferme et, si je puis dire, à se tenir sur ses jambes, est seulement de conserver sa vertu. Car s'il en vient une fois à joindre à ses vices la confiance et la finesse, et à se servir de ces qualités pour couvrir ses torts, il n'en est que plus sûrement perdu ; de sorte qu'il vous faudra ou bien défaire toutes les habitudes qu'il aura prises avec ses camarades, et l'en débarrasser au plus vite, ou bien le laisser courir à sa perte. Les jeunes gens ne sauraient manquer d'acquérir de l'assurance, grâce au commerce des hommes, quand ils vivront avec eux, et ce sera assez tôt. Jusque-là, la modestie, la soumission, sont des qualités qui les préparent mieux à l'instruction ; et, par conséquent, il n'est pas nécessaire, tant qu'ils sont jeunes, de se mettre en peine de leur donner de l'assurance. Ce qui

1. D'autres pédagogues, Quintilien par exemple, ont fait remarquer avec raison que l'éducation domestique ne garantit pas toujours les mœurs de l'enfant mieux que l'éducation publique.

réclame le plus notre temps et nos soins assidus, c'est d'établir dans leur esprit les principes et la pratique de la vertu, de la bonne éducation. Voilà la culture qui leur convient, et qu'il faut rendre telle que les impressions reçues ne puissent plus aisément s'effacer. C'est de ces qualités-là qu'ils doivent être richement pourvus. Le commerce des hommes, en effet, lorsqu'ils arriveront dans le monde, ajoutera certainement à leur savoir et à leur assurance, mais il n'est que trop à craindre qu'il diminue leur vertu. Il faut donc qu'ils en aient une abondante provision, et que leur esprit en soit profondément pénétré.

Comment ils peuvent être préparés à la vie sociale, et disposés à faire leur entrée dans le monde, lorsqu'ils seront mûrs pour cela, c'est ce que nous examinerons plus tard[1]. Mais qu'un enfant puisse acquérir le talent de la conversation, l'art de faire ses affaires dans le monde, pour avoir été placé au milieu d'une troupe d'enfants dissipés, de camarades de toute espèce, pour y avoir appris à se quereller à propos de toupies, et à tricher au jeu pour un liard, c'est ce qu'il m'est impossible de comprendre. Il m'est difficile de deviner quelles sont les qualités si enviables qu'un père compte voir acquérir à son fils dans la société de ces enfants de toute condition que l'école assemble d'ordinaire. Ce dont je suis sûr, c'est que quiconque pourra faire la dépense d'un précepteur, et élever son fils à la maison, lui assurera mieux que toute école ne pourrait le faire, des manières gentilles, des pensées viriles[2], le sentiment de ce qui est digne et convenable ; sans compter qu'il lui fera faire de

---

1. Voyez *infra*, § 94.
2. Ceci est absolument faux. Nous ne contestons pas les défauts et les inconvénients des internats, mais il y a une qualité au moins qu'ils ont seuls le privilège de développer, c'est la virilité. Comme le dit Mme Necker de Saussure : « L'éducation publique où l'on gouverne par des lois immuables est plus favorable au développement de l'énergie que l'éducation domestique », *Éducation progressive*.

plus grands progrès dans ses études, et aussi qu'il fera plus vite mûrir l'homme dans l'enfant. Ce n'est pas que j'entende blâmer en cela les hommes qui dirigent de grandes écoles, et que je songe à m'en prendre à eux. Il y a une grande différence entre deux ou trois enfants élevés dans la même maison, et plusieurs vingtaines d'élèves logés çà et là dans un collège. Quelles que soient l'habileté et l'activité du maître, il est impossible qu'il ait l'œil ouvert sur ses soixante ou cent élèves en dehors des heures de classe qui les réunissent tous. On ne peut espérer qu'il réussisse à leur apprendre autre chose que ce qui est contenu dans leurs livres d'études. Pour former leur esprit et leurs manières, il faudrait une attention constante, et des soins particuliers donnés à chaque enfant : ce qui est impossible avec une population scolaire aussi nombreuse ; ce qui d'ailleurs serait sans résultat (à supposer que le maître eût le temps d'étudier et de reprendre les défauts individuels et les inclinations mauvaises de chaque écolier), puisque l'enfant, durant la plus grande partie des vingt-quatre heures de chaque jour, est nécessairement livré à lui-même ou à l'influence pernicieuse de ses camarades, influence plus forte que toutes les leçons du maître [1].

Mais les parents, ayant remarqué que la fortune accorde le plus souvent ses faveurs aux hommes intrigants et hardis, se réjouissent que leurs enfants aient de bonne heure de la vivacité et une humeur entreprenante. Ils y voient un heureux présage qui leur promet des hommes à succès ; ils regardent avec complaisance les tours qu'ils jouent à leurs camarades ou qu'ils apprennent d'eux, comme si par là ils faisaient un progrès dans l'art de vivre et de réussir dans le monde. Mais je

---

1. L'instinct d'imitation porte l'enfant à imiter ceux qui le touchent de près, ceux avec lesquels il sympathise le plus par l'âge, par le caractère, par la condition. Par suite, l'exemple des camarades est plus puissant que l'exemple du maître.

prendrai la liberté de dire que la vertu et la bonne éducation
sont les seuls principes sur lesquels un père puisse faire reposer
la fortune de son fils, s'il veut prendre la bonne voie et celle où
le succès est vraiment certain. Non, ce ne sont pas les espiè-
gleries et les malices en honneur parmi les écoliers, ni leurs
manières grossières, ni leur adresse à s'entendre pour dévaster
un verger, qui font un habile homme ; ce sont les principes de
justice [1], de générosité et de tempérance joints à la réflexion et
à l'activité, qualités que les écoliers ne me paraissent guère
apprendre les uns des autres. Et si un jeune homme élevé chez
lui n'est pas plus instruit dans ces vertus-là qu'il ne le serait au
collège, j'en conclurai que son père n'a pas été fort heureux
dans le choix de son précepteur. Prenez un enfant dans les
premiers rangs d'une classe de grammaire, et un autre enfant
du même âge élevé comme il a dû l'être dans la maison de son
père ; introduisez-les tous deux dans la bonne société : et voyez
quel est celui qui a le plus les manières d'un homme et qui
s'adresse aux étrangers avec le plus d'aisance [2]. J'imagine que
l'assurance prétendue de l'écolier ou bien le compromettra ou
bien lui fera défaut ; et s'il ne peut en faire usage que dans une
conversation d'enfants, mieux vaudrait qu'il n'en eût pas.

Le vice, si nous en croyons les plaintes générales, se
développe si vite de notre temps, et grandit de si bonne heure
chez les jeunes gens, qu'il est impossible de protéger un

1. C'est cependant au collège, ce semble, et dans la vie commune que
l'enfant peut le mieux s'initier à la pratique de la justice. Sans souscrire aux
inventions ridicules de quelques pédagogues qui, comme l'abbé de Saint-
Pierre, veulent que les enfants se rendent la justice à eux-mêmes, qu'ils forment
des tribunaux chargés de juger les défauts de leurs camarades, il est permis de
croire que l'école est un apprentissage des vertus sociales.

2. Il semble que Locke ait ici un ressouvenir de la délicieuse scène où
Rabelais met en présence Gargantua et Eudémon : Gargantua l'élève des
anciennes méthodes bourré de latin et de logique, mais incapable de figurer
dans une conversation, et Eudémon qui, élevé par d'autres méthodes, « la face
ouverte, les yeulx asseurez », n'éprouve dans le monde aucun embarras.

garçon contre la contagion envahissante du mal, si vous l'abandonnez à lui-même dans un troupeau d'enfants, et si vous laissez au hasard ou à son inclination le soin de choisir ses compagnons. Par quelles causes fatales le vice, dans ces dernières années, a fait de si grands progrès parmi nous, et par les mains de quels hommes il a été élevé à cette domination souveraine, que d'autres le recherchent. Pour moi, ce que je désire, c'est que les personnes qui se plaignent de la décadence de la piété chrétienne et en général de toutes les vertus, et aussi de l'insuffisance de l'instruction, du manque de savoir qui caractérise les jeunes gens de cette génération, fassent un effort pour chercher les moyens de rétablir toutes ces qualités avec les générations suivantes. Et je suis assuré que si le fondement de cette réforme ne repose pas sur l'éducation de la jeunesse et sur les bons principes qu'on lui donne, tous les autres efforts seront superflus[1]. Si l'on ne prend pas soin de préserver l'innocence, les mœurs sobres et l'activité des générations nouvelles, il serait ridicule d'espérer que ceux qui doivent nous succéder sur la scène du monde seront abondamment pourvus de ces qualités d'habileté et de science qui, jusqu'à ce jour, ont fait à l'Angleterre une place considérable dans le monde. J'allais ajouter le courage à cette liste de qualités, mais il a toujours été regardé comme l'apanage naturel de notre nation. Cependant, ce qu'on a raconté de quelques affaires maritimes qui se sont accomplies récemment, dans des conditions inconnues à nos ancêtres[2], me donne l'occasion de

---

1. Locke, on le voit, attribue à l'éducation une haute influence sur les destinées des peuples. Sur ce point il était d'accord avec son contradicteur Leibniz qui disait lui, aussi, que les maîtres de l'éducation tiennent dans leurs mains l'avenir du monde.

2. Locke écrivait ceci pendant la guerre que l'Angleterre soutenait contre la France et qui se termina en 1697 par la paix de Ryswick. Dans son patriotisme froissé et inquiet, il fait allusion sans doute aux défaites que les Anglais avaient

dire que la débauche est le tombeau du courage, et que, des mœurs dissolues ayant une fois étouffé le vrai sentiment de l'honneur, la bravoure ne peut guère se maintenir dans le cœur des hommes. Je pense qu'il serait impossible de citer un seul exemple d'une nation qui, quelque fameuse qu'elle fût par son courage, ait conservé son crédit militaire et soit restée redoutable à ses voisins, une fois que la corruption y a brisé et dissous les ressorts de la discipline, et que le vice y a grandi au point d'oser se montrer à visage découvert et sans perdre contenance.

C'est donc la vertu, la vertu seule, qui est la chose difficile et essentielle dans l'éducation, et non une pétulance hardie ou quelques légers progrès dans l'art de se tirer d'affaire. Toute autre considération, toute autre qualité doit céder le pas à la poursuite de la vertu. C'est là le bien solide et substantiel, dont le précepteur doit faire l'objet de ses leçons et de ses entretiens. Que l'éducation emploie tout son art et toutes ses forces à en enrichir l'esprit; qu'elle s'attache à ce but, et qu'elle ne se relâche pas sur ce point jusqu'à ce que le jeune homme ait réellement acquis le goût de la vertu, et qu'il place en elle sa force, sa gloire et son plaisir.

Plus un enfant aura fait de progrès dans la vertu, et plus il aura d'aptitudes à acquérir les autres qualités. Une fois disposé, en effet, à se soumettre aux lois de la vertu, il n'y a plus à craindre qu'il se montre réfractaire ou rétif dans l'accomplissement de ses autres devoirs. Voilà pourquoi j'accorde toutes mes préférences à l'éducation domestique qui se fait sous les yeux du père, avec l'aide d'un bon gouverneur; c'est le meilleur moyen et le plus sûr d'atteindre la grande fin de l'éducation, toutes les fois que la chose est possible et qu'on suit d'ailleurs les bonnes méthodes. Il est rare qu'une maison

subies, notamment en 1690, à Beachy-Head, où Tourville mit en déroute la flotte anglo-hollandaise.

ne soit pas fréquentée par un grand nombre de personnes : le père habituera son fils à toutes les physionomies qui se présentent, et, dans la mesure du possible, il le mettra en rapport avec des hommes de talent et de bonne éducation. Et je ne vois pas pourquoi, si l'on habite la campagne, on ne prendrait pas les enfants avec soi, quand on rend à ses voisins des visites de politesse. Ce que je sais bien, c'est qu'un père qui élève son fils chez lui a plus d'occasions de l'avoir dans sa compagnie, de lui donner des encouragements quand il le juge à propos, de le garantir du contact dangereux des domestiques et des personnes de condition inférieure, qu'il ne pourrait le faire si son enfant était élevé au dehors. Je reconnais qu'il appartient aux parents de prendre une décision sur ce point, d'après leurs convenances, et en tenant compte des circonstances [1]. Je crois seulement que c'est pour un père un calcul bien mauvais de ne pas se gêner un peu pour l'éducation de son fils : car l'éducation, dans quelque situation de fortune qu'il soit placé, est la meilleure part de l'héritage qu'il lui laissera. Que si, après tout, certaines gens croient que l'éducation domestique a le tort de ne pas assurer à l'enfant assez de relations sociales, et que l'éducation publique lui en donne ordinairement qui ne conviennent pas à un jeune gentleman, il y aurait encore moyen, je crois, d'éviter les inconvénients que l'on rencontre de l'un et de l'autre côté.

L'exemple

71. Après avoir remarqué combien est puissante l'action de la société, et combien nous sommes disposés, surtout quand

1. Le bon Rollin, qui copie les modernes quand il ne traduit pas les anciens, conclut de la même façon que Locke… « C'est aux parents à bien examiner *devant Dieu* quel parti ils devront prendre, à balancer équitablement les avantages et les inconvénients qui se rencontrent de part et d'autres », *Traité des études*, livre VIII, avant-propos, 2.

nous sommes enfants, à imiter les autres hommes, je dois prendre ici la liberté de donner aux parents un avis : c'est que, pour obtenir de votre fils qu'il vous respecte et qu'il respecte vos ordres, il faut commencer par le respecter lui-même. *Maxima debetur pueris reverentia*[1]. Ne faites point devant lui ce que vous ne voudriez pas qu'il fît par imitation. S'il vous échappe de faire quelque chose que chez lui vous considéreriez comme une faute, vous pouvez être certain que, pour s'excuser, il se couvrira de votre exemple ; il s'en couvrira si bien qu'il ne vous sera pas facile de l'atteindre et de le corriger sur ce point par des moyens efficaces. Si vous le punissez pour une action qu'il vous a vu accomplir vous-même, n'espérez pas qu'il prenne votre sévérité pour une preuve de votre tendresse, et du souci que vous avez de corriger ses défauts. Non, il n'y verra qu'un effet de l'humeur chagrine et impérieuse d'un père qui sans raison veut priver son fils des libertés et des plaisirs qu'il s'accorde à lui-même. Et si vous prétendez revendiquer pour vous-même ces libertés comme un privilège qui n'appartient qu'à l'âge mûr et sur lequel l'enfant n'a aucun droit, vous ne ferez que donner plus de force encore à votre exemple et vous rendrez votre action plus recommandable à ses yeux. Ne l'oubliez pas, en effet, les enfants se piquent d'être des hommes plus tôt qu'on ne le croit ; et s'ils se montrent si impatients de porter culottes, ce n'est point à cause de la coupe de ce vêtement, ni pour leur commodité, c'est parce que le jour où ils portent culottes il leur semble qu'ils deviennent des hommes. Tout ce que j'ai dit par rapport à la conduite d'un père devant ses enfants s'applique aussi à toutes les personnes qui ont quelque autorité sur eux ou que leur père leur a ordonné de respecter.

---

1. « On doit aux enfants le plus grand respect », Juvénal, *Satires*, XIV, 47.

DE LA SANCTION

Quelles fautes châtier

72. Mais revenons à la question des récompenses et des châtiments [1]. Puisque tous les enfantillages, toutes les fautes contre la politesse, enfin toutes les actions que l'âge et le temps réformeront sûrement d'eux-mêmes doivent échapper, comme je l'ai déjà dit, à la discipline du fouet, il ne sera plus nécessaire de battre les enfants aussi souvent qu'on le fait. Si nous ajoutons que le même privilège doit être accordé aux fautes commises dans les leçons de lecture, d'écriture, de danse, de langues étrangères, etc., il ne restera dans une éducation naturelle que peu d'occasions de recourir aux coups et d'employer la force [2]. La vraie manière d'enseigner ces choses, c'est d'inspirer aux enfants le goût et l'amour des

---

1. Locke a déjà traité la question des châtiments et des récompenses (dans les sections III et IV).
2. Rollin s'est approprié tout ce passage de Locke : « Je mets au même rang des fautes qui doivent être pardonnées toutes les fautes de légèreté et d'enfance, dont le temps et l'âge les corrigeront infailliblement. Je ne crois pas non plus qu'on doive employer le châtiment des verges pour les manquements où les enfants peuvent tomber en apprenant à lire, à écrire, à danser, en apprenant même les langues, le latin, le grec, etc., sinon dans certains cas dont je parlerai, etc. », *Traité des études*, livre VIII, I, 5, 2.

études qu'on leur propose; c'est d'exciter par là leur activité et
leur application. Or je ne pense pas qu'il soit difficile d'obtenir
ce résultat, si les enfants sont traités comme ils doivent l'être,
si l'on use avec prudence des récompenses et des châtiments
dont j'ai déjà parlé, si enfin on observe en les instruisant un
petit nombre de règles que je vais indiquer.

73. 1) N'obligez jamais les enfants à une étude qui serait un
fardeau pour eux et qu'il faudrait leur imposer comme une
tâche[1]. Toute étude faite dans ces conditions leur devient
immédiatement déplaisante. Ils la prennent en dégoût, alors
même qu'elle leur eût été jusque-là indifférente ou même
agréable. Ainsi donnez l'ordre à un enfant de fouetter sa toupie
chaque jour à la même heure, qu'il en ait ou non envie;
imposez-lui ce jeu comme une obligation à laquelle il devra
consacrer plusieurs heures matin et soir, et vous verrez s'il ne
sera pas bientôt dégoûté de ce divertissement comme de tout
autre qui lui serait imposé aux mêmes conditions. N'en est-il
pas de même pour les hommes faits? Ce qu'ils font d'eux-
mêmes avec plaisir ne leur devient-il pas à charge dès qu'on
l'exige d'eux comme un devoir? Pensez des enfants ce que
vous voudrez, mais il est certain qu'ils ont au même degré que
le plus orgueilleux des hommes faits l'ambition de montrer
qu'ils sont libres, que leurs bonnes actions sont leur œuvre et
que leur indépendance est absolue.

---

1. Locke tombe dans une exagération fâcheuse. Sans doute M. Herbert
Spencer a raison de dire que l'opportunité d'un enseignement se mesure au
degré d'attrait qu'il inspire à l'enfant : « Veut-on juger, dit-il, de l'excellence
d'un plan d'éducation? Demandez-vous s'il y a chez l'enfant excitation
agréable », *L'éducation*, p. 110. Néanmoins, et tout en s'efforçant de proportionner les études à l'âge et au goût des enfants, il est évident qu'on n'irait pas
loin en matière d'instruction, si on n'imposait jamais l'étude comme une tâche,
si on ne provoquait parfois par un travail forcé une inclination qui d'elle-même
ne se manifeste pas.

74. 2) Une conséquence de ce qui vient d'être dit, c'est qu'il ne faut obliger les enfants à faire les choses mêmes dont vous avez réussi à leur inspirer le goût que dans les moments où ils y sont disposés. Les personnes qui se plaisent à lire, à écrire, à faire de la musique, etc., savent bien qu'il y a des moments où elles n'ont elles-mêmes aucun goût pour ces occupations; et si elles veulent malgré tout s'y astreindre par force, elles ne réussissent qu'à se fatiguer et à se tourmenter sans profit. Il en est de même des enfants. Observons donc avec attention tous leurs changements d'humeur, et empressons-nous de saisir les moments favorables, où ils sont bien disposés et en état de comprendre ce que nous leur enseignons. Si d'eux-mêmes ils sont trop rarement prêts à se mettre au travail, vous pouvez par des paroles faire naître cette disposition dans leur esprit, avant qu'ils se soient mis en train de faire autre chose.

Je ne crois pas que cela soit difficile pour un précepteur habile, qui a étudié le caractère de son élève, il n'aura pas beaucoup de peine à lui remplir l'esprit d'idées appropriées qui lui inspirent le goût de l'étude dont il s'agit[1]. De la sorte on économisera beaucoup de temps et beaucoup de peine : car un enfant qui est en belle humeur fera trois fois plus de progrès dans ses études, que s'il y employait deux fois plus de temps et d'efforts, en travaillant à contrecœur et malgré lui. Si l'on prenait sur ce point les précautions convenables, on pourrait laisser les enfants jouer jusqu'à satiété : ils auraient encore assez de temps pour apprendre ce qui est à la portée de leur âge.

---

1. *Cf.* M. H. Spencer : « Le plaisir immédiat que cause l'activité est le stimulant ordinaire de l'étude, et si l'on s'y prend bien, le seul stimulant nécessaire. Quand nous sommes obligés d'en employer un autre, nous devons y voir la preuve que nous sommes dans une fausse voie. L'expérience montre tous les jours plus clairement qu'il y a toujours une manière d'intéresser, d'intéresser même délicieusement les enfants », *De l'Éducation*, p. 111-112.

Mais dans la méthode qu'on suit ordinairement, on ne prend pas, on ne peut pas prendre de pareils soins. La rude discipline du fouet est fondée sur de tout autres principes. Elle ne cherche pas à plaire ; elle ne s'inquiète pas de l'humeur des enfants ; elle n'étudie pas les moments favorables où leur inclination se réveille. Et en effet quand on a par la contrainte et par les coups excité l'aversion de l'enfant pour l'étude, il serait ridicule d'espérer qu'il abandonnera le jeu volontairement et de son plein gré, et qu'il recherchera de lui-même les occasions d'étudier. Et cependant, si l'on s'y prenait bien, quelle que soit la chose à lui apprendre, l'étude pourrait le divertir de ses jeux, autant que les jeux le divertissent de l'étude. Le travail est le même des deux côtés, et ce n'est pas le travail qui ennuie les enfants, car ils aiment à être occupés ; le changement, la variété leur fait naturellement plaisir. Le charme du jeu, à leurs yeux, c'est qu'ils y agissent en liberté ; c'est qu'ils y dépensent leurs efforts comme ils veulent (et vous pouvez remarquer qu'ils ne les ménagent pas). Au contraire, ce qu'on leur fait apprendre leur est imposé : on les appelle, on les contraint, on les pousse de force à l'étude. C'est ce qui, dès le début, les trouble et les refroidit : ils regrettent leur liberté. Obtenez qu'ils demandent eux-mêmes à leurs maîtres de les faire étudier, comme il leur arrive souvent de le demander à leurs camarades de jeu ; que ce ne soit plus le maître qui leur rappelle l'heure de la leçon, et alors satisfaits d'agir aussi librement dans leurs études que dans leurs autres occupations, ils se mettront au travail avec le même entrain qu'au jeu ; ils ne feront pas de différence entre l'étude et leurs autres divertissements [1]. Si vous pratiquez cette méthode avec soin, vous pouvez amener l'enfant à désirer

---

1. *Cf.* Rollin : « Un maître habile, pour rendre l'étude agréable aux enfants, prend leur temps ; il étudie leur goût, il consulte leur humeur ; il mêle le jeu au travail, il paraît leur en donner le choix ; il ne fait point une règle de l'étude », *Traité des études*, livre VIII, 1, 10.

apprendre tout ce que vous avez l'intention de lui enseigner. J'avoue que le plus difficile est d'arriver à ce résultat avec le premier-né de la famille, mais une fois que l'aîné aura été mis au pas, il sera facile, grâce à lui, de mener tout le reste de la famille comme on voudra [1].

75. Bien qu'il soit hors de doute qu'il convient de choisir, pour faire étudier les enfants, le moment où ils sont en belle humeur et bien disposés, où rien ne les détourne et les refroidit, ni une indolence paresseuse, ni la préoccupation d'un autre objet, il y a cependant deux précautions à prendre : 1) d'abord, soit qu'on n'observe pas assez attentivement ces occasions et qu'on ne sache pas les saisir toutes les fois qu'elles se présentent, soit qu'elles ne reviennent pas assez souvent, il ne faut pourtant pas négliger de faire travailler l'enfant, ni le laisser grandir dans des habitudes de paresse et s'endurcir dans ses mauvaises dispositions. 2) En outre, bien que l'esprit apprenne mal ce qu'il apprend, lorsqu'il est mal disposé et s'occupe d'autre chose, c'est chose cependant très importante et digne de nos efforts, d'habituer l'esprit à se dominer, à pouvoir, quand il le veut, renoncer à la poursuite ardente d'un objet pour s'appliquer à un autre avec plaisir et sans difficulté, à vaincre enfin en tout temps sa paresse, pour s'occuper vigoureusement de ce que lui proposent ou sa propre raison ou les sages conseils d'autrui. C'est à cela qu'il faut habituer les enfants, en les mettant parfois à l'épreuve, lorsqu'ils ont l'esprit indolent et paresseux, ou au contraire fortement appliqué à quelque autre chose; et en s'efforçant d'attacher leurs pensées à l'objet qu'on leur présente. Si par ce moyen l'esprit peut acquérir l'habitude de se diriger, de laisser là ses préoccupations et ses affaires, quand les circonstances l'exigent, et de se mettre sans difficulté, sans embarras, à des occupations nouvelles et moins

---

1. Locke avait vu de près des familles nombreuses, celle de lady Masham, par exemple.

agréables, cela sera un avantage autrement important que d'avoir appris le latin ou la logique, ou la plupart des choses que l'on enseigne d'ordinaire aux enfants.

De la contrainte

76. Les enfants sont plus actifs qu'on ne l'est à aucun autre âge de la vie. Peu leur importe ce qu'ils ont à faire : apprendre à danser ou à jouer à cloche-pied, ce serait pour eux la même chose, si pour les y engager ou les en détourner on employait les mêmes moyens. Mais quand il s'agit de leurs études, la grande et unique raison qui les en dégoûte, c'est qu'on les y contraint, on leur en fait une obligation, un sujet de tourment et de gronderie. Ils ne s'y appliquent, par suite, qu'avec crainte et en tremblant ; ou bien s'ils s'y mettent volontiers, on les y retient trop longtemps, jusqu'à ce qu'ils soient fatigués et lassés : par là on retranche trop de cette liberté naturelle qu'ils aiment passionnément[1]. C'est cette liberté seule qui fait le charme et les délices de leurs divertissements ordinaires. Changez de méthode, et vous verrez qu'ils tourneront aussitôt leur application du côté que vous voudrez ; surtout s'ils voient que l'exemple leur est donné par les autres, par ceux qu'ils estiment et qu'ils considèrent comme leurs supérieurs. Si vous avez soin surtout de leur présenter les choses qu'ils voient faire à autrui comme le privilège d'un âge plus avancé ou d'une condition plus relevée que la leur, alors l'ambition, le désir de s'élever toujours plus haut, de ressembler à ceux qui sont au-dessus d'eux animera leur ardeur et les disposera à agir avec entrain et avec plaisir. Ce plaisir sera d'autant plus vif que leur propre désir les aura engagés dans l'étude, et que de cette façon

---

1. *Cf.* Rollin : « Il ne faut jamais perdre de vue ce grand principe que l'étude dépend de la volonté qui ne souffre point de contrainte », *Traité des études*, livre VIII, 1,10.

ils continueront à jouir de cette liberté bien-aimée dont la possession est pour eux le plus grand des encouragements. Si à tout cela se joint la satisfaction d'être estimés et loués, je suis disposé à croire qu'il ne sera pas besoin de recourir à d'autres aiguillons pour exciter, autant qu'il est nécessaire, leur zèle et leur application. Il faut, au début, je le reconnais, pour atteindre ce résultat, beaucoup de patience et d'adresse, de douceur et d'attention. Mais pourquoi donc auriez-vous un gouverneur, s'il n'y avait aucune peine à prendre? Une fois que ce premier résultat sera atteint, tout le reste ira de soi, bien plus sûrement que si vous aviez employé une discipline plus rude et plus sévère. Je ne crois pas que la chose soit difficile, et je suis certain qu'elle ne le sera pas, toutes les fois que l'enfant n'aura pas de mauvais exemples devant lui. Le seul danger que j'appréhende, par conséquent, c'est l'influence des domestiques, des enfants mal élevés, enfin de toutes les personnes vicieuses ou peu sensées, qui gâtent les enfants, d'abord par le mauvais exemple qu'elles leur donnent dans leur conduite, ensuite parce qu'elles les encouragent à rechercher des plaisirs illicites et les louent de s'y être livrés, deux choses qui ne devraient jamais aller ensemble.

Des réprimandes

77. S'il est vrai qu'il ne faut que rarement recourir aux coups pour corriger les enfants, il ne l'est pas moins que les réprimandes, quand elles sont fréquentes, et surtout quand on y met de la passion, produisent des conséquences presque aussi fâcheuses[1]. Elles amoindrissent l'autorité des parents et le

---

1. « Il ne faut pas user fréquemment des réprimandes un peu vives. Une médecine donnée mal à propos aggrave le mal au lieu de le soulager, et si on l'emploie continuellement, elle cesse d'être une médecine et n'opère pas plus que ne ferait un mets désagréable et peu salubre », Érasme, *Sur l'éducation des enfants*.

respect des enfants : car, je vous prie de ne pas l'oublier, les enfants distinguent vite entre la passion et la raison. S'ils ne peuvent avoir que du respect pour tout ce que la raison inspire, ils en viennent bien vite à mépriser ce que dicte la passion ; ou s'ils éprouvent tout d'abord un sentiment de terreur, cette impression s'efface rapidement, et leur naturel les dispose aisément à dédaigner de vains éclats de colère, quelque bruyants qu'ils soient, s'ils ne sont pas inspirés par la raison. Les enfants ne devant être corrigés que pour leurs actions vicieuses, qui, dans leurs tendres années, ne sauraient être fort nombreuses, un regard ou un signe suffira pour les reprendre, lorsqu'ils sont en faute ; ou bien s'il faut parfois recourir aux paroles, elles doivent être graves, douces et discrètes. On doit souvent représenter à l'enfant ce qu'il y a de mauvais et de méchant dans sa faute, plutôt que se hâter de le gronder : car la gronderie fait qu'il ne distingue pas suffisamment si c'est à sa personne ou à sa faute que s'adresse votre mécontentement. La passion dans la réprimande entraîne d'ordinaire avec elle un langage rude et violent, ce qui produit encore ce fâcheux effet d'en donner l'exemple à l'enfant et de le justifier à ses yeux. Les noms que leurs parents ou leurs précepteurs leur donnent, ils ne rougissent pas, ils ne craignent pas de les appliquer à d'autres personnes, ayant d'aussi bonnes autorités pour en justifier l'usage.

L'obstination

78. Je prévois l'objection qu'on va me faire : « Quoi ! dira-t-on, n'y a-t-il donc aucune faute qui mérite que l'on fouette ou que l'on gronde l'enfant ? Mais ce serait ouvrir la porte à tous

« C'est un défaut assez ordinaire d'employer la réprimande pour les fautes les plus légères, et qui sont presque inévitables aux enfants ; et c'est ce qui leur ôte toute la force et en fait perdre tout le fruit », Rollin, *Traité des études*, livre VIII, I, 6, 1.

les désordres». Non, le mal ne serait pas si grand qu'on se l'imagine, si du moins on a suivi une bonne méthode dans la première éducation morale de l'enfant, si on lui a inspiré pour ses parents le respect dont nous avons déjà parlé. Les coups, comme le prouve une expérience constante, ne font que peu d'effet, quand la douleur cuisante qu'ils produisent est tout le châtiment que l'enfant redoute et qu'il sent : l'influence de cette douleur s'efface vite, en même temps que le souvenir. Mais il y a une faute, et il n'y en a qu'une, pour laquelle, selon moi, les enfants doivent être battus : c'est l'obstination ou la rébellion[1]. Et même dans ce cas je voudrais, s'il était possible, que l'on s'arrangeât de telle manière que la honte d'être fouetté, et non la douleur physique, devînt l'élément principal du châtiment. La honte d'avoir mal fait, d'avoir mérité une punition, c'est la seule discipline qui ait des rapports avec la vertu. La douleur causée par le fouet, si la honte ne l'accompagne pas, est vite passée, vite oubliée, et par la répétition elle cesse d'être effrayante. J'ai connu les enfants d'une personne de qualité, qui étaient tenus en respect par la crainte d'être condamnés à marcher sans souliers, aussi bien que d'autres le sont par la crainte du fouet. Des punitions de ce genre vaudraient mieux, je crois, que les coups. Si vous voulez en effet développer chez l'enfant des sentiments dignes d'un homme libre, c'est de la honte de la faute, c'est de la disgrâce qui en est la conséquence, qu'il faut lui faire peur, plus que de la peine elle-même. C'est seulement l'opiniâtreté, la désobéis-

---

1. Voilà l'exception admise par Locke. Toute faute où se manifeste une volonté rebelle, opiniâtre, révoltée, doit être punie par le fouet. Il est évident que cette exception doit être rejetée, elle aussi, d'abord parce qu'on en abuserait facilement : un maître sévère trouverait partout des signes de révolte. En second lieu, les châtiments corporels sont toujours mauvais en eux-mêmes. Et enfin, comme effet produit, on peut douter que le fouet puisse venir à bout de l'obsti-nation de l'enfant. Il paraîtra céder, mais il emportera au fond du cœur, avec la honte du châtiment, je ne sais quel ressentiment et quel désir de se venger.

sance obstinée, qui doit être réprimée par la force et par les coups : car dans ce cas il n'y a pas d'autre remède [1]. Quel que soit l'ordre ou la défense que vous adressez à l'enfant, veillez à être obéi : pas de quartier sur ce point. N'admettez pas de résistance : car si une fois vous laissez se produire entre vous deux comme un combat de ruse, si vous en êtes à disputer avec lui pour savoir qui sera le maître, ce qui arrive quand vous lui donnez un ordre et qu'il refuse d'obéir, il faut que vous l'emportiez, à quelque prix que ce soit, dussiez-vous en venir aux coups, si un signe de tête ou les paroles ne suffisent pas ; autrement il faudra vous résigner à vivre le reste de votre vie dans la dépendance de votre fils. J'ai connu une mère douce et prudente, qui, dans une occasion semblable, la première fois que sa fille revint de chez sa nourrice à la maison, fut obligée de la battre huit fois de suite, dans la même matinée, avant de réussir à vaincre son opiniâtreté et d'obtenir qu'elle lui obéit pour une chose très facile en elle-même et indifférente [2]. Si elle s'était arrêtée plus tôt, si elle avait suspendu le châtiment à la septième fois, l'enfant était perdue pour toujours. Par un châtiment qui aurait manqué son effet, elle n'eût fait que fortifier chez sa fille l'instinct de l'opiniâtreté, qu'il eût été fort difficile de guérir dans la suite. Mais ayant eu la sagesse de persévérer jusqu'à ce qu'elle eût plié son esprit et assoupli sa volonté, ce qui est le seul but de la correction et du châtiment, elle établit son autorité dès la première occasion, et désormais elle obtint de sa fille en toutes choses une prompte et docile obéissance.

1. La question est d'abord de savoir si le fouet lui-même est un remède efficace en pareil cas. Ce n'était pas l'avis de Montaigne qui disait : « Je tiens que ce qui ne peult se faire par la raison, et par prudence et addresse, ne se faict jamais par la force... Je n'ay veu aultre effect aux verges, sinon de rendre les âmes plus lasches ou plus malicieusement opiniastres », *Essais*, livre II, VIII, p. 389.

2. On peut s'étonner que Locke appelle douce et prudente une mère qui se laisse aller à battre sa petite fille « huit fois de suite », la première fois qu'elle la revoit, et pour « une chose indifférente ».

Comme ce fut la première fois qu'elle la fouetta, ce fut aussi, je crois, la dernière.

La première fois qu'on a recours aux châtiments corporels, il faudrait prolonger et redoubler la punition, jusqu'à ce qu'elle eût entièrement triomphé de la résistance, que l'esprit de l'enfant fût assoupli, et l'autorité des parents établie : dès lors, pour la maintenir, il suffira d'une gravité mêlée de douceur.

Tout cela, si l'on y réfléchissait, inspirerait aux parents plus de modération dans l'emploi du fouet et du gourdin, et les détournerait de croire aussi aisément que les coups sont un remède sûr et universel, qu'on peut appliquer au hasard dans n'importe quel cas. Ce qui est certain, c'est que les châtiments corporels, quand ils ne font pas de bien, font beaucoup de mal. S'ils n'atteignent pas l'esprit et n'assouplissent pas la volonté, ils endurcissent le coupable ; et quelque douleur qu'il ait soufferte pour sa faute, il n'en chérit que plus son opiniâtreté, ce péché mignon qui lui a déjà donné la victoire ; il n'en est que plus disposé à rechercher, à espérer pour l'avenir de nouveaux triomphes. C'est, je n'en doute pas, par l'effet de ces corrections mal entendues qu'un grand nombre d'enfants sont devenus obstinés et réfractaires, qui, autrement gouvernés, auraient été très souples et très maniables. Si vous ne punissez votre enfant que pour vous venger de la faute passée qui a excité votre colère, quel effet pensez-vous produire ainsi sur son esprit, qui est précisément ce qu'il s'agit d'amender ? S'il n'y a dans sa faute aucun mélange d'opiniâtreté ou de volonté obstinée, elle ne renferme rien qui réclame le sévère châtiment du fouet. Des observations douces et graves suffisent pour remédier aux fautes qui ont pour principes la faiblesse, l'inattention ou l'étourderie, et c'est tout ce que méritent de pareilles fautes. Mais si vous reconnaissez une perversité réelle de volonté, si vous avez affaire à une désobéissance préméditée et intentionnelle : alors vous ne devez pas mesurer le degré de la punition d'après la grandeur ou la petitesse apparente de la faute, mais d'après l'esprit d'opiniâtreté qu'elle révèle et la résistance que l'enfant oppose à ses devoirs de soumission et de respect vis-à-vis de son père. L'obéissance en effet est de rigueur, et il ne faut pas hésiter à employer les châtiments corporels, en les administrant par intervalles jusqu'à ce qu'ils aient fait impression sur l'esprit, et que vous distinguiez les marques d'un vrai chagrin, de la honte et du désir d'obéir [1].

Mais, d'après moi, il ne suffira pas que vous ayez fixé une tâche à l'enfant, et qu'il ne l'ait pas remplie à votre fantaisie, pour qu'il vous soit permis de le frapper sans autre façon. Il faut, avec beaucoup d'attention, de soin et de finesse, observer le tempérament particulier des enfants, et apprécier exactement la nature de leur fautes, avant d'en arriver à une correction de ce genre. Mais cela ne vaut-il pas mieux que d'avoir toujours le fouet dans les mains, comme le seul instrument de votre autorité, et de vous exposer, par le trop fréquent usage des verges, à rendre ce suprême remède inefficace et inutile dans les cas où il devient nécessaire ? C'est ce qui arrive en effet lorsqu'on emploie sans discrétion le fouet pour les fautes les plus légères. Lorsque pour une faute contre les règles d'accord, ou pour une syllabe mal placée dans un vers, on frappe de la peine sévère du fouet un enfant laborieux et d'un bon naturel, comme on ferait pour une action criminelle ou volontaire un enfant obstiné et pervers, comment espérer qu'une semblable méthode de correction fasse du bien à l'esprit et le redresse ? Et c'est là cependant l'unique but qu'il faut avoir en vue : car si une fois l'esprit est droit, tout ce que vous pouvez désirer suivra naturellement.

---

1. On risque d'attendre toujours ce moment là, et en l'attendant de faire grand mal à l'enfant. Beaucoup se laisseront rouer de coups plutôt que de céder même en apparence. D'ailleurs à quel signe distinguera-t-on le vrai chagrin dont parle Locke ?

79. Ainsi, lorsqu'il n'y a dans la volonté aucun mauvais penchant à corriger, il n'est pas besoin de recourir au fouet. Toutes les fautes qui ne témoignent pas d'une mauvaise disposition d'esprit, qui ne trahissent pas l'intention de résister à l'autorité et au gouvernement d'un père ou d'un précepteur, ne sont que des méprises, et l'on peut souvent ne pas en tenir compte. En tout cas, si l'on s'y arrête, il ne faut employer d'abord que de doux remèdes : avis, directions, remontrances ; jusqu'à ce que le mépris persistant et prémédité de ces avis prouve que le principe de la faute réside dans les mauvaises dispositions de l'esprit, et qu'une perversité manifeste de la volonté est la source de la désobéissance. Partout où l'obstination, qui est une révolte ouverte, s'est révélée au point qu'elle ne peut plus être négligée ou dédaignée, et qu'il est nécessaire dès le début de la réprimer et de la vaincre, notre seule préoccupation doit être de ne pas nous tromper, de nous assurer que nous avons affaire à une obstination réelle, et non à autre chose.

80. Mais puisque l'on doit éviter le plus possible les occasions de punir, surtout de punir par des coups, vous aurez soin d'en venir rarement à ces extrémités. Si vous avez inspiré à votre fils les sentiments de respect dont j'ai parlé, un simple regard suffira dans le plus grand nombre des cas pour l'arrêter. Il ne faut pas assurément demander à de jeunes enfants autant de tenue, de sérieux ou d'application, qu'à des jeunes gens plus avancés en âge. On doit leur permettre, je l'ai déjà dit, tous les enfantillages, toutes les folies qui sont en rapport avec leur âge, sans y faire la moindre attention. L'étourderie, l'imprévoyance, la gaieté, sont les caractères de l'enfance. La sévérité ne doit pas s'étendre à ces actions et imposer sur ce point d'inopportunes restrictions. Ne nous pressons pas non plus de voir de l'obstination, de la mauvaise volonté, dans des actes qui ne sont que l'effet naturel de l'âge et du tempérament. Dans ce cas, il faut simplement venir en aide aux enfants, leur

tendre la main, pour les ramener doucement, comme à des personnes faibles qui souffrent d'une infirmité naturelle; et bien qu'une fois avertis ils retombent dans les mêmes fautes, il ne faut pas cependant que chaque rechute soit comptée pour un mépris formel de vos ordres, et considérée tout de suite comme un acte de révolte. Les fautes qui proviennent de la faiblesse de l'âge, il ne faut pas sans doute les négliger, les laisser passer sans la moindre attention; mais à moins que la volonté n'y soit mêlée, on ne doit jamais en exagérer la gravité, ni les reprendre trop rigoureusement. Redressez-les seulement d'une main douce, comme l'exige leur âge. De cette façon les enfants comprendront ce qu'il y a de véritablement répréhensible dans chacune de leurs actions et s'habitueront à l'éviter. Par là aussi vous les encouragerez, ce qui est la grande affaire, à n'avoir jamais que de bonnes intentions, puisqu'ils auront reconnu que leur bonne volonté les met à l'abri de tout désagrément grave, et que, dans les fautes qu'ils laissent échapper, au lieu de subir les reproches passionnés et irrités de leur gouverneur ou de leurs parents, ils sont traités avec ménagement et avec douceur. Détournez vos enfants du vice et des dispositions vicieuses, et avec chaque progrès des années vous les verrez prendre les manières qui conviennent à leur âge et à la société qu'ils fréquentent. À mesure qu'ils grandiront en âge, ils grandiront aussi en application et en sagesse. Mais afin que vos paroles aient toujours de l'autorité et de la force, s'il arrive à l'occasion que vous leur ayez enjoint de laisser ceci ou cela, dans leurs amusements enfantins, ayez grand soin d'avoir toujours le dernier mot, et ne leur laissez jamais prendre l'avantage. Mais, je le répète, je voudrais que le père ne fît que rarement intervenir son autorité et ses commandements dans ces occasions-là, et qu'il se réservât pour le cas où les enfants sont sur le point de contracter quelque habitude vicieuse. Il y a, selon moi, de meilleurs moyens de diriger leur esprit, et lorsqu'une fois vous aurez gagné ce premier point de les soumettre à votre volonté, vous réussirez mieux le plus souvent en raisonnant doucement avec eux.

Il faut raisonner avec les enfants

81. On s'étonnera peut-être que je recommande de raisonner avec les enfants, et cependant je ne puis m'empêcher de penser que c'est la vraie manière de se comporter avec eux [1]. Ils entendent raison dès qu'ils savent parler et, si je ne me trompe, ils aiment à être traités en créatures raisonnables plus tôt qu'on ne se l'imagine. C'est une sorte d'orgueil qu'il faut développer en eux, et dont on doit se servir autant que possible, comme d'un puissant instrument pour les conduire.

Mais quand je parle de raisonnements, j'entends seulement ceux qui sont appropriés à l'intelligence, qui sont à la portée d'esprit de l'enfant. Personne ne suppose qu'on puisse

---

1. Rousseau a critiqué vivement les idées de Locke sur ce point : « Raisonner avec les enfants était la grande maxime de Locke ; c'est la plus en vogue aujourd'hui ; son succès ne me paraît pourtant pas fort propre à la mettre en crédit, et pour moi je ne vois rien de plus sot que des enfants avec qui l'on a tant raisonné », *Émile*, livre II, p. 317. En d'autres termes, Rousseau n'admet pas que pour gouverner les enfants on essaye de la persuasion. « En leur parlant dès leur bas âge une langue qu'ils n'entendent point, on les accoutume à se payer de mots, à contrôler tout ce qu'on leur dit, à se croire aussi sages que leur maître, à devenir disputeurs et mutins » (*ibid.*). L'enfant, d'après Rousseau, doit obéir à la nécessité, à la force. Il ne faut pas essayer de lui donner la raison du joug qui pèse sur lui. Rousseau n'a raison que contre l'exagération possible de l'excellent principe de Locke. Sans doute il ne faut pas se flatter de pouvoir toujours parler raison à l'enfant. Il est nécessaire bien souvent de recourir à l'autorité que Rousseau proscrivait, elle aussi. Dupont de Nemours distinguait les *commandements militaires* qui exigent une obéissance aveugle, absolue, et les *commandements paternels* qui demandent seulement une obéissance raisonnée. Il est évident que l'ordre et la discipline dans la famille ne peuvent se passer des premiers, mais l'idéal n'en est pas moins de généraliser le plus tôt possible l'usage des commandements paternels.

argumenter avec un enfant de trois ou même de sept ans
comme avec un homme mûr. De longs discours, des raisonnements philosophiques étonnent tout au plus et confondent
l'esprit de l'enfant, mais ne l'instruisent pas. Quand je dis qu'il
faut les traiter comme des créatures raisonnables, j'entends
donc que vous devez leur faire comprendre par la douceur de
vos manières, par l'air tranquille que vous gardez jusque dans
vos corrections, que ce que vous faites est raisonnable en soi,
en même temps qu'utile et nécessaire pour eux; que ce n'est
point par caprice, par passion ou fantaisie, que vous leur
ordonnez ou leur défendez ceci ou cela. C'est ce qu'ils sont
parfaitement en état de comprendre, et il n'y a pas de vertu ni
de vice dont on ne puisse leur faire entendre pourquoi on leur
recommande l'une et pourquoi on leur interdit l'autre:
seulement il faut pour cela choisir des raisons appropriées à
leur âge et à leur intelligence, et les leur proposer toujours clairement et en peu de mots [1]. Les principes sur lesquels reposent
la plupart des devoirs, les sources du bien et du mal d'où ces
devoirs jaillissent, il n'est pas toujours aisé de les expliquer
même aux hommes faits, quand ils ne sont pas habitués à
abstraire leurs pensées des opinions communément reçues. À
plus forte raison les enfants sont-ils incapables de raisonner
sur des principes un peu élevés. Ils ne sentent pas la force d'une
longue déduction. Les raisons qui les touchent sont des raisons
familières, au niveau de leurs pensées, des raisons sensibles et
palpables, si je puis ainsi parler. Mais si l'on a égard à leur âge,

---

1. Condillac, qui s'inspire de Locke en pédagogie autant qu'en psychologie, croit aussi à la nécessité de raisonner de bonne heure avec les enfants. Il
va jusqu'à dire que «la faculté de raisonner commence aussitôt que nos sens
commencent à se développer», ce qu'aucun observateur attentif de l'enfance ne
saurait accorder. Il est plus près de la vérité quand il ajoute: «Ne confondons
pas le raisonnement et les choses sur lesquelles on raisonne», *Œuvres*, t. VI,
p. 293; ce qui revient à dire, comme Locke le fait remarquer ici, que l'enfant,
s'il raisonne, ne peut du moins raisonner sur les mêmes idées que l'homme fait.

à leur tempérament, à leurs goûts, on ne manquera jamais de trouver des motifs de ce genre propres à les convaincre. Et si l'on ne trouvait pas d'autre raison plus particulière, ce qu'ils comprendront toujours, ce qui suffira pour les détourner d'une faute du genre de celles qu'ils peuvent commettre : c'est que cette faute les discrédite et les déshonore, c'est qu'elle vous déplaît.

Les exemples

82. Mais de tous les moyens à employer pour instruire les enfants, pour former leurs mœurs, le plus simple, le plus aisé et le plus efficace, c'est de leur mettre devant les yeux les exemples des choses que vous voulez leur faire pratiquer ou éviter[1]. Si vous avez soin de leur présenter ces exemples dans la vie des personnes qu'ils connaissent, en y joignant quelques réflexions sur la beauté ou sur la laideur de ces actions, vous aurez plus fait pour exciter ou décourager leur instinct d'imitation, qu'en leur tenant les plus beaux discours du monde. Il n'y a pas de mots, si forts qu'ils soient, qui leur donnent l'idée des vertus et des vices aussi bien que le feront les actions des autres hommes qui leur en présentent l'image, si vous avez soin de diriger leurs observations, et si vous leur enjoignez

---

1. *Cf.* Horace, *Satires*, livre I, *Traité des études*, t. IV, v. 105-111 :

   ...Insuevit pater optimus hoc me
   Ut fugerem exemplis vitiorum quæque notando.
   Quum me hortaretur, parce, frugaliter, atque
   Viverem uti contentus eo quod mi ipse parasset :
   Nonne vides, Albi ut male vivat filius, utque
   Barrus inops : magnum documentum ne patriam rem
   Perdere quis velit...

   (« Ainsi mon père m'accoutumait à fuir les vices en me les signalant par des exemples. Il me conseillait de vivre d'économie et d'ordre, et content du bien qu'il m'aurait acquis : vois Albinus, quelle triste vie ! Et Barrus : quelle misère ! Excellentes leçons pour qui serait tenté de dissiper son patrimoine »).

d'examiner telle ou telle qualité bonne ou mauvaise chez les gens qui la mettent en pratique. La beauté ou la laideur de bien des choses, en fait de bonne ou de mauvaise éducation, fera une plus profonde impression sur leurs esprits, si elle leur est révélée par les exemples d'autrui, que si elle leur est enseignée par des règles ou par des instructions [1].

C'est une méthode qu'il ne faut pas seulement suivre avec les enfants tout jeunes, mais qu'il faut continuer tant qu'ils restent sous la surveillance ou la direction d'une autre personne. Je crois que c'est le meilleur moyen qu'un père puisse employer, tant qu'il pourra avoir à réformer quelque défaut dans la conduite de son fils. Il n'y a rien, en effet, qui pénètre l'esprit des hommes aussi doucement et aussi profondément que l'exemple. Les défauts mêmes qu'ils sont disposés à excuser ou à ne pas voir en eux-mêmes, ils ne sauraient s'empêcher de les désapprouver et d'en rougir, quand ils les découvrent chez d'autres personnes.

L'usage du fouet

83. Lorsque l'usage du fouet devient nécessaire comme remède suprême, on peut se demander à quel moment et par qui la punition doit être administrée. Est-ce immédiatement après la faute commise, quand elle est toute récente et pour ainsi dire toute chaude, qu'il convient de sévir ? Et faut-il que les parents eux-mêmes châtient leurs enfants [2] ? Sur le premier

---

1. C'est la vieille maxime : *Longum iter per præcepta, breve per exempla* [« La voie est longue par la règle, mais courte par l'exemple »].

2. Ces questions ne nous intéressent plus aujourd'hui, puisque le fouet est absolument condamné par la pédagogie moderne. Mais elles étaient à l'ordre du jour du temps de Locke. Les *Regulæ* des Jésuites interdisaient aux Pères d'infliger de leurs mains les corrections physiques. Dans certains collèges on avait un correcteur attaché à la maison, un cuisinier, un portier. Ailleurs on recourait au service d'un pauvre artisan du voisinage qui recevait tant par mois

point, mon avis est que la punition ne doit pas être appliquée tout de suite, de peur que la passion ne s'en mêle, et que le châtiment, par conséquent, tout en dépassant les bornes convenables, ne conserve pas son efficacité légitime. Les enfants savent parfaitement discerner quand nous agissons par passion. Comme je l'ai déjà dit, ce qui leur fait le plus d'impression, c'est ce qui émane de la raison calme et froide de leurs parents : la distinction ne leur échappe pas. Sur le second point, je crois que si vous avez à votre service un domestique discret, qui puisse tenir auprès de votre enfant la place d'un gouverneur (si vous avez un gouverneur, il n'y a plus de difficulté), il vaut mieux que la douleur de la punition soit directement infligée à l'enfant par une autre main que la vôtre, mais avec votre permission et en votre présence. De cette façon, l'autorité des parents est mieux sauvegardée, et le ressentiment de l'enfant, pour la douleur qu'il a supportée, se retourne sur la personne qui la lui a directement causée. Car je veux, on le sait, que le père n'en vienne que rarement aux châtiments corporels, et cela, quand il y a nécessité pressante, quand il n'y a plus d'autre remède ; et alors il convient peut-être que le châtiment soit infligé de telle sorte que l'enfant ne puisse l'oublier.

84. Mais, je le répète, les châtiments corporels sont de toutes les corrections la plus mauvaise ; c'est par conséquent la dernière qu'il faille employer, et seulement dans les cas extrêmes, après qu'on aura essayé de tous les moyens plus doux et qu'on en aura reconnu l'impuissance. Si l'on suit exactement ces règles, on n'aura que rarement besoin d'en venir aux coups. Il n'est pas à supposer en effet qu'un enfant veuille

ou par an pour venir instrumenter dans les classes. Quelquefois on s'adressait à un écolier bien planté, gaillard solide, qui fouettait ses camarades toutes les fois que le régent lui en donnait l'ordre. C'était sous une forme spéciale, un commencement d'enseignement mutuel.

souvent résister dans une circonstance particulière à l'ordre
que lui donne son père, et il est probable qu'il ne le voudra
jamais. D'autre part, si le père a soin de ne pas interposer son
autorité absolue et ses ordres péremptoires, soit dans les
actions puériles et indifférentes, où l'enfant doit jouir de sa
liberté[1], soit à propos de ses études et de ses progrès, en quoi il
ne faut jamais lui faire violence, il ne reste que la prohibition
de quelques actions vicieuses qui puisse donner lieu à des actes
de rébellion, et par suite mériter le fouet à l'enfant. Il n'y aura
donc qu'un très petit nombre d'occasions où un père attentif,
qui dirige comme il convient l'éducation de son fils, se verra
forcé de recourir à ce moyen de discipline. Pendant les sept
premières années en effet, quels sont les vices dont un enfant
peut se rendre coupable, sinon le mensonge ou quelques traits
de malice? C'est quand il est retombé plusieurs fois dans ces
fautes, malgré la défense formelle de son père, que l'enfant
doit être puni pour son obstination et qu'il mérite d'être battu.
Si toutes les dispositions vicieuses de l'enfant sont, dès le
début, traitées comme elles doivent l'être; si on lui en témoigne d'abord de la surprise; si, dans le cas de récidive, l'enfant
est décontenancé par l'air sévère de son père, de son précepteur et de tous ceux qui l'approchent, et par une façon d'agir
conforme à l'état de disgrâce où il est tombé; si enfin on sait
persévérer dans cette attitude assez longtemps pour qu'il
devienne sensible à la honte de sa faute, j'imagine qu'il ne sera
pas besoin de recourir à une autre espèce de correction, et que
l'occasion ne se présentera pas d'en venir aux coups. Ce sont
seulement les négligences de la première éducation, et l'excès
de douceur qu'on a témoigné d'abord aux enfants, qui rendent

---

1. Il faut craindre, en effet, d'amoindrir et de compromettre son autorité en
l'exerçant trop souvent et sans cause suffisante. Combien de parents et de
maîtres perdent leur empire sur les enfants pour les avoir fatigués à tout propos
par des réprimandes et par des menaces inutiles!

nécessaire dans la suite l'emploi des corrections physiques. Si l'on avait surveillé à leur naissance les inclinations vicieuses et les premières irrégularités qu'elles engendrent, si on les avait corrigées doucement, on aurait rarement plus d'un défaut à la fois à combattre, et on en viendrait facilement à bout, sans bruit ni fracas, sans avoir besoin de recourir à une discipline aussi brutale que le fouet.

Ainsi tous les vices, combattus un à un, dès leur première apparition, seraient aisément extirpés, sans qu'il subsistât la moindre trace et même le souvenir de leur existence. Mais par complaisance, par faiblesse pour nos chers petits, nous laissons leurs défauts grandir jusqu'à ce qu'ils aient pris racine et se soient multipliés, et que la laideur morale de nos enfants nous couvre de honte et de confusion. Alors il faut bien employer la charrue et la herse, il faut recourir à la bêche et à la pioche pour atteindre le fond des racines, et ce n'est pas trop de toute notre force, de toute notre habileté et de tout notre zèle, pour nettoyer cette pépinière infestée de mauvaises herbes, ce champ couvert de ronces, et pour retrouver l'espérance des fruits qui, la saison venue, nous récompenseront de nos labeurs.

85. Cette méthode, si on l'observe, épargnera à la fois au père et à l'enfant l'ennui des mêmes injonctions sans cesse répétées et des règles impératives ou prohibitives indéfiniment multipliées. Je crois en effet que les actions qui tendent à produire de mauvaises habitudes (et ce sont les seules qui exigent que le père interpose son autorité et ses commande-ments) ne doivent pas être défendues à l'enfant avant qu'il s'en soit rendu coupable. La défense faite avant la faute, si elle n'a pas de résultats plus fâcheux, a du moins celui d'apprendre à l'enfant la possibilité de la faute, puisqu'elle suppose que l'enfant peut la commettre, et puisqu'il y aurait moins de risque

qu'il la commît, s'il en ignorait l'existence[1]. Le meilleur moyen d'enrayer une disposition vicieuse, c'est, comme je l'ai déjà dit, de paraître étonné et surpris à la première action qui la révèle chez l'enfant. Par exemple la première fois qu'il est pris en flagrant délit de mensonge ou d'un acte de méchanceté, le premier remède à employer, c'est de lui parler de cette action comme de quelque chose d'étrange et de monstrueux, dont on ne le croyait point capable, et ainsi de lui en faire honte.

86. On objectera sans doute que je me fais illusion sur la docilité des enfants, et que, en dépit de la préférence que j'accorde à la voie plus douce de l'éloge et du blâme, il y aura toujours beaucoup d'enfants qui ne s'appliqueront pas à leurs études et à ce qu'ils doivent apprendre, tant qu'on ne les aura point fouettés. C'est là le langage ordinaire des gens d'école et de tous ceux qui, entêtés des vieilles méthodes, ne laissent jamais expérimenter les autres dans les occasions où l'on pourrait en faire l'essai. En effet, comment expliquer autrement qu'on ait besoin du fouet pour enseigner le latin et le grec, et qu'on s'en passe pour le français et l'italien ? Les enfants apprennent la danse et l'escrime, sans qu'on ait besoin de les fouetter ; de même pour l'arithmétique, le dessin. Cela ne donne-t-il pas le droit de soupçonner qu'il y a quelque chose d'étrange, de contre nature, d'antipathique à l'enfance, dans les programmes d'études des écoles de grammaire, ou dans les méthodes qu'on y emploie, puisque les enfants ne s'appliquent pas du tout à ces études, quand on ne les fouette pas, et ne s'y appliquent qu'à contrecœur lorsqu'on les fouette ; ou sinon, que l'on se trompe, quand on croit ne pouvoir apprendre les langues anciennes aux enfants qu'à coups de fouet ?

---

1. Locke a parfaitement raison. Mais ne se met-il pas en contradiction avec ce qu'il a dit un peu plus haut sur la convenance de mettre devant les yeux de l'enfant même les exemples du vice ?

87. Mais à supposer qu'il se rencontre des enfants si indifférents et si paresseux qu'on ne puisse les décider à étudier par
les voies de la douceur, – et il faut reconnaître qu'il y a en effet
des enfants de toute nature, – ce n'est pas une raison cependant
pour qu'on pratique avec tous le dur régime du fouet. Il n'y en a
aucun dont il soit permis de dire qu'il ne peut être gouverné par
la douceur et la modération, tant qu'on n'en a pas fait avec lui
l'essai complet. Si ces moyens ne le déterminent pas à travailler de toutes ses forces, à faire tout ce qu'il est capable de faire,
alors il n'y a plus à chercher d'excuses pour un caractère aussi
obstiné. Le fouet est le remède convenable en pareil cas, mais
le fouet administré selon d'autres procédés que les procédés
ordinaires. L'enfant qui volontairement néglige ses livres, qui
se refuse obstinément à une chose qu'il peut faire et que son
père lui enjoint de faire par un ordre positif et formel, cet
enfant-là, il ne faut pas se contenter de lui appliquer deux ou
trois coups de fouet, pour n'avoir pas fait son devoir, et de
recommencer à lui infliger la même punition chaque fois qu'il
retombe dans la même faute. Non, lorsque les choses en sont
venues à ce point, lorsque l'entêtement est manifeste et rend la
correction nécessaire, je pense qu'on doit châtier l'enfant avec
plus de calme et aussi avec plus de sévérité ; on doit le frapper
(en ayant soin de mêler les admonestations aux coups) jusqu'à
ce qu'on puisse lire sur son visage, dans sa voix, dans son
attitude soumise, que le châtiment a fait impression sur son
esprit, et qu'il est moins sensible à la douleur même des coups
qu'à la honte de la faute dont il s'est rendu coupable et qui lui
cause maintenant un vrai chagrin. Si une correction de ce
genre, répétée plusieurs fois à des intervalles convenables, et
poussée jusqu'aux limites extrêmes de la sévérité, accompagnée d'ailleurs des marques non équivoques du mécontentement paternel, ne produit pas d'effet et ne réussit pas à modi-
fier les dispositions de l'enfant, à le rendre souple et docile,

quel profit peut-on désormais espérer de l'usage des châtiments corporels, et à quoi bon les employer plus longtemps?
Fouetter un enfant, lorsqu'on ne peut plus compter que cette
correction produise aucun bien, c'est plutôt se comporter avec
la fureur d'un ennemi plein de rage qu'avec la sagesse d'un
ami compatissant; et le châtiment n'est plus alors qu'une
provocation inutile, qui n'a aucune chance d'amender le
coupable. Si un père est assez malheureux pour avoir un fils
aussi pervers, aussi intraitable, je ne vois pas ce qui lui reste à
faire, sinon à prier Dieu pour lui. Mais, selon moi, si dès le
début on emploie avec les enfants les bonnes méthodes, il s'en
rencontrera peu de ce caractère; et après tout, s'il y en a de tels,
ce n'est pas d'après ces exceptions qu'il faut régler l'éducation
des autres, de ceux qui ont un meilleur naturel et qui peuvent
être gouvernés par des voies plus douces.

QUALITÉS NÉCESSAIRES D'UN GOUVERNEUR

88. Si vous pouvez rencontrer un gouverneur qui se mette en pensée à la place du père[1], qui se charge des mêmes soins que lui, et qui, approuvant les méthodes dont je viens de parler, sache les pratiquer dès le début, la tâche lui deviendra facile dans la suite ; et vous ne tarderez pas à reconnaître, je crois, que votre fils a fait en peu de temps, pour la science et pour la sagesse, plus de progrès que vous ne l'imaginiez. Mais ne permettez jamais au gouverneur de battre votre fils, sans consentement et en votre absence[2], au moins jusqu'au jour où l'expérience vous aura garanti sa modération et sa prudence. De plus pour qu'il conserve toute son autorité sur son élève, laissez ignorer qu'il n'a pas le pouvoir d'user du fouet, et ayez soin de le traiter vous-même avec le plus grand respect, en obligeant toute votre famille à agir de même. Ne comptez pas

---

1. *Cf.* Rollin : « Les précepteurs tiennent la place des pères et des mères : ils doivent donc en prendre les sentiments, et en avoir la douceur et la tendresse, mais une douceur qui ne dégénère point en mollesse, et une tendresse qui soit réglée par la raison… », *Traité des études*, livre VIII, 8,4. Quintilien avait dit la même chose avant Locke et avant Rollin (*Institutions oratoires*, IV, 2).

2. Louis XIV ne suivait pas cette règle avec son fils, le grand Dauphin. On sait qu'il avait délégué officiellement le droit de correction au gouverneur du prince, le duc de Montausier. Celui-ci, homme dur et brusque, usait largement de son droit, en présence de Bossuet qui laissait faire.

que votre fils respecte son gouverneur, s'il le voit mépriser par vous, ou par sa mère, ou par d'autres personnes. Si vous le jugez digne de votre mépris, c'est que vous aurez fait un mauvais choix. Et pour peu que vous laissiez voir votre mépris, votre fils ne manquera pas d'en faire autant ; et, dans ce cas, quel que soit le mérite du précepteur, quelques talents qu'il ait pour réussir dans son emploi, tout cela sera perdu pour votre fils et ne lui sera jamais plus d'aucun profit.

89. De même que l'exemple du père doit enseigner à l'enfant le respect de son gouverneur, de même l'exemple du gouverneur doit engager l'enfant aux actions dont il veut lui inculquer l'habitude. Sa conduite ne doit jamais démentir ses préceptes, sans quoi il ne fera que pervertir son élève. Il ne servira de rien que le gouverneur lui adresse des sermons sur le devoir de réprimer ses passions, si lui-même lâche la bride à quelqu'une des siennes. C'est en vain qu'il s'efforcerait de corriger un défaut ou une inconvenance qu'il se permettrait à lui-même. Les mauvais exemples sont plus sûrement suivis que les bonnes maximes. Le gouverneur doit donc protéger avec soin son élève contre l'influence des mauvais exemples, et surtout des plus dangereux de tous, ceux qui viennent des domestiques. Pour éloigner les enfants de leur société, il ne faudra pas d'ailleurs procéder par prohibition, ce qui ne ferait qu'irriter le désir qu'ils ont naturellement de les fréquenter : on aura recours aux moyens que j'ai déjà indiqués[1].

90. Dans l'art de l'éducation, il n'est rien dont on se préoccupe moins, ni qui soit plus difficile à observer que la règle dont je suis en train de vous entretenir : c'est qu'il faut avoir soin, dès que les enfants commencent à parler, de tenir auprès d'eux une personne prudente, modérée, sage enfin, qui ait pour mission de les former comme il convient, et de les préserver de tout mal, surtout de la contagion des mauvaises

1. Voyez *supra*, § 71.

compagnies. Je pense que cet emploi demande beaucoup de modération, de mesure, de tendresse, de zèle et de discrétion : qualités qu'il n'est pas facile de trouver réunies en la même personne, surtout parmi des gens à qui l'on n'offre qu'un maigre salaire. Quant à la dépense, je crois que vous ne sauriez faire un meilleur emploi de votre argent, dans l'intérêt de vos enfants, et par conséquent, dût-il vous en coûter beaucoup plus qu'il n'est coutume, vous ne devez pas regretter la dépense[1]. Celui qui à n'importe quel prix procure à son fils un esprit sain, de bons principes, le goût de tout ce qui est honnête et utile, la politesse et la bonne éducation, a fait une bien meilleure acquisition que s'il avait employé son argent à ajouter quelques champs de plus aux arpents qu'il possédait déjà.

Épargnez tant que vous voudrez pour les bagatelles et les jouets, pour les étoffes de soie et les rubans, pour les dentelles et les autres dépenses inutiles ; mais n'économisez pas votre argent quand il s'agit d'une affaire aussi importante. C'est un très mauvais calcul de faire votre fils riche d'argent et pauvre d'esprit. C'est avec un profond étonnement que j'ai vu souvent des parents, qui prodiguaient leur fortune pour donner à leurs enfants de beaux ajustements, pour les loger et les nourrir avec luxe, pour leur procurer plus de serviteurs qu'il n'était nécessaire, et qui en même temps affamaient leurs esprits et ne prenaient aucun soin de couvrir la plus honteuse des nudités, je veux dire leur ignorance et leurs mauvais penchants. Je ne puis m'empêcher de croire qu'en cela les parents ne font que complaire à leur propre vanité : leur conduite témoigne de plus d'orgueil que d'un vrai souci du bien de leurs enfants. Toutes les dépenses que vous ferez dans l'intérêt de votre fils prouve-

---

1. Rousseau, toujours chimérique, voudrait un précepteur qu'on ne payât pas. « La première qualité que j'exigerais d'un gouverneur, c'est de n'être point un homme à vendre… ». Comme si l'on ne pouvait attendre de son travail une juste rémunération, sans pour cela être un homme à vendre !

ront la vivacité de votre amour pour lui, quand bien même elles amoindriraient son héritage. Un homme sage et bon ne peut manquer de paraître ou d'être grand et heureux ; mais celui qui est fou et vicieux ne saurait prétendre ni à la grandeur ni au bonheur, quelque richesse que vous lui laissiez en héritage. Et je vous le demande. n'aimeriez-vous pas mieux que votre fils ressemblât à certaines personnes qui n'ont qu'un revenu de cinq cents livres par an qu'à quelques autres de votre connaissance qui en ont cinq mille ?

91. Il ne faut donc pas que le chiffre de la dépense décourage ceux qui ont les moyens de la faire. Mais la difficulté sera de trouver un bon gouverneur : car les hommes qui ont peu d'âge, peu de talent, peu de vertu, ne sont pas propres à remplir cet emploi, et ceux qui en ont beaucoup ne se décideront que malaisément à s'en charger. Vous devez donc aviser de bonne heure et porter partout vos recherches : car le monde contient des gens de toute espèce. Je me rappelle que Montaigne dit quelque part dans ses *Essais* que le savant Castalion fut réduit à Bâle, pour ne pas mourir de faim, à fabriquer des tranchoirs, alors que le père de Montaigne eût donné beaucoup d'argent pour donner à son fils un gouverneur de ce mérite, et que Castalion lui-même eût accepté cette charge à des conditions fort raisonnables : mais il n'en fut rien, faute d'informations [1].

92. Si vous avez de la peine à mettre la main sur un gouverneur tel que nous le désirons, n'en soyez pas surpris. Je n'ai qu'une chose à vous dire, c'est qu'il ne faut épargner ni peine ni argent pour le trouver. Toutes les choses du monde s'acquièrent à ce prix-là ; et j'ose vous promettre que vous

1. Sébastien Castellion, né dans le Dauphiné en 1515, mort en 1563, avait traduit la Bible en langue cicéronienne. Montaigne dit de lui qu'il mourut « en estat de n'avoir pas son saoul à manger », *Essais*, livre I, XXXV, p. 223. On ne trouve pas dans les *Essais* d'autre mention de Castellion, et Locke a probablement recueilli chez quelque commentateur le récit qu'il attribue ici à Montaigne (voyez l'article *Castalion* dans le *Dictionnaire* de Bayle).

ne vous repentirez jamais de ce que vous aura coûté un bon gouverneur, si vous parvenez à le rencontrer. Vous aurez au contraire la satisfaction de penser que de toutes les manières de dépenser votre argent, celle-ci est la meilleure. Mais ayez bien soin de ne pas vous laisser guider dans ce choix par vos amis, ni par des motifs de charité, ni par le nombre de recommandations. Si vous voulez faire tout votre devoir et atteindre votre but, vous ne devez pas vous déterminer en faveur d'un homme, sur la seule réputation qu'il a d'avoir des mœurs sobres et d'être bien pourvu sous le rapport de la science : ce qui est tout ce qu'on demande d'habitude à un gouverneur. Dans ce choix vous devez être aussi circonspect que vous le seriez dans le choix d'une femme pour votre enfant : car il ne peut être question de prendre un gouverneur à l'essai, pour le changer dans la suite, ce qui serait extrêmement fâcheux pour vous et plus encore pour votre fils. Quand je considère tous les scrupules, toutes les précautions dont j'encombre votre route, il me semble que mes avis ont tout l'air d'être de ces conseils que l'on donne aux gens sans espérer qu'ils puissent être suivis. Cependant, si vous considérez combien l'emploi de gouverneur, quand il est bien tenu, diffère des habitudes reçues, et combien sont loin de s'en faire une idée même ceux qui se proposent pour cette charge, vous serez peut-être de mon avis, et vous reconnaîtrez qu'un homme capable d'élever et de former l'esprit d'un jeune gentleman n'est pas de ceux qui courent les rues, et qu'il faut plus que des soins ordinaires pour le trouver, si vous ne voulez pas vous tromper dans votre choix.

93. Des mœurs sobres, de l'instruction, c'est, je l'ai déjà remarqué, tout ce qu'on exige ordinairement d'un gouverneur. On croit que cela suffit, et les parents ne songent pas d'habitude à demander autre chose [1]. Mais lorsqu'un gouverneur de

---

1. *Cf.* Montaigne : « Je vouldrois qu'on feust soingneux de choisir à l'enfant un conducteur qui eust plustost la teste bien faicte que bien pleine, et

cette espèce aura rempli la tête de son élève de tout le latin et de
toute la logique [1] qu'il a rapportés de l'Université, croit-on que
pour lui avoir ainsi meublé l'esprit il en aura fait un gentleman
distingué, et peut-on espérer que l'enfant sera mieux élevé,
mieux dressé pour le monde, mieux pourvu de principes solides
de générosité et de vertu que ne l'est son jeune précepteur ?

Pour former comme il faut un jeune gentleman, il est
nécessaire que son gouverneur soit lui-même un homme bien
élevé, qu'il connaisse les usages, qu'il sache à quelles formes
diverses de politesse obligent les qualités des personnes, les
temps et les lieux, et qu'il engage son élève, autant que son âge
le comporte, à observer constamment ces règles [2]. C'est un art
qu'on ne peut apprendre dans les livres ni enseigner par les
livres. Rien ne peut le faire acquérir, sinon la bonne compagnie
et l'esprit d'observation. Un tailleur peut vous faire des habits
à la mode ; un maître à danser donnera de la grâce aux mouvements du corps : mais ces agréments extérieurs, quoiqu'ils
donnent bon air, ne font pas un gentleman bien élevé. Non : pas
même si l'on y joint la science par-dessus le marché. Car la
science, si l'on ne s'en sert pas habilement, n'a d'autre résultat
que de rendre un homme plus impertinent et plus insupportable dans la société [3]. L'éducation est ce qui donne leur lustre

qu'on y requist touts les deux, mais plus les mœurs et l'entendement que la
science », *Essais*, livre I, XXVI, p. 150.

1. « Le latin et la logique » : ces deux mots résument assez bien
l'instruction qui se donnait alors dans les universités.

2. Locke est bien du dix-septième siècle, où, en Angleterre comme en
France, on mettait au-dessus de tout les qualités d'urbanité, de politesse, qui
font ce qu'on appelait alors l'honnête homme.

3. On croirait entendre ici Montaigne et ses attaques si vives contre la
pédanterie, contre la science mal digérée. *Cf.* par exemple ce passage, entre
vingt autres : « il ne faut pas attacher le sçavoir à l'ame, il l'y fault incorporer ; il
ne l'en fault pas arrouser, il l'en fault teindre ; et s'il ne la change et méliore son
estat imparfait, certainement il vault beaucoup mieux le laisser là : c'est un

à toutes les autres qualités ; c'est elle qui les rend utiles à celui qui les possède, en lui assurant l'estime et la bienveillance de tous ceux qui l'approchent. Sans la bonne éducation, tous les autres talents d'un homme n'aboutissent qu'à le faire passer pour un homme orgueilleux, suffisant, vain ou fier.

Chez un homme mal élevé, le courage passe pour de la brutalité, dont il a toutes les apparences. Le savoir devient pédanterie ; l'esprit, bouffonnerie ; des mœurs simples passent pour de la rusticité ; un bon naturel, pour de la servilité. Enfin il n'y a pas de bonne qualité que la mauvaise éducation ne gâte et ne défigure à son désavantage. Oui, la vertu et les talents, quoiqu'on leur rende l'hommage qui leur est dû, ne suffisent pas pour assurer à un homme un bon accueil dans le monde et pour faire qu'il soit le bienvenu partout où il va. Des diamants bruts ne sauraient plaire à personne[1]. Les femmes ne les portent pas dans cet état, pour peu qu'elles veuillent se montrer avec tous leurs avantages. C'est seulement quand ils sont polis et montés qu'ils peuvent servir d'ornements. Les bonnes qualités sont les richesses essentielles de l'esprit, mais c'est la bonne éducation qui les fait valoir ; et celui qui veut plaire doit donner à ses actions non seulement la force, mais encore la beauté. Des qualités solides et même utiles ne suffisent pas : des manières gracieuses et polies jointes à toutes nos actions, voilà ce qui les embellit et les rend vraiment agréables. Dans là plupart des cas, ce qui importe, c'est moins la chose elle-même que la manière dont on s'en acquitte ; c'est par là que l'action plaît ou déplaît. Cette politesse, qui consiste, non à ôter son chapeau avec grâce, ni à tourner un compliment, mais à régler avec convenance, avec aisance, son langage, ses regards, ses

---

dangereux glaive, et qui empesche et offense son maistre, s'il est en main foible et qui n'en sçache l'usage », *Essais*, 1ivre, I, XXV, p. 140.

1. Passage copié par Rollin : « Un diamant brut ne saurait servir d'ornement ; il faut le polir pour le faire paraître avec avantage… », *Traité des études*, livre VIII, 1, 9.

mouvements, son attitude, sa contenance, selon les personnes et selon les circonstances, ne peut s'apprendre que par l'usage et l'habitude. Quoiqu'elle dépasse les facultés des enfants et qu'il ne convienne pas de les trop tourmenter sur cet article, il faut cependant qu'un jeune gentleman s'y exerce et en soit instruit en grande partie, pendant qu'il est entre les mains de son gouverneur, et avant qu'il soit appelé à se conduire lui-même dans le monde. Il serait alors trop tard en effet pour corriger certaines habitudes malséantes qui dépendent parfois d'un rien. Notre conduite n'est pas ce qu'elle doit être, tant qu'elle n'est pas devenue naturelle et aisée en toutes choses, se conformant, comme font les doigts d'un musicien habile, à un ordre harmonieux, sans qu'il soit besoin d'y penser et de faire effort. Si dans la conversation un homme en est réduit à s'observer avec inquiétude, de peur de commettre quelque maladresse, cette préoccupation, loin de le rendre plus correct dans ses manières, lui donnera je ne sais quel air contraint, gêné et disgracieux.

Il y a une autre raison pour exiger que cette partie de l'éducation se fasse par les soins et sous la direction du gouverneur, c'est que les fautes commises contre la politesse, si elles sont les premières que remarquent les autres personnes, sont aussi les dernières dont on nous avertit. Ce n'est pas que la médisance des gens du monde hésite à en faire le sujet de son caquetage; mais c'est toujours en l'absence du coupable, qui ne peut profiter de ces jugements et s'amender d'après ces critiques. C'est, à vrai dire, un point si délicat à toucher que même nos amis, qui désireraient le plus nous voir corrigés de ces défauts, osent à peine nous en parler et, malgré leur amitié pour nous, craignent de nous avertir que nous avons commis quelque inadvertance en matière de politesse. Sur d'autres points, on peut sans incivilité reprendre les erreurs d'autrui, et on ne manque ni aux bonnes manières, ni à l'amitié, en redressant quelqu'un pour des fautes d'un autre genre; mais la bonne éducation elle-même défend de toucher à ce sujet et de faire entendre à un autre qu'il a manqué lui-même d'éducation. Il n'est permis qu'à ceux qui ont de l'autorité sur nous de nous faire des observations de cette espèce; et encore la remontrance paraît-elle dure et rude, si elle s'adresse à un homme d'un certain âge. Quelque douceur qu'on y mette, elle sera toujours pénible pour quiconque a tant soit peu vécu dans le monde. Aussi est-il nécessaire que le gouverneur fasse de cette partie de l'éducation son soin principal, afin qu'une grâce habituelle, une politesse qui accompagne toutes les actions, devienne naturelle à son élève, dans la mesure du possible, pendant qu'il est encore entre ses mains et avant qu'il lui échappe. Il faut qu'il n'ait plus besoin d'avis, sur ce point, lorsqu'il ne sera plus d'humeur à en recevoir, et qu'il n'y aura plus personne auprès de lui pour lui en donner. Le gouverneur doit donc être avant tout un homme bien élevé, et un jeune gentleman, qui ne tiendrait de son gouverneur que cette seule qualité, entrerait encore dans le monde avec de grands avantages. Il reconnaîtrait bien vite que cette seule perfection lui ouvre plus largement la voie du succès, lui procure plus d'amis et le pousse plus loin dans le monde, que toutes les expressions techniques ou toutes les connaissances positives qu'il aura acquises en étudiant les arts libéraux[1], ou en mettant à profit la science encyclopédique de son gouverneur. Non que ces choses-là doivent être négligées, mais il ne faut en aucune manière souffrir qu'elles soient préférées à la politesse, ni qu'elles l'excluent.

94. Le gouverneur ne doit pas être seulement un homme bien élevé : il faut qu'il connaisse le monde, c'est-à-dire les mœurs, les goûts, les folies, les ruses, les défauts du siècle où la

---

1. Les *arts libéraux*, c'est-à-dire la grammaire, la rhétorique, la logique, l'arithmétique, la musique, la géométrie, l'astronomie.

destinée l'a jeté, et surtout du pays où il vit. Il faut qu'il puisse
faire connaître et découvrir tout cela à son élève, à mesure qu'il
devient capable de le comprendre ; qu'il lui apprenne à
connaître les hommes et leurs caractères ; qu'il ôte les masques
dont se couvrent souvent leurs titres et leurs prétentions ; qu'il
lui fasse distinguer ce qui est caché au fond sous ces apparences, afin qu'il ne lui arrive pas, comme à la plupart des
jeunes gens sans expérience, de prendre une chose pour une
autre, de juger des choses par le dehors et de se laisser séduire
aux apparences, à ce qu'il y a d'insinuant dans des manières
empressées et dans des attentions flatteuses[1]. Un bon gouverneur apprendra à son élève à deviner les intentions des hommes
auxquels il a affaire, à se garder de leurs desseins, sans être ni
trop défiant, ni trop crédule : mais comme le jeune homme a
plutôt une propension naturelle vers ce dernier excès, c'est sur
ce point qu'il faut le redresser, en l'inclinant dans l'autre sens.
Qu'il l'accoutume autant qu'il le pourra à juger sainement des
hommes, d'après les signes qui servent le mieux à découvrir
leur vrai caractère et qui nous font pénétrer dans leur for intérieur : les hommes se montrent tels qu'ils sont dans les plus
petites choses, surtout quand ils ne se tiennent pas sur leurs
gardes et que, pour ainsi dire, ils ne sont pas en scène. Qu'il lui
fasse connaître le monde tel qu'il est, et qu'il le dispose à
penser que les hommes ne sont ni meilleurs ni pires, ni plus
sages ni plus fous, qu'ils ne sont en réalité[2]. De la sorte, par des
degrés insensibles et sans le moindre danger, l'élève d'enfant

---

1. On voit que le gouverneur de l'élève de Locke n'a pas pour mission,
comme le gouverneur d'Émile, d'isoler, de séquestrer l'enfant.
2. Montaigne disait déjà : « Il se tire une merveilleuse clarté pour le
jugement humain, de la fréquentation du monde », *Essais*, livre I, XXVI, p. 157.
Fénelon se plaignait de l'éducation des couvents qui dissimule aux jeunes filles
les réalités du monde, et s'écriait : « Le monde n'est pas un fantôme ! », *De
l'éducation des filles*, chap. 1.

deviendra homme : ce qui est le pas le plus périlleux à franchir dans le cours entier de la vie. C'est donc un point qu'il faut surveiller avec soin. C'est alors qu'il convient de tendre la main au jeune homme pour l'aider à franchir ce pas. Mais d'ordinaire le jeune homme, arraché à son gouverneur pour être, sans préparation, jeté dans le monde et y vivre sous sa propre responsabilité, court un danger manifeste de se perdre aussitôt. Il n'y a que trop d'exemples en effet de jeunes gens qui se laissent aller à tous les excès de la licence, de l'extravagance et de la débauche, dès qu'ils ont été délivrés du joug d'une éducation sévère et étroite : désordre qui doit être imputé surtout, selon moi, à la mauvaise éducation qu'ils ont reçue sur ce point. Ayant grandi dans l'ignorance de ce qu'est réellement le monde, ils reconnaissent, quand ils y entrent, qu'il ne ressemble pas à ce qu'on leur en avait dit, et qu'il diffère totalement de l'idée qu'ils s'en étaient faite ; et alors ils ne peuvent manquer de rencontrer des précepteurs d'un nouveau genre, qui n'auront pas de peine à leur persuader que la discipline sous laquelle ils ont vécu jusque-là, que les leçons qu'on leur a faites ne sont que de vaines formalités de l'éducation, des chaînes bonnes pour les enfants ; que la liberté qui convient à des hommes consiste à se précipiter dans la pleine jouissance de tout ce qu'on leur avait défendu jusqu'à ce jour. Ces nouveaux conseillers leur montrent que le monde est plein d'exemples brillants et séduisants de cette liberté, et le jeune novice en est ébloui. Par suite, mon jeune maître, qui ne peut manquer de vouloir agir en homme, autant que les beaux freluquets de son âge, se laisse aller à toutes les irrégularités de conduite dont les plus débauchés lui donnent l'exemple, et ainsi, pour se faire une belle réputation, pour se mettre hors de page, il se hâte de rompre avec les habitudes de modestie et de sobriété qu'il avait gardées jusque-là ; il pense enfin que c'est un acte de bravoure, de se signaler, dès son entrée dans le

monde, par l'opposition complète de sa conduite avec toutes
les règles de morale que son gouverneur lui avait prêchées.

Pour prévenir ces désordres, le mieux, selon moi, est de lui
montrer le monde tel qu'il est, avant qu'il y fasse définitivement son entrée. Informez-le peu à peu des vices à la mode ;
prévenez le des procédés et des desseins de ceux qui pourraient
prendre à tâche de le corrompre[1]. Dites-lui quels sont les
artifices qu'ils emploient, les pièges qu'ils tendent ; de temps
en temps, placez devant lui les exemples tragiques ou ridicules
de personnes qui en ont ruiné d'autres ou qui se sont ruinées
elles-mêmes. Notre siècle n'est pas de ceux où les exemples
de ce genre sont rares. Qu'on les lui présente comme autant
d'écueils, afin qu'à la vue des disgrâces, des maladies, de la
misère, de la honte où sont tombés, en se ruinant ainsi, tant
de jeunes gens qui donnaient les plus belles espérances, il
devienne plus prudent, et qu'il sache que ceux qui sous de
beaux semblants d'amitié ont causé leur ruine et ont contribué
à les dépouiller, pendant qu'ils étaient en train de gaspiller leur
fortune, sont les premiers à les abandonner et à les mépriser,
quand ils sont tombés dans la misère. Par là le jeune homme
saura, sans être obligé d'acheter cette science au prix d'une
coûteuse expérience personnelle, que les conseillers qui
l'engagent à ne pas suivre les sages avis qu'il a reçus de son
précepteur et les conseils de sa propre raison, sous prétexte que
ce serait, comme ils disent, se laisser gouverner par les autres,
n'ont d'autre but que de parvenir à le gouverner eux-mêmes.
Ils lui font croire qu'il agit par lui-même et en homme, par sa
propre volonté et pour son propre plaisir, alors qu'en réalité il

1. Locke n'est pas de ceux qui croient que le meilleur moyen de garantir la
vertu de l'enfant est de le maintenir dans une ignorance absolue du vice. Voyez
sur ce sujet les *Lettres sur l'éducation* de Mme Guizot (Lettre XLIII) [Pauline
Guizot, *Éducation domestique ou lettres de famille sur l'éducation*, Paris,
1826]. Mme Guizot pense, comme Locke, qu'il faut que l'enfant fasse
connaissance avec le mal.

n'est qu'un enfant, qu'ils entraînent dans les vices qui servent le mieux leurs projets. C'est une science que le gouverneur doit en toute occasion insinuer peu à peu dans l'esprit de son élève, et lui faire entendre par tous les moyens, jusqu'à ce qu'il en soit entièrement pénétré.

Je sais bien qu'on répète souvent que faire connaître à un jeune homme les vices de son temps, c'est les lui enseigner! Cela est vrai en partie, je l'avoue, et tout dépend de la façon dont on s'y prend. Aussi cet enseignement demande-il un homme discret, habile, qui connaisse le monde, mais qui sache en même temps apprécier le caractère, les inclinations et les côtés faibles de son élève. Remarquons en outre qu'il n'est plus possible aujourd'hui, comme il l'était peut-être autrefois, de maintenir un jeune homme dans l'ignorance complète des vices, à moins que vous ne vouliez le tenir enfermé toute sa vie dans un cabinet et lui interdire toute société[1]. Plus longtemps vous le laisserez ainsi les yeux bandés, et moins il sera capable d'y voir clair, lorsqu'il sera jeté en pleine lumière, plus il sera exposé à être la proie de ses propres passions et de celles des autres. Lorsqu'un jeune homme, resté enfant malgré les progrès de l'âge, apparaîtra dans le monde avec la gravité d'un hibou qui sort de son nid, il est sûr d'appeler sur lui l'attention et le bavardage de tous les étourneaux de la ville, auxquels se joindront quelques oiseaux de proie qui viendront infailliblement s'abattre sur lui.

Le seul moyen de se défendre contre le monde, c'est de le connaître à fond : que le jeune homme soit donc initié par degrés à cette connaissance, aussitôt qu'il en est capable. Le plus tôt sera le mieux, pourvu qu'il soit dans les mains d'un guide habile et sûr. Ouvrez-lui doucement la scène du monde ; introduisez-l'y pas à pas, en lui montrant les dangers qui l'atten-

---

1. C'est ce que Rousseau prétendait faire en imposant à Émile un isolement absolu. Émile ne connaît rien de l'humanité, ni ses vices, ni ses vertus.

dent auprès des hommes, selon leur condition, leur tempérament, leurs desseins et leurs attaches. Qu'on le prépare à être rabroué par les uns, choyé par les autres ; qu'il sache d'avance quels gens seront disposés à lui tenir tête, à le tromper, à le miner sourdement ou au contraire à le servir. Qu'il apprenne par quels moyens on connaît et on distingue leurs caractère, dans quel cas il doit leur laisser voir, dans quel cas leur cacher, qu'il se rende compte de leurs desseins et de leurs artifices. Et s'il est trop impatient de mettre à l'essai ses forces et son savoir-faire, il ne sera pas mauvais que de temps en temps le trouble et l'embarras causés par quelque mésaventure, pourvu qu'elle ne porte pas atteinte à sa vertu, à sa santé et à sa réputation, viennent lui apprendre à être plus prudent [1].

C'est en cela, je le reconnais, que consiste une grande partie de la sagesse, et par conséquent il ne suffit pas pour l'acquérir de quelques réflexions superficielles ou de beaucoup de lectures. C'est le résultat de l'expérience, des observations d'un homme qui a vécu dans le monde les yeux bien ouverts, et qui a fréquenté toute sorte de gens. C'est pourquoi il me paraît d'une extrême importance d'infuser cette science dans l'esprit du jeune homme, toutes les fois que l'occasion s'en présente ; afin que le jour où il sera jeté en pleine mer, il ne soit pas comme un marin qui n'aurait à sa disposition ni plans, ni compas, ni carte marine ; il faut qu'il ait d'avance quelque idée des rochers et des bas-fonds, des courants et des sables mouvants, et qu'il sache manier un gouvernail, sans quoi il

---

1. C'est la méthode expérimentale appliquée à la morale. Il est certain que les leçons de l'expérience produisent d'excellents effets, mais il faut, comme dit Locke, s'assurer que la liberté laissée à l'enfant de s'exposer à certains dangers n'aura pas de conséquences graves pour sa vertu et sa santé. *Cf.* Montaigne : « Si nostre ame n'en va un meilleur bransle, si nous n'en avons le jugement plus sain, j'aymerois aussi cher que mon escholier eust passé le temps à jouer à la paulme : au moins le corps en serait plus allaigre », *Essais*, livre I, XXV, p. 138.

fera naufrage avant d'avoir appris tout cela par sa propre expérience. Le père qui croit que cette science n'est pas de toutes la plus utile à son fils, et qu'il n'a pas plus sérieusement besoin d'un gouverneur qui la lui enseigne, que d'un maître de langues et d'études savantes, oublie combien il est plus profitable de bien juger les hommes, et de diriger sagement ses affaires dans les rapports qu'on a avec eux, que de parler grec et latin, et d'argumenter in *modo et figura*[1], ou même d'avoir la tête pleine des spéculations abstraites de la philosophie naturelle[2] et de la métaphysique, ou enfin de connaître à fond les écrivains grecs et latins, bien que cette connaissance convienne bien mieux à un gentleman que le titre de péripatéticien[3] ou de cartésien fidèle. Les auteurs de ces ouvrages en effet ont admirablement observé et décrit les mœurs des hommes et, sur ces matières, c'est à eux qu'il faut demander le plus de lumières. Le voyageur qui visite les contrées orientales de l'Asie y trouve en grand nombre des hommes civilisés et intruits, qui ne possèdent pourtant aucune des connaissances de l'école ; mais sans la vertu, sans la science du monde, sans la politesse, il ne saurait y avoir, en aucun endroit de la terre, d'homme accompli et digne d'estime.

Une grande partie des études qui sont maintenant en honneur dans les collèges de l'Europe, et qui entrent ordinairement dans les programmes de l'éducation, sont telles qu'un gentleman peut jusqu'à un certain point s'en passer, sans que sa personne en soit dépréciée, sans que ses affaires en souffrent

---

1. C'est-à-dire d'après les règles exactes du syllogisme.

2. La « philosophie naturelle » était alors l'expression consacrée pour désigner la physique et toutes les sciences relatives à la nature.

3. C'est-à-dire disciple d'Aristote. On sait que tout le moyen âge avait vécu dans l'admiration d'Aristote. « Il semblerait, dit ailleurs Locke, à voir le culte des hommes du moyen âge pour ce philosophe, que Dieu se fût contenté de faire de l'homme un animal à deux pattes, en laissant à Aristote le soin d'en faire un animal pensant » [*Essai sur l'entendement humain*, livre IV, chap. 17, § 4].

beaucoup. Mais la prudence, la bonne éducation, voilà ce qui est nécessaire dans toutes les affaires, dans toutes les circonstances de la vie. La plupart des jeunes gens se ressentent de ce qui leur manque sur ce point, et, s'ils arrivent dans le monde plus inexpérimentés, plus maladroits qu'il ne faudrait, c'est précisément parce que ces qualités, qui de toutes sont les plus nécessaires à acquérir et qui réclament le plus les soins et l'assistance d'un maître, sont généralement négligées et passent pour inutiles, au point que le précepteur ne s'en préoccupe que peu ou même pas du tout. Le latin et la science, voilà ce dont on fait grand bruit. On attache tout le prix de l'éducation aux progrès du jeune homme dans des études dont une grande partie n'a point de rapports avec l'état du gentleman. Ce qu'il lui faut, c'est qu'il possède la connaissance des affaires, que sa conduite soit conforme à son rang, et qu'il prenne dans son pays une place éminente et utile.

Toutes les fois qu'il pourra dérober à ses fonctions quelques heures de loisir, ou que, désirant se perfectionner lui-même dans certaines parties des sciences auxquelles son gouverneur n'aura pu que l'imiter légèrement, il s'adonnera à quelque étude particulière, les premiers éléments qui lui auront été inculqués dans sa jeunesse suffiront pour ouvrir les voies à son activité et le conduire aussi loin que ses désirs le pousseront ou que ses talents lui permettront d'aller. Ou bien, s'il croit pouvoir économiser et son temps et sa peine, en se faisant aider par un maître, dans certaines parties difficiles d'une science, il lui sera loisible alors de s'adresser à un homme qui possède cette science à fond, et de choisir celui qui lui paraîtra le plus capable de servir son dessein. Mais pour initier un jeune homme à toutes les connaissances, autant qu'il est nécessaire dans le cours ordinaire des études, le gouverneur n'a besoin que d'une instruction ordinaire.

Il n'est pas nécessaire qu'il soit un érudit achevé, ni qu'il possède en perfection toutes ces sciences, dont il suffit qu'il donne au jeune gentleman une légère teinture, par des vues générales ou dans une esquisse abrégée[1]. Le gentleman qui veut aller plus avant dans la science doit se réserver de le faire plus tard, d'après son génie propre et par son travail personnel : car personne n'a jamais fait de grands progrès dans une étude, ou n'est devenu éminent dans n'importe quelle science, pendant qu'il était encore sous la direction et la tutelle de son maître.

La grande affaire du gouverneur, c'est de façonner le comportement et de former l'esprit ; d'établir chez son élève de bonnes habitudes, les principes de la vertu et de la sagesse ; de lui donner peu à peu une idée du monde, de développer en lui la tendance à aimer et à imiter tout ce qui est excellent et louable ; et pour atteindre ce but, de le rendre vigoureux, actif et industrieux. Les études qu'il lui propose ne doivent avoir d'autre but que d'exercer ses facultés, et d'occuper son temps, en le détournant de la paresse et de la flânerie, en lui apprenant à s'appliquer, à prendre de la peine, enfin en lui inspirant quelque goût pour les choses qu'il doit ensuite achever d'apprendre par son propre travail[2]. Quel est le père en effet qui compterait que, sous la direction de son précepteur, un jeune gentleman pourra devenir un critique accompli, un orateur ou un poète, approfondir la métaphysique, la philosophie naturelle ou les mathématiques, être un maître dans l'histoire

---

1. L'idéal de Locke est bien celui de Montaigne : « Je n'ay gousté des sciences que la crouste premiere, et je n'en ay retenu qu'un general et informe visage : un peu de chasque chose, et rien du tout, à la françoise », *Essais*, livre I, XXVI, p. 146.

2. Comparez Montaigne : « Aprez qu'on luy aura apprins ce qui sert à le faire plus sage et meilleur, on l'entretiendra que c'est que logique, physique, géométrie, rhétorique ; et la science qu'il choisira, ayant desja le jugement formé, il en viendra bientôt à bout », *Essais*, livre I, XXV, p. 160.

ou la chronologie? Il faut lui enseigner sans doute quelque chose de tout cela, mais seulement, si je puis dire, pour qu'il entrouvre la porte de la maison et jette un regard dans l'intérieur, pour qu'il fasse simplement connaissance avec l'appartement, sans songer à s'y installer. Il faudrait blâmer un précepteur qui retiendrait trop longtemps et qui pousserait trop avant son élève dans la plupart de ces études. Il en est autrement pour la bonne éducation, la connaissance du monde, la vertu, l'activité, l'amour de la réputation: de tout cela on ne s'occupera jamais trop, et si le jeune homme possède ces qualités, il n'aura pas de peine à acquérir des autres tout ce qu'il en désirera et tout ce qui lui sera nécessaire.

Puisqu'il faut renoncer à l'espoir de trouver assez de temps et assez de force pour enseigner toutes choses, réservons nos efforts pour les études les plus nécessaires; et surtout ayons les yeux fixés sur ce qui dans la vie sera le plus utile à notre élève.

Sénèque se plaint déjà que de son temps on procédât d'une tout autre façon, et cependant les Burgersdicius et les Scheiblers[1] ne fourmillaient pas dans son siècle comme dans le nôtre. Qu'aurait-il pensé, s'il avait vécu de nos jours, dans un temps où les précepteurs s'imaginent que leur grande affaire est de farcir la tête de leurs élèves de livres pareils à ceux-là? Il aurait eu plus de raison encore de s'écrier: *Non vitæ, sed scholæ discimus*[2], «nous apprenons non à vivre, mais à disputer», et notre éducation nous prépare pour l'université plus que pour le monde. Mais il ne faut pas être surpris que ceux qui font la mode, l'adaptent à ce qu'ils savent et non aux besoins réels de l'élève. La mode une fois établie, qui donc

1. Christoph Scheibler, auteur d'une *Epitome Logica* (1624), Franco Petri Burgersdicius, auteur de l'*Idea philosophiæ moralis* (1623) et de *Institutionum logicarum libir duo* (1637), étaient très répandus dans les écoles au temps de Locke.

2. Sénèque, *Lettres à Lucilius*, lettre CVI, 12: «Nous étudions non pour la vie, mais pour l'école».

s'étonnerait que dans les études comme dans tout le reste elle exerce un souverain empire, et que la majorité de ceux qui trouvent leur compte à ce qu'on la suive exactement, soient prêts à crier à l'hérésie, dès que quelqu'un prétend s'en écarter? C'est néanmoins un sujet d'étonnement pour nous que des hommes de condition et de talent se laissent à ce point égarer par la coutume et par une foi aveugle. La raison, s'ils la consultaient, leur dirait que leurs enfants doivent employer leur temps à acquérir les qualités qui leur seront utiles dans la vie, plutôt qu'à se bourrer la tête de toute cette friperie de connaissances, à la plus grande partie desquelles ils ne penseront plus pendant le reste de leur existence; à tout le moins ils n'auront pas besoin d'y penser, de sorte que tout ce qu'ils en retiennent ne sert qu'à les rendre pires.

C'est une chose si certaine que j'en appelle aux parents eux-mêmes qui se sont mis en frais pour procurer toute cette science à leurs jeunes héritiers : n'est-il pas vrai que leurs fils se rendraient ridicules dans le monde, s'ils laissaient seulement voir qu'ils possèdent quelque teinture de ces connaissances? S'ils veulent en faire montre, cela ne diminuera-t-il pas leur crédit dans la société, en les rendant désagréables? La belle, l'admirable acquisition vraiment, bien digne d'être comprise dans le plan de l'éducation, qu'une science dont les hommes rougissent de se parer, dans les occasions où ils ont le plus intérêt à montrer leurs talents et leur mérite !

Il y a une autre raison encore pour exiger avant tout du gouverneur la politesse des manières, et la connaissance du monde. C'est qu'un homme, qui a de la maturité et du talent, peut conduire un enfant assez loin dans les sciences, même quand il ne les a pas approfondies lui-même[1]. Pour cela les

---

1. Il ne faudrait pas abuser de ce précepte qui nous conduirait au paradoxe de Jacotot : « Tout homme peut enseigner et même enseigner ce qu'il ne sait pas lui-même », J. Jocotot, *Enseignement universel*, Paris, 1823-…

livres lui suffiront et lui garantiront assez de lumières, assez d'avance, pour qu'il puisse guider le jeune esprit qui le suit. Mais il ne sera jamais capable de former son élève à la connaissance du monde, et surtout de lui donner une bonne éducation, s'il n'est lui-même qu'un apprenti dans ces matières.

C'est là une connaissance qu'il doit posséder par lui-même, qu'il doit s'être appropriée par l'usage et par la conversation, en se formant lentement d'après ce qu'il voit pratiquer et observer dans la meilleure société. S'il ne possède pas cette science dans son propre fonds, il est impossible qu'il l'emprunte d'ailleurs pour le service de son élève ; car à supposer qu'il puisse trouver des traités bien faits de civilité, qui contiennent toutes les règles particulières de la conduite d'un gentleman, ses mauvais exemples, s'il est lui-même mal élevé, détruiront tout l'effet de ses leçons. Il est impossible, en effet, qu'un homme soit poli et bien élevé, s'il n'a fréquenté que de mauvaises compagnies.

Si je parle ainsi, ce n'est pas que j'imagine qu'on puisse rencontrer tous les jours des gouverneurs de ce caractère, ou se les procurer aux conditions ordinaires. Mais je prétends que les parents qui sont en état de le faire ne doivent épargner ni les recherches, ni l'argent, pour une affaire de cette importance. Quant à ceux à qui leur condition ne permet pas de dépasser le prix ordinaire, ils doivent cependant se rappeler ce qu'il faut surtout avoir en vue dans le choix du gouverneur, auquel ils confient l'éducation de leurs enfants, et de quoi il importe qu'ils se préoccupent principalement eux-mêmes, tant qu'ils les ont sous leur garde, et qu'ils ont occasion de les observer. Qu'ils ne s'imaginent pas que toute l'éducation consiste dans l'étude du latin et d'une langue étrangère, ou de quelques systèmes arides de logique et de philosophie.

DE LA FAMILIARITÉ DES PARENTS
AVEC LEURS ENFANTS [1]

95. Revenons à l'exposition de notre méthode. J'ai dit que le sentiment de respect, qu'un père établit par la sévérité de son air dans l'esprit des jeunes enfants, était la condition essentielle d'une bonne éducation : cependant je suis loin de penser qu'il faille continuer de les traiter ainsi, tout le temps qu'ils étudient et qu'ils restent en tutelle. Je crois, au contraire, qu'on doit se relâcher de cette sévérité aussitôt que leur âge, leur discrétion et leur bonne conduite rendent la chose possible [2]. Le père fera même bien, lorsque son fils aura grandi et sera en état de le comprendre, de causer familièrement avec lui, c'est-à-dire, de lui demander son avis, de le consulter sur les choses qu'il connaît et dont il a quelque intelligence. Par là, le père obtiendra deux résultats, tous les deux fort importants. Le premier sera de disposer l'esprit de l'enfant à des réflexions sérieuses, beaucoup mieux qu'on ne pourrait le faire en lui

1. Ce chapitre semble avoir été inspiré à Locke par *l'essai* de Montaigne intitulé : *De l'affection des pères aux enfants*, *Essais*, livre II, VIII.

2. Locke se ressouvient ici de l'éducation qu'il avait lui-même reçue. « Tant que John Locke fut enfant, dit un de ses biographes, lord King, son père exigea de lui un extrême respect; mais peu à peu il le traita avec moins en moins de réserve, et lorsqu'il eut grandi, il vécut avec lui dans les termes de la plus parfaite amitié ».

donnant des règles ou des conseils. Plus vous vous hâterez de
traiter votre fils en homme, et plus tôt il commencera à le
devenir; et si vous l'autorisez parfois à causer sérieusement
avec vous, vous élèverez insensiblement son esprit au-dessus
des amusements ordinaires de la jeunesse et de ces occupations
frivoles où d'habitude elle dépense son temps. Il est facile de
remarquer, en effet, que beaucoup de jeunes gens continuent à
penser et à parler en écoliers beaucoup plus longtemps qu'ils
ne seraient portés à le faire, uniquement parce que leurs
parents les tiennent toujours à distance, et, par toutes leurs
façons d'agir avec eux, les laissent dans un rang inférieur.

96. Mais un autre avantage considérable de la familiarité
que vous témoignerez à votre fils, c'est qu'elle vous vaudra son
amitié [1]. Beaucoup de pères, bien qu'ils accordent libéralement
à leurs enfants les permissions qui conviennent à leur âge et à
leur condition, ont cependant le tort de leur cacher l'état de leurs
affaires, avec autant de soin qu'on en mettrait à défendre contre
un espion ou un ennemi la connaissance d'un secret d'État.

Cette réserve, à supposer qu'elle ne témoigne pas d'un
sentiment jaloux, a du moins ce défaut qu'elle exclut ces
marques de tendresse et d'intimité qu'un père devrait prodiguer à son fils, et que sans aucun doute elle empêche ou
réprime souvent ces mouvements de confiance joyeuse avec
lesquels un fils s'adresserait à son père et se reposerait en lui.
Je ne puis assez m'étonner de rencontrer des parents qui,
malgré leur tendre amour pour leur fils, ne savent jamais se
départir d'une attitude raide, et qui, pendant toute leur vie,
gardent avec eux un air d'autorité et de fierté, comme si leurs

---

1. « C'est folie et injustice de priver les enfants, qui sont en aage, de la
familiarité des peres, et vouloir maintenir en leur endroict une morgue austere et
desdaigneuse, esperant par là tenir en crainte et obeïssance : car c'est une farce
très inutile et qui rend les pères ennuyeux aux enfants et, qui pis est, ridicules »,
Montaigne, *Essais*, livre II, VIII, p. 393.

enfants ne devaient jamais éprouver de plaisir ni attendre de bien de la part des personnes qu'ils aiment le plus dans ce monde, jusqu'à ce qu'ils les aient perdues et que la mort les ait reléguées dans l'autre. Il n'y a rien qui cimente, qui consolide l'amitié et la bonne intelligence, comme la confidence réciproque de ses intérêts et de ses affaires. Toute autre marque d'amitié, si celle-là fait défaut, laisse encore des doutes ; mais lorsque votre fils verra que vous lui ouvrez votre cœur, que vous l'intéressez à vos affaires, comme à des choses qui, selon votre désir, doivent un jour passer dans ses mains [1], il y prendra part comme à ses intérêts propres ; il attendra patiemment son tour, et en attendant il aimera un père assez bon pour ne pas le tenir à distance comme un étranger.

De plus, en agissant ainsi, vous lui apprendrez que la jouissance de ces biens ne va pas sans beaucoup de soucis ; et plus vous lui aurez rendu sensible cette vérité, moins il enviera votre fortune, plus il sera disposé à se croire heureux, sous la direction d'un ami si bienveillant et d'un père si attentif. Il n'y a pas de jeune homme, si pauvre d'esprit, si vide de sens qu'il soit, qui ne se réjouisse d'avoir un ami sûr à qui il puisse recourir, et qu'il consulte librement à l'occasion.

La réserve et la fierté, que les parents témoignent à leurs enfants, les privent souvent de cette ressource qui leur serait bien autrement avantageuse que mille gronderies ou réprimandes. Si votre fils doit s'engager dans quelque aventure ou s'éprendre de quelque fantaisie, ne vaut-il pas mieux que vous en soyez instruit ? Car, puisqu'il faut accorder quelque liberté

---

1. « …ayant tousjours jugé que ce doibt estre un grand contentement à un pere vieil, de mettre luy mesme ses enfants en train du gouvernement de ses affaires, et de pouvoir, pendant sa vie contreroller leurs deportemens, leur fournissant d'instruction et d'advis suivant l'experience qu'il en a, et d'acheminer luy mesme l'ancien honneur et ordre de sa maison en la main de ses successeurs », Montaigne, *Essais*, livre II, VIII, p. 392.

aux jeunes gens en ces sortes de choses, plus vous serez au
courant de ses intrigues et de ses desseins, et plus vous serez à
même de prévenir de grands malheurs ; plus sûrement en lui
faisant voir quelles sont les conséquences probables de sa
conduite, vous prendrez le bon chemin pour obtenir de lui qu'il
évite même de petites mésaventures. Mais si vous voulez qu'il
vous ouvre son cœur et qu'il vous demande conseil, commen-
cez vous-même par agir ainsi avec lui, afin de gagner par là sa
confiance.

97. Sur quelque objet qu'il vous consulte, à moins qu'il ne
s'agisse d'une chose qui doive conduire à un malheur irrémé-
diable, ayez bien soin de ne lui parler que comme un ami plus
expérimenté ; et à vos avis ne mêlez rien qui sente le commandement ou l'autorité, pas plus que vous ne le feriez avec des
égaux ou avec des étrangers. De la sorte, vous obtiendrez qu'il
ne cessera jamais de vous demander de nouveaux avis et qu'il
tirera parti de ceux que vous lui aurez déjà donnés. Vous devez
considérer qu'il n'est encore qu'un jeune homme, qu'il a des
fantaisies, des plaisirs, dont l'âge est passé pour vous. Vous
ne pouvez espérer que ces inclinations soient exactement
pareilles aux vôtres, ni qu'à vingt ans il ait les mêmes pensées
que vous à cinquante.

Puisqu'il faut laisser prendre aux jeunes gens quelque
fierté et leur permettre quelques écarts, tout ce que vous
pouvez exiger, c'est que votre fils ne s'y abandonne qu'avec
l'ingénuité d'un enfant bien né, et comme s'il était toujours
sous les yeux de son père, et alors il n'y a pas à craindre que
cette liberté ait de fâcheuses conséquences[1]. Pour mettre votre

---

1. Passe pour les honnêtes libertés dont parle Locke. Mais que dire des
conseils de Montaigne sur le même sujet ? : « Qu'on rende hardiment un jeune
homme commode à toutes nations et compagnies, voire au desreglement et
excès, si besoin y est… Il rira, il follastrera, il se desbauchera avec son Prince. Je

fils dans ces dispositions d'esprit, vous devez, je le répète, l'entretenir de vos affaires (si du moins vous le jugez digne de cette confiance); vous devez lui soumettre familièrement certaines difficultés et prendre son avis. S'il rencontre juste, suivez son sentiment comme venant de lui, et si l'affaire réussit, laissez-lui l'honneur du succès. Par là vous n'affaiblirez pas le moins du monde votre autorité, mais vous accroîtrez son amour, son estime pour vous. Tant que vous garderez vos biens, le pouvoir restera toujours dans vos mains, et votre autorité sera d'autant plus assurée que la confiance et la tendresse viendront la fortifier. Vous ne pouvez pas vous flatter d'avoir sur votre fils tout le pouvoir qui vous appartient, tant qu'il n'en est pas venu au point d'être plus touché du déplaisir d'offenser en vous un ami bienveillant, que de la crainte de perdre une partie de l'héritage qu'il attend de vous.

98. Si un père, dans ses entretiens avec son fils, doit user de familiarité, à plus forte raison convient-il qu'un précepteur ait la même condescendance pour son élève. Le temps qu'il pourra passer avec lui, qu'il se garde de l'employer à lui faire la leçon ou à lui dicter d'un ton doctoral ce qu'il doit pratiquer et suivre [1]. Il faut que le précepteur l'écoute à son tour, qu'il l'habitue à raisonner sur des sujets proposés, et qu'ainsi il rende plus facile l'intelligence des règles, plus profonde leur impression; enfin qu'il lui inspire le goût de l'étude et du savoir. L'enfant commencera à sentir le prix de la science, lorsqu'il verra qu'elle

veux qu'en la desbauche mesme, il surpasse en vigueur et en fermeté ses compagnons », *Essais*, livre I, cxxvi, p. 167.

1. Dans toute cette partie de son œuvre, Locke s'inspire constamment de Montaigne. « On ne cesse de criailler à nos oreilles comme qui verseroit dans un entonnoir, et nostre charge, ce n'est que redire ce qu'on nous a dit. Je désirerois que le conducteur, selon la portée de l'ame qu'il a en main, il commençast à la mettre sur la montre, lui faire goûter les choses, les choisir et discerner de lui-même; quelquefois lui ouvrant le chemin, quelquefois le lui laissant ouvrir », *Essais*, livre I, xxvi, p. 150.

lui donne le moyen de causer, lorsqu'il éprouvera le plaisir et
l'honneur de prendre part à la conversation, de voir parfois ses
raisons approuvées et écoutées [1]. C'est surtout sur des questions
de moralité, de prudence, de convenance, que l'on peut le
mettre à l'épreuve et demander son jugement [2]. Ces exercices
ouvrent l'intelligence plus sûrement que des maximes, quelque
clairement qu'on les expose, et gravent plus solidement les
règles dans la mémoire pour l'usage de la vie pratique. Cette
méthode, en effet, introduit dans l'esprit les choses elles-
mêmes ; elles s'y fixent, avec l'évidence qui les accompagne,
tandis que les mots, n'étant tout au plus que de faibles représentations, les images approximatives des choses, sont par
conséquent plus vite oubliés. L'enfant comprendra bien mieux
les principes et la mesure de ce qui convient et de ce qui est juste,
il recevra des impressions plus vives et plus profondes de ce
qu'il doit faire, si on l'autorise à donner son avis sur des cas
proposés et à raisonner avec son gouverneur sur des exemples
bien choisis, que s'il accorde seulement aux leçons de son
maître une attention silencieuse, distraite, paresseuse ; ou
encore s'il est condamné à de captieuses discussions de
logique, ou s'il compose des dissertations d'apparat sur telle ou
telle question. Celles-ci donnent pour principe à la pensée, non
les choses réelles, mais les inventions du bel esprit et de fausses
couleurs ; celles-là sont une école de sophisme, de chicane et
d'entêtement. Les unes et les autres corrompent le jugement
et jettent l'esprit hors des voies d'un raisonnement simple et
droit. Il faut donc les éviter soigneusement, si l'on veut et se
perfectionner soi-même et se rendre agréable aux autres.

1. Montaigne dit de même : « Je ne veux pas qu'il invente et parle seul : je
veux qu'il escoute son disciple parler à son tour », *Essais*, livre I, XXVI, p. 150.
2. *Cf.* encore Montaigne, qui, à propos de la pédagogie spartiate, loue
« cette façon de discipline » qui consiste à exercer l'entendement en faisant des
questions sur les hommes et sur leurs œuvres, *Essais*, livre I, XXVI.

Du respect

99. Lorsque vous aurez établi votre autorité, en faisant comprendre à votre fils qu'il dépend de vous et que vous êtes son maître ; lorsque, par l'inflexible sévérité dont vous aurez usé à son égard toutes les fois qu'il aura obstinément persisté à commettre une faute grave, défendue par vous, particulièrement le mensonge, vous lui aurez inspiré ce sentiment de crainte qui est nécessaire ; lorsque d'autre part (en lui accordant toute la liberté que réclame son âge, en lui permettant, lorsqu'il est en votre présence, les actions enfantines et cette liberté de mouvement qui est aussi nécessaire aux enfants, quand ils sont tout petits, que le manger et le dormir) ; lorsque, dis-je, vous l'aurez familiarisé avec votre société, lorsque vous lui aurez fait comprendre votre affection, votre sollicitude, en lui témoignant beaucoup d'indulgence et de tendresse, surtout en le caressant toutes les fois qu'il fait quelque chose de bien, en lui faisant ces mille amitiés qu'appelle son âge et que la nature enseigne aux parents mieux que je ne saurais le faire ; lorsque, enfin, par cette conduite affectueuse et tendre, qui est si naturelle aux parents dans leurs rapports avec leurs enfants, vous aurez éveillé dans son cœur un sentiment particulier d'affection pour vous : votre fils est alors dans les dispositions que vous devez souhaiter, et vous avez fait naître dans son esprit ce sentiment de vrai respect qu'il faudra avoir soin d'entretenir dans la suite, et de conserver dans ses deux éléments, l'*amour* et la *crainte*[1], deux grands principes par lesquels vous aurez toujours prise sur lui, de façon à diriger son esprit dans le chemin de la vertu et de l'honneur.

---

1. Locke a raison de vouloir que dans l'amour filial il entre un peu de crainte. Nous n'admirons pas sans réserve le joli mot de Montaigne : « Quand je pourrois me faire craindre, j'aimerois encore mieulx me faire aimer », *Essais*, livre II, VIII, p. 393.

LES DIFFÉRENTS TEMPÉRAMENTS

100. Lorsque ces principes ont été solidement établis et que vous constatez dans la conduite de l'enfant l'action du sentiment de respect, la première chose à faire, c'est d'étudier avec attention son tempérament et la nature particulière de son esprit[1]. Mais quel que soit son tempérament, l'obstination, le mensonge, toutes les actions vicieuses doivent être réprimées dès le début, nous l'avons déjà dit. Loin de laisser ces semences de vices prendre racine, il faut avoir soin de les extirper, aussitôt qu'elles apparaissent, et votre autorité doit s'imposer à l'esprit de l'enfant dès la première lueur de son intelligence, afin qu'elle puisse agir sur lui comme un principe naturel dont il ne se rappelle pas l'origine, et sans qu'il puisse se douter que les choses ont été ou pourraient être autrement. Par là, si le respect qu'il vous doit lui a été inspiré de bonne heure, ce sentiment restera toujours pour lui une chose sacrée, et il lui sera tout aussi difficile de résister à ce sentiment qu'à ses instincts naturels.

1. Locke est un des premiers qui ait appelé l'attention des pédagogues sur la diversité des tempéraments, au point de vue moral comme au point de vue physique. Tout en maintenant la nécessité d'un certain nombre de règles communes à tous, Locke veut que les méthodes de discipline ou d'enseignement s'adaptent, s'ajustent, en bien des cas, à la nature particulière de l'élève.

101. Si vous avez ainsi établi de très bonne heure votre autorité sur l'enfant, et si, par un usage modéré de cette autorité, vous lui faites honte de tout ce qui pourrait l'entraîner à des habitudes vicieuses, aussitôt que vous en apercevez le premier germe (car je ne crois pas que vous deviez recourir aux réprimandes, encore moins aux coups, tant que l'obstination incorrigible n'aura pas rendu ces moyens nécessaires), il conviendra de considérer dans quel sens l'incline la fabrique naturelle de son esprit. Il y a des hommes que la structure immuable de leur tempérament destine à être courageux ; d'autres sont timides, d'autres confiants, d'autres modestes, dociles ou au contraire obstinés, curieux ou indifférents, vifs ou lents. Il n'y a pas plus de différences dans la physionomie, dans la forme extérieure des corps, qu'il n'y en a dans la structure et la constitution des esprits. Seulement les traits particuliers du visage et les formes du corps s'accentuent et deviennent plus marqués avec le temps et avec l'âge ; tandis que la physionomie propre de l'esprit est plus aisée à discerner chez les enfants [1], alors que l'artifice et la ruse ne leur ont pas encore appris à dissimuler leurs difformités morales et à cacher leurs inclinations vicieuses sous d'hypocrites apparences.

102. Mettez-vous donc de bonne heure à observer le tempérament de votre fils : et cela, lorsqu'il est le plus abandonné à lui-même, dans ses jeux, et quand il se croit hors de votre vue. Recherchez quelles sont ses passions dominantes, ses goûts favoris : s'il est farouche ou doux, hardi ou timide, compatissant ou cruel, ouvert ou réservé, etc. En effet, selon que ses inclinations différeront, vos méthodes devront aussi

---

1. Pour compléter la pensée de Locke, il faut ajouter avec Mme Necker de Saussure que tout est mobile dans la nature franche et sincère de l'enfant, que de plus sa mémoire n'est pas encore nettement fixée : « Tout est chez l'enfant si fugitif et si vague qu'une sorte de vertige gagnerait bientôt l'observateur qui voudrait fixer ses traits incertains », *Éducation progressive*, livre II, chap. I.

différer, et votre autorité doit en quelque sorte s'ajuster sur ses
inclinations pour agir de différentes manières sur son esprit.
Ces tendances natives, ces dispositions prédominantes, il ne
s'agit pas de les traiter d'après des règles fixes ou de les attaquer de front, surtout celles qui sont les plus douces et les plus
modérées, et qui dérivent de la peur, d'une sorte de faiblesse
d'esprit. On peut cependant les corriger à force d'art et les
tourner au bien. Mais, quoi que vous fassiez, soyez-en certain,
l'esprit penchera toujours du côté vers lequel la nature l'a
d'abord incliné[1]; et si vous observez attentivement le caractère de l'enfant dans les premières actions de la vie, vous serez
toujours en état dans la suite de deviner de quel côté penchent
ses pensées, quelles sont ses vues, alors même que, devenu
grand, un voile plus épais couvrira ses desseins, et qu'il saura,
pour les poursuivre, employer une grande diversité de moyens.

1. Locke est ici en pleine contradiction avec les doctrines ordinaires de la
philosophie sensualiste, qui n'admet rien d'inné. Il affirme avec netteté que
l'enfant apporte avec lui des dispositions invincibles, et au lieu d'admettre la
vieille maxime « nourriture passe nature », il déclare que la nature est souvent
plus forte que l'éducation.

Section XII (103-110)

DE LA VOLONTÉ CHEZ LES ENFANTS

Du besoin et du caprice

103. Je vous ai déjà dit que les enfants aimaient la liberté[1], et qu'il fallait par suite les amener doucement à faire tout ce qui est approprié à leur âge, sans qu'ils se doutent qu'aucune contrainte pèse sur eux. J'ajouterai maintenant qu'ils aiment quelque chose de plus que la liberté, ils aiment la domination; et ce sentiment est la source originelle de la plupart des habitudes vicieuses qui leur sont le plus ordinaires et le plus naturelles. Cet amour du pouvoir et de la domination éclate chez eux de très bonne heure, et cela de deux manières.

104. 1) Nous voyons que les enfants, presque aussitôt qu'ils sont nés, ou tout au moins bien avant qu'ils sachent parler, poussent des cris, deviennent bourrus, boudeurs, témoignent de la mauvaise humeur, pour cette unique raison qu'ils veulent que leurs volontés soient satisfaites. Il faut que tout le monde se soumette à leurs désirs. Ils exigent une condescendance empressée de tous ceux qui les approchent, particulièrement de ceux qui sont à peu près du même âge ou de la même condition qu'eux, ou qu'ils jugent être leurs inférieurs sur ces

---

1. Voyez *supra*, § 73.

deux points, dès qu'ils sont capables de faire ces distinctions à propos des autres personnes.

105. 2) L'amour de la domination se manifeste encore chez les enfants par leur désir d'avoir des choses à eux. Ils veulent être déjà propriétaires, pour jouir du pouvoir que la propriété semble leur procurer, et pour avoir le droit de disposer des choses qui leur appartiennent, comme bon leur semble [1]. Celui qui n'aurait pas remarqué que ces deux instincts agissent de très bonne heure chez les enfants, les connaîtrait bien mal ; et celui qui ne comprendrait pas qu'il est nécessaire d'extirper dès le début deux sentiments qui sont la source de presque toutes les injustices et de presque toutes les luttes qui troublent la vie humaine, et de développer les sentiments contraires, laisserait passer le moment opportun qu'il faut saisir pour établir les fondements de la bonté et de la vertu. Je crois que les moyens suivants aideront à atteindre ce but :

106. 1) J'avais dit, dans la première édition de ce livre, qu'il ne faut rien donner à un enfant quand il le demande, encore moins quand il crie pour le réclamer, en un mot toutes les fois qu'il fait connaître par ses paroles qu'il en a envie. Mais comme ce précepte se prête à une interprétation inexacte, et qu'on pourrait s'imaginer que j'interdis à l'enfant de demander quoi que ce soit à ses parents, ce qui passerait peut-être pour un excès de tyrannie, peu conforme aux rapports d'affection et d'amour qui doivent unir les enfants et les parents, je vais m'expliquer avec plus de détail. Il convient qu'ils aient toute liberté de faire connaître leurs besoins à leurs parents, et que les parents satisfassent ces besoins avec toute la tendresse possible, au moins

---

1. « À six mois, en général, l'enfant ne se laisse plus enlever sans *criaillements* d'impatience ses jouets, auxquels il paraît tenir, soit en vertu d'un instinct inné de propriété, soit en raison des distractions de plus en plus nombreuses qu'ils lui procurent », Bernard Pérez, *Éducation dès le berceau, essai de pédagogie*, Paris, Baillière, 1880, p. 246.

durant leur bas âge. Mais autre chose est dire : « J'ai faim » ;
autre chose : « Je veux du rôti ». Lorsque l'enfant a déclaré ses
besoins, ses besoins naturels, la douleur que lui causent la
faim, la soif, le froid, ou quelque nécessité naturelle, le devoir
des parents et des personnes qui le soignent est de l'assister et
de le satisfaire. Mais il faut que l'enfant laisse aux parents le
soin de décider et de régler ce qu'ils jugent le plus convenable
de faire pour cela, et aussi dans quelle mesure. On ne doit pas
l'autoriser à choisir lui-même, à dire : « Je veux du vin » ou
« du pain blanc » ; au contraire, le seul fait d'avoir nommé un
plat doit être une raison pour qu'on le lui refuse.

107. Ce dont les parents doivent se préoccuper surtout,
c'est de distinguer entre les besoins de fantaisie et les besoins
de nature, ce qu'Horace leur a prescrit de faire dans le vers où il
parle des choses,

> *Queis humana sibi doleat natura negatis* [1].

Ce sont là des besoins vraiment naturels : la raison seule,
sans autre secours, ne peut nous en défendre ni empêcher qu'ils
ne troublent notre repos. Les douleurs que provoquent une
maladie, une blessure, la faim, la soif, le froid, le manque de
sommeil, le besoin de repos et de relâche pour les organes
fatigués, voilà ce que tous les hommes ressentent ; les esprits
les mieux disposés ne sauraient échapper à ces malaises. Il faut
donc, par des moyens convenables, pourvoir à la satisfaction de
ces besoins. mais sans impatience, sans trop se hâter lorsqu'ils
commencent à se montrer, si du moins le retard ne nous menace
pas de quelque mal irréparable. Les douleurs qu'occasionnent
les besoins naturels sont comme des avertissements qui nous
sont donnés d'éviter de plus graves souffrances, dont elles sont
comme les signes avant-coureurs : il ne faut donc pas les négli-

---

1. « Dont la privation est une souffrance pour la nature humaine », *Satires*,
I, v. 75.

ger entièrement ni les laisser trop loin. Mais plus on habituera les enfants à supporter ces premiers malaises, par le soin que l'on prendra de les rendre plus vigoureux de corps et d'esprit, et mieux cela vaudra pour eux[1]. Je n'ai pas besoin de faire des recommandations sur la nécessité de ne pas dépasser la mesure, d'éviter tout ce qui pourrait leur faire du mal, de prendre garde enfin que les privations qu'on leur impose n'aient pour conséquence d'abattre leur esprit ou d'incommoder leur santé : les parents ne sont que trop disposés d'eux-mêmes à incliner plus qu'il ne faudrait vers l'excès contraire de la douceur.

Mais quelque complaisance qu'exigent les besoins de la nature, il n'en est pas de même pour les besoins de fantaisie : ceux-là il ne faut jamais les satisfaire, ni même permettre que les enfants en fassent mention. Le seul fait qu'un enfant a parlé d'une chose inutile doit être une raison pour l'en priver. Donnez-lui des vêtements quand il en a besoin ; mais s'il demande telle couleur, telle étoffe, qu'il soit bien entendu qu'il s'en passera. Ce n'est pas que selon moi les parents doivent de dessein prémédité contrecarrer les désirs des enfants, quand il s'agit de choses indifférentes. Tout au contraire, quand ils le méritent par leur conduite, et qu'on ne court aucun risque de corrompre ou d'efféminer leurs esprits et de les passionner pour des bagatelles, je pense que toutes choses doivent être combinées, dans la mesure du possible, pour assurer leur satisfaction, afin qu'ils trouvent du plaisir à se bien conduire. Le mieux serait sans doute que l'enfant ne fît pas consister son plaisir dans des choses de cette espèce, qu'il ne prît pas sa fantaisie pour règle de ses joies et qu'il considérât comme

---

1. Locke revient ici à sa théorie de l'endurcissement physique. *Cf.* l'opinion de Dumarsais : « Ceux qui raisonnent ainsi n'ont aucun égard au nombre infini d'enfants qui succombent à ces fatigues et qui sont la victime du préjugé que l'on peut s'accoutumer à tout », « Éducation », *Encyclopédie* de Diderot et d'Alembert.

indifférent tout ce qui l'est en effet. C'est à ce but que doivent tendre les efforts des parents et des précepteurs. Mais en attendant qu'on en soit arrivé là, ce que je combats ici, c'est la liberté qu'on laisse à l'enfant de demander tout ce qui lui plaît. C'est par un perpétuel refus qu'il faudrait le corriger de ce goût pour des choses de fantaisie.

Je paraîtrai peut-être trop sévère à de tendres parents, naturellement portés à l'indulgence : je ne demande pourtant que le nécessaire. En effet, puisque dans la méthode que je propose le fouet doit être banni, il sera d'un grand avantage de forcer l'enfant à retenir sa langue, si on veut lui inspirer cette disposition respectueuse dont nous avons parlé ailleurs, et le maintenir dans ces sentiments de respect et de déférence qu'il doit à ses parents. De plus, on l'habituera par là à contenir et à maîtriser ses inclinations. Il apprendra ainsi l'art d'étouffer ses désirs, aussitôt qu'ils naîtront dans son cœur, c'est-à-dire au moment où il est le plus facile de les dominer. Donnez libre cours, ne fût-ce qu'en paroles, à vos appétits, et vous leur donnez vie et force. Quiconque prend la liberté de convertir ses souhaits en demandes, n'est pas éloigné de penser qu'on est obligé de les satisfaire. En tout cas, ce dont je suis certain, c'est qu'on supporte plus aisément le refus qu'on s'oppose à soi-même que le refus qui vous est opposé par les autres. Accoutumez donc de bonne heure les enfants à consulter leur raison, à en faire usage avant de s'abandonner à leurs inclinations. On a déjà fait un grand pas pour se rendre maître de ses désirs, quand on a réussi à n'en pas parler et à leur opposer cette première barrière du silence[1]. L'habitude prise par les enfants d'arrêter l'essor de leurs caprices et de considérer, avant d'en parler, s'ils sont raisonnables ou non, sera un grand avantage pour eux

1. Vérité souvent exprimée par les moralistes, et qui s'applique à tous les âges : « la discrétion sur ses propres sentiments est le meilleur moyen d'en devenir le maître », Paul Janet, *Philosophie du bonheur*, Paris, 1863, p. 99.

durant la suite de leur vie, dans des affaires d'une plus grande importance. Ce que je ne saurais trop souvent m'efforcer de faire comprendre, en effet, c'est que, dans les circonstances les plus insignifiantes comme les plus graves, la question essentielle, j'allais dire la seule, c'est de considérer quelle influence l'action de l'enfant exercera sur son esprit, quelle habitude elle tend vraisemblablement à engendrer, si cette habitude lui conviendra quand il sera plus grand, et où elle le conduirait plus tard, si on en favorisait le développement.

Ma pensée n'est donc pas qu'il faille de propos délibéré chagriner les enfants. Il y aurait à agir ainsi trop de méchanceté et de barbarie, et l'on risquerait d'ailleurs de leur communiquer ces vices. Sans doute il faut apprendre aux enfants à dominer leurs appétits, il faut donner à leur esprit, aussi bien qu'à leur corps, de la force, de la souplesse, de la vigueur, en les habituant à être les maîtres de leurs désirs et en aguerrissant leur corps par les privations; mais il faut faire tout cela sans leur laisser voir aucune mauvaise volonté, sans qu'ils puissent même la soupçonner. Le refus constant de ce qu'ils demandent par leurs cris, ou de ce qu'ils essayent de prendre eux-mêmes[1], doit leur enseigner la discrétion, la soumission, l'abstinence. Mais il faut les récompenser de leur discrétion et de leur silence, en leur donnant ce qu'ils aiment, et les porter par là à aimer ceux qui exigent rigoureusement cette obéissance. Le fait de se résigner pour le moment à la privation de ce qu'ils désirent est une vertu qui doit être récompensée plus tard par le don des choses qui leur conviennent et qui leur sont agréables, à condition qu'on les leur offre comme les conséquences naturelles de leur bonne conduite, et non comme les gages d'un marché conclu avec eux. Ce serait perdre votre peine et, ce qui serait plus grave, perdre leur amour et leur respect, si

1. Il y a ici un jeu de mots intraduisible : « le refus constant de *what they craved or carved* ».

d'autres personnes leur accordaient ce que vous leur avez refusé. Il faut pour prévenir ce danger prendre toutes les précautions possibles, et ici encore les domestiques viennent nous causer quelque embarras.

108. Si vous vous mettez de bonne heure à diriger ainsi les enfants, si vous les accoutumez à taire leurs désirs, cette excellente habitude les calmera et les modérera; et quand ils commenceront à grandir en âge et en sagesse, vous pourrez leur accorder une plus grande liberté, dès que la raison parlera dans leurs discours et non la passion : car, partout où la raison parle, elle a droit à être écoutée. S'il ne faut jamais faire attention à ce que disent les enfants quand ils demandent ceci ou cela, à moins qu'on ne le leur ait déjà promis, il convient au contraire de les écouter toujours et de leur répondre nettement et avec douceur, lorsqu'ils vous questionnent sur quelque chose qu'ils veulent connaître et dont ils désirent s'instruire[1]. Il faut prendre autant de soin d'encourager la curiosité chez les enfants que d'étouffer leurs autres appétits.

Les récréations

Quelque sévérité qu'on doive mettre à réprimer tous les désirs de pure fantaisie, il y a cependant des cas où la fantaisie a le droit de parler et de se faire écouter. La récréation est aussi nécessaire que le travail et la nourriture : or comme il n'y a pas de récréation sans plaisir, et que le plaisir dépend plus souvent de la fantaisie que de la raison, vous devez permettre aux enfants, non seulement de se divertir, mais encore de se divertir comme ils l'entendent, pourvu que ce soit innocemment et sans dommage pour leur santé[2]. Dans ce cas, par conséquent, il

---

1. Locke reprendra ce sujet *infra*, § 118.
2. « Il nous suffit, dit Fénelon, de laisser faire les enfants, de les observer avec un visage gai et de les modérer, dès qu'ils s'échauffent trop », *De l'éducation des filles*, chap. V.

ne faut pas leur répondre par un refus, s'ils demandent qu'on
leur permette telle ou telle espèce de divertissement. Je crois
cependant que dans une éducation bien réglée, ils ne devront
être que rarement réduits à la nécessité de faire une pareille
demande. On doit faire en sorte qu'ils trouvent toujours agréable tout ce qui leur est utile; et avant qu'ils soient las d'une
occupation, il faut les détourner à temps vers une autre occupation, utile elle aussi. Dans le cas où ils ne seraient pas arrivés
à ce degré de perfection qu'on puisse leur faire d'un travail
nouveau un sujet de divertissement, laissez-les s'abandonner
librement aux jeux enfantins qu'ils inventent; cherchez seulement à les en dégoûter par la satiété. Pour les occupations
utiles au contraire, vous devez les arrêter, même quand ils ont
encore envie de continuer, tout au moins avant qu'ils soient
fatigués et dégoûtés de cet exercice; il faut en effet qu'ils
puissent y revenir comme à un plaisir qui les divertit. Les
choses n'iront bien que lorsqu'ils éprouveront du plaisir à faire
les actions louables, et lorsque les exercices utiles du corps et
de l'esprit, alternant les uns avec les autres dans leur vie, leur
feront trouver agréable de vivre et de progresser, pour ainsi
dire dans une série ininterrompue de divertissements qui
viennent reposer et rafraîchir tour à tour leurs organes fatigués.
Qu'il soit possible d'en arriver là avec tous les enfants, quel
que soit leur tempérament, que tous les parents et tous les
précepteurs sachent prendre les précautions nécessaires, aient
assez de patience et d'adresse pour atteindre ce résultat, je n'en
sais rien. Mais ce dont je suis sûr, c'est que l'on peut y réussir
avec la plupart des enfants, si l'on s'y prend, comme il faut, en
leur inspirant l'amour de l'honneur, de l'estime et de la réputation. Une fois qu'on leur a inculqué ainsi les vrais principes
de la vie, on peut leur parler librement des choses qu'ils aiment
le plus, les diriger ou tout au moins leur permettre de se diriger
d'eux-mêmes de ce côté; de façon qu'ils comprennent bien

qu'on les aime et qu'on les chérit, et que les personnes qui veillent sur leur éducation ne sont pas les ennemies de leur bonheur. Par là, vous leur ferez aimer à la fois et la main qui les conduit et la vertu vers laquelle on les conduit.

Un autre avantage de la liberté qu'on accorde aux enfants pendant leurs récréations, c'est qu'ils y découvrent leur tempérament naturel ; ils y montrent leurs inclinations et leurs aptitudes, et par là dirigent le choix de parents attentifs, en ce qui concerne soit la carrière et les occupations qui leur conviendront plus tard, soit les remèdes à employer en attendant, pour guérir certains penchants qui plus que d'autres pourraient gâter leur naturel.

109. 2) Les enfants qui vivent ensemble disputent souvent à qui sera le maître, à qui fera prédominer sa volonté. Dès que vous verrez poindre cette rivalité, ayez soin de l'arrêter. Ne vous contentez pas même de cela, mais apprenez-leur à avoir les uns pour les autres toute la déférence, toute la complaisance, toute la politesse possible. Lorsqu'ils verront que cette conduite leur attire le respect, l'amour et l'estime de leurs camarades, et qu'elle ne leur fait rien perdre de leur supériorité, ils y trouveront plus de plaisir qu'à rechercher par des procédés contraires une insolente domination.

N'écoutez pas et gardez-vous d'accueillir avec faveur les accusations réciproques des enfants ; ce ne sont guère que les cris de la colère et de la vengeance qui invoquent le secours d'autrui. C'est affaiblir et efféminer l'esprit des enfants que leur permettre de se plaindre. Si vous savez les accoutumer à supporter les mauvais traitements de leurs camarades comme une chose toute simple et qui n'a rien d'intolérable, vous leur apprendrez à souffrir sans rien dire ; vous les aguerrirez de bonne heure à la douleur. Mais bien qu'il ne faille pas prêter l'oreille aux plaintes des enfants grognons, ayez soin cependant de réprimer l'insolence et les mauvais instincts des enfants

violents. Si vous êtes vous-même témoin d'une violence, cen-
surez-la en présence de la victime. Et si l'on vous fait rapport
d'une injure grave qui mérite que vous en soyez informé, et
que vous preniez des précautions pour en empêcher le retour,
dans ce cas réprimandez l'offenseur à part, en l'absence de
celui qui vous a porté plainte, et obligez-le à lui demander
pardon et à lui faire réparation. Cet acte de réparation, ayant
l'air d'être spontané, sera accompli avec plus d'assurance et
accueilli avec plus de faveur ; et ainsi l'affection mutuelle des
enfants grandira, la politesse leur deviendra familière.

110. 3) Quant à la passion que les enfants témoignent pour
la propriété [1], apprenez-leur à partager facilement et gaiement
tout ce qu'ils ont avec leurs amis. Faites-leur comprendre par
l'expérience que le plus libéral est toujours le mieux partagé,
en même temps qu'il obtient par-dessus le marché vos louanges
et votre estime : vous les amènerez ainsi sans effort à pratiquer
la libéralité. Par là, vous réussirez bien mieux à rendre les frères
et les sœurs doux et polis entre eux, et par conséquent aussi avec
les autres personnes, que si vous les importuniez, si vous les
accabliez, comme on fait d'ordinaire, d'une multitude de règles
de civilité. La convoitise, le désir de posséder, d'avoir en notre
pouvoir plus de choses que n'en exigent nos besoins, voilà le
principe du mal : il faut donc de bonne heure extirper cet instinct
et développer la qualité contraire, je veux dire l'inclination à
partager avec les autres. Cette qualité doit être encouragée par
les louanges dont vous la comblerez et par le soin vigilant que

1. L'instinct de la propriété est en effet très précoce chez l'enfant. « Il fait
main basse sur les jouets, sur les meubles ou les vêtements qui servent spécialement à d'autres, tout en défendant qu'on agisse de même à son égard »,
Bernard Pérez, *L'éducation dès le berceau*, p. 185. « L'enfant que j'observais,
dit Tiedemann, ne voulait pas que sa sœur pût s'asseoir sur son siège, ou mît un
de ses vêtements : il appelait cela *ses* affaires. Quelque idée de propriété s'était
donc développée en lui. Mais, quoique l'enfant ne laissât rien prendre de ses
affaires à lui, il prenait volontiers celles de sa sœur » [Tiedemann, cité par Pérez].

vous prendrez d'empêcher que les libéralités de l'enfant lui coûtent rien. Toutes les fois qu'il donnera des preuves de cette générosité, n'oubliez pas de l'en récompenser et même avec usure [1]. Prouvez-lui qu'en faisant du bien aux autres, il ne se fait pas tort à lui-même ; qu'au contraire cela lui vaut en retour la reconnaissance de ceux qu'il a obligés et aussi de ceux qui ont été les témoins de son obligeance. Essayez d'inspirer aux enfants le désir de se surpasser les uns les autres sur cet article. Par ces moyens, lorsque, par une pratique constante, il leur sera devenu facile de partager avec les autres ce qu'ils ont, cette bonne disposition pourra se transformer en habitude, et ils trouveront plaisir, ils mettront leur amour-propre à se montrer bons, généreux et polis envers les autres personnes.

S'il est convenable d'encourager la libéralité, il ne l'est pas moins de veiller à ce que les enfants ne transgressent pas les lois de la justice. Toutes les fois qu'il leur arrivera de le faire, il faudra redresser leur erreur et, si les circonstances l'exigent, les réprimander vertement.

Comme c'est l'amour de soi qui guide les premières actions plus que la raison ou la réflexion, il n'est pas étonnant que les enfants soient très portés à s'écarter des règles exactes du bien et du mal : c'est que ces règles ne peuvent être dans l'esprit que le fruit d'une raison développée et d'une médita-tion réfléchie. Plus les enfants sont exposés à se méprendre sur ce point, plus il importe de faire bonne garde autour d'eux. Notez et rectifiez les moindres manquements qu'ils commet-tent par rapport à cette grande vertu sociale, et cela dans les choses les plus insignifiantes, autant pour instruire leur igno-

---

1. « C'est là, dit Rousseau, rendre un enfant libéral en apparence, avare en effet. Les enfants, selon Locke, contracteront ainsi l'habitude de la libéralité. Oui, d'une libéralité usurière, qui donne un œuf pour avoir un bœuf. Mais quand il s'agit de donner tout de bon, adieu l'habitude : lorsqu'on cessera de leur rendre, ils cesseront bientôt de donner », *Émile*, livre II, p. 338.

rance que pour prévenir les mauvaises habitudes. Si en effet ils commencent à être injustes en jouant avec des épingles ou des noyaux de cerise, et qu'on les laisse faire, ils passeront bientôt à des fraudes plus graves et finiront peut-être par tomber dans une improbité complète et incorrigible[1]. La première fois qu'ils manifestent leurs dispositions à l'injustice, il faut que les parents et les gouverneurs combattent cette tendance, en leur témoignant la surprise et l'horreur qu'elle leur inspire. Mais comme les enfants ne peuvent comprendre ce que c'est que l'injustice, tant qu'ils ne savent pas ce que c'est que la propriété et comment on devient propriétaire, le moyen le plus sûr de garantir l'honnêteté des enfants, c'est de lui donner de bonne heure pour fondement la libéralité, l'empressement à partager avec les autres ce qu'ils possèdent ou ce qu'ils aiment. C'est ce qu'on peut leur enseigner dès leurs plus jeunes ans, avant même qu'ils sachent parler, avant qu'ils aient assez d'intelligence pour concevoir une idée nette de la propriété et pour reconnaître ce qui leur appartient en vertu d'un droit particulier et exclusif. Comme les enfants ne possèdent guère que les choses qui leur ont été données, et données le plus souvent par leurs parents, on peut les habituer d'abord à n'accepter et à ne conserver que les choses qui leur sont

---

1. *Cf.* Montaigne : «C'est une tres dangereuse institution d'excuser ces vilaines inclinations par la foiblesse de l'aage et legiereté du subject. Premie-rement, c'est nature qui parle, de qui la voix est lors plus pure et plus neufve qu'elle est plus graile et plus neufve. Secondement, la laideur de la piperie ne despend pas de la difference des escus aux espingles : elle despend de soy. Je trouve plus juste de conclure ainsi : "Pourquoy ne tromperoit-il pas aux escus, puisqu'il trompe aux espingles" que comme ils font : "Ce n'est qu'aux espin-gles, il n'auroit garde de le faire aux escus". Il fault apprendre soigneusement aux enfants de haïr les vices de leur propre contexture, et leur en fault apprendre la naturelle difformité, à ce qu'ils les fuyent non en leur action seulement, mais surtout en leur cœur : que la pensée mesme leur en soit odieuse, quelque masque qu'ils portent », *Essais*, livre I, XXIII, p. 110.

offertes par ceux à qui ils supposent qu'elles appartiennent. À mesure que leur esprit s'étend, on peut leur présenter et leur inculquer d'autres règles, leur proposer d'autres formes de justice, et les droits relatifs au mien et au tien. S'ils commettent quelque acte d'injustice qui semble provenir non d'une inadvertance, mais d'une volonté perverse, et qu'une réprimande légère et la honte ne suffisent pas pour réformer cette inclination mauvaise et égoïste, employez alors des remèdes plus énergiques. Que le père ou le gouverneur, par exemple, ôte à l'enfant coupable et s'abstienne de lui rendre tel ou tel objet qu'il apprécie et qu'il considère comme sa propriété, ou bien, qu'il donne à quelqu'un l'ordre d'en faire autant. Par là vous lui ferez comprendre qu'il ne lui servira de rien de s'emparer injustement de ce qui appartient aux autres, tant qu'il y aura dans le monde des hommes plus forts que lui. Mais si vous avez su lui inspirer de bonne heure la haine sincère de ce vice déshonorant, et je crois que la chose est possible[1], vous aurez suivi la vraie méthode pour le garantir de l'injustice. et vous aurez trouvé un préservatif meilleur que toutes les considérations tirées de l'intérêt; les habitudes en effet agissent avec plus de constance et de force que la raison, la raison que nous oublions de consulter quand nous avons besoin d'elle, et plus souvent encore de suivre.

---

1. C'est une grosse question de savoir comment on peut faire entrer dans l'esprit de l'enfant l'idée de la justice, idée toute abstraite, autrement difficile à concevoir que l'idée de la charité. Locke tourne la difficulté, en lui donnant pour principe et pour point d'appui les sentiments de générosité assez naturels à l'enfant. Le mieux serait peut-être de provoquer de bonne heure les réflexions de l'élève, en lui citant des exemples d'actions injustes, et en excitant son horreur contre ces actions. Rousseau raconte dans ses *Confessions* qu'il puisa le vif sentiment de la justice qui l'inspira toute sa vie, dans le souvenir d'une injustice dont il avait été victime à l'âge de six ou sept ans.

DES CRIS ET DES PLEURS CHEZ LES ENFANTS

111. Les pleurs sont une habitude qu'il ne faut pas tolérer chez les enfants : non seulement à cause du bruit désagréable et désobligeant dont les pleurs remplissent la maison, mais aussi pour des raisons plus graves, relatives aux enfants eux-mêmes et au but de l'éducation.

Les pleurs des enfants sont de deux sortes : ou bien ils manifestent l'entêtement et l'humeur impérieuse, ou bien ce sont des plaintes et des gémissements.

1) Les pleurs trahissent souvent la prétention de l'enfant à se faire obéir ; ils sont comme la déclaration de son arrogance et de son entêtement. Lorsque l'enfant n'a pas le pouvoir d'obtenir ce qu'il désire, il tâche, par ses cris et par ses sanglots, de maintenir ses titres et ses droits. C'est comme une manifestation prolongée de ses prétentions, et une espèce de protestation contre l'injustice et la tyrannie de ceux qui lui refusent ce qu'il veut.

112. 2) D'autres fois les pleurs de l'enfant sont seulement l'effet de la douleur ou d'un vrai chagrin qui l'oblige à se plaindre. Si on observe l'enfant avec soin, il sera facile de distinguer, d'après son air, son regard, ses actes, et souvent l'accent de ses cris, ces deux façons de pleurer ; mais ni l'une ni l'autre ne doit être supportée et encore moins encouragée.

1) Il ne faut absolument pas souffrir chez les enfants les pleurs d'obstination ou de colère : ce serait une autre manière de flatter leurs désirs et d'exciter la passion que l'éducation a précisément pour but de dompter. Si, comme il arrive souvent, on leur permet de pleurer, pendant qu'ils reçoivent une correction, on détruit par là tous les bons effets que la correction pourrait produire ; car tout châtiment qui les laisse dans cet état de rébellion déclarée ne sert qu'à les rendre pires. Toutes les défenses et toutes les punitions dont on charge les enfants ne serviront à rien, tant qu'elles n'auront pas pour effet de dominer leurs volontés, de leur apprendre à régler leurs passions, de rendre leurs esprits souples et obéissants devant les ordres que leur transmet la raison de leurs parents, afin de les préparer à suivre plus tard les avis que leur donnera leur propre raison. Mais si, après les avoir contrariés pour ceci ou cela, on leur permet de s'enfuir en criant, ils s'affermiront dans leurs désirs, ils se complairont dans leur mauvaise humeur, leurs pleurs n'étant, je le répète, que la déclaration de leurs droits, de la ferme intention qu'ils gardent de satisfaire leur désir à la première occasion. Je trouve là un nouvel argument contre le trop fréquent usage des châtiments corporels. En effet, toutes les fois que vous en venez à cette extrémité, il ne suffit pas de frapper et de battre l'enfant. Vous devez continuer jusqu'à ce que vous soyez assuré d'avoir dompté son esprit, jusqu'à ce qu'il accepte la correction avec soumission et patience : ce que vous reconnaîtrez facilement à ses cris et à son empressement à se taire dès que vous l'ordonnerez. Si elle ne produit pas cet effet, la punition corporelle n'est qu'une tyrannie passionnée, une pure cruauté, et non une correction : elle torture le corps, sans améliorer l'esprit. Et si tout cela doit nous engager à battre rarement les enfants, c'est aussi une raison pour que les enfants s'exposent rarement à être battus.

En effet, si toutes les fois qu'on les châtie, on le fait sans
passion, avec modération, mais cependant d'une manière efficace; si on administre les coups sans fureur, non tout d'une
traite, mais lentement et par intervalles, en ayant soin d'entre-
mêler les raisonnements et les coups, en observant l'effet
produit, en s'arrêtant dès que le châtiment a rendu le patient
docile, obéissant et souple [1], soyez assuré que vous aurez rarement besoin de recommencer, et que l'enfant sera désormais
attentif à éviter la faute qui lui a mérité sa punition. En outre, si
le châtiment, quand on procède ainsi, ne risque pas d'être
perdu pour avoir été trop doux et sans effet, il ne risque pas non
plus d'être poussé trop loin, si on l'arrête, dès qu'on reconnaît
qu'il a produit son effet sur l'esprit et qu'il l'a amendé. Quand
on réprimande ou qu'on châtie les enfants, il faut toujours le
faire avec le plus de modération possible. Or celui qui punit
dans la première ardeur d'un mouvement de colère n'est guère
en état d'observer cette mesure: il s'emporte au delà des
bornes, et cependant il n'atteint pas son but.

113. 2) Un grand nombre d'enfants crient volontiers à la
moindre douleur qu'ils ont à supporter, et le plus léger mal
qui les atteint est une occasion pour eux de se plaindre et de
brailler. Il est rare qu'ils échappent à ce défaut. Comme les cris
sont en effet le premier moyen que la nature met à leur
disposition pour exprimer leurs souffrances ou leurs besoins,
tant qu'ils ne savent pas parler, la pitié que l'on croit devoir à
leur âge, et qu'on pousse jusqu'à la folie, les encourage dans
cette habitude et les y maintient longtemps après qu'ils ont

---

1. Rien de plus choquant et de plus ridicule que le tableau imaginé ici par
Locke d'un père ou d'un maître qui fouette l'enfant avec componction, ména-
geant et pour ainsi dire distillant les coups, mêlant le raisonnement au fouet, à la
fois raisonnant et fouettant. Les habitudes du temps peuvent excuser de
pareilles idées; mais il n'en faut pas moins regretter que Locke n'ait pas rompu
absolument avec la tradition du fouet.

appris à parler. C'est sans doute le devoir de ceux qui vivent auprès des enfants d'avoir pitié d'eux lorsqu'ils souffrent de quelque mal : mais il ne faut pas le leur témoigner[1]. Assistez-les, soulagez-les, le mieux que vous pourrez, mais ne leur laissez pas voir que vous les plaignez ; sinon, vous amollirez leur esprit, vous les rendrez sensibles au moindre mal qui les atteindra ; vous développerez en eux les facultés de pure sensibilité et vous rendrez les blessures de la douleur plus profondes qu'elles n'auraient été. Il faut que les enfants soient endurcis à toutes les souffrances, surtout à celles du corps[2]. Ils ne doivent être sensibles qu'à celles qu'éveillent dans un cœur bien né la honte et un vif sentiment de l'honneur. Le grand nombre d'accidents fâcheux auxquels notre vie nous expose exige que nous ne soyons pas trop sensibles au plus petit mal qui nous frappe. Tout ce qui n'atteint pas l'esprit ne fait qu'une impression légère et ne nous cause pas grand mal. C'est parce que notre esprit souffre que la douleur existe et qu'elle se prolonge. La force et l'insensibilité de l'âme sont la meilleure armure que nous puissions opposer aux maux ordinaires et aux accidents de la vie. Et comme c'est par l'exercice et l'habitude que nous pouvons acquérir cette vigueur de tempérament, mieux que par aucun autre moyen, il est bon de commencer de bonne heure la pratique de cette vertu. Heureux celui qui l'acquiert de bonne heure ! Cette délicatesse efféminée qu'il s'agit de prévenir ou de guérir, rien ne l'accroît chez les enfants comme

1. Jacqueline Pascal disait de la même façon dans le *Règlement pour les enfants de Port-Royal* : « On ne laisse pas néanmoins d'en avoir pitié, mais sans qu'elles aient connaissance qu'on a cette condescendance ».
2. « Qui d'un enfant, dit Montaigne, en veult faire un homme de bien, sans doubte il ne le faut espargner en cette jeunesse… Ce n'est pas assez de luy roidir l'ame, il luy fault aussi roidir les muscles… J'ai veu des hommes, des femmes et des enfants, ainsi nays qu'une bastonnade leur est moins qu'à moy une chiquenaude, qui ne remuent ny langue, ny sourcil aux coups qu'on leur donne », *Essais*, livre I, XXVI, p. 153.

l'habitude de crier; de même on ne saurait mieux la combattre et la réprimer qu'en les empêchant de s'abandonner à cette sorte de plaintes. S'ils se font mal légèrement, en tombant ou en se heurtant, ne les plaignez pas pour être tombés, mais ordonnez-leur de recommencer. Par là, outre que vous arrêtez leurs cris, vous prenez, pour les corriger de leur étourderie et pour les empêcher de tomber une autre fois, un moyen bien plus sûr que si vous vous avisiez de les gronder ou de les plaindre. Mais quelle que soit la gravité des coups qu'ils reçoivent, empêchez-les de pleurer : ils seront plus tranquilles et moins gênants pour le moment, et moins sensibles à l'avenir.

114. C'est par la sévérité qu'il faut imposer silence aux enfants, quand ils pleurent par obstination; et lorsqu'un regard, un ordre formel, ne suffit pas pour les apaiser, il faut recourir aux châtiments corporels [1]. En effet ces pleurs procèdent de sentiments d'orgueil, d'entêtement et de colère; et la volonté, où la faute s'enracine, doit être domptée, assouplie, par une rigueur qui suffise à la maîtriser. Mais les pleurs qui ne sont que des plaintes, ayant ordinairement pour principe une cause toute contraire, la mollesse du caractère, doivent être corrigés d'une main plus douce. Les moyens persuasifs, la diversion de la pensée vers d'autres objets, le sourire moqueur avec lequel on accueille l'enfant, voilà peut-être au début la méthode qu'il convient d'appliquer. Mais en cela il faut considérer les circonstances et aussi le tempérament particulier de l'enfant. On ne peut établir de règles invariables sur ce point; il faut s'en rapporter à la sagesse des parents et du gouverneur. Mais ce que je crois pouvoir dire en général, c'est qu'il faut combattre sans relâche les pleurs de cette espèce, et qu'un père, par son autorité, doit pouvoir toujours les arrêter, en

---

1. Dans la *Conduite des Écoles chrétiennes* (Avignon, 1720), La Salle débute ainsi dans un de ses chapitres : « Il faut toujours corriger les opiniâtres ».

mettant dans son regard et dans ses paroles plus ou moins de sévérité, selon que les enfants seront plus ou moins avancés en âge et d'un tempérament plus ou moins opiniâtre. Sous ces réserves, il faut toujours imposer silence à leur manie de pleurnicher et les obliger à rentrer dans l'ordre.

DE LA PEUR ET DU COURAGE
CHEZ LES ENFANTS

115. Le courage et la couardise ont tant de rapport avec les qualités dont nous venons de parler, qu'il ne sera pas hors de propos d'en dire ici quelques mots. La peur est une passion qui, bien dirigée, peut avoir son utilité. Et quoique l'instinct de la conservation manque rarement d'éveiller et de fortifier cette passion en nous, il peut arriver pourtant que l'on tombe dans l'excès opposé, dans la témérité. Or il est aussi peu raisonnable d'être téméraire et insensible au danger, que de trembler et de frissonner à l'approche du moindre péril. La peur nous a été donnée comme un avertissement, pour arrêter notre activité et pour nous mettre en garde contre les approches du mal. Par conséquent, ne point appréhender le malheur qui nous menace, ne pas savoir apprécier la gravité du danger, et s'y exposer étourdiment, à tout hasard, sans considérer quelles peuvent en être les suites et les conséquences, ce n'est pas se conduire en créature raisonnable, c'est agir avec la folie de la brute. Quand on a des enfants de ce caractère, il n'y a pas autre chose à faire qu'à éveiller doucement leur raison ; l'instinct de la conservation les engagera promptement à en écouter les avis, à moins que quelque autre passion (comme il en arrive souvent) ne les jette à corps perdu dans le danger, sans réflexion et sans

examen. Il est si naturel à l'homme de détester le mal que personne, je crois, n'est exempt de la peur qu'il inspire : la peur n'étant que le chagrin causé par l'appréhension de voir fondre sur nous le mal que nous détestons. Aussi quand un homme s'expose au danger, nous pouvons dire que c'est l'ignorance qui en est cause, ou bien la force d'une passion plus impérieuse : car il n'y a personne qui soit assez l'ennemi de lui-même pour affronter le mal de gaieté de cœur et rechercher le danger pour le danger lui-même. Si c'est donc l'orgueil, la vaine gloire ou la colère, qui imposent silence à la peur de l'enfant ou qui l'empêchent d'en écouter les conseils, il faut par des moyens convenables refroidir ces passions, afin qu'un peu de réflexion puisse calmer son ardeur et le force à considérer si l'entreprise vaut le danger qu'elle lui fera courir. Mais comme c'est là une faute dont les enfants se rendent rarement coupables, je n'insisterai pas plus longtemps sur la façon de la corriger. Le manque de courage est le défaut le plus fréquent, et c'est de ce côté surtout qu'il faut porter ses soins.

La force d'âme est comme le gardien, le tuteur de toutes les autres vertus. Sans courage, c'est à peine si l'homme peut rester fermement attaché à son devoir et tenir l'emploi d'un véritable honnête homme.

Le courage

Le courage qui nous apprend à affronter les dangers que nous redoutons, et à supporter les maux que nous subissons, est d'un grand secours dans un état tel que le nôtre, exposés que nous sommes à tant d'assauts de tous les côtés. Aussi est-il prudent de revêtir les enfants aussitôt que nous le pouvons de l'armure du courage. J'avoue que la nature et le tempérament jouent ici un grand rôle ; mais lors même que la nature est en défaut, et que le cœur est de lui-même faible et craintif, il est possible, en s'y prenant bien, de le rendre plus ferme et plus résolu. Ce qu'on doit faire pour éviter de briser le courage des enfants, soit par les idées effrayantes qu'on insinue dans leurs esprits quand ils sont jeunes, soit par l'habitude qu'on leur laisse prendre de se plaindre au moindre mal, je l'ai déjà dit[1] : il reste à considérer les moyens de fortifier leur tempérament et d'enhardir leur courage, si nous les trouvons trop disposés naturellement à s'effrayer.

La vraie force d'âme, dirai-je, est une tranquille possession de soi-même, un attachement inébranlable au devoir, quel que soient les maux qui nous assiègent ou les dangers que nous rencontrons sur notre route. Il y a si peu d'hommes qui en arrivent à ce point de perfection que nous ne devons pas l'attendre des enfants. Cependant il y a quelque chose à tenter en ce sens; et une habile direction peut par degrés et insensiblement les conduire beaucoup plus loin qu'on ne l'imagine.

C'est peut-être parce qu'on a négligé ce soin important, quand ils étaient enfants, que précisément, quand ils sont hommes, il est si rare qu'ils possèdent cette vertu dans toute son étendue. Je ne parlerais pas ainsi au milieu d'un peuple aussi naturellement brave que le nôtre, si je croyais que la vraie force d'âme ne demande pas autre chose que le courage sur les champs de bataille et le mépris de la mort en face de l'ennemi. Ce n'en est pas, je l'avoue, la moindre partie, et l'on ne saurait refuser les lauriers et les honneurs, qui lui sont justement dus, à la valeur de ceux qui exposent leur vie pour la patrie. Ce courage ne suffit pourtant pas[2]. Les dangers nous attendent ailleurs que sur les champs de bataille, et quoique la peur de la mort soit la reine des peurs, cependant d'autres maux, tels que la douleur, la disgrâce, la pauvreté, ont aussi un aspect effrayant et déconcertent la plupart des hommes, quand ils font mine de fondre sur eux. On voit des gens, que certains de ces

1. Voyez *supra*, § 113.
2. « La chose la plus importante, dit Kant, est de fonder le caractère, c'est-à-dire la fermeté de résolution », Kant, *Réflexions*, p. 180.

maux laissent insensibles, fortement atteints par la crainte de certains autres. La vraie force d'âme est prête à braver tous les dangers, de quelque espèce qu'ils soient; elle reste indifférente, quel que soit le mal qui la menace. Je n'entends pas d'ailleurs que l'on puisse pousser cette indifférence jusqu'à être absolument étranger à la crainte. Lorsque le danger est imminent, à moins d'être stupide, on ne peut pas ne pas le craindre. Partout où il y a danger, il doit y avoir sentiment du danger. Et la peur est permise, tant qu'elle ne fait que nous tenir en éveil et exciter notre attention, notre activité, notre vigueur, sans troubler la calme possession de la raison, et sans empêcher l'accomplissement de ce que la raison ordonne.

La peur

La première chose à faire pour développer cette noble et mâle fermeté, c'est, comme je l'ai déjà dit, d'éviter aux enfants, quand ils sont en bas âge, toute espèce de peur. Ne permettez pas que, par de sots récits, on leur mette dans l'esprit d'effrayantes idées ni que des objets terribles viennent les surprendre. Par ces imprudences, on risque parfois d'ébranler et de troubler leur courage au point qu'ils ne s'en remettent jamais. Pendant toute leur vie, à la première idée, à la première apparition de quelque chose d'effrayant, ils restent terrifiés et confondus; leur corps est énervé, leur esprit éperdu, et même à l'âge d'homme ils sont à peine capables d'actions suivies ou raisonnables. Que ce soit le résultat d'un mouvement habituel des esprits animaux, causé d'une première impression trop violente, ou par une altération plus obscure, mystérieusement produite dans leur organisme, le fait est que les choses se passent ainsi. Les exemples ne sont pas rares de gens qui, leur vie durant, sont restés timides et craintifs, pour avoir été effrayés dans leur enfance. Prévenons donc autant que possible cet inconvénient.

En second lieu, nous accoutumerons doucement et par degrés les enfants aux choses dont ils sont disposés à s'effrayer. Mais sur ce point, il faut user de grandes précautions, ne pas aller trop vite, ne pas entreprendre la cure trop tôt, de peur d'augmenter le mal au lieu de le guérir. Les petits enfants qu'on porte encore sur les bras peuvent être aisément tenus à l'écart de tout objet effrayant, jusqu'au jour où ils savent parler et comprendre ce qu'on leur dit. Jusque-là ils ne sont pas en état de profiter des raisonnements et des discours qu'on leur tiendrait, pour leur prouver qu'il n'y a rien à redouter de la part des objets dont ils ont peur et que nous voudrions leur rendre familiers, en les plaçant toujours plus près d'eux. Ainsi jusqu'à ce qu'ils puissent marcher et parler, il ne convient que rarement d'user de ces moyens avec eux. Si pourtant il arrive que l'enfant soit choqué par un objet qu'il est malaisé d'éloigner de sa vue, et qu'il donne des marques de terreur toutes les fois qu'il l'aperçoit, il faut employer tous les moyens possibles pour calmer son effroi, en détournant sa pensée ou en associant avec l'apparition de cet objet des choses plaisantes et agréables, jusqu'à ce qu'il lui devienne familier et ne l'effraie plus.

On peut constater, je crois, que, lorsque les enfants viennent de naître, tous les objets visibles, qui ne blessent pas leurs yeux, leur sont indifférents ; ils ne sont pas plus effrayés, en voyant un nègre ou un lion, que leur nourrice ou un chat. Qu'est-ce donc qui plus tard les épouvante dans les objets d'une certaine couleur ? Rien que l'appréhension du mal que ces objets peuvent leur faire[1]. Si un enfant était accoutumé à

---

1. L'analyse de Locke est inexacte sur ce point. L'enfant s'effraie de tout ce qui lui cause une surprise, de tous les objets qui ne lui sont pas familiers. Le nouveau et l'effrayant sont souvent tout un pour lui. Mme de Saussure remarque avec raison que « les aversions des enfants sont pour l'ordinaire l'effet de la surprise à l'aspect de quelque objet frappant. Ils pourront se détourner, par exemple, à l'approche d'une personne vêtue de noir, mais ils se familiariseraient plus volontiers avec cette personne qu'avec toute autre, s'ils étaient

prendre chaque jour le sein d'une nouvelle nourrice, j'estime que ces changements de visage ne l'effraieraient pas plus à six mois qu'ils ne feraient à soixante ans. S'il répugne à frayer avec un étranger, c'est que, habitué, comme il l'est, à ne tenir sa nourriture et à ne recevoir des caresses que d'une ou deux personnes qui ne le quittent guère, il a peur, en passant dans les bras d'un étranger, d'être privé de ce qu'il aime, de ce qui le nourrit, de ce qui à chaque instant satisfait aux besoins qu'il ressent. Voilà pourquoi il prend peur dès que sa nourrice s'éloigne.

La seule chose que nous craignions naturellement, c'est la douleur ou la privation du plaisir. Et comme ces deux choses ne sont attachées ni à la forme, ni à la douleur, ni à la situation des objets visibles, aucun de ces objets ne saurait nous effrayer tant qu'il ne nous aura pas fait de mal ou qu'on ne nous aura pas persuadé qu'il peut nous en faire. L'éclat brillant de la flamme et du feu fait tant de plaisir aux enfants que tout d'abord ils ont toujours envie d'y toucher. Mais, dès qu'une expérience constante leur a montré, par la vive douleur qu'ils ont éprouvée, combien l'action du feu est impitoyable et cruelle, ils ont peur d'y toucher et s'en écartent avec précaution. Si tel est le principe de la crainte, il n'est pas difficile de découvrir par quels moyens on peut la guérir, quand il s'agit d'objets dont on s'effraie à tort. Une fois que l'esprit est aguerri contre ces vaines frayeurs, qu'il est parvenu dans de petites occasions à se dominer et à dominer ses craintes habituelles, il est déjà mieux préparé à affronter de réels dangers. Votre enfant pousse des cris perçants et s'enfuit à la vue d'une grenouille ? Faites alors prendre une grenouille à une autre personne, qui la tiendra à une distance assez considérable ; accoutumez d'abord l'enfant à voir la grenouille ; lorsqu'il pourra en supporter la vue, obligez-le à s'en approcher, à la regarder sauter sans en être ému; puis à la toucher légèrement, tandis que l'autre personne la tient dans ses mains; et ainsi de suite jusqu'à ce qu'il en vienne à la manier avec autant d'assurance qu'il ferait d'un papillon ou d'un moineau[1]. Toutes les autres vaines frayeurs peuvent être guéries de cette façon, à condition que l'on ait soin de ne pas aller trop vite et qu'on n'exige pas de l'enfant un nouveau degré de courage avant de l'avoir solidement affermi dans le degré précédent. C'est ainsi que vous préparerez ce jeune soldat à la campagne de la vie. Ne lui laissez pas croire qu'elle lui réserve plus de périls qu'elle n'en contient en effet. Si vous observez qu'un danger l'effraie plus que de raison, ayez soin de l'attirer insensiblement de ce côté, de sorte, que délivré enfin de sa peur, il triomphe de la difficulté et en sorte à son honneur. Des succès de ce genre souvent répétés lui feront comprendre que les maux ne sont pas toujours aussi réels, aussi grands que la peur les lui représente, et que d'ailleurs le moyen de les éviter ce n'est pas de fuir, ni de se laisser déconcerter, abattre et détourner par la crainte, lorsque notre réputation ou notre devoir exige que nous allions de l'avant.

Mais puisque le grand principe de la peur chez les enfants est la douleur, le moyen de les aguerrir, de les fortifier contre la crainte du danger, c'est de les accoutumer à souffrir[2]. Des parents trop tendres trouveront sans doute ce procédé mons-

---

1. Rousseau s'est inspiré de ce passage : « Je veux qu'on habitue Émile a voir des objets nouveaux, des animaux laids, dégoûtants, bizarres, mais peu à peu, de loin, jusqu'à ce qu'il y soit accoutumé, et qu'à force de les voir manier à d'autres il les manie lui-même. Si durant son enfance il a vu sans effroi des crapauds, des serpents, des écrevisses, il verra sans horreur, étant plus grand, quelque animal que ce soit. Il n'y a plus d'objets affreux pour qui en voit tous les jours », *Émile*, livre II, p. 283.

2. Rousseau a repris de Locke toutes ces idées. Lui aussi désire que l'éducation ajoute l'endurcissement moral à l'endurcissement physique. « Si Émile tombe, s'il se coupe les doigts, je resterai tranquille. Loin d'être attentif à éviter qu'Émile ne se blesse, je serai fort fâché qu'il ne se blessât jamais, et qu'il grandit sans connaître la douleur », *Émile*, livre II, p. 299-300.

trueux, et la plupart penseront qu'il est déraisonnable de vouloir réconcilier un enfant avec le sentiment de la douleur précisément en l'exposant à la douleur. «C'est assurément, dira-t-on, le moyen d'inspirer à l'enfant de l'aversion pour celui qui le fait souffrir; mais nullement de l'engager à souffrir sans répugnance. L'étrange méthode, en vérité! vous ne voulez pas qu'on châtie et qu'on fouette les enfants pour leurs fautes, et vous voulez les tourmenter quand ils se conduisent bien et pour le plaisir de les tourmenter». Je m'attends à ce qu'on m'oppose ces objections, et à ce qu'on dise que je me contredis moi-même, que j'ai des lubies, quand je fais une semblable proposition. J'avoue que le procédé que je recommande doit être employé avec ménagement et avec discrétion, et il faut se féliciter qu'il ne soit approuvé et accepté que par ceux qui réfléchissent et qui entrent dans la raison des choses. Oui, je demande qu'on ne fouette pas les enfants pour leurs fautes, parce que je ne veux pas qu'ils regardent la douleur corporelle comme le plus grand des châtiments; et pour la même raison je demande qu'on les fasse souffrir quelque fois, même quand ils se conduisent bien, afin qu'ils s'habituent à supporter la douleur et à ne plus la considérer comme le plus grand des maux. Ce que peut faire l'éducation pour accoutumer les jeunes gens à la douleur et à la souffrance, l'exemple de Sparte le montre avec éclat[1], et c'est avoir fait un grand progrès dans la vertu qu'avoir appris à ne pas prendre la douleur pour le mal suprême, pour le mal qu'il faut le plus redouter. Mais je ne suis pas assez fou pour recommander, dans notre siècle et avec notre régime politique, une discipline analogue à celle de Sparte. Je tiens seulement à dire que, en accoutumant insensiblement les enfants à supporter quelques degrés de douleur sans se plaindre, on emploie un excellent

1. Voyez sur l'éducation spartiate ce que dit Montaigne, *Essais*, livre I, XXIII. Rousseau est lui aussi plein d'admiration pour l'éducation de Sparte.

moyen pour fortifier leur esprit, pour asseoir les fondements du courage et de la fermeté pour le reste de leur vie.

La première chose à faire pour en venir là, c'est de ne pas les plaindre, ni de permettre qu'ils se plaignent eux-mêmes, au moindre mal qu'ils ont à souffrir. Mais j'ai parlé de cela ailleurs[1].

Le second moyen, c'est de temps en temps de les soumettre volontairement à la douleur. Mais il faut avoir soin de ne le faire que lorsque l'enfant est en belle humeur, lorsqu'il est convaincu de la bienveillance et de la douceur de celui qui le frappe, au moment même où il le frappe. De plus on doit ne laisser paraître aucune marque de colère ou de chagrin, de compassion ou de repentir, et avoir soin de ne pas dépasser la mesure de ce que l'enfant peut endurer sans se plaindre, sans prendre le traitement qu'il subit en mauvaise part et pour une punition. Avec ces ménagements et ces précautions, j'ai vu un enfant s'en aller en riant, avec les marques toutes cuisantes encore des coups de gaule qu'il avait reçus sur le dos ; tandis que le même enfant aurait certainement crié pour une parole trop dure, et se serait montré fort sensible à un simple regard un peu froid de la part de la même personne. Prouvez à votre enfant par des témoignages assidus de sollicitude et de douceur que vous l'aimez tendrement, et il s'accoutumera peu à peu à accepter de vous un traitement désagréable et dur, sans vous résister et sans se plaindre. Ne voyons-nous pas tous les jours que les choses se passent ainsi entre enfants qui jouent ? Plus votre enfant vous paraît délicat, et plus vous devez chercher les occasions de l'aguerrir de cette façon, en choisissant les moments favorables. En cette affaire, le grand art est de

---

1. Voyez *supra*, § 113. *Cf.* Rousseau : « Si l'enfant est délicat, sensible, que naturellement il se mette à crier pour rien, en rendant ses cris inutiles et sans effet, j'en taris bientôt la source. Tant qu'il pleure, je ne vais point à lui ; j'y cours, sitôt qu'il s'est tu ! », *Émile*, livre II, p. 299.

commencer par quelque chose qui ne soit pas très pénible, et de procéder par degrés insensibles, pendant que vous êtes précisément en train de jouer, de badiner avec lui et de faire son éloge. Lorsque vous aurez obtenu de lui qu'il se croie suffisamment récompensé de sa souffrance par les louanges que vous décernez à son courage ; lorsqu'il mettra sa gloire à donner de semblables preuves de sa fermeté ; lorsqu'il préférera passer pour brave et courageux que se dérober à une petite douleur, ou se laisser aller à frissonner sous ses atteintes : alors vous ne devez pas désespérer que, avec le temps et avec l'aide de sa raison grandissante, il n'en vienne à maîtriser sa timidité et à corriger la faiblesse de son tempérament. À mesure qu'il avancera en âge, engagez-le dans des entreprises plus hardies que ne le comporterait sa nature, et si vous remarquez qu'il recule devant une action, dont vous avez quelque raison de croire qu'il viendrait à bout, s'il avait seulement le courage de l'entreprendre, aidez-le d'abord à l'accomplir, et peu à peu faites-lui honte de son manque d'audace, jusqu'à ce que la pratique lui donne plus d'assurance et en même temps plus d'habileté ; alors vous le récompenserez de son exploit par de grandes louanges, et en lui faisant comprendre qu'il a mérité votre estime. Lorsqu'il aura acquis, de degré en degré, assez de résolution pour n'être pas détourné de ce qu'il doit faire par l'appréhension du danger ; lorsque la peur ne viendra plus, dans les rencontres imprévues ou hasardeuses, troubler son esprit, agiter son corps d'un tremblement convulsif, le rendre incapable d'agir ou le faire reculer, alors il aura le courage qui convient à une créature raisonnable, et c'est cette hardiesse que nous devons nous efforcer d'inspirer à nos enfants par la coutume et par la pratique, toutes les fois que des occasions favorables se présentent.

L'INSTINCT DE LA CRUAUTÉ CHEZ L'ENFANT

116. Un fait que j'ai souvent observé chez les enfants, c'est qu'ils sont enclins à maltraiter toutes les pauvres créatures qui sont en leur pouvoir. Ils tourmentent, ils traitent cruellement les oiseaux, les papillons et autres petites bêtes qui tombent entre leurs mains, et cela avec une sorte de plaisir. Il faut, je crois, les surveiller attentivement sur ce point, et, s'ils sont portés à ce genre de cruauté, leur inspirer de tout autres dispositions. L'habitude de tourmenter et de tuer des bêtes peut en effet les rendre durs et cruels à l'égard des hommes[1]; et ceux qui se plaisent à faire souffrir, à détruire des créatures d'une espèce inférieure, ne sont guère préparés à se montrer compatissants et bons envers celles de leur propre espèce. Notre droit anglais a tenu compte de cette observation, lorsqu'il a exclu les bouchers des jurys qui prononcent sur la vie et sur la mort. Élevons donc les enfants, dès le principe, dans l'horreur de tuer ou de tourmenter toute créature vivante. Apprenons-leur même à ne rien gâter, à ne rien détruire, à moins que ce ne soit

---

1. « Cet âge est sans pitié » (La Fontaine). « On raconte que le tribunal de l'Aréopage, à Athènes, condamna une fois à mort un enfant convaincu d'une incorrigible disposition à maltraiter des animaux, pour cette raison que le petit criminel, une fois qu'il serait devenu plus fort, aurait exercé les mêmes cruautés sur les hommes » (S. Jevons).

pour la préservation ou pour le bien d'un être plus élevé. Et certainement, si chaque homme se croyait tenu de contribuer pour sa part à la conservation du genre humain, comme c'est en effet son devoir, et le vrai principe qui doit régler notre religion, notre politique et notre morale, le monde serait plus tranquille et plus civilisé qu'il ne l'est. Mais pour revenir à notre propos, je ne puis m'empêcher de louer ici la douceur et la prudence d'une mère de ma connaissance, qui avait coutume de satisfaire tous les désirs de ses filles, lorsqu'elles voulaient des chiens, des écureuils, des oiseaux ou quelque autre de ces petites bêtes qui font ordinairement les délices des enfants. Seulement une fois qu'elle les leur avait données, il était entendu qu'elles devaient les soigner, et veiller à ce que rien ne leur manquât et que personne ne les maltraitât. Si elles négligeaient d'en prendre soin, cela leur était compté comme une faute grave, qui entraînait souvent la confiscation de l'animal, ou tout au moins une réprimande certaine. Par là ces jeunes filles apprenaient de bonne heure à être soigneuses et douces. Et je crois qu'en effet on devrait accoutumer les enfants, dès le berceau, à avoir de la tendresse pour toutes les créatures sensibles, et ne leur laisser gâter ou détruire quoi que ce soit.

Ce plaisir qu'ils trouvent à faire du mal, c'est-à-dire à détruire les choses sans raison, et plus particulièrement le plaisir de faire souffrir un être sensible, ne saurait être selon moi autre chose qu'une inclination acquise et étrangère à la nature, une habitude qui résulte de l'exemple et de la société. Nous encourageons les enfants à frapper et à rire quand ils ont fait du mal aux autres ou qu'ils voient qu'il leur en arrive ; et pour les affirmer dans cette disposition, ils ont les exemples de la plupart des gens qui les entourent. Tout ce qu'on leur apprend de l'histoire ne consiste qu'en récits de batailles et de massacres. L'honneur et la gloire qu'on accorde aux conquérants (qui ne sont pour la plupart que les grands bouchers de l'humanité), achèvent d'égarer l'esprit des jeunes gens; et ils en viennent à regarder l'art de tuer les hommes comme la grande affaire du genre humain et comme la plus héroïque des vertus. C'est par ces degrés que la cruauté, quelque contraire qu'elle soit à la nature, s'insinue dans nos cœurs; et ce que l'humanité abhorre, la coutume le rend acceptable et même louable à nos yeux, en nous le montrant comme le chemin de la gloire. C'est ainsi que la mode et l'opinion font un plaisir de ce qui naturellement n'en est pas un, et qui ne saurait l'être[1]. Il faudrait donc veiller avec soin sur cette tendance et y porter remède de bonne heure, de façon à lui substituer, en la développant et en l'encourageant, la disposition contraire et beaucoup plus naturelle qui nous porte à la bonté et à la compassion, mais toujours par ces méthodes lentes et douces qui ont déjà été appliquées aux deux autres défauts, dont nous avons parlé plus haut. Il ne sera peut-être pas hors de propos d'ajouter qu'il y a une autre précaution à prendre : c'est que, quand les enfants font du mal à leurs camarades en jouant, par inadvertance ou par ignorance, et que ces actions ne peuvent passer pour des méchancetés accomplies avec l'intention de faire du mal, alors même qu'elles amènent des suites fâcheuses, il convient de ne pas y faire attention du tout ou tout au moins de ne les relever qu'avec douceur. Je ne saurais trop souvent le répéter en effet, quelque faute que commette un enfant, et quelles qu'en soient les conséquences, ce qu'il faut considérer, lorsqu'on en prend connaissance, c'est le principe d'où elle dérive et l'habitude qu'elle peut contribuer à établir; c'est d'après cela qu'il faut régler la correction, et l'enfant ne doit pas être puni pour le mal qu'il a fait en jouant et par inadver-

---

1. L'instinct de cruauté est rare chez les enfants. Ce qui se manifeste au contraire chez la plupart d'entre eux, c'est une grande sympathie pour les animaux (voyez les intéressantes observations de M. Pérez sur ce sujet, *Les trois premières années de l'enfant*, Paris, Baillière, 1878, p. 28).

tance. Les fautes punissables ont leur principe dans l'esprit, et si elles sont de telle nature que l'âge seul puisse les guérir ou qu'elles ne préparent pas le développement des mauvaises habitudes, il faut laisser passer la faute, de quelques circonstances fâcheuses qu'elle soit accompagnée, sans la remarquer ni la blâmer.

117. Un autre moyen d'exciter des sentiments d'humanité et de les maintenir vivants chez les enfants, ce sera de les habituer à être polis, dans leur langage et dans leur conduite, à l'égard de leurs inférieurs et des gens de basse condition, particulièrement à l'égard des domestiques. Il n'est pas rare d'observer, chez les familles riches, des enfants qui, dans leurs rapports avec les serviteurs de la maison, usent de paroles arrogantes, de termes de mépris, et les traitent enfin avec hauteur, comme s'ils étaient en vérité d'une autre race et d'une espèce supérieure. Que ce soient les mauvais exemples, les avantages de la fortune, ou leurs sentiments de vanité naturelle, qui leur inspirent cette arrogance, peu importe ! Il faut la prévenir ou la corriger, et les habituer tout au contraire à une conduite affable, courtoise et douce, à l'égard des hommes d'un rang inférieur [1]. Ils ne perdront rien de leur supériorité en agissant ainsi : au contraire, la distinction sera plus marquée et leur autorité y gagnera. En effet, l'affection s'ajoutera dans l'esprit des inférieurs aux marques extérieures du respect, et l'estime pour la personne sera un élément de leur soumission. Les domestiques feront leur service avec plus d'empressement et de plaisir, lorsqu'ils verront qu'ils ne sont pas méprisés, pour avoir été placés par la fortune au-dessous du niveau des autres et aux pieds de leur maître. Il ne faut pas souffrir que les différences

1. C'est ce que Montaigne nous dit avoir appris de son père : « Son humeur, dit-il, visoit à me ralier avecques le peuple de cette condition d'hommes qui a besoing de nostre ayde », *Essais*, livre III, XIII, p. 1100. Locke parle ici un langage fort démocratique et fort sage.

établies par le hasard dans les conditions extérieures des hommes fassent perdre aux enfants le respect de la nature humaine. Plus ils sont fortunés, et plus il faut leur apprendre à être bons, à se montrer compatissants et doux pour ceux de leurs frères qui ont été placés à un rang inférieur, et qui ont reçu de la fortune une portion plus exiguë. Si on les a laissé dès le berceau traiter durement et grossièrement ces hommes, sous prétexte que les titres de leur père leur donnaient une petite autorité sur eux, c'est tout au moins une marque de mauvaise éducation; et de plus, si l'on n'y prend garde, c'est le moyen de développer peu à peu leur orgueil naturel, au point qu'ils n'aient plus que du mépris pour tous ceux qui sont au-dessous d'eux. Et quelle est la conclusion probable? C'est qu'ils deviendront oppresseurs et cruels.

LA CURIOSITÉ

118. La curiosité des enfants (j'ai déjà eu occasion d'en dire un mot [1]) n'est que le désir de connaître [2]. Elle mérite donc d'être encouragée, non seulement comme un excellent symptôme, mais comme le grand instrument dont la nature se sert pour remédier à notre ignorance native, ignorance qui, sans l'aiguillon de cette humeur inquisitive, ferait de nous des créatures stupides et inutiles. Pour encourager cet instinct, pour le maintenir actif et en éveil, voici, je crois, les moyens qu'il faut employer :

1) Ne rejetez, ne dédaignez aucune des questions de l'enfant ; ne souffrez point qu'on s'en moque ; répondez à toutes ses demandes [3] ; expliquez-lui ce qu'il veut connaître, de

1. Voyez *supra*, § 108.

2. « La curiosité est un penchant de la nature qui va comme au-devant de l'instruction ; ne manquez pas d'en profiter », Fénelon, *Éducation des filles*, chap. III.

3. Un écrivain que nous avons souvent cité, M. Pérez, n'est pas de cet avis. « Je commence par déclarer, dit-il, qu'on pose trop de questions aux enfants, et qu'on répond trop à toutes celles qu'ils posent eux-mêmes », *L'Éducation dès le berceau*, p. 46. « Il vaudrait mieux qu'ils interrogeassent moins et qu'ils observassent davantage ». Comme l'a observé M. Bain : « La curiosité des enfants est souvent de mauvais aloi. Ce peut être simplement un mouvement d'égoïsme, un désir de déranger, de se faire écouter et servir », Alexander Bain, *Education as a science*, London 1879 ; trad. fr. *La Science de l'Éducation*, Paris 1880, p. 67. Il y

façon à le lui rendre aussi intelligible que le permettent et son âge et son esprit. Mais ne lui brouillez pas l'intelligence par des explications, par des idées qui seraient au-dessus de son âge, ou par une grande variété de notions qui n'auraient pas de rapport avec l'objet dont il s'agit. Notez dans sa question le point qu'il veut précisément connaître, et ne faites pas attention aux mots qu'il emploie pour s'exprimer. Lorsque vous l'aurez renseigné et satisfait là-dessus, vous verrez combien ses pensées s'agrandiront d'elles-mêmes, et, par des réponses justes et appropriées, vous pourrez conduire son intelligence beaucoup plus loin que vous ne l'imaginez peut-être. C'est que la connaissance plaît à l'esprit, comme la lumière plaît aux yeux. Les enfants l'aiment avec passion et trouvent plaisir à l'acquérir, s'ils voient surtout qu'on tient compte de leurs questions et que leur désir de savoir est encouragé et apprécié. Et je ne doute pas que la grande raison qui fait que les enfants s'oublient dans des divertissements frivoles et gâchent leur temps à des jeux insipides, c'est qu'ils ont affaire à des parents maladroits, qui blâment leur curiosité et qui négligent de répondre à leurs demandes. Mais si on traite les enfants avec plus de soin et de tendresse, si on répond à leur questions comme on doit et de façon à les satisfaire, je suis convaincu qu'ils trouveront plus de plaisir à apprendre, à accroître leurs connaissances dans les sujets qui leur offrent de la variété et de la nouveauté, c'est-à-dire ce qui leur plaît avant toutes choses, qu'ils n'en ont à recommencer toujours le même jeu et à reprendre les mêmes jouets.

119. 2) Non seulement il faut répondre sérieusement aux questions des enfants et les instruire de ce qu'ils désirent savoir, comme si c'était quelque chose qu'il leur importât réel-

---

a certainement un juste milieu à chercher entre la condescendance excessive de Locke qui veut qu'on réponde à tout, et la rigueur maladroite des parents qui ne répondent à rien ou à presque rien.

lement de connaître, mais il faut encore encourager leur curiosité d'une autre façon. Il faut louer devant eux les personnes qu'ils estiment, pour les connaissances qu'elles possèdent sur tel ou tel sujet. Et puisque l'homme est dès le berceau un être vain et orgueilleux, ne craignez pas de flatter leur vanité pour des choses qui les rendront meilleurs. Laissez leur petit orgueil se porter vers tout ce qui peut tourner à leur avantage. D'après ces principes, vous reconnaîtrez qu'il n'y a pas d'aiguillon plus puissant pour exciter votre fils aîné à apprendre ce que vous désirez qu'il apprenne, que de lui confier le soin de l'enseigner lui-même à ses frères et à ses sœurs puînés.

120. 3) Si l'on doit ne jamais négliger les questions des enfants, on doit aussi avoir grand soin de ne leur faire jamais de réponses trompeuses et illusoires. Ils s'aperçoivent bien vite qu'on les néglige et qu'on les trompe ; et ils ne tardent pas à devenir négligents, dissimulés et menteurs, s'ils observent qu'on est tout cela avec eux. C'est notre devoir de respecter la vérité dans tous nos discours, mais surtout quand nous causons avec les enfants : car si nous nous amusons à les tromper, non seulement nous ne répondons pas à leur attente, nous empêchons qu'ils ne s'instruisent, mais nous corrompons leur innocence et nous leur enseignons le pire de tous les défauts. Ce sont des voyageurs nouvellement arrivés dans un pays étrange dont ils ne connaissent rien : nous devons par conséquent nous faire scrupule de les tromper. Et bien que leurs questions puissent nous paraître parfois insignifiantes, il n'en faut pas moins leur faire des réponses sérieuses ; car elles ont beau nous paraître indignes d'être faites, à nous qui en connaissons depuis longtemps la solution, elles n'en sont pas moins importantes pour un enfant qui ignore toutes choses. Les enfants sont étrangers à ce qui nous est le plus familier, et toutes les choses qui s'offrent à eux leur sont inconnues, comme elles l'ont été pour nous-mêmes. Heureux ceux qui trouvent des gens polis,

disposés à tenir compte avec civilité de leur ignorance, et qui les aident à en sortir !

Si vous ou moi nous étions tout d'un coup transportés au Japon, avec toute notre sagesse et toute notre science, qui nous disposent précisément à mépriser les pensées et les questions des enfants ; si, dis-je, nous étions transportés au Japon, nous serions forcés (au cas où nous voudrions nous informer de tout ce que nous ne connaissons pas) de poser mille questions, qu'un Japonais hautain ou inconsidéré pourrait trouver sottes et absurdes, quoique pour nous il fût très important et très utile de les voir résolues ; et nous serions bien aises alors de rencontrer un homme assez complaisant et assez civil pour satisfaire notre curiosité et éclairer notre ignorance.

Lorsque quelque chose de nouveau s'offre à leurs yeux, les enfants posent ordinairement la question familière aux étrangers : « Qu'est-ce que cela ? ». Et par là ils n'entendent le plus souvent demander que le nom de la chose. Il suffira donc de leur dire comment elle s'appelle, pour répondre exactement à leur demande. La question qui d'habitude suit celle-là, c'est : « À quoi cela sert-il ? ». À cette demande aussi vous devez répondre franchement et directement. Expliquez à l'enfant les usages de l'objet dont il s'agit ; montrez-lui comment on s'en sert, dans la mesure où ses facultés pourront le comprendre. Procédez de même pour toutes les autres circonstances qui provoqueront ses questions et ne le laissez jamais s'éloigner, sans les avoir satisfaites, autant que possible, par une explication. Et peut-être pour un homme mûr lui-même ces conversations enfantines ne seront pas aussi vaines, aussi insignifiantes que nous serions portés à le croire. Les questions spontanées et imprévues d'un enfant curieux et chercheur présentent parfois à l'esprit de quoi faire travailler la pensée d'un homme réfléchi. Je croirais volontiers qu'il y a plus à apprendre dans les questions inattendues des enfants, que dans les discours des hommes faits qui tournent toujours dans le même cercle, qui obéissent à des notions d'emprunt et aux préjugés de l'éducation [1].

121. 4) Ce ne sera peut-être pas un mal, pour exciter la curiosité des enfants de leur mettre quelquefois sous les yeux des choses étranges et nouvelles, afin de provoquer leurs recherches et de leur donner l'occasion de s'enquérir à ce sujet. Si par hasard leur curiosité les porte à demander quelque chose qu'ils ne doivent point savoir, il vaut beaucoup mieux leur dire nettement que c'est une chose qu'il ne leur appartient pas encore de comprendre, que de détourner leur curiosité par un mensonge ou par une réponse frivole [2].

1. Observations très fines et très justes. Les enfants, précisément parce qu'ils ne savent rien, voient les choses autrement que nous, et parfois avec plus de justesse. Leur logique déroute souvent nos préjugés. Il en est du reste pour leur langage comme pour leurs idées. M. Max Muller a pu dire : « Ce sont les enfants qui épurent les langues : ils ont éliminé peu à peu un grand nombre de formes irrégulières ».

2. C'est une grave question de savoir comment on doit répondre à certaines questions embarrassantes des enfants. « La curiosité des enfants, dit Kant, demande, par exemple, d'où viennent les enfants ; mais on les satisfait aisément, ou bien en leur faisant des réponses qui ne signifient rien, ou bien en leur répondant que c'est là une question d'enfant », *Réflexions*, p. 196. Mme Campan veut, comme Locke, qu'on leur dise : « Vous ne pouvez comprendre cela pour le moment », *De l'éducation*, Paris, Baudouin, 1828. D'autres sont d'avis qu'il n'y a qu'à arguer de sa propre ignorance, et à dire : « Je ne sais pas ». Ils font valoir, pour justifier ce dernier moyen, qu'il est bon que l'enfant s'habitue de bonne heure à reconnaître les limites de notre science. Mais on peut dire à l'encontre de ce système, que la curiosité de l'enfant ne se laisse pas si vite désarmer, qu'elle ne se rend pas aisément à cette prétention d'ignorance, et qu'alors l'enfant qui n'est pas satisfait, ou bien cherchera par lui-même la réponse désirée, ou bien s'adressera à d'autres personnes dont la discrétion ne sera pas la même. Nous serions d'avis pour notre part qu'il convient de biaiser sur ces questions, et que les « réponses frivoles » dont Locke ne veut pas, ne sont pas sans prix en pareil cas. L'enfant se contente vite ; ses questions n'ont pas d'ailleurs toujours tout le sens qu'elles semblent avoir, et une explication quelconque pourra satisfaire sa naïve curiosité.

122. La pétulance d'esprit, qui parfois se manifeste de si bonne heure chez les enfants, procède de causes qui rarement accompagnent une forte constitution du corps, et rarement aboutissent à former un jugement solide. S'il était désirable de rendre un enfant plus vif et plus parleur qu'il ne l'est, je crois qu'on en trouverait aisément le moyen ; mais je suppose qu'un père avisé préférera que son fils devienne un homme capable et utile à la société, quand il sera grand, et qu'il ne soit pas un amusement et une agréable compagnie pour ceux qui l'entourent, quand il est petit ; sans compter que, à considérer même les choses ainsi, je crois pouvoir affirmer qu'il n'y a pas autant de plaisir à entendre un enfant bavarder avec agrément qu'à l'entendre raisonner avec justesse. Encouragez donc en toutes choses son humeur curieuse, et pour cela donnez satisfaction à ses questions ; éclairez son jugement autant qu'il peut être éclairé. Lorsque l'explication qu'il imagine lui-même est admissible à quelque égard, laissez-le jouir des éloges et de l'estime qu'elle lui vaut ; mais lorsqu'elle est tout à fait déraisonnable, sans vous moquer de sa méprise, remettez-le doucement dans le droit chemin. Et s'il montre quelque disposition à raisonner sur les choses qui s'offrent à lui, faites tous vos efforts pour que personne ne le contrarie dans cette tendance ou ne l'égare par des réponses captieuses et illusoires. Car après tout, le raisonnement, qui est la plus haute et la plus importante faculté de l'esprit, mérite les plus grands soins et doit être cultivé avec attention, puisque le développement régulier, l'exercice de la raison est la perfection la plus haute que l'homme puisse atteindre dans la vie.

DE LA NONCHALANCE ET DE LA FLÂNERIE

123. On observe parfois chez les enfants une disposition toute contraire à cette humeur active et curieuse dont nous venons de parler, une insouciance distraite, une sorte d'indifférence pour toutes choses, une tendance à lanterner en toute affaire. Cette nonchalance d'humeur est selon moi le pire défaut qui puisse se manifester chez un enfant, le plus difficile à corriger, quand il a son principe dans le tempérament. Mais comme on peut s'y tromper dans certains cas, il faut avoir soin d'apprécier exactement les causes de cette indifférence pour la lecture ou pour toute autre occupation, quand il arrive qu'on ait à la reprendre chez les enfants. Lorsqu'un père soupçonnera que son fils est d'un naturel nonchalant, qu'il l'observe avec attention, pour reconnaître s'il est distrait et indifférent dans toutes ses actions, ou au contraire s'il ne se montre lent et paresseux que dans quelques-unes de ces occupations, restant énergique et ardent dans toutes les autres. Car il a beau flâner avec ses livres, et s'oublier à ne rien faire pendant une bonne partie du temps qu'il passe dans sa chambre ou dans la salle d'étude : gardez-vous d'en conclure aussitôt qu'il est indolent de caractère ou de tempérament. Cela peut être l'effet, ou de son jeune âge, ou de ce qu'il préfère à l'étude une autre occupation qui absorbe toutes ses pensées. Peut-être ne déteste-t-il

les livres, que par cette raison toute simple qu'on lui fait une obligation de les lire. Pour savoir exactement ce qu'il en est, vous le surveillerez dans ses jeux, quand il n'est plus dans la salle d'étude, quand l'heure de la leçon est passée, et qu'il s'abandonne librement à ses propres goûts. Voyez alors s'il est remuant et actif, s'il conçoit des desseins, s'il est capable de les poursuivre avec vigueur et ardeur, jusqu'à ce qu'il ait atteint l'objet de son désir, ou s'il se laisse au contraire passer le temps paresseusement et d'un air distrait. S'il n'est paresseux qu'avec les livres, je pense qu'on pourra facilement le guérir de son indolence ; mais si l'indolence est le fond de sa nature, il faudra pour y remédier plus d'attention et plus d'efforts.

124. Si l'ardeur qu'il déploie dans ses jeux, et pour toutes les choses qu'il se met en fantaisie de faire, dans l'intervalle de ses heures de travail, vous est une preuve qu'il n'est pas d'un tempérament paresseux, mais que le défaut de goût pour les livres est la seule chose qui le rende négligent et peu appliqué dans ses études, la première chose à faire, c'est de lui représenter doucement la folie et l'inconséquence de sa conduite, puisqu'il perd une bonne partie du temps qu'il pourrait employer à ses plaisirs. Mais il faudra lui faire ces représentations dans un langage doux et calme, sans insister beaucoup la première fois, et en se contentant de lui présenter brièvement ces simples raisons[1]. Si par ce moyen vous réussissez, vous aurez triomphé de la difficulté par les voies les meilleures, celles de la raison et de la douceur. Si ce premier effort n'a pas de résultat, essayez de faire honte à l'enfant de sa paresse, en le raillant sur ce défaut. Lorsqu'il s'assoit à table, s'il n'y a pas d'étrangers présents, demandez lui chaque jour combien de temps il a mis à ses devoirs ; et s'il ne les a pas achevés dans le

---

1. Peut-être au lieu de raisonner avec l'enfant sur l'inconséquence et la folie de sa conduite, vaudrait-il mieux lui présenter des objets sensibles, intéressants, en rapport avec ses goûts, et qui puissent éveiller sa curiosité.

laps de temps raisonnablement nécessaire pour les expédier, tournez-le en ridicule pour sa lenteur, mais sans mêler à vos railleries aucune réprimande. Contentez-vous de le traiter avec froideur, et persévérez dans cette attitude jusqu'à ce qu'il soit corrigé. Ayez soin d'ailleurs que sa mère, son précepteur et tous ceux qui l'entourent, agissent de même avec lui. Si cette conduite n'a pas l'effet que vous souhaitez, dites-lui alors qu'il ne sera pas plus longtemps tourmenté par un précepteur dans l'intérêt de son instruction, qu'il ne vous convient plus de dépenser inutilement votre argent pour qu'il fasse le paresseux malgré la présence de son maître ; et que, puisqu'il préfère à ses livres tel ou tel amusement (celui qui lui plaît le plus), il est libre désormais de ne pas faire autre chose. Dès lors obligez-le de se consacrer exclusivement à son jeu favori, occupez l'y sans relâche et le plus possible, le matin, l'après-midi, jusqu'à ce qu'il en soit rassasié et dégoûté, et qu'il désire à n'importe quel prix prendre quelques heures sur son amusement pour revenir à ses livres. Mais quand vous lui faites ainsi de son jeu une tâche, vous devez l'observer vous-même, ou confier ce soin à une autre personne, afin de vous assurer qu'il s'emploie constamment à cet amusement et qu'il ne lui est pas permis d'être paresseux là aussi. Oui, observez-le vous-même, car la chose vaut bien la peine qu'un père, quelles que soient ses occupations, consacre deux ou trois heures par jour à son fils pour le guérir d'un défaut aussi grave que la nonchalance.

125. Tel est le remède que je propose, si la paresse de l'enfant est l'effet non de son tempérament général, mais d'une aversion particulière pour l'étude, aversion naturelle ou acquise ; et il faut avant tout par un examen attentif démêler à quel cas on a affaire[1]. Mais bien qu'il faille avoir les yeux sur

---

1. La paresse n'est le plus souvent que le dégoût causé par une étude qu'on n'a pas su rendre agréable à l'enfant ou qui n'était pas encore appropriée à ses facultés ; toutes les fois que l'étude fera véritablement agir l'enfant, on peut

lui pour épier ce qu'il fait, pendant le temps qu'il est livré à lui-même, vous devez cependant vous y prendre de façon à ne pas lui laisser voir qu'il est surveillé, soit par vous, soit par une autre personne : car cela pourrait l'empêcher de s'abandonner à son inclination. En effet, préoccupé qu'il est d'une seule pensée et n'osant pas, à raison de la crainte que vous lui inspirez, faire ce qu'il a dans la tête ou dans le cœur, il négligera toutes les occupations pour lesquelles il n'a aucun goût, et il vous semblera paresseux et distrait, alors qu'en réalité il a l'esprit attentif et appliqué à quelque chose qu'il n'ose pas faire, de crainte que vous le voyiez ou que vous le sachiez. Pour bien éclaircir ce point, l'épreuve doit être faite en votre absence, quand il n'est pas retenu et gêné par l'idée que quelqu'un a les yeux fixés sur lui. Dans ces moments de pleine liberté, chargez une personne sûre d'observer comment il emploie son temps et s'il continue à flâner paresseusement, lorsque, débarrassé de tout contrôle, il est entièrement livré à lui-même. Alors, à la façon dont il emploiera ces heures de liberté, vous discernerez aisément si c'est une nonchalance de nature, ou simplement l'aversion pour les livres qui le rend paresseux aux heures d'étude.

126. Si c'est une faiblesse de tempérament qui lui abat et appesantit d'esprit, s'il est naturellement indolent et rêveur, cette disposition ne promet rien de bon, et de toutes elle est peut-être la plus difficile à guérir : car elle a généralement pour conséquence l'indifférence de l'avenir, et par conséquent elle

espérer qu'il ne sera plus paresseux : car partout où il y a activité, il y a plaisir, et l'enfant n'est paresseux pour l'étude que parce qu'il n'y trouve pas du plaisir. Il y a cependant des enfants dont le tempérament nonchalant semble réfractaire à toute espèce de travail. C'est avec ceux-là qu'il faut suivre les précautions que Locke indique ici, sans se décourager si l'on ne réussit pas du premier coup. À part quelques natures absolument ingrates et rebelles, dont rien ne saurait vaincre la torpeur, il arrive presque toujours que les esprits les plus nonchalants se réveillent, grâce aux progrès de l'âge qui dénoue leurs facultés.

supprime les deux grands ressorts des actions humaines, la prévoyance et le désir. Et la difficulté est précisément de faire naître et de développer ces deux qualités, lorsque la nature a formé un caractère froid et qui leur est opposé. Dès que vous vous êtes assuré que tel est le cas de votre enfant, vous devez examiner avec soin s'il n'y a pas de choses qui excitent ses préférences. Si vous pouvez découvrir dans son esprit un goût particulier, cultivez cette disposition de toutes vos forces, et servez-vous-en pour le faire agir, pour exercer son activité. S'il aime la louange, ou le jeu, ou les beaux habits, etc. ; ou si d'autre part il redoute la douleur, s'il a peur de tomber en disgrâce ou de vous déplaire, etc. : quelle que soit enfin la chose qu'il aime le plus (hormis la paresse qui ne saurait jamais être un ressort d'action), mettez cette inclination en œuvre pour éveiller son esprit, pour l'obliger à se secouer lui-même. En effet, avec un tempérament indolent vous n'avez pas à redouter, ce qu'il faudrait craindre ailleurs, d'exalter une tendance quelconque par des encouragements immodérés. C'est la vivacité des désirs qui fait défaut ; c'est par conséquent ce que vous devez vous efforcer d'exciter et d'accroître : car partout où il n'y a pas de désir, il n'y a pas d'activité.

127. Si par ces moyens vous ne parvenez point encore à dominer votre enfant, à exciter son ardeur et son activité vous devez l'occuper constamment à quelque travail corporel, et lui donner ainsi l'habitude de faire quelque chose, n'importe quoi. Sans doute, si l'on pouvait l'appliquer rigoureusement à une étude quelconque, ce serait le meilleur moyen de l'accoutumer à exercer et à captiver son esprit. Mais comme l'attention de l'esprit est chose invisible, et que personne ne peut savoir si l'enfant est attentif ou ne l'est pas, vous devez lui imposer des occupations corporelles auxquelles vous l'appliquerez sans relâche ; et si ces travaux sont pénibles ou grossiers, cela ne sera pas un mal : il s'en fatiguera plus vite et n'aura qu'une plus

grande envie de retourner à ses livres. Mais ayez bien soin, quand vous lui faites échanger l'étude contre un autre genre de travail, de lui imposer une tâche déterminée, qui doit être achevée dans un temps déterminé, de façon à ne lui offrir aucune occasion de paresse. Quand vous aurez obtenu par ce moyen qu'il soit attentif et laborieux dans ses études, vous pouvez le récompenser d'avoir terminé son devoir avant l'heure fixée, en le déchargeant d'une partie du reste de son travail; vous diminuerez ce travail peu à peu, à mesure que vous trouverez son application plus grande et plus zélée, et enfin vous le supprimerez tout à fait, quand il sera entièrement guéri de son indifférence pour les livres.

FAUT-IL CONTRAINDRE LES ENFANTS ?

128. Nous avons déjà fait remarquer que la variété et la liberté sont les choses qui plaisent le plus aux enfants et qui les attachent à leurs jeux, et que par conséquent il ne faut pas leur imposer comme une obligation forcée, soit la lecture, soit toute autre étude [1].

C'est ce que les parents, les précepteurs et les maîtres sont généralement trop portés à oublier. L'impatience qu'ils ont de voir l'enfant occupé aux études qui lui conviennent ne leur laisse pas le temps de recourir au moindre artifice, et l'enfant, de son côté, averti par les ordres réitérés qu'on lui adresse, distingue bien vite ce qu'on exige et ce qu'on n'exige pas de lui. Une fois que, par ces imprudences, on l'a dégoûté des livres, il faut pour remédier au mal prendre un autre tour. Et comme il est trop tard pour essayer directement de lui présenter l'étude comme un divertissement, il faut procéder en sens inverse. Observez le jeu qui lui plaît le plus, et ordonnez-lui de

---

1. Locke appartient sur ce point à l'école des pédagogues complaisants, qui, comme Fénelon, veulent que l'enfant apprenne tout en jouant. Kant a vigoureusement réfuté cette thèse. « On dit toujours qu'il faut tout présenter aux enfants de telle sorte qu'ils le fassent par inclination. Dans beaucoup de cas, sans doute, cela est bon, mais il y a beaucoup de choses qu'il faut leur prescrire comme des devoirs », *Réflexions*, p. 160.

s'y appliquer un certain nombre d'heures par jour, non pour le punir d'aimer ce jeu, mais en lui laissant croire que c'est là le devoir que vous lui imposez. Par là, si je ne me trompe, l'enfant au bout de quelques jours sera si fatigué de son jeu favori, qu'il préférera ses livres à n'importe quoi, surtout s'il peut en s'y appliquant, se racheter d'une partie de la tâche que vous lui avez imposée, et si vous lui permettez de consacrer à la lecture ou à quelque autre exercice réellement utile une partie du temps que vous lui avez ordonné d'employer au jeu. C'est là en tout cas une méthode meilleure que celle qui consiste à défendre (elle ne fait en général qu'accroître le désir), ou qui a recours aux châtiments. En effet une fois que vous avez rassasié son appétit (ce qui peut se faire sans danger pour toutes choses, excepté le manger et le boire), et que vous l'avez dégoûté par la satiété de ce que vous vouliez lui faire éviter, vous avez semé dans son esprit un germe d'aversion, et vous n'avez guère plus à craindre qu'il se reprenne à aimer le même jeu.

129. C'est, je crois, une vérité banale que les enfants en général n'aiment pas à rester inactifs[1]. Il s'agit donc seulement d'employer leur activité à quelque chose qui leur soit utile. Si vous voulez en arriver là, vous devez leur présenter comme une récréation et non comme une tâche à remplir tout ce que vous désirez qu'ils fassent. À cet effet, et pour qu'ils ne s'aperçoivent pas que vous y êtes pour quelque chose, voici comment vous devez procéder : dégoûtez-les de tout ce que vous ne voulez pas qu'ils fassent, en les forçant à le faire, sous un prétexte ou sous un autre, jusqu'à ce qu'ils en soient fatigués.

---

1. Voyez sur ce sujet, M. Necker de Saussure, *Éducation progressive*, livre III, chap. III, « Activité ». C'est surtout Frœbel qui a mis en lumière le caractère actif de l'enfant, *Les jardins d'enfants, nouvelle méthode d'éducation et d'instruction*, Paris, Gratiot, 1855. *L'activité* est, à ses yeux, avec la *curiosité* et la *personnalité*, un des trois caractères essentiels de l'enfance. Les anciens pédagogues avaient de singuliers préjugés à ce sujet. Rollin, par exemple, n'hésite pas à dire : « Nous naissons paresseux, ennemis du travail ».

Par exemple, trouvez-vous que votre enfant s'oublie trop longtemps à jouer à la toupie ou au sabot? Ordonnez-lui d'y jouer un certain nombre d'heures par jour, et voyez ce qui arrivera : il ne tardera pas à en avoir assez et à désirer la fin de cet amusement. Si de cette manière vous avez su lui imposer comme une tâche les jeux qui vous déplaisent, vous le verrez bientôt de lui-même se retourner avec joie vers les choses que vous désirez qu'il aime; surtout si vous les lui annoncez comme une récompense, pour s'être acquitté de sa tâche au jeu que vous lui avez imposé. Si en effet il reçoit l'ordre chaque jour de fouetter sa toupie, assez de temps pour qu'il s'en fatigue, ne pensez-vous pas qu'il s'appliquera spontanément et avec ardeur à ses livres, qu'il les réclamera même, si vous les lui promettez comme le prix de l'empressement qu'il aura mis à fouetter sa toupie pendant tout le temps prescrit? Les enfants ne font pas grande différence entre les choses, pourvu qu'elles soient appropriées à leur âge. Ce qui leur importe, c'est d'agir. Quand ils préfèrent une occupation à une autre, c'est sur l'opinion d'autrui qu'ils se règlent, de sorte qu'ils sont tout disposés à regarder effectivement comme une récompense tout ce que les gens qui les entourent leur présentent comme une récompense.

Grâce à cet artifice, il dépend de la volonté de leur gouverneur de leur faire prendre le jeu de sauter à cloche-pied comme la récompense de leur leçon de danse, ou *vice versa*; il dépend de lui de leur faire trouver le même plaisir à lire ou à fouetter leur toupie, à étudier la sphère ou à jouer à la fossette. Tout ce qu'ils désirent, c'est d'être occupés, pourvu que ce soit à des occupations de leur choix ou qu'ils croient telles, pourvu qu'ils puissent regarder le droit de s'y appliquer comme une faveur qui leur est faite par leurs parents, ou par des personnes qu'ils respectent et dont ils veulent mériter l'estime. Des enfants qu'on élèverait d'après ces méthodes et qu'on protégerait contre les mauvais exemples des autres, seraient tous disposés, je crois, à lire, à écrire, à faire enfin ce qu'on voudrait, avec autant d'empressement et d'ardeur que les autres en mettent à leurs jeux ordinaires. Et une fois que l'aîné de la famille aura été formé d'après ces principes, que ces méthodes seront devenues comme la règle de la maison, il sera aussi impossible de les détourner de l'étude qu'il l'est ordinairement de les détourner du jeu.

DES JOUETS

130. Quant aux jouets[1], je suis d'avis que les enfants
doivent en avoir et de diverses sortes; mais il faut toujours
laisser ces jouets aux mains de leurs précepteurs ou d'une autre
personne, de sorte que l'enfant n'en ait jamais en sa possession
qu'un seul à la fois, et qu'il ne soit jamais autorisé à en avoir un
second qu'après avoir rendu le premier. Par ce moyen, on lui
apprendra de bonne heure à être soigneux, à ne pas perdre, à
ne pas gâter les choses qu'on lui met entre les mains. Au
contraire, si l'on met à sa disposition une grande quantité de
jouets de toute espèce, on le rend capricieux et négligent, on
l'habitue de bonne heure à devenir dissipateur et prodigue. Ce
sont là, je l'avoue, de petites choses, et qui peuvent paraître
indignes du souci d'un précepteur, mais il ne faut rien négliger
ni dédaigner de ce qui peut former l'esprit des enfants. Tout
ce qui contribue à leur faire prendre des habitudes mérite
l'attention et les soins de ceux qui les dirigent, et, à raison des

---

1. Il faut savoir gré à Locke de traiter la question des jouets, trop négligée
par les pédagogues. Il en a compris l'importance. Montaigne avait déjà dit : « Il
faut croire que les jeux des enfants ne sont pas jeux, et les fault juger en eulx
comme leurs plus serieuses actions », *Essais*, livre I, XXIII, p. 110. Frœbel qui,
mieux que personne, a compris la nécessité de faire jouer l'enfant, disait :
« L'enfant qui joue est chose sacrée ».

conséquences possibles, ne saurait passer pour une chose insignifiante.

Il y a une chose encore qu'on doit recommander à l'attention des parents, à propos des jouets de leurs enfants. Bien que j'accorde qu'ils doivent en avoir de diverses sortes, je ne crois pourtant pas qu'il faille leur en acheter [1]. On évitera par là cette grande variété d'amusements qui trop souvent les encombre, qui n'a d'autre résultat que de disposer les esprits au goût du changement, à l'amour des inutilités, à une perpétuelle inquiétude ; qui enfin les habitue à désirer toujours quelque chose de nouveau, sans savoir quoi, et à n'être jamais contents de ce qu'ils ont. Dans le grand monde, on fait à ces pauvres petits plus de mal qu'on ne pense par les cadeaux qu'on leur offre, pour faire la cour à leurs parents. Par là ils apprennent l'orgueil, la vanité, la convoitise, même avant de savoir parler. J'ai connu un jeune enfant à tel point affolé par le nombre et la variété de ses jouets qu'il forçait chaque jour sa bonne à les passer en revue ; il était si amoureux de cette abondance qu'il ne croyait jamais en avoir assez et qu'il ne cessait de répéter : « Et après ? Et après ? Que me donnera-t-on encore ? ». La belle manière vraiment de lui apprendre à modérer ses désirs, la bonne méthode pour former un homme heureux et content de ce qu'il a !

« Mais, dira-t-on, quels jouets auront donc les enfants, si on ne leur en achète pas ? ». Je répondrai qu'ils doivent se les faire à eux-mêmes, ou du moins s'y essayer, s'appliquer à ce travail ; jusqu'à ce qu'ils aient acquis ce talent, il ne faut pas leur donner de jouets du tout, ou du moins ne leur donner que ceux qui n'exigent pas un grand artifice. De petits cailloux, une feuille de papier, le trousseau de clés de leur mère, enfin

---

1. « Il ne faut pas se mettre beaucoup en peine pour leur procurer des plaisirs : ils en inventent assez d'eux-mêmes », Rollin, *Traité des études*, livre VIII, 5, 2.

tout objet qu'ils peuvent manier sans se faire mal, tout cela convient baucoup mieux pour amuser les enfants que ces joujoux coûteux et recherchés qu'on va acheter dans les boutiques et qui sont presque aussitôt dérangés et brisés[1]. Les enfants ne sont jamais affligés ou de mauvaise humeur pour n'avoir pas de ces joujoux, à moins qu'on ne leur en ait déjà donné. Tant qu'ils sont petits, tout ce qui leur tombe sous la main suffit pour les divertir ; et lorsqu'ils sont plus grands, si l'on n'a pas commis la faute de se mettre follement en dépense pour leur fournir des jouets, ils sauront bien en fabriquer eux-mêmes[2]. À la vérité, lorsqu'ils ont commencé à travailler à quelqu'une de leurs inventions, il convient que vous les aidiez, que vous les dirigiez dans leur travail. Mais il ne faut rien leur donner tant qu'ils restent sans rien faire, attendant du travail des autres ce qu'ils ne veulent pas fabriquer de leurs propres mains. Si, dans leur travail une difficulté les arrête, aidez-les à la surmonter, et ils vous chériront plus pour cela que pour tous les jouets de luxe que vous auriez pu leur acheter. Cependant vous pouvez leur donner certains jouets qu'ils n'ont pas le talent de fabriquer eux-mêmes, tels que les toupies, les sabots, les raquettes, et autres semblables, avec lesquels on ne peut jouer sans prendre quelque peine. Ces jouets-là, il convient

1. *Cf.* le passage suivant de Rousseau : « ... Point de grelots, point de hochets ; de petites branches d'arbre avec leurs fruits et leurs feuilles, une tête de pavot dans laquelle on entend sonner les graines, un bâton de réglisse qu'il peut sucer et mâcher, amuseront autant l'enfant que de magnifiques colifichets, et n'auront pas l'inconvénient de l'accoutumer au luxe dès sa naissance », *Émile*, livre I, p. 292.

2. Tous les observateurs de l'enfant sont d'accord pour reconnaître la merveilleuse aptitude à se trouver lui-même des amusements et des jeux. L'enfant veut créer sans cesse. C'est une création qu'un trou en terre. De cette même terre qui sort du trou et qu'il tasse avec ses mains, l'enfant élève des montagnes qui lui paraissent d'une hauteur incalculable ; un tas de poussière représente des architectures féeriques (Champfleury, *Les enfants. Éducation, instruction, ce qu'il faut faire savoir aux femmes, aux hommes*, Paris, Rhotschild, 1872, p. 55).

qu'ils les possèdent, non pour varier leurs amusements, mais pour qu'ils soient forcés de prendre de l'exercice : encore doit-on les leur donner aussi simples que possible. S'ils ont par exemple une toupie, laissez-leur le soin de fabriquer et de préparer le fouet et la courroie dont ils ont besoin pour la fouetter. Si les bras croisés ils attendent que tous ces jouets leur tombent des nues, il faut qu'ils s'en passent. Vous les habituerez ainsi à se procurer par eux-mêmes et par leurs propres efforts tout ce qui leur manque. En même temps ils apprendront à être modérés dans leurs désirs, appliqués, actifs, industrieux, inventifs, économes : qualités qui leur seront utiles une fois qu'ils auront atteint l'âge d'homme, et qu'on ne saurait leur enseigner trop tôt, ni trop profondément leur inculquer. Tous les jeux, tous les divertissements des enfants doivent tendre à former de bonnes, d'utiles habitudes, sans quoi ils leur en donneront de mauvaises. Tout ce que fait l'enfant laisse une impression dans sa tendre nature, et par là il contracte une disposition pour le bien ou pour le mal ; rien de ce qui a une telle influence ne doit être négligé.

DU MENSONGE CHEZ LES ENFANTS

131. Le mensonge est un moyen si commode et si simple pour couvrir une faute commise, et, d'autre part, il est si fort à la mode parmi les personnes de toute condition, qu'un enfant ne peut manquer de remarquer l'usage qu'on en fait en toute occasion, et qu'on ne peut, sans une sévère surveillance, l'empêcher d'y recourir à son tour. Mais c'est un si vilain défaut, et il y a tant de mauvaises qualités qui en découlent, et qui, pour ainsi dire, grandissent à l'ombre du mensonge, qu'on doit inspirer à l'enfant pour ce vice le plus d'horreur possible. Il ne faut en parler devant lui (si l'occasion se présente d'en faire mention) qu'avec les marques de l'exécration la plus vive, comme d'un défaut incompatible avec le nom et le caractère d'un gentleman, à ce point qu'un homme honorable ne saurait souffrir qu'on l'accusât d'avoir menti[1]. Montrez à l'enfant que le mensonge passe pour un déshonneur suprême, qui ravale l'homme au rang le plus infime et le plus bas, qui le confond avec les hommes les plus méprisables, avec la vile

---

[1]. Kant parle du mensonge avec la même vivacité que Locke : « C'est par le mensonge que l'enfant se rabaisse au-dessous de la dignité humaine… Le mensonge fait de l'homme un objet de mépris général, et il lui enlève à ses propres yeux l'estime et la confiance que chacun devrait avoir à l'égard de soi-même », *Réflexions*, p. 183.

canaille. On ne saurait donc le tolérer chez ceux qui veulent garder leur rang dans la société et mériter dans le monde quelque estime et quelque crédit. La première fois qu'un enfant sera pris en flagrant délit de mensonge, on doit plutôt témoigner de la surprise comme en présence d'une monstruosité, que le reprendre comme pour une faute ordinaire[1]. Si cela ne suffit pas pour empêcher la récidive, il faut la seconde fois le réprimander durement, et lui faire sentir qu'il est en disgrâce complète auprès de son père, de sa mère et de tous ceux qui connaissent sa faute. Enfin, si vous ne réussissez pas à le corriger par ces moyens, il faut recourir au fouet : car, après tous les avertissements que vous lui avez donnés, un mensonge prémédité doit être toujours considéré comme un acte de rébellion qui ne peut rester impuni[2].

132. Les enfants, pour ne pas laisser apparaître leurs fautes dans toute leur nudité, sont disposés, comme tous les fils d'Adam, à chercher des excuses. C'est un travers qui avoisine le mensonge et qui y conduit ; il ne faut donc pas le leur passer ; mais on doit les en corriger plutôt en leur faisant honte qu'en les rudoyant. Si donc, quand vous interrogez votre enfant, sa première réponse est une excuse, exhortez-le simplement à dire la vérité. S'il persiste à se tirer d'affaire par une fausseté,

---

1. « Lorsqu'un enfant ment, on doit non le punir, mais le traiter avec mépris, lui dire qu'on ne le croira plus à l'avenir », Kant, *Réflexions*, p. 166.

2. « En vérité le mentir est un mauldict vice : nous ne sommes hommes et ne nous tenons les uns aulx aultres que par la parole. Si nous en cognoissions l'horreur et le poids, nous le poursuivrions à feu, plus justement que d'aultres crimes. Je trouve qu'on s'amuse ordinairement à chastier aux enfants des erreurs innocentes, tres mal à propos, et qu'on les tourmente pour des actions téméraires qui n'ont ny impression ny suilte. La menterie seule, et, un peu en dessoubs, l'opiniastreté, me semblent estre celles desquelles on delvroit à toute instance combattre la naissance et le progrès : elles croissent quand et eulx, et depuis qu'on a donné ce faux train à la langue, c'est merveille combien il est impossible de l'en retirer », Montaigne, *Essais*, livre I. IX, p. 36.

châtiez-le. Mais, s'il avoue sans détour, louez-le pour sa franchise, et pardonnezlui sa faute, quelle qu'en soit la gravité ; pardonnez-lui absolument sans jamais lui faire de reproche sur ce point, sans jamais lui en reparler. En effet, si vous voulez lui faire aimer la franchise et la lui rendre habituelle par une pratique constante, ayez soin qu'elle ne lui cause jamais le plus léger préjudice. Bien au contraire, son aveu spontané, outre qu'il doit lui valoir une entière impunité, mérite d'être récompensé de quelques marques d'approbation. Si parfois son excuse est telle qu'il vous soit impossible d'en établir la fausseté, acceptez-la pour vraie, et ne laissez voir aucune défiance. Laissez l'enfant maintenir avec un soin jaloux la bonne opinion que vous avez de lui : car le jour où il s'apercevra que vous lui avez retiré votre estime, vous aurez perdu un puissant moyen d'action sur lui, le plus puissant peut-être. C'est pourquoi ne lui laissez point croire qu'il passe à vos yeux pour un menteur, tant que vous pouvez vous en empêcher, sans le flatter. Pardonnez-lui donc quelques légères offenses à la vérité. Mais une fois qu'il aura été puni pour un mensonge, ayez bien soin de ne plus lui pardonner la même faute, toutes les fois que vous observerez et que vous lui aurez fait connaître qu'il s'en est rendu coupable : car le mensonge lui ayant été défendu, comme une faute qu'il peut éviter, s'il le veut, la récidive témoigne d'une perversité complète, qui doit recevoir le châtiment mérité.

133. Voilà ce que j'avais à dire sur la méthode générale de l'éducation d'un jeune gentleman ; et bien que, selon moi, cette méthode soit appelée à avoir quelque influence sur l'ensemble de son éducation, je suis loin de supposer cependant qu'elle renferme tout ce que peut réclamer de soins particuliers l'âge grandissant ou le tempérament propre de l'enfant. Mais après avoir exposé ces prémisses générales, nous devons maintenant passer à l'examen plus particulier des diverses parties de l'éducation.

DE LA VERTU

134. Ce qu'un gentleman, qui a quelque souci de l'éducation de son fils, doit lui souhaiter, outre la fortune qu'il lui laisse, se réduit, je crois, à ces quatre choses : la vertu, la prudence, les bonnes manières, l'instruction. Peu m'importe que quelques-uns de ces mots soient parfois employés pour exprimer la même chose ou que chacun d'eux signifie réellement plusieurs qualités. Il me suffit de les prendre ici dans leur acception populaire, qui, je le présume, est assez claire pour que je sois compris, et qu'on n'éprouve aucune difficulté à entendre ma pensée.

135. Je mets la vertu au premier rang des qualités nécessaires à un homme et à un gentilhomme : elle est absolument indispensable pour lui assurer l'estime et l'affection des autres hommes, pour qu'il soit agréable ou même supportable à lui-même. Sans elle, je crois qu'il ne saurait être heureux, ni dans ce monde ni dans l'autre.

La croyance en Dieu

136. Pour donner un principe à la vertu, il faut de très bonne heure imprimer dans l'esprit de l'enfant une notion vraie de Dieu, en le lui présentant comme l'Être indépendant et suprême, comme l'auteur et le créateur de toutes choses, de qui

nous tenons tout notre bonheur, qui nous aime et nous a donné toutes choses[1]. Par suite, vous inspirez à l'enfant l'amour et le respect de cet Être suprême. Cela suffira pour commencer, sans qu'il soit nécessaire de lui donner sur ce sujet de plus amples explications. Craignez, en effet, si vous lui parlez trop tôt des existences spirituelles, si vous vous efforcez mal à propos de lui faire comprendre l'incompréhensible nature de l'Être infini, craignez de remplir son esprit d'idées fausses ou de le troubler par des notions inintelligibles. Contentez-vous à l'occasion de lui dire que Dieu a fait et gouverne tout ce qui est, qu'il entend et qu'il voit tout, qu'il comble de toute espèce de biens ceux qui l'aiment et qui lui obéissent. Une fois que vous aurez appris à votre enfant à concevoir de Dieu cette idée, vous le verrez de lui-même se former bien assez tôt d'autres idées sur sa nature. Si ces idées renferment quelques erreurs, hâtez-vous de les redresser[2]. Selon moi, il vaudrait beaucoup mieux en général que les hommes s'arrêtassent à cette notion de Dieu, sans être trop curieux d'approfondir leurs idées sur la nature d'un Être dont tout le monde devrait accorder le caractère incompréhensible. Mais il y a quantité de gens qui, n'ayant ni assez de force ni assez de netteté d'esprit pour distinguer ce qu'ils peuvent et ce qu'ils ne peuvent pas connaître, se jettent

---

1. Kant, qui a discuté assez longuement la question de l'éducation religieuse, et qui est de l'avis de Locke sur la convenance de la commencer de bonne heure, introduit dans la religion de l'enfant un élément de moralité plus caractérisé encore, et se sépare du philosophe anglais, en ce qu'il veut que « la moralité précède et que la théologie suive », *Réflexions*, p. 193-194. Dieu doit être représenté à l'enfant comme le législateur, comme le juge suprême. « Le meilleur moyen de rendre d'abord claire l'idée de Dieu, ce serait d'y chercher une analogie dans celle d'un père de famille sous la surveillance duquel nous serions placés » (*ibid.*, p. 192).

2. Combien les vues de Locke sont plus sages que celles de Rousseau qui exclut que l'éducation jusqu'à dix-huit ans toute notion de Dieu, et que celles de Fénelon, *De l'éducation des filles*, chap. VI. qui ne craint pas de présenter à l'enfant une image superstitieuse de la Divinité !

ou dans la superstition ou dans l'athéisme, tantôt faisant Dieu à leur image, tantôt (parce qu'ils ne peuvent s'en faire une idée) n'en admettant plus du tout. Je suis disposé à croire que si l'on habitue les enfants à faire régulièrement, le matin et le soir, des actes de dévotion à Dieu, comme à leur créateur, leur bienfaiteur et leur providence, sous la forme d'une prière simple et courte, appropriée à leur âge et à leur intelligence, cela leur profitera beaucoup plus en fait de religion, de science et de vertu, que si on leur troublait l'esprit par de curieuses recherches sur l'essence impénétrable de Dieu.

Des esprits et des fantômes

137. Après que, insensiblement et par degrés, et à mesure que vous l'en jugerez capable, vous aurez développé dans l'esprit de l'enfant une semblable notion de Dieu; après que vous lui aurez appris à prier Dieu, et à le prier comme l'auteur de son être et de tous les biens dont il jouit ou dont il peut jouir, vous devez éviter toute conversation sur les autres existences spirituelles, jusqu'à ce qu'il soit amené à s'en enquérir dans des occasions que nous marquerons plus tard[1] et par la lecture de l'histoire sainte.

138. Mais même alors, et tout le temps qu'il est jeune, il faut avoir soin de protéger sa tendre imagination contre toute impression, contre toute notion d'esprit, de fantôme, ou de n'importe quelle autre apparition effrayante de la nuit[2]. C'est un danger auquel l'expose l'imprudence des domestiques dont la méthode ordinaire est d'effrayer les enfants, et de s'assurer de leur obéissance en leur parlant de loups-garous, de cadavres

---

1. Voyez *infra*, § 158 *sq.*

2. « Il importe extrêmement à un jeune homme que dès qu'il commence à juger, il n'acquiesce qu'à ce qui est vrai, c'est-à-dire qu'à ce qui est. Aussi loin de lui toutes les histoires fabuleuses, tous ces contes puérils de fées, de loup-garou, d'esprits follets, etc. », Dumarsais, « Éducation », l'*Encyclopédie*.

sanglants et d'autres fantômes, dont les noms entraînent l'idée de quelque chose de terrible et de dangereux, dont ils ont raison d'avoir peur, quand ils sont seuls et surtout dans les ténèbres[1]. Prévenons soigneusement ce danger; car, bien que par cet absurde moyen on puisse empêcher quelques petites fautes, le remède est certainement pire que le mal. Par là, en effet, on jette dans leurs esprits des idées qui les suivront partout, avec leur cortège de frissons et de terreurs. Ces pensées pleines d'épouvante, une fois introduites dans la délicate imagination des enfants, et y étant fortement empreintes par la terreur qui les accompagne, s'y enracinent profondément, et s'y fixent au point qu'il est très difficile, sinon impossible, de les arracher de l'esprit. Et tant qu'elles subsistent, elles hantent souvent l'imagination par des visions étranges, qui rendent l'enfant poltron, quand il est seul, et qui ont pour résultat qu'il a peur de son ombre et qu'il redoute l'obscurité pendant toute sa vie. J'ai connu des hommes faits qui se plaignaient d'avoir été élevés ainsi dans leur enfance. Bien que leur raison eût corrigé les fausses idées qu'ils s'étaient faites alors, bien qu'ils fussent convaincus qu'il n'y avait pas plus de raison pour craindre les êtres invisibles pendant la nuit que pendant le jour, ils avouaient néanmoins qu'à la moindre occasion ces mêmes idées, toujours prêtes à se réveiller, les rejetaient dans les préjugés de leur imagination et qu'ils ne pouvaient s'en débarrasser qu'avec peine. Et pour vous faire bien voir combien ces images sont tenaces et effrayantes lorsqu'elles ont été imprimées dans l'esprit de l'enfant,

---

1. Voyez sur la peur des ténèbres les excellentes observations de Rousseau dans le livre II de l'*Émile*. Rousseau demande pour la combattre « beaucoup de jeux de nuit » (p. 382). Il ne croit pas comme Locke qu'elle soit l'effet des contes de nourrices. Il estime qu'elle est naturelle, héréditaire, comme disait Darwin. Il l'explique par l'interruption des sensations : ne voyant rien, n'entendant rien, nous sommes invinciblement disposés à peupler de fantômes ces ténèbres où nos sens ne peuvent saisir aucun objet.

laissez-moi vous raconter ici une histoire extraordinaire, mais vraie. Il y avait dans une ville de l'Ouest un homme au cerveau dérangé, que les enfants avaient coutume de taquiner, quand ils le rencontraient sur leur route. Un jour, ce fou ayant aperçu dans la rue un des garçons qui le persécutaient, entre dans la boutique d'un armurier voisin, et, saisissant une épée, court sur l'enfant. Celui-ci se voyant poursuivi par un homme armé, se sauve à toutes jambes pour échapper au danger; par bonheur, il trouve assez de force et assez de talons pour atteindre la maison de son père, avant que le fou ait pu le rejoindre. La porte n'était fermée qu'au loquet; et lorsque l'enfant a le loquet dans la main, il retourne la tête, pour voir à quelle distance se trouve son ennemi. Le fou était précisément sur le seuil, l'épée à la main, prêt à frapper, et l'enfant n'a que le temps d'entrer et de refermer la porte pour parer le coup… Mais si son corps échappa au danger, il ne devait pas en être de même de son esprit. L'image effrayante lui fit une si profonde impression, qu'elle subsista plusieurs années, sinon toute sa vie. En effet, racontant lui-même cette histoire lorsqu'il était homme fait, il disait que, depuis ce jour, il ne se souvenait pas d'être passé par cette porte, sans être tenté de regarder derrière lui, quelque affaire qu'il eût en tête, ou tout au moins sans penser à ce fou, avant d'entrer dans la maison.

Si les enfants étaient laissés à leurs propres inspirations, ils ne seraient pas plus effrayés dans les ténèbres qu'ils ne le sont en plein jour[1]. La nuit et le jour seraient également les bienvenus auprès d'eux, l'une pour dormir, l'autre pour jouer. Ils n'apprendraient pas par les discours des autres à faire une différence entre le jour et la nuit, et à croire que les heures de ténèbres présentent plus de dangers, plus de choses effrayantes.

---

1. Locke se trompe. Il croit que les suggestions extérieures sont la seule cause de frayeur enfantine. Il oublie que l'enfant apporte avec lui des tendances héréditaires.

Mais si quelqu'une des personnes qui vivent auprès d'eux est assez sotte pour leur faire peur, pour leur faire croire qu'il y a quelque différence entre le fait d'être dans les ténèbres et le fait de fermer les yeux, vous devez les débarrasser de ce préjugé le plus tôt que vous pourrez. Vous devez leur apprendre que Dieu qui a fait toutes choses pour leur bien a fait la nuit pour qu'ils puissent dormir plus tranquillement ; et qu'étant alors comme toujours sous sa protection, il n'y a rien dans les ténèbres qui puisse leur faire du mal. Quant à de plus amples explications sur la nature de Dieu et des esprits bienfaisants, il faut les remettre à l'époque que nous avons déjà indiquée ; et pour les esprits malins, ce sera un bien que les enfants échappent à toute fausse imagination sur ce sujet, jusqu'à ce qu'ils aient l'esprit assez mûr pour cette sorte de connaissance [1].

139. Après que vous aurez établi les fondements de la vertu sur une notion exacte de la divinité, telle que le *Credo* nous l'enseigne, et aussi dans la mesure que comporte l'âge de l'enfant, sur l'habitude de la prière, ce qui doit vous préoccuper, c'est de l'obliger rigoureusement à dire la vérité, et par tous les moyens imaginables de l'encourager à la bonté. Faites-lui comprendre qu'on lui pardonnera plutôt vingt fautes qu'un mensonge qu'il aurait commis pour en déguiser une seule. Et d'autre part en lui apprenant de bonne heure à aimer ses semblables, à être bon pour eux, vous fondez en lui les vrais principes de l'honnêteté : car les injustices proviennent en général de ce que nous nous aimons trop nous-mêmes et de ce que nous n'aimons pas assez les autres hommes.

C'est tout ce que j'avais à dire sur ce sujet : ces préceptes suffisent pour établir les premiers fondements de la vertu chez

1. Il faut songer que Locke est du dix-septième siècle, c'est-à-dire d'une époque où les esprits les plus éclairés n'hésitaient pas à admettre l'existence des démons. Voyez, par exemple, les dissertations de Malebranche sur les sorciers dans la *Recherche de la vérité*.

l'enfant. Mais à mesure qu'il grandit, il faut observer les tendances particulières de sa nature : car si son tempérament l'incline plus qu'il ne conviendrait dans un sens ou dans un autre, hors du droit chemin de la vertu, vous devez intervenir et appliquer les remèdes appropriés. Parmi les fils d'Adam, il y en a peu en effet qui soient assez favorisés pour n'être pas nés avec quelque tendance qui prédomine dans leur tempérament, et c'est l'œuvre de l'éducation, soit de la détruire, soit de la contrebalancer.

Mais pour entrer dans les détails de ce sujet, il faudrait sortir des limites que je me suis fixées dans cette brève esquisse sur l'éducation. Mon dessein n'est pas de discourir sur tous les vices, sur toutes les vertus, ni de dire comment chaque vertu peut être acquise, chaque vice guéri, par des moyens appropriés. J'ai voulu mentionner seulement quelques-uns des défauts les plus ordinaires à l'enfance et indiquer la méthode à suivre pour les corriger.

DE LA PRUDENCE

140. J'appelle sagesse ou prudence, dans son sens populaire, la qualité d'un homme qui dans le monde conduit ses affaires avec habileté et prévoyance [1]. Elle est l'effet d'une constitution heureuse, de l'application de l'esprit et surtout de l'expérience ; elle est donc hors de la portée des enfants. À ce point de vue, ce qu'on peut faire de mieux avec eux, c'est de les empêcher autant que possible d'user de finesse [2]. La finesse, en effet, bien qu'elle singe la prudence, en est aussi éloignée que possible ; comme le singe qui, malgré sa ressemblance avec l'homme, privé de ce qui ferait de lui réellement un homme, n'en est que plus laid. La finesse n'est qu'une insuffisance d'intelligence : ne pouvant atteindre son but par le droit chemin, elle essaie d'y parvenir par la ruse et par un détour ; et

1. La prudence ou sagesse (*Wisdom*) qui est la seconde qualité essentielle de l'homme d'après Locke, consiste surtout dans le savoir-faire, dans l'habileté pratique, et elle a pour source l'expérience. Il ne peut donc être question chez l'enfant que de préparer une qualité qui n'appartient qu'à l'âge mûr.

2. La finesse est prise ici dans son mauvais sens ; c'est celle dont La Bruyère a dit : « La finesse est l'occasion prochaine de la fourberie ; de l'une à l'autre le pas est glissant », *Caractères*, « De la cour », 98. Fénelon distingue de même que Locke la finesse et la prudence. « Les filles, dit-il, estiment la finesse ; et comment ne l'estimeraient-elles pas, puisqu'elles ne connaissent pas de meilleure prudence ? », *Éducation des filles*, chap. IX.

le malheur est que ses artifices ne servent qu'une fois; ils ne peuvent que nuire si l'on y a recours de nouveau. On n'a jamais fait de couverture si épaisse ou si fine qu'elle se couvre elle-même. Personne n'est assez fin pour dissimuler qu'il l'est; et une fois qu'il est reconnu pour tel, chacun le fuit, chacun se méfie de lui. Le monde entier se ligue avec empressement pour le combattre et le déjouer; tandis que l'homme franc, honnête et sage, ne rencontre que des gens disposés à marcher avec lui, et va droit à son but. Habituer un enfant à avoir sur ces choses des notions exactes, et à ne pas se tenir pour satisfait tant qu'il ne les a pas; élever son esprit aux pensées grandes et nobles; le mettre en garde contre la fausseté et contre la finesse qui est toujours mêlée de quelques grains de fausseté : telle est pour un enfant la meilleure préparation à la prudence. Le reste, qui s'apprend avec le temps, par l'expérience, par l'observation, par la fréquentation des hommes, par la connaissance de leurs tempéraments et de leurs desseins, il ne faut pas l'attendre de l'ignorance et de l'étourderie des enfants, ni de la chaleur irréfléchie et fougueuse des jeunes gens. Tout ce qu'on peut faire avant la maturité, au point de vue de cette vertu, c'est d'accoutumer les enfants à être francs et sincères, à se soumettre à la raison, et, autant que possible, à réfléchir sur leurs propres actions.

SUR LA BONNE ÉDUCATION

141. La qualité qui en troisième lieu convient à un gentleman, c'est la bonne éducation [1]. Il y a deux façons d'être mal élevé : la première a pour effet une timidité sotte ; la seconde se manifeste par le manque de tenue, par un défaut choquant de respect à l'égard des autres. On évitera ces deux défauts par la pratique rigoureuse de cette seule règle : n'avoir mauvaise opinion ni de soi ni des autres.

142. La première partie de cette règle tend à nous mettre en garde, non contre la modestie, mais contre le défaut d'assurance. Sans doute nous ne devons pas avoir de nous-mêmes une opinion si avantageuse que nous soyons seulement occupés de notre propre mérite, et que nous nous préférions aux autres à raison de la supériorité que nous pouvons avoir sur eux. Recevons modestement les hommages qu'on nous rend quand ils sont légitimes. Mais il faut cependant nous estimer assez pour accomplir sans trouble et sans embarras, quelle que soit l'assistance, les actions qui nous incombent et qu'on attend de nous, sans oublier d'ailleurs de témoigner aux personnes le

---

1. C'est un véritable traité sur la politesse que Locke écrit ici, en homme qui s'y connaissait, et avec une finesse digne d'un La Bruyère. On verra qu'il y oublie parfois les enfants pour parler des hommes. Notons que Locke revient pour la troisième fois sur ce sujet.

respect et les égards auxquels leur donnent droit leur rang et leur qualité. Il n'est pas rare que les gens du peuple et surtout les enfants quand ils se trouvent devant des étrangers ou devant des supérieurs, soient pris d'un accès de timidité rustique. Le désordre paraît dans leurs pensées, dans leurs paroles, dans leurs regards; ils perdent à ce point la tête, dans leur confusion, qu'ils ne sont plus en état de faire quoi que ce soit, ou du moins de le faire avec cette liberté et cette grâce qui plaît et qui rend les gens agréables. Pour remédier à ce défaut, comme à tout autre, il n'y a qu'un moyen, c'est d'établir par l'usage l'habitude contraire. Mais comme il est impossible de prendre l'habitude de converser avec des étrangers et des personnes de qualité, si l'on ne fréquente pas la société, rien ne peut guérir de ce défaut d'éducation, sinon de changer souvent de compagnie et de rechercher la société des personnes qui sont au-dessus de nous.

143. Si le défaut précédent provient de ce que nous nous mettons trop en peine de la conduite que nous devons tenir avec les autres hommes, l'autre façon d'être mal élevé consiste au contraire en ce que nous ne paraissons pas nous soucier assez de plaire ou de témoigner du respect aux personnes avec qui nous avons affaire. Pour éviter ce second défaut, deux choses sont nécessaires : d'abord que nous soyons disposés à ne jamais offenser les autres, ensuite, que nous sachions trouver le moyen le plus agréable, le plus expressif, de manifester cette disposition. La première de ces qualités fait les hommes civils ; la seconde, les hommes polis : c'est cette grâce, cette convenance dans le regard, dans la voix, dans les paroles, dans les mouvements, dans les gestes, dans toute l'attitude, qui fait qu'on réussit dans le monde, et qui met à l'aise, en même temps qu'elle charme, les personnes avec qui nous conversons. C'est, pour ainsi dire, le langage par lequel on exprime les sentiments de civilité qu'on a dans le cœur, et qui, comme

tous les autres langages, soumis qu'il est à la mode et aux usages de chaque pays, ne peut être appris, soit dans ses règles, soit dans sa pratique, que par l'observation et l'imitation de ceux qui passent pour être tout à fait bien élevés. L'autre qualité, qui ne consiste pas seulement en manifestations extérieures, c'est cette bienveillance générale, cette attention témoignée à tout le monde, qui fait dans sa conduite on évite de paraître dédaigneux, négligent ou indifférent pour autrui, et qu'au contraire on accorde à chaque personne, selon les usages et la coutume des différents pays, le respect et la considération que lui valent sa condition et son rang. C'est une disposition de l'esprit qui se traduit dans les actes, toutes les fois qu'on évite dans la conversation de mettre mal à l'aise son interlocuteur. [1]

Je distinguerai quatre défauts, qui sont le plus directement contraires à la civilité, c'est-à-dire à la première et à la plus engageante de toutes les vertus sociales. C'est de l'un ou l'autre de ces quatre défauts que dérive d'ordinaire l'incivilité. Je les exposerai ici, afin que les enfants soient ou préservés ou tout au moins affranchis de leur fâcheuse influence.

1) Le premier, c'est cette rudesse naturelle [2], qui fait que l'on manque de complaisance pour les autres hommes, qu'on n'a aucun égard pour leurs inclinations, leur tempérament, ou leur condition. C'est sûrement le fait d'un rustre de ne pas

1. Locke qui connaissait les moralistes français, qui a traduit en partie les *Essais* de Nicole, s'est évidemment inspiré de La Bruyère. «L'on peut définir l'esprit de politesse, dit l'auteur des *Caractères* : l'on ne peut en fixer la pratique ; elle suit l'usage et les coutumes reçues ; elle est attachée aux temps, aux lieux, aux personnes, et n'est point la même dans les deux sexes, ni dans les différentes conditions : l'esprit tout seul ne la fait pas deviner ; il fait qu'on la suit par imitation et que l'on s'y perfectionne… L'esprit de politesse est une certaine attention à faire que, par nos paroles et par nos manières, les autres soient contents de nous et d'eux-mêmes », *Caractères*, «De la société et de la conversation », 32.

2. Coste traduit étrangement par *férocité* le mot anglais *roughness*. Il est vrai que Rollin parle, dans le même sens, d'une « conduite féroce et rustique ».

considérer ce qui plaît ou déplaît aux personnes qu'il fréquente ; et cependant il n'est pas rare de rencontrer des hommes du monde, vêtus à la dernière mode, qui ne se gênent pas pour donner librement cours à leur humeur, et pour heurter[1], pour contrecarrer les sentiments de tous ceux qu'ils accostent, sans s'inquiéter de savoir comment ils le prendront[2]. C'est là une brutalité qui choque, qui irrite tout le monde, et dont personne ne saurait s'accommoder : aussi ne peut-on la tolérer chez quiconque veut passer pour avoir la plus légère teinture de politesse. Le but en effet, la fin de la politesse est de corriger cette raideur naturelle et d'adoucir assez le caractère des hommes pour qu'ils puissent se prêter avec quelque complaisance au caractère de ceux avec qui ils ont affaire.

2) Un second défaut, c'est le mépris, le manque de respect qui se trahit dans les regards, les discours, ou les gestes, et qui, de quelque part qu'il vienne, est toujours désagréable. Il n'est en effet personne qui puisse supporter avec plaisir l'expression du mépris.

3) L'esprit critique, la disposition à trouver en faute les autres personnes, voilà encore un travers entièrement contraire à la politesse. Les hommes, qu'ils soient ou non coupables, n'aiment pas à voir leurs fautes divulguées et exposées au grand jour, en pleine lumière, devant eux et devant d'autres personnes. Les défauts qu'on reproche à quelqu'un lui causent

1. *Cf.* La Bruyère : « Parler et offenser pour de certaines personnes est précisément la même chose. Ils ne se contentent pas de répliquer avec aigreur ; ils attaquent souvent avec insolence ; ils frappent sur tout ce qui se trouve sous la langue, etc. », *Caractères*, 27.

2. Le défaut que Locke constatait de son temps est encore plus fréquent aujourd'hui, à une époque où la diversité des opinions s'est sensiblement accrue. C'est le cas de répéter ce que Montaigne disait déjà à propos de la contradiction : « Nous n'y tendons pas seulement les bras, nous y tendons les griffes ». Il serait bon cependant de rappeler que le respect des opinions d'autrui est une des conditions essentielles de l'exercice de la liberté de conscience et que la politesse en ce sens est une des formes de la tolérance et de la charité.

toujours quelque honte, et un homme ne saurait supporter sans déplaisir que l'on divulgue un défaut qu'il a, ni même qu'on lui impute un défaut qu'il n'a pas. La raillerie n'est qu'un moyen raffiné de faire ressortir les défauts d'autrui. Mais comme elle se présente généralement sous des formes spirituelles et dans un langage élégant, comme elle divertit la compagnie, on se laisse aller à l'erreur de croire que, maintenue dans certaines limites, elle n'a rien d'incivil. Aussi cette forme de plaisanterie est-elle fréquemment introduite dans la conversation des personnes les plus distinguées ; les railleurs sont écoutés avec faveur ; ils sont généralement encouragés par les éclats de rire de ceux de leurs auditeurs qui se rangent de leur côté. Ils devraient cependant considérer que s'ils amusent le reste de la compagnie, c'est aux dépens de la personne qu'ils représentent sous des couleurs burlesques, et que cette personne par conséquent n'est pas à son aise pendant qu'ils parlent, à moins que le sujet pour lequel on la raille ne soit précisément une chose dont elle peut tirer vanité : car dans ce cas les images plaisantes, et les traits qu'emploie le railleur, n'étant pas moins flatteurs que divertissants, la personne raillée y trouve son compte et prend sa part du divertissement des autres. Mais comme tout le monde n'a pas le talent de manier avec prudence un art aussi délicat, aussi difficile que la plaisanterie, et que le plus léger écart peut tout gâter, j'estime que ceux qui veulent éviter de blesser autrui, et particulièrement les jeunes gens, doivent s'abstenir avec soin de toute raillerie, puisque la moindre méprise, la moindre déviation dans la plaisanterie, peut laisser dans l'esprit de ceux qu'elle a contrariés le souvenir ineffaçable d'avoir été insultés d'une façon piquante, bien que spirituelle, pour quelqu'un de leurs défauts [1].

---

1. « Il ne faut jamais hasarder la plaisanterie, même la plus douce et la plus permise qu'avec des gens polis ou qui ont de l'esprit », La Bruyère, *Caractères*, « De la société et de la conversation », 51.

Outre la raillerie, il y a une autre forme de critique où la mauvaise éducation se manifeste souvent, c'est la contradiction. Sans doute la complaisance n'exige pas que nous admettions toujours les raisonnements ou les récits qui sont débités devant nous, non; ni que nous laissions passer sans rien dire tout ce qui arrive à nos oreilles. Contredire les opinions, rectifier les erreurs d'autrui, c'est au contraire ce que la vérité et la charité demandent parfois, et la civilité ne s'y oppose pas, si on le fait avec précaution et en tenant compte des circonstances. Mais il y a des gens, comme chacun sait, qui sont pour ainsi dire possédés par l'esprit de contradiction et qui se mettent perpétuellement en opposition avec les opinions d'une des personnes ou même de toutes les personnes qu'ils fréquentent, sans s'inquiéter si ces opinions sont bonnes ou mauvaises[1]. C'est là une forme de critique si visiblement injurieuse qu'il n'y a personne qui n'en soit choqué. Il est si naturel d'attribuer la contradiction à l'esprit de critique, et il est si difficile de l'accepter sans en être humilié que, s'il nous arrive de contredire, nous devons le faire le plus doucement possible, avec les termes les plus polis que nous pourrons trouver, de façon enfin à témoigner par toute notre attitude que nous ne mettons dans notre contradiction aucune passion. Accompagnons notre opposition de toutes les marques de respect et de bienveillance, afin que tout en faisant triompher notre opinion, nous ne perdions pas l'estime de ceux qui nous écoutent.

4) L'humeur querelleuse est encore un défaut contraire à la civilité, non seulement parce qu'elle nous entraîne dans nos paroles et dans notre conduite à des inconvenances et à des grossièretés, mais aussi parce qu'elle semble indiquer que

---

1. « Le silence et la modestie sont qualitez tres commodes à la conversation. On dressera l'enfant à estre espargnant et mesnagier de sa suffisance, quand il l'aura acquise; à ne se formalizer point des sottises et fables qui se diront en sa présence : car c'est une incivile importunité de chocquer tout ce qui n'est pas de notre appetit, etc. », Montaigne, *Essais*, I, XXVI, p. 154.

nous avons à nous plaindre de quelque faute de la part de ceux qui sont l'objet de notre colère. Or il n'est personne qui supporte sans déplaisir le moindre soupçon, la plus légère insinuation sur ce point. De plus il suffit d'une personne querelleuse pour troubler toute la compagnie, et pour y détruire toute harmonie.

Comme le bonheur, qui est le but constant des hommes, consiste dans le plaisir, il est facile de comprendre pourquoi la civilité est mieux accueillie dans le monde que l'utilité. L'habileté, la sincérité, les bonnes intentions d'un homme de poids et de mérite sont rarement une compensation à l'ennui qu'il cause par ses représentations graves et solides. Le pouvoir, la richesse, la vertu elle-même, on ne les apprécie que comme des instruments de bonheur. Aussi c'est mal se recommander à une personne que de prétendre travailler à son bonheur, en lui causant de l'ennui pour les services qu'on lui rend. Celui qui sait être agréable aux personnes qu'il fréquente, sans s'abaisser à des flatteries humbles et serviles, a trouvé le secret de l'art de vivre dans le monde, de se faire partout apprécier, d'être partout le bienvenu. C'est pourquoi il faudrait avant toute chose habituer à la politesse les enfants et les jeunes gens.

144. Il y a une autre manière d'avoir des manières fautives, c'est d'être trop cérémonieux, c'est de s'opiniâtrer à imposer à certaines personnes des hommages qui ne leur sont pas dus et qu'elles ne peuvent accepter sans folie et sans se couvrir de honte[1]. Il semble en effet qu'en cela on ait plutôt en vue de compromettre les gens que de les obliger, qu'on veuille tout au moins leur disputer le droit de parler en maîtres ; en tout cas il n'est rien qui soit plus importun et par conséquent plus contraire à la bonne éducation, puisqu'elle n'a d'autre but ni d'autre fin que de mettre à l'aise les personnes avec qui nous

---

1. *Cf.* Montaigne : « J'ai veu souvent des hommes incivils par trop de civilité, et importuns de courtoisie », *Essais*, I, XIII, p. 49.

causons et de leur plaire. Sans doute les jeunes gens sont rarement enclins à ce défaut ; mais s'ils s'en rendent coupables, ou s'ils paraissaient avoir quelque disposition à le faire, il faut les avertir et les mettre en garde contre cette civilité mal entendue. Ce qu'ils doivent se proposer et avoir en vue dans la conversation, c'est de faire paraître du respect, de l'estime, de la bienveillance pour les personnes, en accordant à chacun les égards et les prévenances qu'exigent les règles ordinaires de la civilité. Réussir à cela en échappant à toute apparence de flatterie, d'hypocrisie ou d'humilité, c'est un grand art, que la raison, le bon sens et la fréquentation de la bonne société peuvent seuls enseigner ; mais en même temps, c'est une qualité si précieuse dans la vie pratique, qu'il vaut la peine de s'y exercer.

145. Bien que l'art de se conformer aux règles dans cette partie de notre conduite porte le nom de bonne éducation, – d'où l'on pourrait conclure qu'elle est spécialement l'effet de l'éducation, – il ne faut pas, comme je l'ai déjà dit, que l'on tourmente trop les enfants sur cet article : j'entends quand il s'agit d'ôter son chapeau et de faire la révérence selon les règles [1]. Apprenez-leur si vous pouvez, à être modérés, à avoir bon caractère, et ils ne manqueront pas à ces devoirs : la civilité ne consistant à vrai dire qu'à éviter dans la conversation de paraître dédaigneux ou indifférent pour les autres personnes. Quelles en sont les formes les mieux reçues et les plus estimées, nous l'avons déjà fait connaître. Mais ces formes sont aussi particulières, aussi changeantes, selon les différents pays, que les langues qu'on y parle. C'est pourquoi, à bien prendre les choses, il est aussi inutile, aussi inopportun de donner des règles et de faire des discours aux enfants sur ce sujet, qu'il le

---

1. *Cf.* un passage presque identique de Rollin. « Il ne faut pas tourmenter les enfants, ni les chagriner pour des fautes qui leur échappent en cette matière. Un abord peu gracieux, une révérence mal faite, un chapeau ôté de mauvaise grâce : tout cela ne mérite pas qu'on les gronde… L'usage du monde aura bientôt corrigé ces défauts, etc. », *Traité des études*, livre VIII.

serait de faire apprendre par-ci, par-là, une ou deux règles de grammaire espagnole à quelqu'un qui n'est destiné à fréquenter que des Anglais. Vous aurez beau discourir avec votre fils sur les obligations de se montrer civil : telle sera la compagnie qu'il fréquentera, telles seront ses manières. Prenez un paysan de votre voisinage, qui n'est jamais sorti de sa paroisse ; faites-lui toutes les lectures qu'il vous plaira : vous aurez aussitôt fait de lui apprendre le langage que les manières de la cour. Je veux dire que pour les unes comme pour l'autre, il n'aura jamais plus de politesse que n'en ont ceux avec qui il a coutume de vivre. Il n'y a donc pas à se préoccuper autrement d'une telle éducation chez l'enfant, jusqu'au jour où il est d'âge à avoir auprès de lui un précepteur, qui de toute nécessité doit être un homme bien élevé. Et pour dire toute ma pensée, si les enfants ne font rien qui décèle de l'entêtement, de l'orgueil, et une mauvaise nature, il importe peu qu'ils sachent ôter leur chapeau et faire la révérence. Si vous avez réussi à leur inspirer l'amour et le respect d'autrui, ils sauront bien, dans la mesure où leur âge l'exige, trouver pour manifester ces sentiments des procédés d'expression dont tout le monde se contentera et qui seront d'accord avec la mode régnante. Quant aux mouvements et à l'attitude du corps, le maître à danser, comme nous l'avons dit[1], leur apprendra, le moment venu ce qui sied le mieux à cet égard. En attendant, et tant qu'ils sont tout petits, personne ne leur demandera d'être fort exacts sur le chapitre des cérémonies. La négligence est permise à cet âge ; elle sied aux enfants, autant que les façons complimenteuses aux grandes personnes. Si quelques esprits pointilleux considèrent cette négligence comme une faute, c'est du moins, j'en suis assuré, une faute qu'il faut pardonner, et qu'on doit laisser au temps, au précepteur et à la vie sociale, le soin de corriger. Je ne crois donc pas que vous deviez (comme il arrive trop

---

1. Voyez *supra*, § 67.

souvent) molester ou gronder votre fils sur ce point. C'est seulement dans le cas où il laisserait voir dans sa conduite de l'orgueil et une mauvaise nature, qu'il conviendrait de lui faire comprendre sa faute et de le forcer à en rougir.

Bien qu'il ne faille pas trop tracasser les enfants, tant qu'ils sont petits, à propos des règles et des cérémonies qu'on exige d'une bonne éducation, il y a lieu cependant de les surveiller pour une mauvaise manière qu'ils sont très enclins à se permettre, si on ne les corrige pas de bonne heure : c'est la disposition à interrompre les gens, quand ils parlent, et à les arrêter dans leurs discours par une contradiction. C'est peut-être l'habitude de discuter, avec la réputation d'esprit et de savoir qui s'y attache (comme si l'art de la discussion était le seul moyen qu'on eût de prouver son habileté), qui rend les jeunes gens si disposés à épier l'occasion de reprendre ce qui se dit en leur présence, et à faire montre à tout propos de leur talent. Quoi qu'il en soit, c'est surtout chez les hommes d'école que se rencontre ce défaut. Or il n'y a rien de plus grossier que d'interrompre dans son discours un homme qui parle. Et sans compter que c'est une impertinente folie de prétendre répondre à quelqu'un avant de savoir ce qu'il veut dire, c'est laisser clairement entendre que nous sommes fatigués de l'écouter, que nous faisons peu de cas de ce qu'il dit, et que, le jugeant incapable d'intéresser la société, nous demandons audience pour nos propres discours, seuls dignes qu'on les écoute. Rien ne saurait témoigner plus hautement de notre manque de respect, et il est impossible qu'on n'en soit pas choqué ; et, cependant, c'est bien là presque toujours le sens de toute interruption. Si, comme il arrive, on ne se contente pas d'interrompre, si l'on prend la parole pour relever quelque erreur ou pour contredire ce qui a été dit, c'est afficher plus ouvertement encore son orgueil et sa suffisance, puisque dans ce cas nous nous érigeons nous-mêmes en docteurs, et prenons sur nous soit de redresser notre interlocuteur dans son récit, soit de montrer les inexactitudes de son jugement.

Ce n'est pas que je veuille dire que la diversité des opinions doit être bannie de la conversation, ni la contradiction des discours des hommes. Ce serait se priver du plus grand avantage de la société ; ce serait renoncer aux progrès que l'on fait dans la compagnie des hommes éclairés, alors que la lumière jaillit du choc des opinions, et que des esprits distingués font ressortir tour à tour les divers côtés des choses [1]. Les différents aspects de la question, les probabilités qu'elle comporte, tout cela serait perdu pour nous, si chaque interlocuteur était obligé de souscrire à la première opinion qui a été exprimée. Ce que je condamne, ce n'est pas que l'on contredise les sentiments d'autrui, c'est la façon dont on les contredit. Que les jeunes gens s'habituent donc à ne pas jeter leur propre opinion à la traverse des opinions des autres, jusqu'à ce qu'on les ait priés de donner leur avis, ou que les interlocuteurs, ayant achevé de parler, gardent le silence ; et encore qu'ils n'interviennent que par des questions, pour s'instruire eux-mêmes, sans prétendre instruire les autres. Il faut éviter les affirmations dogmatiques et les allures magistrales [2]. C'est seulement quand une pause,

---

1. Montaigne va plus loin : « Je souffrirois estre rudement heurté par mes amis : Tu es un sot, tu resves. J'ayme, entre les galants hommes, qu'on s'exprime courageusement, que les mots aillent où va la pensée… J'ayme une société et familiarité forte et virile, une amitié qui se flatte en l'aspreté de son commerce », *Essais*, livre III, VIII, p. 924. Il y a là un tout autre ton.

2. « On me faict haïr les choses vraysemblables, quand on me les plante pour infaillibles ; j'ayme ces mots qui amollissent et modèrent la temerité de nos propositions : "À l'avanture, Aulcunement, Quelque, On dict, Je pense", et semblables ; et si j'eusse eu à dresser des enfants, je leur eusse tant mis à la bouche cette façon de répondre, enquestante, non resolutive : "Je ne l'entends pas, Il pourroit estre, Est-il vray" "qu'ils eussent plutôt gardé la forme d'apprentis à soixante ans que de representer des docteurs à dix ans, comme ils font. Qui veult guerir de l'ignorance, il fault la confesser" », Montaigne, *Essais*, livre III, XI, p. 1030.

survenue dans la conversation générale, leur en offre l'occasion, qu'ils peuvent modestement poser leurs questions en hommes qui veulent s'éclairer.

Cette modestie décente ne fera pas tort à leurs talents et n'affaiblira pas la portée de leurs raisons. Au contraire elle leur garantit l'attention la plus bienveillante; elle donne à leur discours tous ses avantages. Même avec de mauvais arguments, avec des observations triviales, s'ils les présentent sous cette forme modeste, après quelques mots de préambule pour témoigner qu'ils respectent l'opinion des autres, ils se feront plus d'honneur que par les traits de l'esprit le plus vif, de la science la plus profonde, s'ils y mêlaient des manières rudes, insolentes, bruyantes, qui ne manquent jamais de choquer les auditeurs et qui laissent une mauvaise opinion de l'homme, alors même qu'il aurait raison dans son argumentation.

Il faut donc surveiller avec soin chez les enfants la disposition à interrompre, la combattre dès le début, et les soumettre à l'habitude contraire dans toutes leurs conversations. Cela est d'autant plus nécessaire que l'impatience de prendre la parole, la manie d'interrompre dans les discussions, et le goût des querelles bruyantes ne sont que des défauts trop fréquents chez les grandes personnes, même dans la meilleure société. Les Indiens, que nous traitons de barbares, donnent davantage de marques de convenance et de civilité dans leurs discours et dans leurs entretiens; ils écoutent celui qui parle, avec attention, et sans rien dire, jusqu'à ce qu'il ait fini de parler, et alors seulement ils répondent avec calme, sans fracas et sans passion. Et s'il n'en est pas ainsi dans cette partie civilisée du monde, la faute en est à l'éducation qui n'a pas encore réformé chez nous ce vieux reste de barbarie. N'est-ce pas, dites-moi, un spectacle bien plaisant que celui-ci? Deux dames de qualité, qui d'abord étaient assises aux deux extrémités d'un salon, où une nombreuse compagnie fait cercle, entrent en discussion, et s'emportent au point que, dans la chaleur de la dispute, elles avancent peu à peu leurs sièges l'une vers l'autre, finissent par se trouver côte à côte au beau milieu de la pièce, et là, pendant un bon moment, continuent leur discussion, avec autant de furie que feraient deux coqs dans un cirque, sans se préoccuper le moins du monde du reste de la société qui ne peut s'empêcher de sourire. Je tiens ce récit d'une personne de qualité qui avait assisté à ce singulier duel, et qui ne manqua pas de me faire remarquer toutes les inconvenances auxquelles peut entraîner la chaleur de la dispute. Puisque la coutume en fournit tant d'exemples, c'est une raison pour que l'éducation y mette ordre. Il n'y a personne qui ne blâme ces travers chez les autres, bien qu'il ne les reconnaisse pas chez lui-même ; même ceux qui les ont reconnus, et qui voudraient s'en corriger, ne peuvent se débarrasser d'une fâcheuse disposition que la négligence de l'éducation a laissé se transformer en habitude.

146. Ce que nous venons de dire sur la société pourrait peut-être, si l'on y réfléchissait bien, nous ouvrir des vues plus larges et nous montrer combien l'influence du milieu ou l'on vit s'étend plus loin. Ce ne sont pas seulement des manières polies que l'on prend dans la société des hommes ; son influence ne s'étend pas qu'aux dehors et va plus loin. Peut-être à bien considérer les mœurs et les religions de ce monde, reconnaîtrions-nous que la plus grande partie des hommes tiennent ces opinions et ces rites, pour lesquels ils sont prêts à donner leur vie, plutôt de la coutume de leur pays, de la pratique constante de leurs concitoyens, que d'une conviction raisonnée. Je ne fais cette remarque que pour vous laisser voir quelle est pour votre fils, dans toutes les parties de sa vie, l'importance de la société qu'il fréquente, et par suite combien il faut être circonspect et prudent sur ce chapitre. La société agit sur lui avec bien plus de force que tout ce que vous pourrez faire d'ailleurs.

DE L'INSTRUCTION

147. Vous vous étonnerez peut-être que je parle de l'instruction en dernier lieu, surtout si j'ajoute qu'elle est à mes yeux la moindre partie de l'éducation. Cette assertion pourra paraître étrange dans la bouche d'un homme d'études; et le paradoxe semblera d'autant plus hardi que l'instruction est ordinairement la principale affaire, sinon la seule, dont on prenne souci en élevant des enfants. Quand on parle d'éducation, l'instruction est presque la seule chose qu'on ait en vue. Quand je considère quelle peine on se donne pour apprendre un peu de latin et de grec, combien d'années on emploie à ce travail, que de bruit on fait et quel mal on se donne pour un résultat nul, je ne puis m'empêcher de penser que les parents vivent encore eux-mêmes dans la crainte du maître d'école et de ses verges, et que le fouet reste à leurs yeux le seul instrument d'une éducation dont le seul but serait l'acquisition d'une ou deux langues. Comment s'expliquer autrement qu'ils mettent leurs enfants à la chaîne comme des galériens, pendant sept, huit ou dix des plus belles années de leur vie, pour apprendre une ou deux langues, qu'ils pourraient acquérir, je

crois, à bien meilleur marché, avec bien moins d'efforts et de temps, et presque en badinant[1] ?

Pardonnez-moi donc si je dis que la patience m'échappe, quand je vois un jeune gentleman enrôlé dans un troupeau où on le mène à la baguette, comme s'il devait faire toutes ses classes à coups de fouet, *ad capiendum ingenii cultum*[2]. – Mais quoi, dira-t-on, voulez-vous donc qu'il ne sache ni lire ni écrire? Faut-il qu'il soit plus ignorant que le clerc de notre paroisse, qui prend Hopkins et Sternhold[3] pour les plus grands poètes du monde, et qui cependant les rend encore plus mauvais qu'ils ne sont par sa détestable façon de les lire? – N'allez pas, n'allez pas si vite, je vous prie. La lecture, l'écriture, l'instruction, je crois tout cela nécessaire, mais je ne pense pas que ce soit la principale affaire de l'éducation. J'imagine que vous prendriez pour un fou celui qui n'estimerait pas infiniment plus un homme vertueux et sage que le plus accompli des scholars[4]. Ce n'est pas qu'à mon sens l'instruction ne soit d'un grand secours aux esprits bien disposés, pour les rendre sages et vertueux; mais, selon moi, il faut reconnaître aussi que, chez les esprits dont les dispositions sont moins bonnes, elle ne sert qu'à les rendre plus sots ou plus méchants[5]. Je dis ceci afin que

---

1. *Cf.* Montaigne : « C'est un bel et grand adgencement sans doubte que le grec et latin, mais on l'achete trop cher. Je diray icy une façon d'en avoir meilleur marché que de coustume... », *Essais*, livre I, XXV, p. 173. Et Montaigne raconte comment son père lui fit apprendre le latin en plaçant auprès de lui des domestiques qui ne lui parlaient que latin.

2. « ... Pour assurer la culture de l'esprit ».

3. Poètes anglais à peu près inconnus.

4. Le mot anglais *scholar* désigne très expressivement un homme d'école, un pédant.

5. Quoiqu'il faille savoir gré à Locke d'avoir repris en Angleterre au dix-septième siècle la guerre que Montaigne avait déjà faite au seizième contre le pédantisme et les pédants, « dont la teste est plustost bien pleine que bien faicte », nous ferons observer qu'il méconnaît à tort l'efficacité morale de l'instruction; elle ne moraliserait d'après lui que les esprits naturellement bien

le jour venu où, préoccupé de l'éducation de votre enfant, vous chercherez un maître d'école ou un précepteur, vous ne lui demandiez pas seulement, comme c'est l'usage, de savoir le latin et la logique. L'instruction est nécessaire, mais elle ne doit être placée qu'au second rang, comme un moyen d'acquérir de plus grandes qualités. Cherchez donc quelqu'un qui sache discrètement former les mœurs de son élève; mettez enfin votre enfant en telles mains que vous puissiez, dans la mesure du possible, garantir son innocence, développer et nourrir ses bonnes inclinations, corriger doucement et guérir les mauvaises, et lui faire prendre de bonnes habitudes. C'est là le point important. Une fois qu'on y a pourvu, l'instruction peut être acquise par-dessus le marché, et, selon moi, dans des conditions aisées, par des méthodes qu'il est facile d'imaginer.

La lecture

148. Lorsque l'enfant sait parler, c'est le moment de commencer à lui apprendre à lire. Mais sur ce point, laissez-moi répéter ici ce qu'on est très disposé à oublier : il faut bien prendre garde que la lecture ne devienne un travail pour lui et que l'enfant ne la considère comme une tâche. Nous aimons naturellement la liberté, comme je l'ai dit, et cela dès le berceau. Il y a quantité de choses qui ne nous inspirent de l'aversion que parce qu'elles nous ont été imposées. J'ai toujours pensé que l'étude pouvait devenir un jeu, une récréation pour les enfants, et qu'il y avait moyen de leur inspirer le désir d'apprendre, si on leur présentait l'instruction comme une chose honorable, agréable, récréative, ou comme une récompense qu'ils méritent pour avoir fait autre chose, si enfin on avait soin de ne jamais les gronder ou les corriger pour s'être négligés sur ce

disposés, comme la géométrie, a-t-on dit, ne redresse que les esprits droits. Je crois au contraire que l'instruction aux mains d'un maître habile est une arme puissante contre les mauvais instincts.

point. Ce qui me confirme dans cette opinion, c'est que, chez les Portugais, apprendre à lire et à écrire est à tel point un mode, un objet d'émulation pour les enfants, qu'on ne peut les empêcher d'y travailler. On les voit s'apprendre à lire les uns aux autres, et y mettre autant d'ardeur que si cela leur était défendu. Je me rappelle qu'un jour, me trouvant dans la maison d'un de mes amis, dont le plus jeune fils, un enfant encore en robe, répugnait à prendre sa leçon (c'est sa mère qui lui montrait à lire), je m'avisais de chercher s'il n'y aurait pas moyen de lui présenter la lecture autrement que comme un devoir. À cet effet, après nous être concertés, dans une conversation tenue à ses oreilles, mais sans avoir l'air de nous occuper de lui, nous déclarâmes que c'était le privilège et l'avantage des fils aînés d'aller à l'école; que l'étude faisait d'eux des hommes accomplis et que tout le monde aimait; que pour les cadets c'était par faveur qu'on les autorisait à s'instruire; que leur apprendre à lire et à écrire, c'était leur accorder plus qu'il ne leur était dû; qu'ils pouvaient, s'ils le voulaient, rester ignorants comme des paysans et des rustres. Cela fit une telle impression sur l'enfant que dès lors il désira s'instruire; il allait de lui-même trouver sa mère pour apprendre, et ne laissait pas sa bonne tranquille qu'elle ne lui eût fait répéter sa leçon. Je ne doute pas qu'on ne puisse employer avec d'autres enfants des moyens analogues, et, une fois leur caractère connu, insinuer dans leur esprit certaines idées qui les disposent à désirer d'eux-mêmes l'étude, à la rechercher comme une sorte de jeu ou de récréation. Mais alors, comme je l'ai déjà dit, il ne faut jamais leur imposer l'étude comme une tâche, ni en faire un trouble-fête. On peut employer des dés ou autres jouets, sur lesquels seront gravées les lettres, pour apprendre l'alphabet aux enfants tout en jouant; et trente autres

méthodes peuvent être imaginées, qui, appropriées au caractère particulier des enfants, font de cette étude un jeu pour eux [1].

149. C'est ainsi qu'on peut, sans qu'ils s'en doutent, faire
connaître les lettres aux enfants, leur apprendre à lire sans
qu'ils y voient autre chose qu'un jeu, et les divertir par une
étude pour laquelle les autres enfants de leur âge sont fouettés.
Il ne faut rien imposer aux enfants qui ressemble à un travail ou
à une chose sérieuse : ni leur esprit, ni leur corps, ne sauraient
s'en accommoder. Leur santé s'en trouve mal, et d'autre part,
c'est parce qu'on les a forcés, parce qu'on les a assujettis à la
lecture, à un âge ennemi de toute gêne, que la plupart d'entre
eux, je n'en doute pas, conçoivent pour les livres et pour l'étude
une haine qui dure toute leur vie. C'est comme une indigestion, qui laisse après elle un dégoût que rien n'effacera jamais.

150. J'ai donc pensé que si les jouets, au lieu de ne tendre
à rien comme maintenant, tendaient à ce but d'instruction, on
pourrait trouver des expédients pour apprendre à lire aux
enfants sans qu'ils crussent faire autre chose que jouer [2]. Par
exemple, pourquoi ne fabriquerait-on pas une boule d'ivoire,
comme celle dont on se sert dans le jeu de la loterie du *Royal-
Oak* [3], une boule qui aurait trente-deux faces, ou plutôt vingt-
quatre ou vingt-cinq ; sur plusieurs côtés on collerait un A, sur
d'autres un B, sur d'autres un C, sur d'autres enfin un D. Je

---

1. Quintilien recommandait déjà comme moyen d'apprendre à lire
l'emploi des lettres en ivoire.

2. C'est ce que conseillait déjà Érasme : « Quant à la lecture et à l'écriture,
dont l'apprentissage est quelque peu fastidieux, le maître en atténuera ingénieu-
sement l'ennui par l'artifice d'une méthode attrayante… Les anciens nous en
ont montré les moyens. Ils moulaient en forme de lettres des friandises aimées
des enfants et leur faisaient ainsi avaler l'alphabet. "Dis-moi le nom de cette
lettre et je te la donnerai". Ou bien on faisait sculpter des lettres en ivoire qui
servaient de jouet à l'enfant, ou bien on destinait à cette fin telle autre chose dont
l'enfant faisait son amusement ».

3. La première loterie du *Royal-Oak* fut organisée sous le règne
d'Elisabeth I.

voudrais que l'on commençât par ces quatre lettres, ou peut-être par deux seulement. Lorsque l'enfant les connaîtrait parfaitement, on en ajouterait une autre, et ainsi de suite, jusqu'à ce que, chaque côté contenant sa lettre, l'alphabet entier y eût passé. Je voudrais que d'autres personnes jouassent avec cette boule devant lui, et qu'il fût convenu, en manière de jeu, que celui-là aurait gagné qui tirerait le premier un A ou un B, comme avec les dés on tire six ou sept. Jouez donc à ce jeu devant l'enfant, mais sans l'engager à y prendre part, de peur qu'il n'y voie un travail. Je voudrais même qu'il n'eût jamais entendu parler de ce jeu que comme d'un jeu de grandes personnes, et je ne doute pas qu'alors il ne s'y mît de lui-même. Et pour qu'il ait le plus de raisons possibles de n'y voir qu'un jeu, auquel on lui fait quelquefois la faveur de l'admettre, ayez soin, la partie terminée, de mettre la boule en lieu sûr, hors de sa portée : de la sorte il ne s'en dégoûtera pas, comme d'une chose qu'il aurait sans cesse à sa disposition.

151. Afin de maintenir son goût pour ce jeu, laissez-lui croire que c'est un jeu de personnes au-dessus de son âge ; et lorsque, par ce moyen, il saura ses lettres, vous pourrez, en les remplaçant par des syllabes, achever de lui apprendre à lire, sans qu'il sache comment il y est parvenu, sans que cela lui ait valu la moindre réprimande ou causé la moindre peine, surtout sans qu'il ait pris en aversion les livres, pour les mauvais traitements et les ennuis dont ils auraient été la source. Les enfants, si vous voulez bien les observer, se donnent beaucoup de mal pour apprendre plusieurs jeux, qu'ils détesteraient comme une occupation et une tâche, si on les contraignait à s'y appliquer. Je connais une personne de qualité (plus honorable encore par sa science et sa vertu, que par sa naissance et sa haute situation), qui en collant les six voyelles (car y est une voyelle dans la langue anglaise) sur les six côtés d'un dé, et les dix-huit consonnes sur les côtés de trois autres dés, a fait pour ses

enfants un jeu, où celui-là gagne qui, à chaque coup, jette le plus de mots avec ces quatre dés. De cette façon le plus jeune de ses fils, un enfant encore en robe, s'est fait un divertissement d'apprendre à épeler avec la plus grande ardeur, et sans avoir été une seule fois grondé ou contraint.

152. J'ai vu des petites filles qui employaient plusieurs heures et se donnaient beaucoup de mal pour devenir habiles au jeu de *Dibstone*[1], comme elles l'appellent. Pendant que je les regardais, je vis qu'il aurait suffi d'un léger artifice pour leur faire mettre toute cette activité au service d'une occupation plus utile; et il me semblait que, s'il n'en était pas ainsi, la faute en retombait sur la négligence des parents. Les enfants sont beaucoup moins disposés à la paresse que les hommes, et c'est aux hommes qu'il faut faire le reproche de n'avoir pas su tourner une partie au moins de ce goût d'activité vers des occupations utiles, qui peuvent généralement devenir aussi attrayantes pour les enfants que le sont celles qui prennent leur temps, si les hommes étaient seulement de moitié aussi empressés à leur montrer la route que ces petits singes le sont à les suivre. J'imagine que quelques sages portugais ont autrefois mis en honneur chez eux ces méthodes : ce qui fait, comme on le raconte et comme je l'ai déjà dit, que les enfants de ce pays sont si impatients d'apprendre à lire et à écrire, qu'il est impossible de les en empêcher. De même dans certaines provinces de France on voit les enfants, presque dès le berceau, s'exercer les uns les autres à danser et à chanter.

153. Quant aux lettres que l'on collera sur les côtés des dés ou des polygones, le mieux sera qu'elles aient la dimension de celles d'une bible in-folio; et il ne faut y mêler aucune lettre majuscule. Une fois que l'enfant pourra lire ce qui est imprimé en caractères de ce genre, il ne mettra pas beaucoup de temps à

1. C'est le jeu qui consiste à ramasser par terre une pierre avec assez de rapidité pour avoir le temps de saisir une autre pierre qu'on a déjà jetée en l'air.

apprendre les autres lettres. Au début il est bon de ne pas l'embarrasser par la variété des caractères. Avec ces sortes de dés vous pouvez avoir aussi un jeu tel que le *Royal-Oak*, ce qui introduira un nouvel élément de plaisir, et l'y faire jouer pour des cerises, pour des pommes [1], etc.

154. Ceux qui approuvent cette méthode pourront encore avec les lettres inventer vingt autres jeux, et les appliquer au même usage, s'ils le veulent. Mais le jeu des quatre dés, tel que je l'ai exposé, me paraît si commode et si utile, qu'il serait peut-être difficile d'en trouver un meilleur, et qu'il est à peine nécessaire d'en chercher un autre.

155. J'en ai assez dit sur les méthodes de lecture. Mais n'oubliez pas qu'il ne faut pas contraindre les enfants à lire par force, ni les gronder pour cela. Attirez-les, si vous pouvez, par quelque artifice; mais ne leur faites pas de la lecture un devoir forcé. Il vaut mieux leur laisser mettre un an de plus pour apprendre à lire que de s'exposer, en les pressant trop, à les dégoûter pour jamais de l'étude. Si vous avez quelque reproche à leur adresser, que ce soit pour des choses importantes, relatives à la véracité ou aux bons sentiments, mais ne les tourmentez pas pour l'A.B.C. Employez votre adresse à rendre leur volonté souple, docile à la raison; apprenez-leur à aimer l'honneur et la louange; à s'offenser d'être traités avec mépris ou avec indifférence, surtout par leur mère, par vous : et tout le reste ira de soi. Mais, si vous voulez atteindre ce résultat, vous ne devez pas, selon moi, les fatiguer et les troubler par des règles qui portent sur des choses indifférentes, ni les réprimander pour des fautes légères ou même pour quelques-unes de celles qui pourraient paraître graves à d'autres personnes. Mais je me suis déjà assez étendu sur ce sujet.

---

1. « Si vous voulez promptement apprendre à lire aux enfants, mettez une dragée sous chacune de leurs lettres » (Bernardin de Saint-Pierre).

156. Lorsque, grâce à ces méthodes attrayantes, l'enfant commence à savoir lire, mettez-lui dans les mains quelque ouvrage agréable, proportionné à son intelligence, dont l'agrément puisse attirer le petit lecteur et le récompenser de sa peine, mais qui cependant ne lui farcisse pas la tête de fictions absolument vaines, et surtout ne lui insinue pas dans l'esprit des germes de vice et de folie. À cet effet, je pense que le meilleur livre sera le recueil des *Fables* d'Esope[1]. Ce sont là en effet des histoires propres à charmer et à amuser l'enfant, et qui en même temps contiennent des réflexions utiles pour un homme fait. S'il les garde dans sa mémoire pendant le reste de sa vie, il ne sera pas fâché de les y retrouver, parmi ses pensées d'homme et ses graves préoccupations. Si son exemplaire d'Esope contient des illustrations, cela l'amusera encore plus, et l'encouragera à lire, à condition pourtant que ces images soient de nature à accroître ses connaissances[2]. Car c'est en vain et sans aucun intérêt que les enfants entendent parler des objets visibles, s'ils n'en ont pas l'idée ; et cette idée, ce ne sont pas les mots qui peuvent la leur donner, ce sont les choses elles-mêmes ou les images des choses[3]. Dès que l'enfant

1. Locke n'est pas de l'avis de Rousseau, qui condamne absolument l'usage des fables, et qui proscrit même celles de La Fontaine, « toutes naïves et charmantes qu'elles sont ». Rousseau prétend que l'apologue « en amusant les enfants, les abuse, que séduits par le mensonge ils laissent échapper la vérité, et que ce qu'on fait pour leur rendre l'instruction agréable les empêche d'en profiter. Il faut dire la vérité nue aux enfants », *Émile*, livre II, p. 352.

2. Comme Comenius, l'auteur de l'*Orbis sensualium pictus* (1657), le premier livre élémentaire d'images qui ait été mis entre les mains des enfants, Locke recommande les illustrations. Seulement il ne dit pas qu'elles ont, outre le mérite d'accroître nos connaissances, celui de « récréer l'imagination et de développer les facultés esthétiques », Préface du *Janua linguarum*, 1628-1631.

3. *Cf.* Comenius : « Puisque les mots sont les signes des choses, si on ne cognoit pas les choses, que signifieront-ils ? Qu'un enfant me sçache réciter un million de mots, s'il ne les sçait pas appliquer aux choses, à quoy lui servira tout ce grand appareil ? ».

commence à épeler, il convient donc de lui montrer autant de figures d'animaux qu'on peut en trouver, avec leurs noms inscrits au-dessous de l'image, ce qui à la fois l'excite à lire et lui donne l'occasion de questionner et de s'instruire. Le livre anglais intitulé *Reynard the Fox*[1], peut aussi, je crois, servir au même but. Si de plus ceux qui l'entourent lui parlent souvent des histoires qu'il a lues, et l'écoutent quand il en parle, ce sera, sans compter d'autres avantages, un nouvel encouragement qui lui rendra la lecture plus attrayante, puisqu'il y trouvera plaisir et profit. Ces procédés engageants sont complètement négligés dans la méthode ordinaire; il faut par suite beaucoup de temps pour que les enfants reconnaissent l'agrément ou l'utilité de la lecture et qu'ils s'y sentent attirés par ces raisons, de sorte qu'ils ne voient au début dans les livres que des amusements à la mode, ou des objets ennuyeux qui ne servent à rien.

157. Il est nécessaire assurément que l'enfant apprenne par cœur le *Pater Noster*, le *Credo* et les dix commandements, mais non en les lisant lui-même dans un alphabet; il vaut mieux, selon moi, qu'il les apprenne en les entendant répéter par quelqu'un, avant même de savoir lire. Apprendre par cœur et apprendre à lire sont deux choses qu'il ne faut pas mêler, de peur que l'une ne nuise à l'autre. Il faut que cette étude de la lecture cause le moins de peine, le moins d'ennui qu'il se pourra. Je ne sais pas s'il y a d'autres livres anglais du genre de ceux que j'ai cités, et qui puissent exciter l'intérêt des enfants, les engager à lire. Mais je suis disposé à croire que, les enfants ayant été généralement soumis aux méthodes des écoles, où

1. *Reynard le Renard*. Imitation anglaise du fameux poème allégorique qui sous des formes diverses, en France, en Allemagne, eut tant de succès au moyen âge. C'était une satire de la vie humaine et de la société féodale. Elle date dans sa rédaction primitive du XIIe siècle. Mais une multitude de versions parurent dans les siècles suivants. Le héros du poème s'appelait Reinhard; il symbolisait la ruse, l'astuce, la fourberie, et c'est de là qu'est venu notre mot français *renard*.

l'on emploie le fouet pour les contraindre par la peur, où l'on ne se préoccupe pas de leur rendre le travail agréable et engageant, les bons livres de ce genre, confondus avec un tas d'autres livres ridicules, et il y en a de toutes espèces, ont eu jusqu'à présent la mauvaise fortune de n'être pas remarqués. Je ne sache pas que l'on ait fait usage jusqu'à présent d'aucun livre de ce genre, en dehors du Syllabaire, du Psautier, du nouveau Testament et de la Bible.

158. Pour la Bible, qu'on emploie d'ordinaire avec les enfants, afin d'exercer et de développer leur talent de lecteurs, je pense que la lecture complète et indiscrète de ce livre, dans la suite de ces chapitres, est si loin d'être avantageuse aux enfants, soit pour les perfectionner dans la lecture, soit au point de vue des principes de la religion, que peut-être il serait impossible de trouver un livre pire. En effet, quel encouragement peut-il y avoir pour un enfant à lire dans un livre où il y a tant de parties qu'il ne comprend point? Combien sont peu proportionnées à l'esprit des enfants des lectures telles que les Lois de Moïse, le Cantique de Salomon, les Prophéties de l'Ancien et du Nouveau Testament, les Épîtres et l'Apocalypse? Et les Quatre Évangiles eux-mêmes, avec les Actes des Apôtres, bien qu'ils soient plus aisés à comprendre, sont tout à fait disproportionnés à l'intelligence enfantine. J'accorde que les principes de la religion doivent être recueillis dans ces livres, et dans les termes mêmes dont se sert l'Écriture : mais rien ne doit être proposé à un enfant qui ne soit à sa portée et approprié à ses connaissances. Combien on s'écarte de cette règle quand on fait lire la Bible en entier, et cela pour apprendre à lire ! Quel étrange chaos de pensées doit contenir le cerveau d'un enfant, en supposant même qu'il soit capable à cet âge d'avoir des pensées exactes sur les choses de la religion, lorsque, dès ses plus tendres années, il a lu toutes les parties de la Bible indistinctement.

159. Puisque j'ai abordé cette question, laissez-moi ajouter qu'il y a assurément dans l'Écriture certaines parties qui sont très propres à être mises dans les mains des enfants, pour leur faire aimer la lecture : de ce nombre sont les histoires de Joseph et de ses frères, de David et de Goliath, de David et de Jonathan[1], etc. Il en est d'autres qu'ils doivent lire pour leur instruction, comme cette maxime : « Faites aux autres ce que vous voudriez qu'on vous fît à vous-mêmes »[2], et tant d'autres règles morales, simples et claires, qui, convenablement choisies, peuvent être souvent employées, soit pour la lecture soit pour l'instruction. Qu'ils les lisent jusqu'à ce qu'elles soient profondément gravées dans leur mémoire ; et alors, quand leur esprit sera mûr pour les comprendre, qu'on les leur représente, dans des occasions convenables, comme les règles sacrées et immuables de leurs actions et de leur vie. Mais lire indifféremment toutes les parties de l'Écriture, voilà ce qui serait, je crois, tout à fait déplacé dans la première instruction de l'enfant, jusqu'à ce que, ayant été instruits de ce qu'elle contient de plus essentiel et de plus clair, ils aient une idée générale de ce qu'ils doivent principalement croire et pratiquer. C'est d'ailleurs dans les termes mêmes de l'Écriture qu'il faut leur apprendre ces choses, et non dans les paraphrases que des hommes, préoccupés par l'esprit de système et par de vaines analogies, peuvent être tentés d'employer dans ce cas et de leur imposer comme articles de foi. Pour échapper à cet inconvénient le docteur Worthington a composé un catéchisme, où toutes les réponses sont faites dans les propres

1. Il est certain que les histoires de la Bible, si on les expurge de quelques détails, sont de nature à intéresser l'imagination des enfants, comme tous les récits empruntés aux peuples primitifs.

2. « L'Université, dit Rollin, a ordonné que dans toutes les classes les écoliers réciteraient chaque jour quelques sentences tirées de l'Écriture Sainte, afin que les autres études soient assaisonnées par ce divin sel », *Traité des études*.

termes de l'Écriture[1]. C'est un bon exemple qu'il a donné, et dans son travail les mots ont une telle précision, qu'il ne peut y avoir de chrétien qui veuille se dérober au devoir de le faire apprendre à son enfant. Dès que l'enfant saura la prière dominicale, le credo et les dix commandements, il faudra lui poser une des questions de ce catéchisme, chaque jour ou chaque semaine, selon qu'il sera plus ou moins capable de la comprendre et de la retenir. Lorsqu'il saura parfaitement par cœur ce catéchisme, de façon à répondre aisément et rondement à toutes les questions qui y sont contenues, il conviendra de lui enseigner les autres préceptes de morale semés çà et là dans la Bible. Ce sera pour sa mémoire le meilleur des exercices; ce seront aussi des règles qui devront toujours le guider, et qu'il aura toujours sous la main pour la conduite de toute sa vie.

L'écriture

160. Lorsque l'enfant sait bien lire l'anglais, il est temps qu'il apprenne à écrire[2]. Et ici la première chose à lui enseigner, c'est de bien tenir sa plume. Il faut même exiger qu'il fasse cela parfaitement, avant de lui permettre de tracer sur le papier aucun caractère. Car non seulement les enfants, mais toutes les personnes qui veulent bien faire une chose, ne

---

1. Coste, le premier traducteur – et ami – de Locke, fait remarquer que la composition de ce catéchisme n'est pas encore une garantie d'impartialité théologique. Tout dépend en effet de la nature des questions posées.

2. Il n'est nullement nécessaire d'attendre que l'enfant sache parfaitement lire pour commencer les leçons d'écriture.

Mais Locke obéissait ici aux habitudes de son temps. Il n'était permis alors d'aborder l'étude de l'écriture que quand on avait passé par tous les degrés de la lecture. « Il est nécessaire, dit La Salle, que les écoliers sachent très parfaitement lire, tant le français que le latin, avant que de leur faire apprendre à écrire », *Conduite des Écoles chrétiennes*, 1720.

devraient jamais en trop faire à la fois, ni prétendre se perfectionner en même temps dans les deux parties d'une action, quand il est possible de les séparer. Je pense que la manière italienne, qui est de tenir la plume entre le pouce et le doigt d'après seulement, est la meilleure de toutes. Mais sur ce point vous pouvez consulter quelque bon maître d'écriture, ou toute autre personne qui écrit bien et vite. Lorsque l'enfant sait bien tenir la plume, le second degré est de lui apprendre comment il doit placer son papier, tenir son bras et le reste du corps. Ces pratiques une fois acquises, le moyen d'apprendre à l'enfant à écrire sans trop de peine, c'est d'avoir une planche où soient gravées les lettres dans le caractère que vous aimerez le mieux ; à condition pourtant, ne l'oubliez pas, que ce caractère soit un peu plus gros que celui dont l'enfant se servira ordinairement en écrivant. En effet on se fait bien par degrés à écrire d'un caractère plus fin que celui qu'on avait d'abord appris à former, mais jamais à écrire plus gros. De cette planche ainsi gravée tirez plusieurs exemplaires avec de l'encre rouge sur du bon papier à écrire, de sorte que l'enfant n'ait qu'à repasser sur ces caractères avec une bonne plume trempée dans de l'encre noire [1]. Par là sa main s'habituera vite à tracer ces caractères, si l'on a soin de lui montrer d'abord par où il doit commencer et comment se forme chaque lettre. Lorsqu'il saura bien faire cela, il faudra l'exercer à écrire sur du beau papier blanc, et de cette façon, il arrivera vite à écrire dans le caractère que vous voudrez.

---

1. Ce procédé rappelle celui que pratiquaient les anciens. À Athènes, les maîtres d'écriture traçaient des lettres avec un poinçon sur des tablettes de cire, et l'élève, prenant à son tour le poinçon, suivait à plusieurs reprises les contours tracés dans la cire. Quintilien recommande de même l'usage des tables de bois, où les lettres étaient tracées en creux, de sorte que la main de l'enfant ne risquait pas de s'égarer.

Du dessin

161. Lorsque l'enfant écrit bien et vite, je pense qu'il est à propos, non seulement de continuer à exercer sa main par l'écriture, mais encore de porter plus loin son habileté en lui apprenant le dessin. C'est chose très utile pour un gentleman en maintes occasions, mais surtout quand il voyage : le dessin lui permettra en effet d'exprimer en quelques traits bien assemblés ce qu'il ne pourrait représenter et rendre intelligible, même en couvrant de son écriture toute une feuille de papier. De combien de monuments, de machines, de costumes, un voyageur peut aisément retenir et transmettre l'idée, grâce à un talent même médiocre dans l'art du dessin, tandis que tous ces souvenirs risquent souvent de se perdre ou tout au moins de s'altérer, s'il se contente de les décrire par des mots, la description fût-elle des plus exactes ! Je n'entends pas vous conseiller pourtant de faire de votre fils un peintre consommé : car pour parvenir, dans cet art, même à la médiocrité, il faudrait plus de temps qu'un gentleman ne peut en dérober à d'autres occupations dont l'importance est autrement sérieuse. Mais je crois, qu'il peut, en fort peu de temps, acquérir dans l'art de la perspective et du dessin tout ce qu'il faut pour représenter passablement sur le papier tous les objets qu'il voit, à l'exception des figures : surtout s'il a quelque talent naturel qui l'y dispose. Partout où ce talent fait défaut, il vaut mieux, à moins qu'il ne s'agisse d'études absolument nécessaires, laisser l'enfant tranquille que le tourmenter inutilement. Pour le dessin comme pour toutes les choses qui ne sont pas absolument nécessaires, la règle est *Nil invita Minerva*[1].

---

1. « Ne faites rien malgré Minerve », c'est-à-dire malgré la nature.

La sténographie

La sténographie, cet art qui, à ce que j'entends dire, n'est connu qu'en Angleterre [1], mérite peut-être qu'on l'apprenne aux enfants. Par là, ils pourront à la fois écrire rapidement ce qu'ils ne veulent pas oublier et cacher ce qu'il ne leur convient pas de divulguer à autrui. Quand on a en effet appris les règles générales de cet art, on peut à son gré en varier les procédés pour son propre usage, et y introduire des abréviations plus appropriées au but que l'on poursuit. La méthode de M. Rich est la mieux imaginée de toutes celles que j'ai vues; mais je crois que quelqu'un qui connaîtrait et appliquerait bien les règles de la grammaire n'aurait pas de peine à la rendre encore plus expéditive et plus facile. Il n'est d'ailleurs pas nécessaire de se hâter d'apprendre à l'enfant cette façon abréviative d'écrire. Il sera assez tôt de le faire quand une occasion favorable se présentera d'elle-même, et que depuis quelque temps déjà sa main sera habituée à écrire couramment et en beaux caractères. Les jeunes gens n'ont guère besoin de la sténographie, et il est d'ailleurs indispensable qu'ils n'en fassent usage

1. Locke se trompe. La sténographie a été en usage de temps immémorial chez les peuples de l'antiquité. Chez les Grecs on en attribuait l'invention à Xénophon, mais on dit aussi que Pythagore et Ennius avant lui avaient imaginé un système d'écriture qui permettait de suivre le parler rapide de l'orateur. D'autres écrivains font honneur de cette découverte à Cicéron, qui certainement employait des signes abréviatifs pour son usage personnel et les faisaient employer autour de lui. Dans une lettre à Atticus (*Lettres*, livre XIII, ép. XXII), il rappelle lui-même qu'il écrivait quelquefois « par signes ». Dans les temps modernes, l'un des premiers traités de sténographie fut publié en Angleterre par le Dr Timothée Bright (1588). En 1602, John Willis publia lui aussi son *Art de la sténographie*. La méthode dont parle Locke, et qui avait pour auteur l'Anglais Rich date de 1654. l'Anglais Shelton publia en 1659 un nouveau système de tachygraphie qui fut introduit en France par le chevalier Ramsay, dès 1681. Mais avant Ramsay, un abbé français, Cossart, avait déjà donné un traité sur *L'art d'écrire aussi vite que l'on parle*.

que quand ils savent parfaitement écrire, et qu'ils ont la main rompue à l'écriture.

Les langues étrangères

162. Quand l'enfant sait parler sa langue maternelle [1], il est temps de lui apprendre quelque autre langue. Chez nous, personne n'en doute, c'est le français qu'il faut choisir [2]. La raison en est que dans notre pays on est généralement familiarisé avec la véritable méthode qui convient pour enseigner cette langue, et qui consiste à la parler avec les enfants, toutes les fois qu'on s'entretient avec eux, sans faire intervenir les règles grammaticales. On pourrait apprendre aisément la langue latine par les mêmes procédés, si le maître, restant constamment avec l'enfant, ne lui parlait que latin et l'obligeait aussi à répondre en latin. Mais comme le français est une langue vivante, qui sert davantage dans la conversation, c'est par elle qu'il faut commencer, afin que les organes de la parole, alors qu'ils sont encore souples, puissent être dressés à bien former les sons de cette langue, et s'habituent à bien prononcer le français, chose qui devient plus difficile, plus elle est différée.

Le latin

163. Lorsque l'enfant sait bien parler et bien lire en français, résultat qui peut être atteint d'après cette méthode en un an ou deux, il faut le mettre au latin ; et l'on peut s'étonner que les parents, qui ont vu par expérience comment on

1. Locke qui ne songe guère aux enfants du peuple et qui n'écrit que pour l'éducation du gentleman, passe trop légèrement sur l'étude de la langue maternelle. Son élève l'apprend sans effort, parce qu'il est entouré dès le berceau de gens qui la parlent avec pureté et correction.

2. On voit que Locke place l'étude d'une langue vivante immédiatement après l'étude de la langue maternelle et avant l'étude du latin.

apprenait le français, ne sachent pas comprendre qu'on doit apprendre le latin de la même manière, c'est-à-dire en causant et en lisant. Il faut seulement prendre garde que l'enfant, pendant qu'il apprend les langues étrangères, en les parlant, en ne lisant avec son précepteur que des ouvrages écrits dans ces langues, n'en vienne à oublier de lire l'anglais : inconvénient que sa mère ou tout autre personne préviendra en lui faisant lire chaque jour quelques morceaux choisis de l'Écriture ou d'un autre livre anglais.

164. Je considère le latin comme absolument nécessaire à l'éducation d'un gentleman. La coutume, qui règne en toutes choses, en a si bien fait une partie essentielle de l'éducation qu'on oblige à l'étudier à coups de fouet, en y consacrant péniblement beaucoup d'heures d'un temps précieux, même les enfants qui une fois sortis de l'école n'auront plus rien à démêler avec le latin pendant le reste de leur vie. Peut-il y avoir rien de plus ridicule que de voir un père dépenser son argent et le temps de son fils, pour lui faire apprendre la langue des Romains, alors qu'il le destine au commerce, à une profession où, ne faisant aucun usage du latin, il ne peut manquer d'oublier le peu qu'il en a appris au collège et que neuf fois sur dix il a pris en dégoût, à cause des mauvais traitements que cette étude lui a valus ? Pourrait-on imaginer, si nous n'en trouvions à chaque instant des exemples parmi nous, qu'un enfant fût contraint à apprendre les éléments d'une langue dont il n'aura jamais à se servir dans l'avenir qui lui est réservé, et à négliger pendant ce temps-là des connaissances qui sont du plus grand prix dans toutes les conditions de la vie, qui sont même absolument nécessaires dans la plupart des professions, une bonne écriture et l'art de régler ses comptes ? Mais bien que ces connaissances indispensables au négoce, au commerce et pour les affaires de la vie, ne soient que rarement ou même jamais acquises dans les collèges, c'est là cependant que sont

envoyés, non seulement les cadets de famille, destinés au commerce, mais même des fils de négociants et de fermiers, bien que leurs parents n'aient ni l'intention ni les moyens d'en faire des lettrés. Si vous leur demandez pourquoi ils font ainsi, cela leur paraîtra une question aussi étrange que si vous leur demandiez pourquoi ils vont à l'église. La coutume tient lieu de raison, et pour ceux qui la croient raisonnable elle a si bien consacré cet usage qu'ils l'observent presque comme une loi religieuse; ils y asservissent leurs enfants, comme si, pour recevoir une éducation orthodoxe, il était nécessaire d'avoir étudié la grammaire de Lilly[1].

165. Mais laissons de côté la question de savoir si le latin est nécessaire seulement à quelques enfants, et s'il passe à tort pour l'être même à ceux qui n'auront aucune occasion de s'en servir. Quoi qu'il en soit, la méthode qu'on suit d'ordinaire dans les collèges, pour l'enseigner, est telle qu'après réflexion je ne puis me résoudre à la recommander. Les raisons de la condamner sont si évidentes, si pressantes, qu'elles ont déjà décidé quelques parents éclairés à rompre avec la routine, non sans succès, bien que la méthode qu'ils ont employée ne soit pas précisément celle que je me représente comme la plus facile, et qui se réduirait à ceci: – n'embarrasser l'enfant d'aucune espèce de grammaire, mais simplement, comme on l'a fait pour l'anglais, le faire parler en latin, sans l'accabler de règles. Si vous y réfléchissez, en effet, le latin n'est pas plus étranger à l'écolier que ne l'était l'anglais à l'enfant qui vient de naître: or, il a appris l'anglais sans maître, sans règles, sans grammaire. Il apprendrait de même le latin, tout comme l'a appris Cicéron lui-même, s'il avait toujours auprès de lui

---

1. Grammaire latine qui était classique en Angleterre au temps de Locke. Son vrai titre est: *Brevissima institutio seu ratio grammatices cognoscendi.* Lilly ou Lily était né en 1468 en Angleterre, il mourut en 1523.

quelqu'un qui lui parlât dans cette langue[1]. Puisque nous constatons fréquemment qu'il suffit d'un an ou deux à une institutrice française pour apprendre à nos petites filles à parler et à lire parfaitement le français, et cela sans règles ni grammaire, uniquement en causant avec elles, je ne puis m'empêcher d'être surpris que les parents dédaignent d'employer avec leurs fils la même méthode, et qu'ils les jugent moins capables, moins intelligents que leurs sœurs.

166. Si donc vous pouvez rencontrer un homme qui, parlant bien le latin, reste toujours auprès de votre fils et s'entretienne constamment avec lui dans cette langue, sans lui permettre ni conversation ni lecture qui ne soit en latin, ce sera la vraie méthode. Je la recommande, non seulement comme la plus facile et la plus efficace : car de cette façon un enfant pourra, sans effort et sans fâcherie, acquérir la connaissance d'une langue que les autres enfants n'apprennent d'ordinaire qu'à force de coups et au prix de six ou sept ans de collège ; mais je la recommande encore parce qu'en la suivant l'enfant peut en même temps former son esprit et ses manières, et faire des progrès dans plusieurs sciences, telle que la géographie, l'astronomie, la chronologie, l'anatomie, sans compter certaines parties de l'histoire et en général toutes les connaissances concrètes qui tombent sous les sens et n'exigent guère d'autre faculté que la mémoire. C'est par là en effet que devrait

---

1. C'est la méthode que le père de Montaigne suivit avec son fils. « Feu mon père, ayant faict toutes les recherches qu'homme peult faire, parmy les gens sçavants et d'entendement, d'une forme d'institution exquise, feut advisé de cet inconvénient qui estoit en usage : et luy disoit ou que cette longueur que nous mettions à apprendre les langues est la seule cause pourquoy nous ne pouvons arriver à la grandeur d'ame et de cognoissance des anciens… Tant y a, que l'expedient que mon père y trouva, ce feut qu'en nourrice, et avant le premier desnouement de ma langue, il me donna en charge à un Allemand, du tout ignorant de nostre langue et très bien versé en la latine. Cettuy cy, qu'il avait faict venir exprez, et qui estoit bien cherement gagé, m'avait continuellement entre les bras », *Essais*, livre I, XXVI, p. 173.

commencer l'instruction, si l'on avait souci de suivre la bonne voie; c'est là, dans ces études de choses, qu'il faudrait asseoir les bases de l'éducation, et non dans ces notions abstraites de logique et de métaphysique, qui sont plus propres à amuser qu'à former l'intelligence, au moins dans son premier effort vers la connaissance [1].

Lorsque les jeunes gens se sont quelque temps fatigué le cerveau à suivre ces spéculations abstraites, sans succès et sans progrès, ou tout au moins sans y trouver le profit qu'ils en attendaient, ils ne sont que trop disposés à tenir en piètre estime soit la science, soit leurs propres forces; et alors ils sont tentés de laisser là leurs études, de renoncer aux livres qui ne contiennent, leur semble-t-il, que des mots difficiles et des sons vides de sens, ou tout au moins de conclure que les livres renferment des connaissances réelles qu'ils n'ont pas eux-mêmes assez d'intelligence pour comprendre. Que les choses se passent ainsi, c'est ce que je puis vous affirmer d'après ma propre expérience. Entre autres connaissances qu'il est possible d'inculquer à un jeune homme d'après cette méthode, tandis que les autres enfants de son âge sont entièrement absorbés par l'étude du latin et des langues, je dois compter aussi la géométrie : car j'ai connu un jeune homme, élevé à peu

---

1. C'est l'éducation des choses substituée à l'éducation des mots. Locke devance les pédagogues modernes qu'on appelle *réalistes* et qui se préoccupent surtout de présenter à l'intelligence naissante de l'enfant des objets concrets et sensibles. Coménius était entré dans cette voie dès le dix-septième siècle. Dans la préface du *Janua linguarum* (1631) il disait : « C'est une chose qui parle de soy mesme que la vraye et propre façon d'enseigner les langues n'a pas esté bien recognue és escoles jusques à présent. La pluspart de ceux qui s'adon-noyent aux lettres s'enviellissoyent en l'estude des mots, et on mettoit dix ans et davantage à l'estude de la seule langue latine : voire mesme on y employoit toute sa vie, avec un avancement fort long et fort petit, et qui ne respondoit pas à la peine et au travail qu'on y prenoit ». Mais il n'est pas probable que Locke ait connu Coménius. *Cf.* l'exclamation de Rousseau : « Des choses ! Des choses ! Trop de mots ».

près de cette manière, qui était capable de démontrer plusieurs propositions d'Euclide, bien qu'il n'eût pas treize ans.

167. Mais si vous ne pouvez mettre la main sur un précepteur qui parle bien le latin, qui soit en état d'enseigner à votre fils toutes les connaissances dont j'ai parlé et qui enfin puisse l'élever d'après la méthode que j'ai indiquée, le mieux sera de suivre la méthode qui s'en rapproche le plus : c'est-à-dire de prendre un livre facile et agréable, par exemple les *Fables* d'Esope, et d'écrire sur deux lignes, l'une au-dessus de l'autre, d'une part la traduction anglaise, aussi littérale que possible, de l'autre le mot latin qui correspond à chacun des mots anglais. Faites lire à l'enfant chaque jour cette traduction, en y revenant plusieurs fois, jusqu'à ce qu'il comprenne parfaitement le sens des mots latins ; passez ensuite à une autre fable, jusqu'à ce qu'il la possède aussi parfaitement, sans négliger de revenir sur celle qu'il a déjà apprise, afin de lui rafraîchir la mémoire [1]. Lorsqu'il prend sa leçon d'écriture, donnez-lui ces traductions à copier, de sorte que, tout en exerçant sa main, il fasse aussi des progrès dans la connaissance de la langue latine. Comme cette méthode est plus imparfaite que celle qui consisterait à lui parler latin, il sera nécessaire de lui faire apprendre exactement par cœur, d'abord la formation des

---

1. La méthode que recommande Locke rappelle celle que suivait un siècle auparavant le professeur de la reine Elisabeth, R. Ascham. D'après Ascham, l'enfant apprenait d'abord les huit parties du discours et les règles d'accord ; cela fait, il fermait sa grammaire et prenait un livre latin facile, les *Épîtres* de Cicéron, par exemple. Le maître expliquait le sujet d'une épître ; puis il la traduisait en anglais aussi souvent qu'il était nécessaire pour que l'enfant se rendît compte de tous les mots. L'enfant répétait l'exercice ; puis quand il le possédait parfaitement, il transcrivait sur son cahier la traduction anglaise du mot latin. Au bout d'une heure on lui enlevait le texte et il remettait en latin son propre anglais. Locke semble s'être inspiré de cette méthode et y ajoute le système de la traduction juxta linéaire. C'est ce procédé de traduction mot à mot que recommandait aussi Dumarsais, dans sa *méthode raisonnée pour apprendre la langue latine*, Paris, 1722.

verbes, ensuite les déclinaisons des noms et des pronoms, et de l'aider ainsi à se familiariser avec le génie et les usages de la langue latine, qui, pour marquer les diverses significations des verbes et des noms, a recours, non pas comme les langues modernes, à des particules et à des préfixes, mais à des terminaisons différentes des mots. C'est tout ce qu'il lui faut de grammaire, selon moi, jusqu'au temps où il pourra lire lui-même la *Minerve*[1] de Sanctius avec les notes de Scioppius et de Périzonius.

Une autre règle, qui, je crois, doit être observée dans l'instruction des enfants, c'est, s'ils viennent à rencontrer quelque difficulté, de ne pas les embarrasser davantage, en les obligeant à se tirer d'affaire eux-mêmes. Par exemple, ne leur posez pas des questions comme celles-ci, à propos de la phrase qu'ils sont en train de construire : « Quel est le cas nominatif ? ». Ne leur demandez pas ce que signifie *aufero*, pour les amener à comprendre le sens de *abstulere*, etc., alors qu'ils ne sont pas encore en état de répondre sans effort. C'est leur faire perdre du temps et en même temps les troubler : car, lorsque les enfants sont en train d'étudier et s'appliquent au travail de toutes les forces de leur attention, il faut avoir souci de les tenir en belle humeur[2] ; il faut leur rendre l'étude facile et aussi agréable que possible. C'est pourquoi, s'il leur arrive d'être arrêtés par une difficulté et qu'ils veuillent aller plus loin,

---

1. La *Minerve* de Sanctius, qui parut en 1587, à Salamanque, est une grammaire latine remarquable pour l'époque, et dont le succès fut durable. Son auteur, Sanchez ou Sanctius, professait le grec et la rhétorique à l'Université de Salamanque. Le titre exact de sa grammaire est : *Minerva seu de causis linguæ latinæ*. Sioppius, philologue allemand (1576-1649) et Périzonius, professeur d'histoire et d'éloquence à Francfort (1651-1715) ont donné l'un et l'autre des éditions, revues et augmentées, de la Minerve de Sanctius. Celle de Périzonius, qui date de 1687, venait de paraître à l'époque où Locke écrivait.

2. C'est le mot de Lancelot et des jansénistes qui s'efforçaient aussi d'égayer les enfants, de les mettre en « belle humeur ».

aidez-les tout de suite à la surmonter, sans les rebuter ni les gronder. Rappelez-vous que des procédés plus sévères, toutes les fois qu'on les emploie, témoignent seulement de l'orgueil ou de la mauvaise humeur d'un maître, qui exige que des enfants comprennent les choses à l'instant et aussi bien que lui, tandis qu'il devrait plutôt considérer que son rôle est de leur donner de bonnes habitudes, et non de leur inculquer avec colère des règles qui servent à peu de chose dans la conduite de la vie, qui surtout ne servent de rien aux enfants, puisque les enfants ne les ont pas plutôt entendues qu'ils les oublient. Dans les sciences où il s'agit d'exercer la raison, je ne nie pas qu'on puisse parfois changer quelque chose à cette méthode et proposer les difficultés à l'enfant, afin d'exciter son activité et d'accoutumer l'esprit à déployer ses propres forces, sa saga-cité de raisonnement. Mais je crois qu'il ne faut pas procéder ainsi avec les enfants, tant qu'ils sont très jeunes et lorsqu'ils abordent pour la première fois un ordre nouveau de connais-sances ; dans ce cas en effet, chaque chose est déjà difficile par elle-même, et le grand art, l'habileté du maître, est de leur rendre toutes choses aussi aisées qu'il le peut. Or l'étude des langues est de celles qui offrent le moins d'occasions d'embar-rasser l'enfant. Les langues en effet s'apprennent par routine, par habitude, par mémoire, et on ne les parle parfaitement bien que lorsqu'on a entièrement oublié les règles de la grammaire. J'accorde qu'il faut quelquefois étudier avec grand soin la grammaire d'une langue, mais cela ne convient qu'à des hommes faits qui veulent comprendre une langue en philo-sophes et en critiques, ce qui n'est guère l'affaire que des seuls érudits. Quant à un gentleman, on accordera, je pense, que, s'il doit étudier à fond une langue, cela ne peut être que la langue de son pays, afin qu'il puisse se rendre compte avec une exactitude parfaite de la langue dont il se sert constamment.

Il y a une autre raison pour que les professeurs et les maîtres ne multiplient pas les difficultés sous les pas de leurs élèves, pour que, au contraire, ils leur aplanissent les voies et les aident à franchir les obstacles. L'esprit des enfants est faible, étroit, et ne peut en général contenir qu'une idée à la fois. Tout ce qui occupe l'esprit des enfants les absorbe entièrement pour un temps, surtout si la passion s'en mêle. Il appartient donc à l'habileté et à l'art du professeur de débarrasser leur cerveau de toute autre pensée, avant de leur donner quelque chose à étudier et de faire la place nette pour les connaissances qu'il veut leur communiquer, afin qu'elles soient reçues par un esprit attentif et appliqué. Si cette condition n'est pas remplie, elles ne laisseront pas d'impression. La nature des enfants les dispose à laisser flotter leurs pensées[1]. C'est la nouveauté seule qui leur plaît; toute chose nouvelle qui s'offre à eux, ils veulent immédiatement en jouir, mais ils s'en fatiguent aussi vite. Ils se dégoûtent promptement d'une même occupation, et le plaisir consiste presque exclusivement pour eux dans le changement et la variété. C'est donc contrarier évidemment les dispositions naturelles de l'enfance que de vouloir fixer ses pensées errantes. Que ce soit l'effet de l'état du cerveau, ou de l'inconstance et de la mobilité des esprits animaux, sur lesquels l'intelligence n'exerce pas encore un empire absolu, il est certain, en tout cas que c'est chose pénible pour l'enfant de retenir sa pensée sur le même objet. Une attention prolongée est la tâche la plus rude qu'on puisse lui imposer[2], et par

1. Tous les observateurs de l'enfance ont insisté sur cette mobilité, cette fragilité de l'attention chez l'enfant. *Cf.* par exemple, Fénelon : « Le cerveau des enfants est comme une bougie allumée dans un lieu exposé au vent : sa lumière vacille toujours », *Éducation des filles*, chap. V.

2. L'attention, étant en effet un effort de l'esprit, une manifestation de la volonté, ne peut guère se prolonger chez l'enfant. C'est le degré de l'attention qui mesure la force de l'intelligence. Les aliénistes ont remarqué que la fai-

conséquent, si l'on veut exiger de lui qu'il applique son esprit, il faut s'efforcer de lui rendre aussi agréable que possible l'étude qu'on lui propose ; tout au moins faut-il prendre garde qu'il ne s'y mêle aucune idée déplaisante ou effrayante. S'il n'a aucun goût à prendre ses livres et n'y trouve aucun plaisir, on ne doit pas s'étonner que ses pensées tendent constamment à se détourner d'une étude qui le dégoûte, et qu'elles cherchent à se distraire en se reportant sur des objets plus agréables et autour desquels son imagination ne peut s'empêcher de rôder.

C'est, je le sais, une méthode familière aux précepteurs, pour essayer d'obtenir l'attention des écoliers et de fixer leurs esprits sur ce qu'ils leur enseignent, de recourir aux réprimandes et aux châtiments, pour peu qu'ils les surprennent en flagrant délit de distraction. Mais de pareils procédés produisent nécessairement l'effet contraire. Les coups, les paroles violentes du précepteur remplissent de terreur et d'effroi l'esprit des enfants, et ces sentiments s'emparent de leur pensée tout entière, n'y laissant point de place pour d'autres impressions. Je suis persuadé que tous mes lecteurs se rappelleront quel désordre causaient dans leurs esprits les paroles vives ou impérieuses de leurs parents ou de leurs maîtres, et comment ils en étaient si troublés que pendant plusieurs minutes ils pouvaient à peine comprendre ce qu'on leur disait ou ce qu'ils disaient eux-mêmes. Ils perdaient pour un moment la vue de l'objet qui les occupait ; leur esprit s'emplissait de désordre et de confusion, et dans cet état ils n'étaient plus capables de faire attention à quoi que ce soit.

Sans doute les parents et les gouverneurs doivent donner pour base à leur autorité les sentiments de crainte qu'ils inspirent à leurs enfants ou à leurs élèves, et les gouverner par là. Mais lorsqu'ils ont acquis quelque ascendant sur eux, il

blesse de l'esprit, l'imbécillité, l'idiotie, correspondaient toujours à une grande impuissance d'attention.

convient qu'ils n'en usent qu'avec une extrême modération, et qu'ils ne se transforment pas en épouvantail que les écoliers ne puissent voir sans trembler. Cette rigueur peut rendre le gouvernement plus facile aux maîtres, mais elle rend peu de service aux enfants. Il est impossible que les enfants apprennent quelque chose, lorsque leurs pensées sont dominées et troublées par quelque passion, notamment par la peur qui, plus qu'aucun autre sentiment, fait une profonde impression sur leurs tendres et faibles esprits. Maintenez l'esprit de l'enfant dans un état de calme et de paix, si vous voulez qu'il profite de vos instructions et qu'il acquière de nouvelles connaissances. Il n'est pas moins impossible de tracer des caractères réguliers dans un esprit que la terreur agite qu'il ne le serait d'écrire sur une feuille de papier qui tremble.

Le grand art du professeur est d'obtenir et de garder l'attention de son élève; avec elle il est sûr d'aller aussi loin que le permettront les aptitudes de l'écolier; sans elle, il aura beau se donner du mal et crier, il n'obtiendra rien ou pas grand-chose. Pour gagner l'attention, il doit faire comprendre à l'enfant (autant qu'il est possible) l'utilité de ce qu'il lui enseigne, et lui prouver, par les progrès qu'il a déjà faits, qu'il peut faire maintenant ce qu'il ne pouvait faire auparavant; qu'il a acquis une science qui lui assure quelque autorité et des avantages réels sur ceux qui sont encore dans l'ignorance. À cela il faut joindre beaucoup de douceur dans toutes les instructions; il faut, par je ne sais quelle tendresse manifestée dans toute la conduite, faire comprendre à l'enfant qu'on l'aime, qu'on n'a en vue que son bien. C'est le seul moyen d'exciter en retour l'affection de l'enfant, affection qui l'engagera à écouter les leçons de son maître et à aimer ce qu'il lui enseigne.

Il n'y a que la perversité opiniâtre qui doive être châtiée par un traitement impérieux et dur. Toutes les autres fautes, corrigez-les d'une main douce. Des paroles aimables et enga-geantes produiront sur une bonne nature un effet meilleur et plus sûr, et même préviendront le plus souvent cette perversité qu'une discipline autoritaire et rigoureuse a pour effet d'engen-drer parfois même chez les esprits bien faits et généreux. Oui, l'obstination et les fautes volontaires doivent être réprimées, coûte que coûte et par les coups au besoin. Mais j'incline à croire que la perversité chez l'élève n'est bien souvent que le résultat de la mauvaise humeur chez le maître, et que la plupart des enfants mériteraient rarement d'être battus, si une sévérité inutile et déplacée n'avait pas développé leurs mauvais senti-ments, en leur inspirant une secrète aversion pour leur maître et pour tout ce qui vient de lui.

L'étourderie, la distraction, l'inconstance, la mobilité de la pensée, voilà les défauts naturels de l'enfance. Par conséquent quand ils n'y mettent pas d'intention, il faut ne leur parler qu'avec douceur et compter sur le temps pour triompher de ces défauts. Si chaque faute de cette espèce provoquait une explo-sion de colère et de réprimandes, les occasions de châtier et de gronder reviendraient si souvent que le gouverneur serait un objet de terreur et d'émoi pour ses élèves ; et cela suffirait pour les empêcher de profiter de ses leçons, pour neutraliser tout l'effet de son enseignement.

Il faut donc que le maître tempère la crainte qu'il leur inspire par des marques constantes de tendresse et de bonté, afin que l'affection les excite à faire leur devoir et les dispose à suivre avec plaisir ses volontés. On les verra alors rejoindre leur gouverneur avec empressement ; ils l'écouteront comme un ami, qui prend de la peine pour leur faire du bien. Tout le temps qu'ils resteront avec lui, leur esprit sera libre et calme : dispositions nécessaires pour qu'ils puissent acquérir de

nouvelles connaissances, et pour recevoir ces fortes et durables impressions sans lesquelles tout ce qu'ils font, eux et leurs
maîtres, serait peine perdue ; ils se seraient donné beaucoup de
mal pour un mince profit.

168. Lorsque, par l'application de la méthode qui mêle
l'étude du latin à celle de l'anglais, l'enfant a acquis quelque
connaissance de la langue latine, on peut alors le pousser un
peu plus loin, en lui faisant lire quelque autre auteur latin, par
exemple Justin ou Eutrope[1]. Pour que la lecture et l'intelligence de ces auteurs lui causent le moins d'ennui et le moins de
travail possible, vous pouvez lui permettre, s'il le veut, de
s'aider de la traduction anglaise. Ne vous laissez point troubler
par cette objection que de la sorte il ne saura le latin que par
routine. Si l'on y réfléchit en effet, cette raison, loin d'être
contraire à la méthode que nous recommandons pour l'étude
des langues, est tout à fait en sa faveur. Les langues en effet ne
peuvent être apprises que par routine, et un homme qui ne parle
pas l'anglais et le latin par routine, assez parfaitement pour
que, pensant à la chose qu'il veut dire, il trouve tout de suite
l'expression propre et la construction convenable, sans qu'il
ait besoin de réfléchir aux règles de la grammaire, ne parle pas
bien ces langues, et on ne saurait dire qu'il les possède. Et je
voudrais bien qu'on me désignât une langue que l'on pût
apprendre et parler comme il faut par les seules règles de la
grammaire. Les langues ne sont pas le produit des règles ni de
l'art, elles proviennent du hasard et de l'usage commun du
peuple. Ceux qui les parlent bien ne suivent pas d'autre règle
que l'usage, et ils n'ont pas à s'en rapporter à d'autre faculté
qu'à leur mémoire, et à l'habitude de parler comme parlent

---

1. Justin, écrivain du deuxième siècle, abréviateur de Trogue Pompée ;
Eutrope, écrivain latin du quatrième siècle, auteur d'un *Breviarium historiæ
Romanæ*. Ni l'un ni l'autre ne méritent guère l'honneur que Locke leur fait ici.
Justin cependant est resté longtemps classique.

ceux qui passent pour s'exprimer avec précision. Or tout cela, en d'autres termes, c'est parler par routine.

On me demandera peut-être, si, d'après moi, la grammaire ne sert à rien[1]. Ceux qui ont pris tant de peine pour ramener les diverses langues à des règles et à des lois, qui ont tant écrit sur les déclinaisons et les conjugaisons, sur les règles d'accord et sur la syntaxe, ont-ils donc perdu leur temps et inutilement travaillé ? Je ne dis pas cela. La grammaire a aussi son rôle[2]. Mais je crois pouvoir affirmer qu'on s'en embarrasse beaucoup plus qu'il n'est besoin, et qu'elle ne convient pas du tout à ceux que l'on accable de cette étude, j'entends les enfants de l'âge de ceux qui sont ordinairement soumis à ces épreuves, dans les écoles de grammaire[3].

Il est de toute évidence qu'il suffit d'avoir appris une langue par routine, pour satisfaire aux exigences du commerce ordinaire de la vie et des affaires communes. L'exemple des dames de haute naissance, et des personnes qui ont vécu dans la bonne société, nous prouve que cette méthode simple et naturelle, qui se passe de l'étude ou de la connaissance de la grammaire, peut conduire à un haut degré d'élégance et de politesse. Les dames qui n'entendent rien aux temps et aux modes, aux participes, aux adverbes et aux prépositions, parlent aussi purement et aussi correctement – je ne leur ferai pas le mauvais compliment de dire qu'un maître d'école – que la plupart des gentilshommes qui ont été élevés d'après les

1. *Cf.* sur l'utilité de la grammaire les idées analogues des grammairiens de Port-Royal, notamment l'opinion de Nicole, *Éducation d'un prince*, p. 45 *sq.*

2. « La pensée de ceux qui ne veulent pas du tout de grammaire est une pensée de gens paresseux qui veulent s'épargner la peine de la montrer, et bien loin de soulager les enfants, elle les charge infiniment plus que les règles, puisqu'elle leur ôte une lumière qui leur faciliterait l'intelligence des livres, et qu'elle les oblige d'apprendre cent fois ce qu'il suffirait d'apprendre une seule ».

3. *Grammar school* : c'est le nom donné en Angleterre aux écoles anciennes où le latin et le grec formaient jadis la base des études.

méthodes ordinaires des écoles de grammaire[1]. On voit donc que l'on peut dans certains cas se dispenser de l'étude de la grammaire. Il s'agit par conséquent de savoir à qui il faut enseigner la grammaire, et à quel âge. À ces questions je répondrai :

1) Il y a des hommes qui étudient les langues pour le commerce ordinaire de la société, pour la communication de leurs pensées dans la vie commune, sans avoir le dessein de les faire servir à d'autres usages. À ce point de vue, la méthode naturelle, qui consiste à apprendre une langue par l'usage, non seulement suffit, mais doit être préférée à toute autre, parce qu'elle est la plus courte et la plus simple. On peut donc répondre que, pour ceux qui ne font d'une langue que cet emploi-là, l'étude de la grammaire n'est pas nécessaire. C'est ce que seront obligés d'accorder un grand nombre de mes lecteurs, puisqu'ils comprennent ce que je dis, puisque dans leurs conversations ils comprennent ce que disent leurs interlocuteurs, bien qu'ils n'aient jamais appris la grammaire. Et c'est là, j'imagine, le cas de la plus grande partie des hommes ; je ne sais pas même s'il y en a un seul qui ait appris sa langue maternelle par principes.

2) Il y a d'autres personnes qui ont pour principale affaire dans ce monde de se servir de leur langue et de leur plume. Pour celle-là, il est convenable, sinon nécessaire, qu'elles sachent parler purement et correctement, afin qu'elles puissent faire pénétrer leurs pensées dans l'esprit des autres hommes avec le plus de facilité et de force possible. C'est pour cela que des façons de parler qui n'ont que cette qualité de se faire comprendre, ne passent pas pour suffire à un gentleman. Il faut donc qu'il étudie la grammaire, entre autres moyens d'apprendre à bien parler ; mais ce doit être la grammaire de sa

---

1. *Cf.* le passage de Fénelon où il est dit : « Il faudrait aussi qu'une fille sût la grammaire », *Éducation des filles*, chap. XII ; ce qui semble indiquer que de ce temps-là les femmes ne l'apprenaient guère.

propre langue, de la langue dont il se sert, afin qu'il puisse comprendre exactement les discours de ses compatriotes, et parler lui-même avec pureté, sans choquer les oreilles de ceux auxquels il s'adresse, par des solécismes et par des irrégularités déplaisantes. Pour cela la grammaire est nécessaire, mais c'est seulement, je le répète, la grammaire de notre propre langue, et elle ne l'est que pour ceux qui doivent prendre la peine de cultiver leur langage et de perfectionner leur style. Je laisse à juger si tout gentleman n'est pas de ce nombre, puisque le manque de précision et d'exactitude grammaticale dans le langage passe pour un défaut très malséant chez les personnes de cette condition, et que généralement il expose ceux qui commettent ces fautes au reproche d'avoir reçu une éducation ou fréquenté une compagnie indigne de leur rang. S'il en est ainsi (comme je suis disposé à le croire) il y a lieu de s'étonner que nos jeunes gens soient obligés d'apprendre la grammaire des langues mortes et des langues étrangères, et qu'on ne leur parle pas même une fois de la grammaire de leur propre langue. Ils ne savent même pas qu'il y ait une grammaire anglaise, tant s'en faut qu'on leur fasse un devoir d'en apprendre les règles. On ne leur propose jamais la langue maternelle comme digne de leur nom et de leur étude, bien qu'ils s'en servent tous les jours, et que plus d'une fois, dans la suite de leur vie, ils soient exposés à être jugés d'après leur habileté ou leur maladresse à s'exprimer dans cette langue. Cependant on leur fait employer beaucoup de temps à apprendre les grammaires des langues dont ils n'auront probablement pas à se servir une fois, soit pour les parler, soit pour les écrire, sans compter que si par hasard cela leur arrivait, on leur pardonnerait aisément les erreurs ou les fautes qu'ils pourraient commettre. Un Chinois qui serait informé de cette méthode d'éducation serait sans doute disposé à s'imaginer que tous nos jeunes gens sont destinés à être professeurs de langues mortes et de langues étrangères, et non à être des hommes d'affaires dans leur propre pays.

3) Il y a une troisième catégorie de gens qui s'appliquent à deux ou trois langues étrangères, mortes, et (comme on les appelle chez nous) savantes, qui les prennent pour objet d'étude et qui se font gloire de les connaître à fond. On n'en saurait douter, ceux qui se proposent l'étude d'une langue à ce point de vue, et qui veulent l'approfondir en critiques, doivent étudier avec soin la grammaire de cette langue. Je ne voudrais pas qu'on se méprît sur le sens de mes paroles, et qu'on m'accusât de mépriser le grec ou le latin[1]. J'accorde que ce sont là des langues excellentes et d'une grande utilité; j'accorde que dans cette partie du monde habité un homme ne peut être compté parmi les hommes instruits, si elles lui sont étrangères. Mais toutes les connaissances qu'un gentleman doit recueillir pour son usage chez les écrivains grecs et latins, je crois qu'il peut les obtenir sans étudier les grammaires de ces langues; je crois que par la lecture seule il arrivera à comprendre ces auteurs autant qu'il lui est nécessaire. S'il doit plus tard et dans certaines occasions aller plus loin, s'il doit approfondir la grammaire et les finesses de l'une de ces deux langues, c'est ce qu'il décidera lui-même, lorsqu'il aura à étudier une question qui exige cette connaissance. Mais j'arrive ainsi à la seconde partie de la question, à savoir : *En quel temps doit-on enseigner la grammaire?* D'après les principes déjà posés, la réponse est claire.

---

1. Locke avait appris beaucoup de latin et de grec à l'école de Westminster, où il était « écolier du roi », c'est-à-dire boursier. Les langues anciennes, les versions et les thèmes, les vers latins, à la fin un peu d'hébreu et d'arabe, mais point de connaissances positives, sauf un peu de géographie en été, voilà quel avait été le programme de son éducation classique. Bien qu'il dût critiquer plus tard l'instruction ainsi comprise qui n'enseigne à peu près rien « de ce qu'il faut savoir dans la vie », il avait été un parfait écolier.

Si la grammaire d'une langue doit être enseignée, c'est à ceux qui savent déjà parler cette langue : car autrement comment pourrait-on la leur enseigner? C'est ce qui résulte évidemment de la pratique en usage chez les peuples sages et civilisés de l'antiquité. C'était pour étudier leur propre langue et non les langues étrangères qu'ils faisaient de la grammaire une partie de l'éducation. Les Grecs considéraient comme barbares toutes les autres nations et méprisaient leurs langues. Et bien que les lettres grecques aient été en grand honneur chez les Romains, vers la fin de la République, c'est cependant la langue romaine que les jeunes gens étudiaient; c'est dans la langue dont ils étaient appelés à faire usage qu'on les instruisait et qu'on les exerçait.

Mais pour déterminer avec plus de précision l'époque qui convient à l'étude de la grammaire, je dirai qu'il n'est pas raisonnable d'en faire autre chose qu'une introduction à l'étude de la rhétorique. Lorsqu'on croit le moment venu d'exercer un jeune homme à polir son langage et à parler plus purement que les gens illettrés, c'est alors qu'il est temps de l'instruire des règles de la grammaire et non auparavant. La grammaire en effet apprend, non à parler, mais à parler correctement et selon les règles exactes de la langue. Cette correction est un élément de l'élégance du langage; mais quand on n'a pas grand besoin de l'une, il est évident que l'autre est inutile. En d'autres termes, partout où la rhétorique n'est pas nécessaire, la grammaire peut être laissée de côté[1]. Je ne vois pas pourquoi on irait perdre son temps et se fatiguer le cerveau à apprendre la grammaire latine, quand on n'a pas l'intention de

1. Locke n'admet la nécessité de l'étude de la grammaire que pour ceux qui ont besoin de parler une langue pure et correcte. Mais n'est-ce pas là un besoin universel? Tous les hommes, même ceux qui n'auront jamais à prononcer de discours, auront des lettres à écrire, et pour les écrire correctement, il est difficile de croire qu'ils puissent se passer de l'étude préalable de la grammaire. Rien que pour l'orthographe la grammaire est nécessaire.

devenir un érudit, ou d'écrire des discours et des lettres en latin. Si quelqu'un se trouve engagé par nécessité ou par inclination à approfondir l'étude d'une langue étrangère, à en apprendre exactement toutes les délicatesses, il sera temps alors qu'il l'étudie au point de vue grammatical. Mais tous ceux qui ont seulement pour objectif de comprendre quelques livres écrits en cette langue, sans prétendre à une connaissance critique de la langue elle-même, parviendront à leur but par la lecture seule, comme je l'ai déjà dit, sans avoir besoin de charger leur mémoire des règles nombreuses et subtiles de la grammaire.

169. Pour exercer votre élève à écrire, faites lui de temps en temps traduire en anglais un texte latin. Mais comme l'étude du latin n'est qu'une étude de mots, chose déplaisante à tout âge, joignez-y autant de connaissances réelles que vous pourrez, en commençant par les objets qui frappent le plus les sens : par exemple les minéraux, les plantes, et particulièrement les bois de construction et les arbres fruitiers en indiquant leurs usages et la façon de les planter ; par là vous apprendrez à l'enfant bien des choses qui ne seront pas inutiles à l'homme. Enseignez-lui plus spécialement encore la géographie, l'astronomie, et l'anatomie. Mais quel que soit votre enseignement, ayez soin de ne pas le charger de trop de choses à la fois, de ne pas lui faire une affaire de ce qui ne se rapporte pas directement à la vertu, de ne pas le punir pour ce qui n'est pas un vice ou une disposition vicieuse.

170. Si, après tout, la destinée de votre enfant est d'aller au collège pour y apprendre le latin, il est bien inutile de vous dire quelle est, selon moi, la meilleure méthode à suivre dans les écoles : vous devez en effet vous résigner aux méthodes qui y sont en usage, et vous ne pouvez espérer qu'on les modifie pour votre fils. Cependant, si vous le pouvez, obtenez au moins qu'on ne l'occupe pas à écrire des dissertations latines, et

surtout des vers de quelque espèce qu'ils soient. Faites valoir avec insistance, si vous avez quelque chance de succès, que vous n'avez pas l'intention de faire de lui un orateur ou un poète latin, que vous désirez simplement qu'il soit en état de comprendre parfaitement un auteur latin. Ajoutez que vous n'avez jamais vu les professeurs de langues modernes, et même les plus habiles, obliger leur élèves à composer des discours ou des vers en français ou en italien, leur but étant d'enseigner la langue et non de rendre l'esprit inventif.

Les dissertations[1]

171. Mais expliquons un peu plus au long pourquoi il ne faut pas, selon moi, faire composer à l'enfant des dissertations et des vers[2]. 1) Pour les dissertations, on prétend, je le sais, qu'elles sont utiles, parce qu'elles apprennent à parler avec convenance et élégance sur n'importe quel sujet : ce qui, je l'avoue, serait un grand avantage, s'il était vrai qu'on pût l'acquérir par ce moyen. Il n'y a rien en effet qui convienne mieux à un gentleman, ni qui lui soit plus utile dans toutes les circonstances de la vie, que de savoir, en toute occasion, bien parler et parler à propos. Mais je prétends qu'à faire des dissertations, selon la méthode des collèges, on ne profite pas d'un iota en ce sens. Considérez en effet à quoi est occupé un jeune enfant, quand on lui propose un exercice de ce genre : on le force à discourir sur quelque maxime latine, comme *Omnia vincit amor*, ou *Non licet in bello bis peccare*[3], etc. Et alors le

---

1. Nous traduisons par le mot « dissertation » le mot anglais *theme*. Coste traduit à tort par « discours ». On verra, par les exemples que donne Locke, qu'il s'agit bien de dissertations et non de discours.
2. Locke est un des premiers pédagogues qui aient protesté contre les compositions latines, exercices que les humanistes du seizième siècle et les jésuites surtout ont mis à la mode dans les collèges.
3. « L'amour triomphe de tout ». « Il n'est pas permis à la guerre de commettre deux fautes de suite ».

pauvre enfant, qui n'a aucune connaissance des choses dont il doit parler (connaissance qui ne s'acquiert qu'avec le temps et l'expérience), doit mettre son imagination à la torture pour dire quelque chose, alors qu'il ne pense rien : ce qui rappelle la tyrannie du Pharaon d'Égypte, ordonnant aux Israélites de faire des briques sans leur fournir aucun des matériaux nécessaires. Et aussi, en pareils cas, voit-on d'ordinaire les pauvres petits s'adresser à leurs camarades plus avancés, et leur dire : « Je vous prie, donnez-moi une petite idée ». Et il est difficile de décider si en cela ils sont raisonnables ou ridicules. Pour qu'un élève ait le moyen de discourir sur un sujet quelconque, il faut qu'il connaisse ce sujet, sans quoi il est aussi absurde de l'obliger à en parler, qu'il le serait de contraindre un aveugle à disserter sur les couleurs ou un sourd sur la musique. Ne diriez-vous pas qu'il a l'esprit un peu dérangé, celui qui voudrait forcer à discuter sur un point de droit controversé une personne qui ne connaîtrait pas un mot de nos lois ? Et que connaissent, je vous le demande, nos écoliers aux sujets qu'il est d'usage de leur proposer dans leurs dissertations, comme matière à traiter, sous prétexte d'aiguiser et d'exercer leur imagination ?

172. En second lieu, considérez quelle langue ils sont appelés à employer dans ces dissertations : c'est le latin, une langue étrangère, une langue morte depuis longtemps ; une langue dont votre fils (et il y en a mille contre un qui sont dans le même cas) n'aura jamais occasion de se servir, aussi longtemps qu'il vivra, une fois devenu homme ; une langue enfin où les façons de s'exprimer sont si différentes des nôtres, que, la sût-il parfaitement, cela ne profiterait que très peu à la pureté et à la facilité de son style anglais[1]. De plus, dans

---

1. Locke persiste à voir dans l'utilité seule, dans l'utilité pratique et directe, le critérium du choix des études. Il est bien évident que les langues anciennes sont inutiles à la presque totalité de ceux qui les étudient, si l'on se place à ce point de vue. Mais il reste à savoir si, pour les enfants au moins que leur

quelque partie que ce soit de nos affaires anglaises, il y a si peu
d'occasions de faire des discours d'apparat dans notre propre
langue, que je ne vois aucune raison d'admettre des exercices
de ce genre dans nos écoles, à moins que vous ne supposiez
que composer des discours latins d'apparat soit le moyen
d'apprendre à bien parler en anglais *ex tempore*[1]. Le moyen, je
crois, est plutôt celui-ci : proposez au jeune gentleman des
questions raisonnables et pratiques, appropriées à son âge et
à ses facultés, sur des sujets qui ne lui soient pas totalement
inconnus ni en dehors de son expérience ; de sorte que, quand il
est mûr pour des exercices de cette nature, il puisse après une
courte méditation, parler *ex tempore* sur ce sujet, sans avoir
pris aucune note. Je vous le demande en effet, si vous voulez
examiner les effets de cette méthode d'apprendre à bien parler,
qui est-ce qui parle le mieux dans une affaire, lorsque dans une
discussion l'occasion s'en présente : ceux qui[2] ont pris l'habitude de composer, d'écrire par avance ce qu'ils ont à dire ; ou
ceux qui, se contentent de réfléchir à la question, pour la
comprendre le mieux possible, se sont accoutumés à parler
ex tempore. Si l'on en juge d'après cela, on sera peu porté à
croire que l'habitude des discours étudiés et des compositions
d'apparat soit le vrai moyen de préparer un gentleman au
langage des affaires.

173. Mais peut-être on nous dira que la dissertation a pour
but de perfectionner et de faire avancer les enfants dans la
connaissance de la langue latine. C'est là, il est vrai, leur princi-

---

éducation appelle à une culture générale, elles ne sont pas nécessaires comme
instrument de discipline intellectuelle.

1. C'est-à-dire « en improvisant ».

2. « Ou les évêques, par exemple, dans la Chambre haute, ou les ducs, les
comtes, les barons, etc., qui font souvent dans cette Chambre des discours plus
éloquents et plus suivis que les évêques, tout accoutumés qu'ils sont à composer
et à écrire des sermons qu'ils récitent en chaire devant de nombreuses
assemblées » [Note de Coste].

pale étude au collège, mais la composition des dissertations n'y sert de rien. Cet exercice, en effet, dirige l'effort de leur esprit sur l'invention des choses qu'il faut dire, non sur la signification des mots qu'il faut comprendre. Lorsqu'ils font une dissertation, ce sont les pensées, non la langue, qui les occupent, qui les forcent à se battre les flancs. Mais l'étude et l'acquisition d'une langue est d'elle-même chose assez difficile, assez désagréable, pour qu'on ne l'aggrave pas encore par d'autres difficultés, comme on le fait dans la méthode ordinaire. Enfin, si la composition des dissertations a pour effet d'exciter les facultés inventives des jeunes gens, c'est en anglais qu'il faut les leur faire écrire, dans la langue dont ils usent avec facilité et où ils commandent aux mots [1]. Ils verront bien mieux de quelles pensées ils disposent, quand ils les exprimeront dans leur langue maternelle, et, s'il s'agit d'apprendre le latin, laissez-leur suivre pour cela la méthode la plus commode, sans fatiguer et rebuter leur esprit par des exercices aussi laborieux que celui d'écrire des dissertations en cette langue.

Les vers

174. S'il y a de bonnes raisons à donner contre l'usage établi dans les collèges de faire composer des dissertations latines aux enfants, il y en a de plus nombreuses encore et de plus fortes à faire valoir contre les vers latins, et même contre les vers de toute sorte [2]. En effet si l'enfant n'a pas le génie de la

1. Les maîtres de Port-Royal disaient de même : « Avant de faire écrire les élèves en latin, on pourra exercer les enfants à écrire en français, en leur donnant à composer de petits dialogues, de petites narrations ou histoires, de petites lettres, et en leur faisant choisir les sujets dans les souvenirs de leurs lectures ».

2. Locke n'est pas le seul pédagogue du dix-septième siècle qui ait condamné les vers latins comme exercice scolaire. Le Père Lamy, de l'Oratoire, se plaint, dans ses *Entretiens sur les sciences*, Paris, 1684, du temps que l'on perd à ce travail le plus souvent stérile. Les jansénistes avant lui avaient formulé

poésie, c'est la chose la plus déraisonnable du monde que de le tourmenter et de lui faire perdre son temps en lui imposant un travail où il ne saurait réussir; et s'il a quelque talent poétique, je trouve étrange que son père désire ou même supporte qu'il cultive et développe ce talent[1]. Il me semble que les parents devraient au contraire avoir à cœur d'étouffer et de réprimer cette disposition poétique autant qu'ils le pourront; et je ne vois pas pourquoi un père désirerait faire de son fils un poète, si du moins il ne veut pas lui inspirer le dégoût des occupations et des affaires de la vie. Mais ce n'est pas là le plus grand mal; en effet le si jeune homme devient un rimeur heureux, et s'il réussit à acquérir la réputation de bel esprit, je demande que l'on considère dans quelle société, dans quels lieux, il est probable qu'il ira perdre son temps, et aussi son argent; car il s'est vu bien rarement qu'on découvrît des mines d'or et d'argent sur le mont Parnasse[2]. L'air y est agréable, mais le sol en est infertile; et il y a très peu d'exemples de gens qui aient accru leur patrimoine avec ce qu'ils ont pu y moissonner. La poésie et le jeu, qui vont habituellement ensemble, ont aussi cette ressemblance qu'ils ne profitent en général qu'à ceux qui n'ont pas autre chose pour vivre. Quant aux personnes riches, elles y perdent toujours, et tout est bien s'il ne leur en coûte pas plus que la perte de toute leur fortune ou de la plus grande

les mêmes critiques. « C'est ordinairement un temps perdu, dit judicieusement Arnauld, que de donner des vers à composer. De soixante-dix ou quatre-vingts écoliers, il y en peut avoir deux ou trois de qui on arrache quelque chose, le reste se morfond et se tourmente pour ne rien faire qui vaille ».

1. Locke attaque la poésie en général, et il a tort de condamner le talent poétique. Mais il a raison de dire que le but de l'éducation n'est pas de faire des poètes. Au collège on doit se préoccuper de l'instruction générale, propre à tous, non des études qui ne conviennent qu'à quelques esprits particulièrement doués.

2. *Cf.* Boileau, *Art poétique*, IV, v. 174 :
   Si l'or a pour vous seul d'invincibles appas,
   Fuyez ces lieux charmants qu'arrose le Parnasse,
   Ce n'est pas sur ses bords qu'habite la richesse.

partie. Si donc vous ne voulez pas que votre fils devienne pour
toutes les joyeuses compagnies un homme indispensable, sans
lequel les débauchés ne sauraient aller au cabaret ni passer
agréablement l'après-midi ; si vous ne voulez pas qu'il emploie
son temps et sa fortune à divertir les autres et à dédaigner le
patrimoine rustique que lui ont légué ses ancêtres, je ne pense
pas que vous deviez tenir beaucoup à ce qu'il soit un poète ou à
ce que son professeur l'exerce à rimer. Mais enfin s'il se trouve
quelqu'un qui considère la poésie comme une qualité désirable
pour son fils, parce que cette étude excitera son imagination et
ses talents, il reconnaîtra du moins qu'il vaut mieux pour cela
lire les bons poètes grecs et latins que faire de mauvais vers de
lui-même dans une langue qui n'est pas la sienne. Et celui qui
prétend exceller dans la poésie anglaise n'ira pas s'imaginer
que le meilleur moyen d'y réussir, c'est de faire ses premiers
essais en vers latins [1].

Faut-il apprendre par cœur ?

175. Il y a un autre usage habituellement suivi dans les
écoles de grammaire, et dont je ne vois pas l'utilité, à moins
qu'on ne prétende par là aider les enfants dans l'étude des
langues, étude qu'il faut, selon moi, rendre aussi facile, aussi
agréable que possible, en écartant soigneusement tout ce qui la
rendrait pénible. Je veux parler et je me plains de l'obligation
qu'on impose aux élèves d'apprendre par cœur de grands
morceaux des auteurs qu'ils étudient. Je n'y vois absolument
aucun avantage, surtout au point de vue de l'étude qui les
occupe. On n'apprend les langues que par la lecture et par la
conversation, et non avec des bribes d'auteurs dont on aura

---

1. Locke, en critiquant les vers latins, s'en prenait à un exercice qu'il avait
lui-même pratiqué avec succès et qui lui avait pris beaucoup de temps dans sa
jeunesse. À vingt-deux ans il composait une pièce de vers latins en l'honneur de
Cromwell.

chargé sa mémoire. Lorsque la tête d'un homme en est farcie, il a tout ce qu'il faut pour faire un pédant, et c'est le meilleur moyen de le devenir en effet : or il n'y a rien qui convienne moins à un gentleman. Que peut-il y avoir en effet de plus ridicule que de coudre les riches pensées, les élégantes paroles des bons auteurs avec la pauvre étoffe dont nous disposons nous-mêmes ? Cela ne fait que mieux ressortir notre indigence ; cela n'a aucune grâce ; enfin celui qui parle ainsi n'en tire pas plus d'honneur que s'il voulait embellir un méchant habit usé en le rapiéçant avec de larges morceaux d'écarlate et de brocart. Sans doute, lorsqu'on rencontre chez un auteur un passage dont les pensées méritent qu'on se le rappelle, et dont l'expression est exacte et parfaite – et il y a beaucoup de passages de ce genre chez les écrivains de l'antiquité – ce ne sera pas un mal de le loger dans le souvenir des écoliers, et d'exercer de temps en temps leur mémoire avec ces fragments admirables des grands maîtres dans l'art d'écrire. Mais leur faire apprendre leurs leçons par cœur, sans choix, au hasard, au fur et à mesure qu'elles se présentent dans leurs livres, je ne sais à quoi cela leur sert, sinon à leur faire perdre leur temps et leur peine, et à leur inspirer aversion et dégoût pour des livres où ils ne trouvent que sujets d'ennui.

176. Je sais bien qu'on prétend qu'il faut obliger les enfants à apprendre des leçons par cœur, afin d'exercer et de développer leur mémoire ; mais je voudrais que cela fût dit avec autant d'autorité et de raison qu'on met d'assurance à l'affirmer, et que cette pratique fût justifiée par des observations exactes plutôt que par un vieil usage. Il est évident en effet que la force de la mémoire est due à une constitution heureuse et non à des progrès obtenus par l'habitude et l'exercice[1]. Il est vrai que l'esprit est apte à retenir les choses

---

1. Locke obéit ici à des préjugés sensualistes. Pour lui, l'esprit n'est qu'une *table rase*, il ne possède ni facultés innées ni facultés acquises. L'esprit n'est

auxquelles il applique son attention, et que, pour ne pas les laisser échapper, il doit les imprimer souvent à nouveau dans son souvenir par de fréquentes réflexions ; mais c'est toujours à proportion de la force naturelle de sa mémoire. Une empreinte ne persiste pas aussi longtemps sur la cire et sur le plomb que sur le cuivre ou sur l'acier. Sans doute une impression durera plus longtemps que toute autre, si elle est fréquemment renouvelée, mais chaque nouvel acte de réflexion qui se porte sur cette impression est lui-même une nouvelle impression, et c'est le nombre de ces impressions qu'il faut considérer, si l'on veut savoir combien de temps l'esprit pourra la retenir. Mais en faisant apprendre par cœur des pages de latin, on ne dispose pas plus la mémoire à retenir autre chose que, en gravant une pensée sur une lame de plomb, on ne rendrait ce métal plus capable de retenir solidement d'autres empreintes. Si de tels exercices avaient pour effet de donner à la mémoire plus de force et d'accroître le talent, les comédiens devraient être de tous les hommes les mieux doués sous le rapport de la mémoire, ceux dont la société serait le plus désirable. Mais consultez l'expérience, et vous verrez si les morceaux que les acteurs se mettent dans la tête les rendent plus capables de se rappeler les autres choses, et si leur talent grandit en proportion du mal qu'ils se donnent pour apprendre par cœur les discours d'autrui[1]. La mémoire est si nécessaire dans toutes les actions

qu'une succession d'impressions. La mémoire, par conséquent, ne peut pas être considérée comme une faculté indépendante ; elle n'est rien en dehors des souvenirs particuliers qui se gravent successivement dans l'esprit. On se rappelle ce qu'on a appris par cœur, mais on n'acquiert point par là plus de facilité à apprendre autre chose.

1. Locke confond ici deux questions : le progrès de l'esprit et le développement de la mémoire. La mémoire peut être devenue plus forte, plus riche, sans que le talent grandisse en proportion. Quant aux acteurs eux-mêmes, il y en a qui ne méritent pas le dédain que leur témoigne Locke et qui sont des hommes vraiment distingués.

de la vie et dans toutes les conditions, il y a si peu de choses qui puissent se passer d'elle, qu'il n'y aurait pas à redouter qu'elle s'affaiblît, qu'elle s'émoussât, faute d'exercice, si l'exercice était véritablement la condition de sa force. Mais je crains fort que l'exercice en général, que l'effort, ne soient de peu de secours pour développer cette faculté de l'esprit; en tout cas ce ne sont pas les exercices qu'on pratique à cette intention dans les collèges. Si Xerxès pouvait désigner par leurs noms tous les simples soldats de son armée, qui ne comptait pas moins de cent mille hommes, je pense qu'on m'accordera qu'il ne tenait pas cette merveilleuse faculté de l'habitude d'apprendre des leçons par cœur quand il était enfant. Je suppose qu'on n'a guère recours dans l'éducation des princes à cette méthode, qui prétend exercer et développer la mémoire par la fastidieuse répétition de ce qu'on a lu dans un livre, sans le secours du livre; et cependant si elle avait les avantages qu'on lui attribue, il faudrait aussi peu la négliger avec les princes que dans les plus humbles écoles. Les princes en effet n'ont pas un moindre besoin d'une bonne mémoire que les autres hommes, et ils sont en général aussi bien partagés que personne sous le rapport de cette faculté, bien que l'on n'ait jamais pris soin de la perfectionner chez eux de cette manière[1]. Les choses auxquelles notre esprit applique son attention, et qui excitent son intérêt, sont celles dont il se souvient le mieux, par la raison que j'ai déjà dite. Si vous joignez à cela l'ordre et la méthode, vous aurez fait, je crois, tout le possible pour aider une mémoire faible; et quiconque voudra employer d'autres moyens, particulièrement celui de charger la mémoire de l'élève d'une multitude de mots étrangers qu'il apprend sans goût, reconnaîtra, je crois, qu'il en retirera à peine la moitié du profit qui compenserait le temps qu'il a employé à ce travail.

---

1. Affirmation tout à fait arbitraire. Bossuet et Fénelon, par exemple, n'ont jamais négligé les exercices de mémoire avec leurs élèves princiers.

Je ne veux pourtant pas dire qu'on ne doive pas exercer la mémoire des enfants. Je crois qu'il faut occuper leur mémoire, mais que ce ne soit pas à apprendre par routine les pages entières de leurs livres. Une fois qu'ils les ont récitées et que leur tâche est finie, ces leçons rentrent dans l'oubli, et ils n'y pensent plus. On ne cultive ainsi ni la mémoire ni l'esprit. Ce que les élèves doivent apprendre par cœur dans leurs auteurs, je l'ai déjà dit. Ces solides et excellentes pensées, une fois qu'elles ont été confiées à la garde de leur mémoire, il ne faut plus souffrir qu'ils les oublient; il faut au contraire les engager souvent à les répéter. Par là, outre le profit qu'ils peuvent retirer de ces maximes dans la suite de leur vie, comme d'autant de règles et d'observations exactes, ils s'habitueront à réfléchir souvent, et à méditer d'eux-mêmes tout ce qu'ils peuvent se rappeler. C'est là le seul moyen de rendre la mémoire prompte et d'en tirer parti. L'habitude de réfléchir souvent empêchera leur esprit de vaguer à la dérive et elle rappellera pour ainsi dire leur pensée chez elle, en la détournant des rêveries capricieuses et inutiles. Je crois par conséquent qu'il sera bon de leur donner tous les jours quelque chose à apprendre, mais quelque chose qui vaille en effet la peine d'être appris, et que vous serez bien aise qu'ils retrouvent toujours dans leur mémoire, lorsque vous le leur demanderez ou que d'eux-mêmes ils voudront le retrouver. Vous obligerez ainsi leur pensée à se replier souvent sur elle-même, ce qui est la meilleure habitude intellectuelle qu'on puisse leur donner.

177. Mais quelle que soit la personne à qui vous confiez l'éducation de l'enfant, à l'âge où il a l'esprit tendre et flexible, ce qui est certain, c'est que ce doit être une personne aux yeux de laquelle le latin et les langues ne soient que la moindre partie de l'éducation; une personne qui, sachant combien la vertu et l'équilibre du caractère sont chose préférable à toute espèce de science, à toute connaissance des langues, s'attache

surtout à former l'esprit de ses élèves, à leur inculquer de bonnes dispositions. En effet, ce résultat une fois acquis, tout le reste peut être négligé ; tout le reste viendra en son temps. Et au contraire, si ces bonnes dispositions manquent ou ne sont par fortement établies, de façon à écarter toute habitude mauvaise ou vicieuse, les langues, les sciences et toutes les qualités d'un homme instruit n'aboutissent à faire de lui qu'un homme méchant et plus dangereux[1]. Au fond, quelque bruit qu'on ait fait autour de l'étude du latin et de la difficulté qu'il y aurait à l'apprendre, il est incontestable qu'une mère pourrait l'enseigner elle-même à son enfant, si seulement elle voulait y consacrer deux ou trois heures par jour, si elle lui faisait lire les Évangiles en latin. Pour cela elle n'a qu'à acheter un nouveau Testament latin, en priant quelqu'un de marquer d'un signe, lorsqu'elle est longue, la pénultième syllabe, dans les mots qui en ont plus de deux (ce qui suffira pour la guider dans la prononciation et l'accentuation des mots) ; il suffira ensuite qu'elle lise chaque jour les Évangiles traduits dans sa propre langue et qu'elle essaie de les comprendre en latin. Une fois qu'elle sera en état de les comprendre, qu'elle lise de la même manière les fables d'Esope, jusqu'à ce qu'elle puisse en venir à Eutrope, à Justin ou à d'autres auteurs de ce genre. Je ne parle pas de cela comme d'une fantaisie que j'imagine, j'en parle comme d'une méthode que je sais avoir été expérimentée, et qui a servi à enseigner le latin sans aucune peine à un enfant.

Mais pour en revenir à ce que je disais, la personne qui se charge d'élever un jeune homme, surtout un jeune gentleman,

---

1. On retrouve ici quelque chose de ce préjugé contre l'instruction que M. H. Spencer a développé avec tant de vivacité dans son *Introduction à la science sociale*. Ce sont d'ailleurs les sentiments ordinaire des parents anglais. « Dans l'éducation anglaise, dit M. Taine, la science et la culture de l'esprit viennent en dernière ligne : le caractère, le cœur, le courage, la force et l'adresse du corps sont au premier rang », *Notes sur l'Anglettere*, Paris, Hachette, 1872, p. 143.

doit savoir quelque chose de plus que le latin, et posséder autre chose que la connaissance des sciences libérales elles-mêmes. Il faut que ce soit une personne d'une haute moralité, de bon sens, de bonne humeur, qui sache, dans ses rapports constants avec son disciple, se conduire avec gravité, avec aisance, avec douceur aussi. Mais j'ai parlé de tout cela ailleurs et fort au long[1].

178. En même temps que l'enfant apprend le français et le latin, il peut aussi, comme je l'ai déjà dit, commencer l'étude de l'arithmétique, de la géographie, de la chronologie, de l'histoire et de la géométrie. Si on lui enseigne en effet ces choses en français ou en latin, dès qu'il a quelque intelligence de l'une ou l'autre de ces deux langues, il aura le bénéfice d'acquérir la connaissance de ces sciences et par-dessus le marché d'apprendre la langue elle-même.

La géographie

C'est par la géographie qu'il conviendrait, je crois, de commencer : en effet, l'étude de la configuration du globe, la situation et les limites des quatre parties du monde, celles des différents royaumes et des contrées de l'univers, tout cela n'est qu'un exercice de la mémoire et des yeux ; et un enfant par conséquent est apte à apprendre avec plaisir et à retenir ces connaissances[2]. Cela est si vrai que, en ce moment même, dans

1. Voyez en effet section IX.

2. Presque tous les pédagogues modernes sont d'accord pour mettre la géographie au premier rang des études de l'enfant. Mais c'était une nouveauté au temps de Locke, où l'enfant pâlissait d'abord sur les subtilités de la grammaire. Nicole, dans le livre de l'*Éducation d'un prince*, recommandait déjà l'étude de la géographie comme très propre aux enfants « dont les lumières sont toujours très dépendantes des sens ». Kant est du même avis : « Les cartes géographiques, dit-il, ont quelque chose qui séduit tous les enfants, même les plus petits. Lorsqu'ils sont fatigués de toute autre étude, ils apprennent encore quelque chose au moyen des cartes. Et cela est pour les enfants une excellente

la maison que j'habite, je vis avec un enfant à qui sa mère a donné de si bonnes leçons de géographie qu'il connaît les limites des quatre parties du monde, qu'il peut montrer sans hésiter sur le globe ou sur la carte d'Angleterre le pays qu'on lui demande ; il sait les noms de toutes les grandes rivières, des promontoires, des détroits, des baies, dans tout l'univers ; il peut déterminer la longitude et la latitude de chaque pays, et cependant il n'a pas encore dix ans [1]. Ces connaissances qu'un enfant acquiert par les yeux, et que la routine fixe dans sa mémoire, ne sont pas sans doute tout ce qu'il lui faut apprendre sur le globe terrestre. Mais c'est tout de même un premier pas de fait ; c'est une excellente préparation qui rendra les autres études géographiques beaucoup plus faciles, lorsque son jugement aura suffisamment mûri pour les aborder avec profit. En outre, il gagne ainsi du temps, et par le plaisir qu'il trouve à connaître les choses, il est insensiblement conduit à apprendre les langues.

L'arithmétique et l'astronomie

179. Lorsque l'enfant a fixé dans son souvenir les divisions naturelles du globe, on peut commencer à lui apprendre l'arithmétique [2]. Par divisions naturelles du globe j'entends les diverses positions et la distribution des terres et des mers, avec

distraction où leur imagination, sans s'égarer, trouve à s'arrêter sur certaines figures. On pourrait réellement les faire commencer par la géographie ».

1. C'est sans doute du jeune Franck Masham qu'il s'agit.

2. Il est permis de s'étonner que Locke, infidèle à son principe qui est d'abord de s'adresser aux yeux et à la mémoire, place immédiatement après la géographie, l'étude de l'arithmétique, c'est-à-dire, d'une science abstraite. C'est l'histoire qu'on s'attendait à voir figurer à cette place, et avec l'histoire les sciences naturelles. Ce n'est pas qu'il faille beaucoup retarder l'étude de l'arithmétique. Sans compter qu'il y a moyen d'en rendre les premières notions sensibles aux yeux, il y a dans les opérations numériques quelque chose de mécanique qui attire et séduit l'enfant.

les différents noms des contrées distinctes, sans en venir encore à ces lignes artificielles et imaginaires, qu'on a inventées et supposées uniquement pour faciliter et assurer les progrès de la géographie.

180. De toutes les sciences de raisonnement abstrait l'arithmétique est la plus facile : elle doit donc être étudiée la première. L'esprit en général supporte aisément cette étude, on n'a pas de peine à s'y habituer. L'arithmétique est d'ailleurs d'une utilité si générale dans toutes les affaires de la vie, qu'il n'est pour ainsi dire rien qu'on puisse faire sans elle. Aussi est-il certain qu'un homme ne saurait trop l'étudier ni la savoir trop bien. Il faut donc exercer l'enfant à compter, aussitôt et autant qu'il en est capable, et l'y appliquer un peu chaque jour jusqu'à ce qu'il soit passé maître dans l'art des nombres. Lorsque l'enfant sait additionner et soustraire, il peut alors avancer plus loin dans l'étude de la géographie ; il peut, quand il connaît les pôles, les zones, les cercles parallèles et les méridiens, étudier la longitude et la latitude, se rendre compte par là de l'usage des cartes, et, par les nombres placés sur leurs côtés, distinguer la position relative des diverses contrées, en même temps qu'apprendre à la retrouver sur les globes terrestres. Lorsque ce travail lui sera devenu familier, il sera temps de lui montrer le globe céleste, et alors on lui fera repasser tous les cercles, en appelant particulièrement son attention sur l'écliptique ou le zodiaque[1], afin que son esprit se les représente clairement et distinctement ; on lui enseignera la figure et la situation des différentes constellations, en les lui montrant d'abord sur le globe, ensuite dans le ciel[2].

1. L'écliptique, grand cercle de la sphère céleste décrit par le soleil dans son mouvement apparent annuel et que la terre parcourt réellement en une année. Le zodiaque, zone ou bande imaginée dans le ciel, et dont l'écliptique occupe le milieu.

2. Ne serait-il pas plus logique de suivre l'ordre inverse et de commencer par le ciel ? Gargantua et son maître aussitôt levés « consideroient l'estat du ciel,

Cela fait, lorsque l'enfant connaîtra assez bien les constellations de notre hémisphère, il sera à propos de lui donner quelque idée de notre monde planétaire. Pour cela on ne fera pas mal de lui présenter une esquisse du système de Copernic [1], et alors de lui expliquer les positions des planètes, la distance qui sépare chacune d'elles du soleil, le centre de leurs révolutions. Ainsi on le préparera, de la façon la plus naturelle et la plus facile, à comprendre le mouvement et la théorie des planètes. En effet, puisque les astronomes ne doutent plus du mouvement des planètes autour du soleil, il est bon qu'il suive cette hypothèse qui n'est pas seulement la plus simple, celle qui embarrasse le moins les écoliers, mais qui est aussi la plus probablement vraie. Mais ici, comme dans toutes les autres parties de l'instruction, il faut avoir grand soin de commencer par les notions les plus simples et les plus claires, de n'enseigner que le moins possible de choses à la fois, et de bien fixer chaque connaissance dans la tête de l'enfant, avant de passer à ce qui suit ou d'aborder un point nouveau de la même étude. Présentez-lui d'abord une simple notion, et, avant d'aller plus loin, assurez-vous qu'il l'a prise dans le bon sens, qu'il l'entend parfaitement; alors vous pourrez lui proposer une autre idée simple, immédiatement liée à la précédente, et qui tende au même but; et ainsi, grâce à ces progrès insensibles et graduels, vous verrez son esprit, sans trouble ni confusion, s'ouvrir à la science, et s'étendre plus loin que vous n'auriez cru. D'ailleurs quand un enfant a appris quelque chose, il y a un excellent moyen d'en fixer le souvenir dans sa mémoire et de l'encourager à aller plus loin, c'est de l'engager à l'enseigner lui-même à d'autres enfants.

si tel estoit comme l'avoisent noté au soir précédent; en quels signes entroit le soleil, aussi la lune, pour icelle journée », Rabelais, Livre I, XXIII.

1. Copernic, astronome polonais (1475-1543). Son système [de l'héliocentrisme] rencontra au seizième et même au dix-septième siècle une opposition très vive.

La géométrie

181. Une fois que l'enfant s'est familiarisé avec l'étude des sphères, comme nous venons de le voir, il est en état d'apprendre quelque peu de géométrie ; et ici je crois qu'il suffira de lui enseigner les six premiers livres d'Euclide. Je ne sais en effet si ce n'est pas là tout ce qui est nécessaire ou utile pour un homme d'action. D'ailleurs, dans le cas où un enfant aurait le génie et le goût de cette science, après être allé jusque-là sous la conduite de son précepteur, il lui sera loisible d'aller plus loin de lui-même sans le secours d'aucun maître.

Il faut donc que l'enfant étudie les sphères et qu'il les étudie avec soin ; et je crois qu'il peut le faire de bonne heure, pourvu que le précepteur ait soin de distinguer ce que l'enfant est ou n'est pas capable de comprendre. Sur ce point, voici une règle qui peut suffire à nous guider : les enfants sont capables d'apprendre tout ce qui tombe sous les sens, particulièrement sous le sens de la vue, tant que leur mémoire est seule à être exercée. C'est ainsi qu'un enfant, même très jeune, peut apprendre sur la sphère ce que c'est que l'équateur, le méridien, etc. ; ce qu'on appelle l'Europe, l'Angleterre, aussitôt qu'il connaît les divers appartements de la maison qu'il habite, à cette condition qu'on ne lui enseigne pas trop de choses à la fois, et qu'on ne l'engage pas dans l'étude d'un nouvel objet, avant qu'il n'ait parfaitement appris et gravé dans sa mémoire celui qu'on lui a précédemment mis sous les yeux.

La chronologie

182. La chronologie et la géographie doivent marcher de pair, et, pour ainsi dire, la main dans la main : j'entends la partie générale de la chronologie, afin que l'enfant ait dans l'esprit une idée du cours universel des siècles et des principales époques que l'on distingue dans l'histoire. Sans la

chronologie et la géographie, l'histoire, qui est la grande école de la sagesse et de la science sociale, et qui doit être l'étude privilégiée d'un gentleman et d'un homme d'action, l'histoire, dis-je, se fixe mal dans la mémoire et n'est que médiocrement utile : elle n'est alors en effet qu'un amas de faits, confusément entassés, sans ordre et sans intérêt. C'est seulement par le secours de ces deux sciences que les actions des hommes se rattachent à leur date dans le temps, à leur place dans le monde ; et dans ces conditions, non seulement elles se gravent plus facilement dans le souvenir, mais c'est seulement alors que, présentées dans l'ordre naturel des faits, elles peuvent suggérer ces observations qui rendent le lecteur plus habile et meilleur.

183. Lorsque je parle de la chronologie, comme d'une science que l'enfant doit parfaitement savoir, je n'entends pas faire allusion aux controverses qu'elle engendre [1]. Les disputes de ce genre sont sans fin, et en général elles offrent si peu d'importance pour un gentleman, qu'elles ne mériteraient pas encore qu'il s'en occupât, quand bien même il serait possible d'arriver à une solution. Qu'on n'accorde donc aucune attention à tout ce fracas d'érudition, à toute cette poussière soulevée par les discussions des chronologistes. Le livre le plus utile que je connaisse en ce genre est un petit traité de Strauchius, publié dans le format in-12, sous le titre de *Breviarium chronologicum*. On peut y prendre tout ce qu'il est nécessaire d'enseigner, en fait de chronologie, à un jeune gentleman : car il n'est pas besoin d'encombrer l'esprit d'un écolier de tous les détails que ce petit livre renferme. L'enfant y trouvera les époques les plus remarquables et qu'il est d'usage de distinguer, ramenées à la période Julienne [2] ; et cette méthode est la plus facile, la plus claire, la plus sûre, dont on puisse faire usage en

---

1. Les discussions relatives à l'origine du monde.

2. La période Julienne, inventée par Josephus Justus Scaliger : une période de 7980 ans, qui aurait commencé 4713 ans avant notre ère.

chronologie. À ce traité de Strauchius[1], on peut joindre les *Tables* d'Helvicus[2], comme un livre à consulter en toute occasion.

L'histoire

184. S'il n'y a rien qui soit plus instructif, il n'y a rien d'autre part qui soit plus agréable que l'histoire. De ces deux mérites, le premier est une raison pour qu'on en recommande l'étude aux hommes faits; le second me donne à penser que l'histoire est la science qui convient le mieux à l'esprit des jeunes enfants[3]. Dès qu'ils auront appris la chronologie, dès qu'ils auront fait connaissance avec les époques historiques qu'il est d'usage de distinguer dans cette partie civilisée du monde, dès qu'ils sauront enfin réduire ces époques à la période Julienne, mettez-leur dans les mains quelque historien latin. Ce qui nous règlera dans le choix de cet auteur, ce sera la clarté du style. En effet, quelle que soit l'époque que l'enfant étudiera d'abord, la chronologie le mettra à l'abri de toute confusion, et, engagé à continuer sa lecture par l'agrément du sujet, il se familiarisera peu à peu avec le langage, sans éprouver cet ennui et ces tortures qu'on lui fait endurer, quand on lui propose des livres de lecture qui dépassent son intelligence : tels sont, par exemple, les ouvrages des orateurs et des poètes latins, quand on s'en sert pour faire apprendre la langue latine. Une fois que, par des lectures suivies, il sera venu à bout des auteurs les plus faciles, tels que Justin, Eutrope, Quinte-

1. Aegidius Srauch, *Breviarum chronologicum*, Wittenberg, 1657; trad. anglaise, London, 1699.

2. Christoph Helwig, *Chronologia universalis ab origine mundi per quatuor summa imperia*, Giessen, 1618; trad. anglaise, *Historical and Chronological theatre*, London, 1687.

3. Pourquoi donc alors Locke ne place-t-il pas l'histoire au premier rang avec la géographie? Dans le programme qu'il trace, l'histoire ne vient qu'en troisième ou quatrième lieu, après l'arithmétique, l'astronomie et la géométrie.

Curce, etc., ceux qui viennent après ceux-là ne lui donneront pas beaucoup de mal, et ainsi par un progrès graduel, après avoir lu les historiens les plus clairs et les plus faciles, il parviendra à lire les plus difficiles et les plus sublimes des écrivains latins, tels que Cicéron, Virgile et Horace.

La morale

185. Comme, dès le début de ses études et dans tous les cas où la chose est possible, on apprend à l'enfant à connaître la vertu, et cela par la pratique plutôt que par des règles ; comme on lui enseigne chaque jour à mettre l'amour de la réputation au-dessus de la satisfaction de ses désirs, je ne sais s'il sera utile qu'on lui fasse lire sur la morale autre chose que ce qu'il trouve dans la Bible, ou qu'on lui mette entre les mains quelque traité de morale, jusqu'à l'âge où il pourra lire les *Devoirs* de Cicéron, non plus comme un écolier qui apprend le latin, mais comme quelqu'un qui veut, pour la conduite de sa vie, s'instruire des principes et des règles de la vertu.

La loi civile

186. Lorsque l'enfant aura suffisamment étudié les *Devoirs* de Cicéron, et qu'on y aura joint le livre de Puffendorf : *de Officio hominis et civis*[1], il sera peut-être temps de lui faire lire l'ouvrage *de Jure belli et pacis* de Grotius[2], ou quelque chose qui peut-être vaudra mieux encore, le traité de

1. Samuel von Puffendorf, célèbre publiciste, né en 1632, mort à Berlin en 1694. Il publia, en 1673, à Lund le *De officio hominis et civis* ; trad. fr. *Des devoirs de l'homme et du citoyen*, Amsterdam, 1710. Et le *De jure naturæ et gentium* parut à Lund en 1672. Il fut traduit en français par Jean Barbeyrac sous le titre *Du droit naturel et du droit des gens*, Bâle, 1732.

2. Hugo Grotius (1583-1646), célèbre érudit hollandais. Le *De jure belli ac pacis libri tres* parut en 1625 à Paris. L'ouvrage fut traduit en français par Barbeyrac sous le titre : *Du droit de guerre et de paix*, Amsterdam, 1724).

Puffendorf, *de Jure naturali et gentium*. Il y apprendra les droits naturels de l'homme, l'origine et la fondation des sociétés et les devoirs qui en résultent. Ces questions générales de droit civil et d'histoire sont des études qu'un gentleman ne doit pas se contenter d'effleurer : il faut qu'il s'en occupe sans cesse, il faut qu'il n'ait jamais fini de les étudier. Un jeune homme vertueux et bien élevé, qui est versé dans cette partie générale du droit civil (où il n'est question ni de chicanes ni de cas particuliers, mais où l'on traite des affaires et des rapports des nations civilisées, en se fondant sur les principes de la raison), qui en outre entend le latin et sait l'écrire, peut en toute sûreté courir le monde : il trouvera partout des gens qui seront disposés à l'employer et qui sauront l'estimer.

La loi

187. Ce serait une hypothèse étrange que celle d'un gentleman anglais qui ignorerait les lois de son pays. Dans toutes les conditions, c'est une connaissance si nécessaire que, depuis le juge de paix jusqu'au ministre d'État, je ne vois pas quel homme pourrait s'en passer, s'il veut tenir dignement son rang. Je n'entends pas parler de la chicane, de tout ce qu'il y a de captieux et de subtil dans la loi. Un gentleman, dont le devoir est de connaître les règles précises du bien et du mal, mais non de rechercher les moyens d'esquiver l'obligation de faire le bien ou de garantir sa sécurité tout en faisant le mal, un gentleman, dis-je, doit dédaigner l'étude de la chicane autant que s'appliquer diligemment à l'étude de la loi, afin de rendre par là des services à son pays. À cet effet, je crois que pour un gentleman la bonne méthode d'étudier nos lois, quand il n'a pas à en faire une étude spéciale en vue de sa profession, c'est de prendre une idée de la constitution et du gouvernement de l'Angleterre dans les anciens livres de droit commun, et chez quelques écrivains modernes qui après eux ont dressé le

tableau de ce gouvernement. Quand il s'en sera fait une idée exacte, qu'il lise alors l'histoire de son pays, en associant à l'étude de chaque roi celles des lois faites sous son règne. Par là il pénètrera dans l'esprit de nos lois ; il verra sur quels principes elles ont été établies, et en comprendra mieux l'autorité [1].

La rhétorique et la logique

188. La rhétorique et la logique étant des arts que l'ancienne méthode plaçait immédiatement après la grammaire [2], on s'étonnera peut-être que j'en aie si peu parlé ! La raison en est que les jeunes gens n'en tirent qu'un mince profit ; car j'ai rarement vu ou plutôt je n'ai jamais vu quelqu'un qui eût appris à bien raisonner ou à parler avec élégance, en étudiant les règles qui prétendent l'enseigner. Aussi je désirerais que le jeune gentleman prît seulement une teinture de ces arts, dans les traités les plus courts qu'on puisse trouver, sans s'arrêter trop longtemps à considérer et à étudier ce vain formalisme. Le bon raisonnement se fonde sur autre chose que sur la théorie des prédicaments ou des prédicats [3], et ne

---

1. Locke recommande ici quelque chose d'analogue à ce que l'on appelle aujourd'hui l'instruction civique.

2. Avec la grammaire, la rhétorique et la logique formaient ce qu'au moyen âge on appelait le *trivium*, la première partie des études ; le *quadrivium*, qui lui succédait, comprenait l'arithmétique, la musique, la géométrie, l'astronomie.

3. Les prédicaments ou catégories sont au nombre de dix, d'après la théorie d'Aristote : la substance, la qualité, la quantité, la relation, la situation dans l'espace, la situation dans le temps, l'attitude, la possession, l'action, la passion. C'est un catalogue, d'ailleurs incomplet et inexact, des différentes classes auxquelles peuvent être rattachés les divers objets de la connaissance. « Cette division, dit Stuart Mill, ressemble à une classification des animaux qui distinguerait les hommes, les quadrupèdes, les chevaux et les poneys », *System of Logic* (1843), trad. fr. L. Peisse, Paris, 1866, livre I, chap. I.

Les cinq prédicats sont : le genre, l'espèce, la différence, le propre et l'accident ; c'est-à-dire les cinq idées générales essentielles.

consiste pas à parler *in modo et in figura*[1]. Mais il serait hors de mon propos d'insister sur cette idée. Pour en venir donc à ce qui nous occupe, je vous conseillerai, si vous voulez que votre fils raisonne bien, de lui faire lire Chillingworth[2]. Si vous voulez qu'il parle bien, familiarisez-le avec la lecture de Cicéron, pour qu'il se fasse une idée vraie de l'éloquence, et donnez-lui à lire des ouvrages anglais bien écrits, pour qu'il y perfectionne son style et la pureté de son langage maternel.

189. Puisque le profit et le but d'un raisonnement droit, c'est d'avoir des idées droites, de porter un jugement droit sur les choses, de distinguer la vérité de l'erreur, le bien du mal, et d'agir en conséquence, ne nourrissez pas votre fils de l'art et des formes de la dispute[3]. Ne souffrez pas qu'il s'y exerce lui-même, ni qu'il l'admire chez les autres, à moins que vous ne vouliez faire de lui, au lieu d'un homme de sens, un chicaneur sans jugement, entêté dans ses discours, qui se fera un point d'honneur de contredire les autres, ou, ce qui serait encore pire, qui mettra tout en question ; un de ces hommes enfin que préoccupe, non la recherche de la vérité, mais simplement le plaisir de triompher dans la discussion. Il n'y a rien qui soit plus déplacé, plus mal séant chez un gentleman, ou chez tout homme qui prétend au titre de créature raisonnable, que de ne pas vouloir céder à l'évidence de la raison et à la force d'un

1. *In modo et in figura*, « selon le mode et la figure », c'est-à-dire selon les règles du syllogisme. Locke critique ici, après Rabelais, après Montaigne, après Pascal, l'erreur du moyen âge, où l'on croyait avoir appris à l'enfant à raisonner, parce qu'on lui avait appris à distinguer les modes et les figures du syllogisme.

2. Chillingvorth, controversiste anglais (1602-1644). Il exerça une grande influence sur l'esprit de Locke. Son grand ouvrage, la *Religion des protestants*, date de 1637, et c'est, dit-on, un modèle de raisonnement solide et serré.

3. *Cf.* les passages analogues des *Essais* de Montaigne, livre II, VIII, : « Qui a pris l'entendement en la logique ? Où sont ses belles promesses ? Veoid on plus de barbouillage au caquet des harengières qu'aux disputes des dialecticiens ? ».

argument clair et convaincant. Y a-t-il, je le demande, quelque chose qui s'accorde moins à un commerce civil entre les hommes et avec le but de toute discussion, que la conduite de ces personnes qui ne se contentent jamais d'une réponse, quelque complète et satisfaisante qu'elle soit, mais qui s'entêtent dans la dispute, aussi longtemps que des mots équivoques leur permettent de chicaner, soit à l'aide d'un *medius terminus*[1], soit à la faveur d'une distinction frivole, sans qu'elles se mettent en peine d'être logiques ou illogiques, sensées ou absurdes, conséquentes ou non avec ce qui a été dit précédemment? C'est en effet le grand art et la souveraine perfection d'une dispute logique, que jamais l'opposant ne se contente d'une réponse, que jamais le répondant ne se rende à un argument. Ce que devient en tout cela la vérité et la science, aucun des deux adversaires ne s'en soucie. Ce qui importe à chacun d'eux, c'est de ne point passer pour un pauvre nigaud qui se laisse confondre; c'est de ne point subir l'affront de désavouer ce qu'on a d'abord affirmé : car c'est en cela que consiste la gloire de la discussion. Pour découvrir la vérité et pour la défendre, c'est à un examen sérieux et attentif des choses elles-mêmes qu'il faut recourir, et non à des termes artificiels, à de vaines formes d'argumentation. Tous procédés qui conduisent moins à la découverte de la vérité, qu'à l'emploi subtil et sophistique de mots équivoques[2] : or, c'est de toutes les façons de parler, celle qui est la moins utile et la plus désagréable, et

1. Le *moyen terme* est celui qui dans un syllogisme sert de terme de comparaison avec les deux autres termes; de sorte que l'on peut équivoquer et faire un raisonnement faux si le moyen terme étant un mot à double sens, on le compare pris dans un sens avec le grand terme et pris dans l'autre sens avec le petit terme.

2. Locke, comme Bacon, dont il s'inspire ici, comme Descartes, comme tous les réformateurs de la philosophie, ne croit pas que le syllogisme conduise à la découverte de la vérité. Il a traité le même sujet avec plus de détail dans l'*Essai sur l'entendement*, livre IV, chap. XVII.

il n'y a pas de chose au monde qui convienne moins à un gentleman ou à un ami de la vérité.

Sans doute, il n'y a guère de plus grand défaut pour un gentleman que de ne pas savoir s'exprimer, soit par écrit, soit en paroles. Je demanderai cependant à mon lecteur s'il ne connaît pas un grand nombre de gens, assez riches pour vivre de leurs revenus, possédant à la fois et le titre et les qualités du gentilhomme qui pourtant ne sont pas capables de raconter une histoire comme il faut, et encore moins de parler dans un langage clair et persuasif, sur n'importe quelle affaire. Mais ce n'est pas tant leur faute que la faute de leur éducation : car, sans y mettre de partialité, je dois rendre à mes compatriotes cette justice que, à quelque étude qu'ils s'appliquent, ils ne s'y laissent surpasser par aucun de leurs voisins. Mais on se contente de leur enseigner les règles de la rhétorique, sans leur apprendre à s'exprimer avec élégance, soit en paroles, soit par écrit, dans la langue dont ils auront toujours à se servir. On dirait que les noms des figures, qui embellissent les discours des orateurs passés maîtres dans l'art de parler, sont uniquement ce qui constitue l'art et le talent de bien parler. Comme toutes les choses qui dépendent de la pratique, l'art de la parole s'enseigne, non par un petit ou un grand nombre de règles, mais par l'exercice et par l'application, en se conformant d'ailleurs à des règles justes, ou plutôt à de bons modèles, jusqu'à ce que l'habitude soit prise, et qu'on ait acquis une certaine aptitude à bien faire.

Le style

D'après cela, il ne sera peut-être pas mauvais d'engager souvent les enfants, aussitôt qu'ils en seront capables, à raconter d'eux-mêmes une histoire sur des choses qu'ils connaissent bien. On commencera par corriger dans leurs récits la faute la plus grave qu'ils auront commise dans l'arrangement de leur sujet. Quand on aura remédié à cette faute, on passera à une autre ; et ainsi de suite, de l'une à l'autre, jusqu'à ce qu'elles soient toutes corrigées, au moins celles qui ont de la gravité. Lorsqu'ils se tirent bien de leurs narrations orales, on peut alors leur demander des narrations écrites. Les *Fables* d'Esope, le seul livre peut-être qui convienne pour des enfants, peuvent fournir des sujets d'exercice pour apprendre à écrire en anglais, comme aussi pour lire et pour traduire, afin de se familiariser avec la langue latine. Lorsque les enfants en sont venus à ne plus faire de faute contre la grammaire, et qu'ils savent combiner dans un discours suivi et continu les diffé-rentes parties d'une histoire, sans user de ces transitions lourdes et maladroites qu'ils ont coutume de multiplier, vous pouvez, si vous désirez les perfectionner plus complètement dans ce talent qui est le premier degré de l'art de parler et qui n'exige pas d'invention, vous pouvez, dis-je, avoir recours à Cicéron, et en leur faisant mettre en pratique les règles que le maître de l'éloquence donne dans son premier ouvrage (*de Inventione*, § 20), leur montrer en quoi consistent l'art et les grâces d'une narration élégante, selon les sujets et selon le but qu'on veut atteindre. De chacune de ces règles on peut trouver des exemples appropriés et montrer ainsi aux enfants comment d'autres les ont appliquées. Les anciens auteurs classiques contiennent en abondance des exemples de ce genre qu'il faut leur mettre sous les yeux, non seulement pour qu'ils les traduisent, mais comme des modèles à imiter chaque jour.

Lorsque les enfants savent écrire en anglais avec suite, avec propriété, avec ordre, et qu'ils disposent d'un style narratif passable, vous pouvez les exercer à écrire des lettres ; mais ne leur faites pas rechercher les traits d'esprit, ni les compliments affectés ; apprenez-leur à exprimer simplement leurs pensées, sans incohérence, sans désordre et avec poli-tesse. Lorsqu'ils en seront là, vous pouvez, pour exciter leur imagination, leur proposer l'exemple de Voiture[1], pour leur apprendre comment à distance on cause avec ses amis dans des lettres complimenteuses, enjouées, railleuses, pleines de variété. Faites-leur lire ainsi les lettres de Cicéron, comme le meilleur modèle pour les lettres d'affaires ou de pure conversation[2]. L'art d'écrire une lettre est d'un si grand usage dans toutes les affaires de la vie, qu'il n'est personne qui puisse échapper à l'obligation de montrer ce qu'il sait faire en ce genre. Des occasions de tous les jours le forceront à mettre la plume à la main, et sans compter que dans ses affaires il se ressentira souvent de la façon habile ou non dont il écrira ses lettres, il est certain que son éducation, son jugement, ses talents, seront dans ses lettres soumis à un examen plus sévère que dans ses discours oraux. Ici en effet les fautes sont fugitives, et s'évanouissent le plus souvent avec le son qui leur a donné naissance; elles ne sont pas exposées à une révision rigoureuse et par conséquent elles échappent plus facilement à l'observation et à la critique.

Si les méthodes de l'éducation étaient bien conduites et bien dirigées, il ne viendrait à l'esprit de personne de supposer qu'on néglige une partie si importante de l'instruction, surtout quand on met tant d'acharnement à imposer des exercices qui ne sont absolument d'aucune utilité, comme les dissertations et les vers latins : véritables instruments de torture pour les

1. Voiture ne mérite guère l'honneur que lui fait Locke. Il était très admiré au dix-septième siècle, et Locke, en le louant comme un modèle à suivre, obéit aux préjugés de son temps. On s'étonne d'autant plus que Locke recommande Voiture, qu'il vient de demander de proscrire des premiers exercices littéraires de l'enfant toute affectation, toute vaine recherche d'esprit. Les lettres de Voiture ont des qualités, mais elles sont tout ce qu'il y a de plus affecté et de moins simple.

2. Locke rencontre plus juste quand il recommande les lettres de Cicéron, lettres réelles, que l'auteur n'a pas écrites pour la postérité, qu'il a adressées à ses contemporains et à ses amis, et où il s'exprime avec la simplicité d'un homme d'État ou d'un homme d'action.

enfants, qu'ils condamnent à des efforts d'invention au-dessus
de leur force, et qu'ils empêchent d'avancer agréablement
dans l'étude des langues en leur imposant des difficultés
contre nature. Mais la coutume l'ordonne ainsi ; et qui oserait
lui désobéir ? Et ne serait-il pas déraisonnable de demander
qu'un professeur de collège (qui sait sur le bout du doigt les
tropes et les figures de la *Rhétorique* de Farnaby[1]), apprît à son
élève à s'exprimer élégamment en anglais, alors qu'il semble
si peu s'en soucier ou s'en occuper pour lui-même ? La mère de
l'enfant lui en remontrerait sur ce point, elle qu'il méprise sans
doute comme une personne illettrée, parce qu'elle n'a lu ni
logique ni rhétorique.

La correction dans le style parlé ou écrit donne je ne sais
quelle grâce à ce que l'on dit, et ménage une attention favorable ; et puisque c'est de l'anglais qu'un anglais fera constamment usage, c'est cette langue qu'il doit principalement
cultiver ; c'est en anglais surtout qu'il prendra soin de polir et
de perfectionner son style. Parler ou écrire le latin mieux que
sa langue maternelle, cela peut rendre un homme célèbre ; mais
il lui sera bien plus avantageux d'apprendre à bien s'exprimer
dans sa propre langue, dont il fait usage à chaque instant, que
de rechercher de vains applaudissements pour une qualité tout
à fait inutile. Et cependant je vois qu'on néglige partout cette
partie de l'instruction. On ne prend aucun soin de perfectionner les jeunes gens dans la connaissance de leur langue, de
leur en donner la parfaite intelligence, de faire enfin qu'ils en
soient maîtres. S'il y a quelqu'un parmi nous qui s'exprime
dans sa langue maternelle avec plus de facilité et de pureté que
les autres, c'est au hasard qu'il le doit ou à son talent, en tout
cas à de tout autres causes que son éducation ou les soins de son
précepteur. S'inquiéter de savoir comment son élève parle ou

---

1. Farnaby, humaniste anglais, né à Londres en 1575, mort en 1647. Il
professa avec grand succès. Sa *Rhétorique* date de 1625.

écrit en anglais, c'est un souci au-dessus de la dignité d'un homme nourri de grec et de latin, bien que souvent il n'y soit pas fort habile lui-même. Le grec et le latin sont des langues savantes, les seules dignes que des hommes savants s'en mêlent et les enseignent. L'anglais n'est que le langage du vulgaire illettré. Et cependant nous voyons que, chez quelques-uns de nos voisins, l'État n'a pas cru qu'il fût indifférent à l'intérêt public de favoriser et de récompenser les progrès de la langue nationale[1]. Chez eux ce n'est pas une petite affaire que de polir et d'enrichir la langue; ils ont établi des académies et distribuent des pensions pour cela, de sorte qu'il y a parmi leurs écrivains une grande ambition, une grande émulation pour écrire correctement. Et l'on voit où ils en sont venus par ces moyens-là, et comme ils ont répandu au loin leur langue, qui était la plus imparfaite peut-être de l'Europe, du moins il y a quelque temps, et quelque jugement qu'on porte sur elle aujourd'hui. Chez les Romains, les plus grands hommes s'exerçaient chaque jour dans leur langue maternelle, et nous trouvons encore dans l'histoire les noms des orateurs qui ont appris le latin aux Empereurs, bien que le latin fût leur langue maternelle.

Les grecs, on le sait, étaient encore plus avisés. Toute langue qui n'était pas la leur était à leurs yeux une langue barbare, et l'on ne voit pas que ce peuple fin et savant ait jamais étudié ni même apprécié les langues étrangères, bien qu'il soit hors de doute qu'il emprunta d'ailleurs sa science et sa philosophie.

Je ne veux pas ici décrier le grec et le latin[2]; je crois nécessaire l'étude de ces deux langues, de la langue latine au

---

1. Locke parle ici de la France, sans la nommer, et fait allusion à la fondation de l'Académie française, aux pensions que Louis XIV distribuait aux hommes de lettres.

2. Voyez *infra*, § 195.

moins : il faut qu'un gentleman l'entende bien. Mais quelles que soient les langues étrangères dont un jeune homme s'occupe (et plus tôt il les saura, mieux cela vaudra), il n'en est pas moins vrai que c'est sa propre langue qu'il doit étudier avec le plus de critique ; c'est dans sa propre langue qu'il doit travailler à acquérir la facilité, la clarté et l'élégance de l'expression, et pour cela il faut un exercice de tous les jours.

La philosophie naturelle

190. Il me paraît que la philosophie naturelle [1], entendue comme science spéculative, n'existe pas encore, et peut-être puis-je penser que j'ai des raisons de dire que nous ne serons jamais en état d'en faire une science [2]. La nature a combiné ses œuvres avec tant de sagesse, elle agit par des voies qui dépassent tellement nos facultés de découverte et notre puissance de conception, qu'il ne nous sera jamais possible de les ramener à des lois scientifiques. La philosophie naturelle étudie les principes, les propriétés, les opérations des choses, telles qu'elles sont en elles-mêmes. Je crois donc qu'on peut la diviser en deux parties : l'une comprend les esprits, avec leur nature et leurs qualités ; l'autre, les corps. C'est à la métaphysique que l'on rattache habituellement la première. Mais quel que soit le nom que l'on donne à l'étude des esprits, je crois qu'elle doit venir avant l'étude de la matière et des corps ; non comme une science qui puisse être méthodiquement réduite en système, et

1. La philosophie naturelle, au temps de Locke, était la science de la nature en général ; elle comprenait aussi bien la connaissance de l'esprit, ce que nous appelons aujourd'hui psychologie ou métaphysique, que la connaissance des corps, qui depuis a donné lieu à tant de sciences distinctes, physique, chimie, sciences naturelles, etc.

2. Noter ici la défiance de Locke concernant la valeur de la science [il s'agit ici de la possibilité d'une science intuitive ou démonstrative où l'esprit perçoit immédiatement ou médiatement la liaison entre les idées]. Montaigne, que Locke suit peut-être ici, avait déjà exposé très longuement les mêmes arguments.

traitée d'après des principes certains de connaissance, mais comme une étude qui élargit l'esprit et qui le prépare à une intelligence plus complète et plus claire de ce monde immatériel où nous font pénétrer à la fois la raison et la révélation. Et puisque c'est du ciel que nous tenons, par la révélation, nos idées les plus claires et les plus complètes sur les esprits autres que Dieu et nos âmes, je pense que c'est à la révélation qu'il faut emprunter ce qu'on veut sur ce point faire connaître aux enfants. À cet effet je conclus qu'il serait bon de faire lire aux enfants une bonne histoire sainte, où l'on rangerait, selon l'ordre exact des temps, toutes les choses qu'il serait à propos d'y faire entrer, en omettant celles qui ne conviennent que pour un âge plus avancé : on éviterait par là cette confusion qui se produit dans l'esprit quand on lit indistinctement tous les livres de l'Écriture, tels qu'ils sont réunis dans la Bible. On retirerait encore de là cet autre avantage, que la lecture assidue de l'histoire sainte familiariserait l'esprit des enfants avec l'idée des esprits et la croyance à leur existence, puisqu'ils jouent un si grand rôle dans tous les événements de cette histoire : ce qui serait une excellente préparation à l'étude des corps [1]. En effet, sans la notion de l'esprit, notre philosophie sera boiteuse et restera incomplète dans une de ses parties essentielles, puisqu'elle laissera de côté la considération des êtres les plus puissants et les plus excellents de la création [2].

1. On voit que Locke propose pour l'initiation de l'enfant aux vérités religieuses un ordre contraire à celui qu'ont préconisé, par exemple, Rousseau et Kant. C'est la révélation qu'il prend comme point de départ et non les lumières naturelles, de la conscience.
2. En religion, Locke était fort large, et selon l'expression consacrée de son temps, *latitudinaire*. « Le latitudinarisme, dit-il lui-même, dans son *Essai sur la Tolérance* consiste à avoir des lois strictes touchant la vertu et le vice, mais à élargir autant que possible les termes des *Credo* religieux, c'est-à-dire à faire en sorte que les articles de croyance spéculative soient peu nombreux et larges, les cérémonies peu nombreuses et faciles ».

191. Je crois aussi qu'on pourrait faire de cette histoire
sainte un abrégé simple et court qui contiendrait les faits
principaux et les plus importants, et que l'on mettrait entre les
mains des enfants, dès qu'ils savent lire. Bien que cette lecture
dût avoir pour résultat de leur donner de bonne heure quelque
notion des esprits, je ne crois pas que cela soit en contradiction
avec le conseil que j'ai déjà donné de ne pas troubler l'imagination des enfants, quand ils sont tout petits, en leur parlant des
esprits[1] : car je voulais seulement dire par là qu'il y a des
inconvénients à faire entrer dans leur pensée ces images de
fantômes, de spectres, d'apparitions fantastiques, que les gouvernantes et tous ceux qui entourent les enfants leur présentent
pour les effrayer et s'assurer de leur obéissance. C'est là une
faute dont les enfants souffrent durant toute leur vie, parce
qu'elle asservit leurs esprits à des craintes, à des appréhensions
terribles, à la faiblesse et à la superstition. Lorsque plus tard ils
entrent dans le monde et dans la société, fatigués qu'ils sont de
ces idées dont ils rougissent, il arrive souvent que, pour opérer
une cure radicale et pour se débarrasser d'un fardeau qui pèse
si lourdement sur eux, ils rejettent en bloc toute croyance aux
esprits, et se jettent ainsi dans l'extrême opposé, qui est plus
regrettable encore.

192. Si je désire que l'on commence par l'étude des esprits,
et que la doctrine de l'Écriture ait profondément pénétré
l'esprit du jeune homme avant qu'il aborde la philosophie
naturelle, c'est que tous nos sens étant constamment en rapport
avec la matière, l'idée de la matière tend à accaparer l'esprit
tout entier et à en exclure l'idée de tout ce qui n'est pas
matière : de sorte que bien souvent ce préjugé, aussi fortement
appuyé, ne laisse plus la liberté de croire aux esprits et
d'admettre qu'il y ait rien, *in rerum natura*, qui ressemble à

---

1. Voyez *supra*, p. 250-251.

des êtres immatériels [1]. Et cependant il est évident que par la matière et le mouvement seul on ne peut expliquer aucun des grands phénomènes de la nature, et par exemple, pour ne citer que celui-là, le phénomène si commun de la pesanteur. Je crois qu'il est impossible d'en rendre compte par les opérations naturelles de la matière ou par les lois du mouvement : c'est la volonté positive d'un être supérieur qui l'a réglé ainsi. Ainsi puisqu'on ne peut expliquer convenablement le déluge sans admettre quelque chose qui soit en dehors du cours ordinaire des choses, je demanderai si, en admettant que Dieu a déplacé pour un temps le centre de gravité de la terre (chose aussi intelligible que la pesanteur elle-même, et qui peut avoir été le résultat d'une petite modification de causes inconnues), on ne rendrait pas aussi bien compte du déluge de Noé que par aucune des hypothèses qu'on a proposées jusqu'à ce jour. Je sais bien qu'on me fera une objection sérieuse : ce déplacement du centre de gravité n'aurait pu produire, me dira-t-on, qu'un déluge partiel. Mais le déplacement une fois accordé, il n'est pas difficile de concevoir que la puissance divine a pu placer le centre de gravité à une distance convenable du centre de la terre, et qu'elle l'a fait se mouvoir en rond pendant tout le temps qu'il a fallu pour que le déluge devint universel. Par là, je crois, on expliquera tous les phénomènes du déluge, tels que Moïse les a racontés, plus aisément que par toutes les suppositions étranges dont on s'est servi pour en rendre raison.

Mais ce n'est pas le moment d'insister sur cet argument que j'ai voulu seulement indiquer en passant, afin de montrer

1. En d'autres termes, Locke veut que la métaphysique précède la physique, parce qu'il craint que l'esprit ne s'habitue au matérialisme, s'il étudie la nature sensible avant de faire connaissance avec les réalités immatérielles. Cette théorie irrite Rousseau : « Locke, dit-il, veut que l'on commence par l'étude des esprits. Cette méthode est celle de la superstition, des préjugés, de l'erreur ». Et sans justifier son affirmation qui étonne, il conclut : « L'ordre suivi par Locke ne sert qu'à établir le matérialisme », *Émile*, livre IV, p. 551.

qu'il est nécessaire dans l'explication de la nature, de recourir à autre chose qu'à la matière et au mouvement[1] : vérité qu'on sera parfaitement préparé à comprendre, si l'on est familiarisé avec la notion des esprits, au pouvoir desquels la Bible attribue de si grands effets. Je réserve pour une occasion meilleure le développement plus complet de mon hypothèse, et l'application qu'on en peut faire à toutes les parties de l'histoire du déluge, à toutes les difficultés que soulève cet événement tel qu'il est raconté dans l'Écriture.

193. Mais revenons à l'étude de la philosophie naturelle. Bien qu'elle ait rempli le monde de systèmes, je ne saurais dire que j'en connaisse aucun qui puisse être enseigné à un jeune homme, comme une science où il soit assuré de trouver la vérité et la certitude, c'est-à-dire ce que promettent toutes les sciences dignes de ce nom. Je ne veux pas dire pour cela qu'il ne doive étudier aucun de ces systèmes. Dans un siècle de lumières comme le nôtre, il est nécessaire qu'un gentleman en ait quelque idée, ne serait-ce que pour le préparer aux conversations du monde. Mais soit qu'on lui fasse connaître en entier le système de Descartes, comme celui qui est le plus à la mode aujourd'hui[2], soit qu'on juge préférable de lui présenter une

1. En d'autres termes, il serait nécessaire d'admettre des miracles, c'est-à-dire l'intervention particulière de la puissance divine, pour expliquer certains phénomènes naturels. On s'étonne de trouver ces idées chez un ami et un admirateur de Newton.

2. Locke avait lu Descartes à l'âge de vingt-sept ans, et il se plaisait à répéter que cette lecture avait été pour lui une véritable révélation. Il n'est pas cependant cartésien en philosophie. Outre qu'il se sépare absolument de Descartes sur des questions importantes, notamment celle des idées innées, il est par tempérament d'une humeur philosophique qui n'a rien d'analogue avec celle de l'auteur du *Discours de la méthode*. Prudent et timide, circonspect en fait de spéculation, Locke ne pouvait que se défier des témérités de Descartes. On sait d'ailleurs que le cartésianisme n'a jamais eu beaucoup de succès auprès des philosophes anglais qui sont restés en général fidèles à la tradition empirique de Bacon.

courte esquisse de ce système et de plusieurs autres, j'estime que les systèmes de philosophie naturelle qui ont eu du succès dans cette partie du monde doivent être étudiés plutôt dans l'intention de connaître les hypothèses, de comprendre les termes et les façons de parler des différentes écoles, que dans l'espoir d'y trouver une connaissance satisfaisante, complète et scientifique, des œuvres de la nature. Tout ce qu'on peut dire, c'est que les atomistes modernes[1] parlent en général un langage plus intelligible que celui des péripatéticiens qui avant eux régnaient dans les écoles. Si l'on veut remonter plus haut et se mettre au courant des opinions des anciens, on pourra consulter avec fruit le *Système intellectuel* de Cudworth[2], où ce très savant auteur a exposé et critiqué les opinions des philosophes grecs avec tant de justesse et de soin ; les principes sur lesquels ils se fondaient et les principales hypothèses qui les divisaient y peuvent être étudiés avec plus de profit que dans aucun autre livre que je connaisse. Mais je ne prétends détourner personne de l'étude de la nature, sous prétexte qu'il sera toujours impossible de constituer une science avec les connaissances que nous en avons ou que nous pouvons en avoir. Il y a dans cette étude beaucoup de choses dont la connaissance est convenable et même nécessaire pour un gentleman, et un grand nombre d'autres qui, par le plaisir ou le profit qu'elles procurent, récompensent largement de leurs peines les curieux qui les étudient. Mais je crois qu'on trouvera tout cela plutôt dans les écrits des savants qui ont fait des expériences métho-diques et des observations, que chez ceux qui ont construit des

1. Les atomistes modernes, c'est-à-dire les philosophes qui excluent de la matière les formes substantielles et les qualités occultes, que le moyen âge avaient mises à la mode, et qui expliquent le monde matériel par l'étendue et le mouvement.

2. Cudworth, célèbre philosophe anglais (1617-1688). Le *Système intellectuel* avait été publié en 1678. Cudworth était le père de lady Masham, l'amie de Locke.

systèmes de pure spéculation [1]. Ce sont ces écrits, comme par exemple plusieurs ouvrages de M. Boyle [2], ainsi que d'autres qui ont été composés sur l'agriculture, l'arboriculture, le jardinage et des sujets semblables, qui peuvent convenir pour un gentleman, une fois qu'il a acquis quelque idée des systèmes de philosophie naturelle aujourd'hui en vogue.

194. Quoique les systèmes de physique que je puis connaître ne me laissent guère l'espoir de trouver la certitude et la vérité dans un traité quelconque, qui se donne pour un système de philosophie naturelle relatif aux premiers principes des corps, cependant l'incomparable M. Newton nous a montré combien les mathématiques, appliquées à certaines parties de la nature, d'après des principes vérifiés par l'expérience, pouvaient nous mener loin dans la connaissance de ce que j'appellerai quelques-unes des provinces de cet incompréhensible univers. Et si d'autres savants pouvaient nous donner, sur les autres parties de la nature, des explications aussi sûres et aussi claires que celles que contient, sur notre monde planétaire et les principaux phénomènes qu'on y observe, son admirable livre *Philosophiæ naturalis principia mathematica* [3], nous pourrions concevoir l'espoir légitime d'avoir un jour, sur plusieurs parties de cette stupéfiante machine du monde, des connaissances plus vraies et plus certaines qu'on n'avait jusqu'ici le droit d'y compter.

---

1. Locke accuse ici nettement les tendances de son esprit observateur et de sa philosophie expérimentale. Il relève de Bacon plus que de Descartes.

2. Boyle (1627-1697) jouissait d'une réputation immense au dix-septième siècle, pour ses travaux de physique et de chimie. Ses principaux ouvrages sont : l'*Histoire générale de l'air*, le *Chrétien naturaliste*, etc. Il était au nombre des amis et des correspondants de Locke.

3. L'ouvrage de Newton, *Principes mathématiques de la philosophie naturelle*, parut en 1687, six ans avant la publication des *Pensées sur l'éducation*.

Et quoiqu'il y ait très peu de gens qui sachent assez de mathématiques pour comprendre de telles démonstrations, cependant, les mathématiciens les plus exacts qui les ont examinés en ayant reconnu la valeur, son livre mérite d'être lu ; il procurera autant de plaisir qu'il apportera de lumières à tous ceux qui veulent se rendre compte des mouvements, des propriétés et des opérations de ces grandes masses de matière dont est formé notre système solaire, et qui méditeront attentivement des conclusions qui dépendent toutes de propositions bien prouvées.

Le grec

195. Voilà, en résumé, le plan d'études que j'ai conçu pour un jeune gentleman. On s'étonnera peut-être de l'omission du grec [1], et l'on me fera remarquer que la Grèce est précisément le pays où il faut chercher la source originelle, les fondements de toute la science qui s'est développée dans notre partie du monde. Je suis tout à fait de cet avis, et j'ajouterai qu'un homme ne peut passer pour savant s'il ignore la langue grecque. Mais je ne veux pas considérer ici l'éducation d'un savant de profession ; je ne m'occupe que de l'éducation d'un gentleman, auquel tout le monde convient que le latin et le français sont nécessaires, vu l'état présent des choses. Si notre gentleman, une fois devenu homme a la fantaisie de pousser plus loin ses études, et de pénétrer dans le monde grec, il lui sera facile d'apprendre cette langue de lui-même. Si, au contraire, il n'a pas de goût pour cette étude, tout ce que lui en aura appris son maître sera peine perdue ; il aura dépensé beaucoup de temps et d'efforts pour une étude qu'il se hâtera de délaisser et

---

1. Rollin se plaint du dédain que Locke témoigne pour l'étude des langues anciennes. « Je ne sais si Locke, dit-il, était bien versé dans la connaissance de la langue grecque et des belles-lettres. Il ne paraît pas au moins en faire assez de cas », *Traité des études*, livre VIII, I, introduction.

d'oublier, dès qu'il disposera de sa liberté. En effet, même parmi les gens de lettres, combien y en a-t-il sur cent qui retiennent ce qu'on leur a appris de grec dans les collèges, ou qui y fassent assez de progrès pour parvenir à une lecture familière et à une intelligence parfaite des auteurs grecs ?

Pour conclure sur ce point, et sur les études du jeune gentleman, je dirai que son précepteur doit se rappeler que son rôle n'est pas tant de lui enseigner toutes les sciences connues, que de lui inspirer le goût et l'amour de la science, et de le mettre en état d'acquérir de nouvelles connaissances, quand il en aura envie.

Je transcrirai ici pour le lecteur les pensées que la question de l'étude des langues a suggérées à un judicieux écrivain :

> L'on ne peut guère charger l'enfance de la connaissance de trop de langues. [...] Elles sont utiles à toutes les conditions des hommes, et elles leur ouvrent également l'entrée ou à une profonde ou à une facile et agréable érudition. Si l'on remet cette étude si pénible à un âge un peu plus avancé et qu'on appelle la jeunesse, ou l'on n'a pas la force de l'embrasser par choix, ou l'on n'a pas celle d'y persévérer ; et si l'on y persévère, c'est consumer à la recherche des langues le même temps qui est consacré à l'usage que l'on en doit faire, c'est borner à la science des mots un âge qui veut déjà aller plus loin et qui demande des choses ; c'est au moins avoir perdu les premières et les plus belles années de sa vie. Un si grand fond ne se peut bien faire que lorsque tout s'imprime dans l'âme naturellement et profondément ; que la mémoire est neuve, prompte et fidèle ; que l'esprit et le cœur sont encore vides de passions, de soins et de désirs, et que l'on est déterminé à de longs travaux par ceux de qui l'on dépend. Je suis persuadé que le petit nombre d'habiles, ou le grand nombre de gens superficiels, vient de l'oubli de cette pratique [1].

---

1. La Bruyère, *Caractères*, « De quelques usages », § 71. On reconnaîtra dans ces citations de La Bruyère autre chose que la pénétration d'un esprit fin

Tout le monde, je pense, reconnaîtra avec cet auteur pénétrant que l'étude des langues est celle qui convient le mieux à nos premières années. Mais c'est aux parents et aux professeurs à considérer quelles sont les langues que l'enfant doit apprendre. Il faut avouer en effet que c'est peine inutile et temps perdu que d'apprendre une langue dont on ne fera probablement aucun usage dans la vie ; une langue que l'enfant, à en juger par son tempérament, s'empressera de négliger et d'oublier, dès qu'il approchera de la maturité, dès que, débarrassé de son gouverneur, il pourra s'abandonner à ses propres instincts. Et comment supposer que ses instincts le portent à employer une partie de son temps à l'étude des langues savantes, ou à se préoccuper d'une langue par un usage journalier ou par quelque nécessité de métier ?

Mais dans l'intérêt de ceux que leur condition destine à être des hommes de lettres, je citerai encore les réflexions que le même auteur ajoute aux précédentes afin de les justifier. Ces observations méritent l'examen de tous ceux qui désirent véritablement s'instruire ; elles sont de nature à constituer une règle que les précepteurs auront à fixer dans l'esprit de leurs élèves, et à leur transmettre, comme le principe directeur du reste de leurs études.

> L'étude des textes, dit La Bruyère, ne peut jamais être assez recommandée : c'est le chemin le plus court, le plus sûr et le plus agréable pour tout genre d'érudition. Ayez les choses de la première main ; puisez à la source ; maniez, remaniez le texte, apprenez-le de mémoire ; citez-le dans les occasions ; songez surtout à en pénétrer le sens dans toute son étendue et dans ses circonstances ; conciliez un auteur original, ajustez ses principes, tirez vous-même les conclusions. Les premiers commen-

---

et délicat : on y saisira l'accent d'une véritable expérience pédagogique. La Bruyère, en effet, a dirigé en partie les études du duc de Bourbon, petit-fils du grand Condé, et quoiqu'il fût spécialement chargé de lui enseigner l'histoire, il expliquait avec lui les *Métamorphoses* d'Ovide.

tateurs se sont trouvés dans le cas où je désire que vous soyez : n'empruntez leurs lumières et ne suivez leurs vues qu'où les vôtres seraient trop courtes : leurs explications ne sont pas à vous, et peuvent aisément vous échapper ; vos observations, au contraire, naissent de votre esprit, et y demeurent ; vous les retrouvez plus ordinairement dans la conversation, dans la consultation et dans la dispute. Ayez le plaisir de voir que vous n'êtes arrêté dans la lecture que par les difficultés qui sont invincibles, où les commentateurs et les scoliastes eux-mêmes demeurent court, si fertiles d'ailleurs, si abondants et si chargés d'une vaine et fastueuse érudition, dans les endroits clairs et qui ne font de peine ni à eux ni aux autres ; achevez ainsi de vous convaincre, par cette méthode d'étudier, que c'est la paresse des hommes qui a encouragé le pédantisme à grossir plus qu'à enrichir les bibliothèques, à faire périr le texte sous le poids des commentaires, qu'elle a en cela agi contre soi-même et contre ses plus chers intérêts, en multipliant les lectures, les recherches et le travail qu'elle cherchait à éviter [1].

Quoique ces conseils ne semblent s'adresser directement qu'aux seuls gens de lettres, ils sont d'une si grande portée pour la bonne direction de leur éducation et de leurs études que je ne serai pas blâmé, je pense, de les avoir cités ici, surtout si l'on considère qu'ils peuvent être de quelque secours même à un gentleman, si parfois il lui prend fantaisie de pénétrer plus avant que la simple surface des choses, et d'acquérir des connaissances solides, complètes, qui le fassent passer maître dans telle ou telle science particulière.

On dit que ce qui met le plus de différence entre les hommes, c'est l'ordre et la constance. Ce dont je suis sûr, c'est que pour éclairer la route d'un écolier, pour le soutenir dans sa marche, pour lui permettre de marcher d'un pas aisé et d'avancer très loin dans n'importe quelle recherche, rien ne vaut une bonne méthode. Son précepteur doit donc s'efforcer

1. *Ibid.*, § 72.

de lui en faire comprendre l'utilité, de l'accoutumer à l'ordre, de lui enseigner la méthode dans tous les emplois de la pensée. Qu'il lui montre en quoi elle consiste, et quels en sont les avantages; qu'il le familiarise avec ses diverses formes, avec celle qui va du général au particulier ou de choses particulières à quelque chose de plus général; qu'il l'exerce à l'une et à l'autre, et qu'il lui fasse voir à quels objets chacune de ces méthodes est la plus appropriée, et à quelles fins elle peut le mieux servir.

Dans l'étude de l'histoire, c'est l'ordre chronologique qu'il faut suivre; dans les recherches philosophiques, c'est l'ordre de la nature, qui dans toutes ses démarches va du point qu'elle occupe au point qui est immédiatement juxtaposé. De même l'esprit doit passer de la connaissance qu'il possède déjà à celle qui vient après et qui se rattache à la première, et marcher ainsi vers son but, en considérant les parties les plus simples, les moins complexes du sujet qu'il étudie. À cet effet, il sera d'une grande utilité que le maître habitue son élève à faire des distinctions nettes, c'est-à-dire à avoir des idées distinctes, partout où l'esprit peut saisir une différence réelle; mais il doit éviter avec le même soin d'admettre des distinctions de mots, partout où il n'a pas clairement l'idée d'une distinction et d'une différence.

LES ARTS D'AGRÉMENT

La danse

196. Outre ce qu'il doit apprendre par l'étude et dans les livres, il y a d'autres qualités nécessaires à un gentleman, qualités qu'il faut acquérir par l'exercice, en y consacrant un certain temps et sous la direction de maîtres particuliers.

Comme c'est la danse qui donne pour toute la vie l'habitude des mouvements gracieux, qui surtout procure l'air mâle et cette assurance qui convient aux jeunes gens, je crois qu'on ne saurait trop tôt leur apprendre à danser, une fois qu'ils ont l'âge et la vigueur nécessaires. Mais il faut s'assurer d'un bon maître qui sache et qui puisse enseigner ce qui est vraiment gracieux et convenable, ce qui donne à tous les mouvements du corps une allure libre et aisée. Si un maître n'enseigne pas cela, il vaut mieux n'en avoir pas du tout ! La gaucherie naturelle, en effet, est préférable à ces poses affectées qui font qu'un enfant ressemble à un singe, et je pense qu'il vaut bien mieux saluer et faire la révérence, comme un brave gentilhomme de campagne, que comme un maître à danser aux mauvaises façons. Quant aux figures diverses de la danse, je compte cela pour rien ou pour peu de chose, excepté dans la mesure où ces exercices tendent à donner à la contenance une grâce parfaite.

La musique

197. La musique passe pour avoir certains rapports avec
la danse, et beaucoup de gens considèrent comme un talent
précieux l'habileté à jouer de certains instruments. Mais la
musique prend tellement de temps à un jeune homme, même
pour n'arriver qu'à un talent médiocre, et elle l'engage souvent
dans de si étranges compagnies, qu'il fera mieux d'employer
son temps à autre chose [1]. Il m'est si rarement arrivé, dans la
société des hommes sensés et pratiques, d'entendre louer ou
estimer quelqu'un pour l'excellence de son talent musical,
que, parmi les choses qui peuvent figurer dans la liste des arts
d'agrément, c'est à la musique que j'attribuerais volontiers
le dernier rang. La brièveté de notre vie ne nous permet pas
d'apprendre toutes choses; et d'ailleurs nous ne pouvons être
constamment astreints à l'étude. La faiblesse de notre constitution, au point de vue du corps comme au point de vue de
l'esprit, exige que nous prenions souvent du repos; et à tout
âge, si nous voulons faire un bon emploi de notre vie, nous
devons en consacrer une bonne partie aux récréations. Tout au
moins cette nécessité s'impose pour les enfants. Sans cela,
tandis que vous les faites vieillir avant l'âge par un excès de
précipitation, vous aurez le chagrin de les conduire prématuré-
ment au tombeau, ou de les plonger dans une seconde enfance,
plus tôt que vous ne pensez. C'est pourquoi, selon moi, tout le

---

1. Locke parle de la musique, comme de la poésie, avec sévérité, en homme
positif et superficiel. Ce sont les modernes seuls qui ont retrouvé le sentiment de
la musique, perdu, semble-t-il, depuis les Grecs. Les contemporains de Locke
étaient du même avis que lui. Fénelon, tout en reconnaissant combien la
musique a été puissante chez les peuples grecs pour élever l'âme au-dessus des
sentiments vulgaires, déclare que «le goût de la musique, comme celui de la
poésie, n'est guère sans danger», *L'éducation des filles*, chap. XII. Rollin disait,
lui aussi : «Une expérience presque universelle montre que l'étude de la
musique dissipe extraordinairement les jeunes filles», *Traité des études*.

temps et tous les efforts qu'on destine à des progrès sérieux doivent être réservés pour des choses plus utiles et plus importantes que la musique, et en même temps employés d'après les méthodes les plus rapides et les plus aisées qu'il est possible d'imaginer. Peut-être, comme je l'ai déjà dit, n'est-ce pas un des moindres secrets de l'art de l'éducation, de savoir faire des exercices du corps la récréation des exercices de l'esprit et réciproquement. Je ne doute pas qu'un homme habile ne pût faire quelque chose dans cette voie, s'il prenait soin de bien étudier le tempérament et les inclinations de son élève, car l'enfant qui est las de l'étude ou de la danse ne désire pas pour cela d'aller au lit tout de suite : il veut seulement faire autre chose qui le récrée et le divertisse. Mais qu'on n'oublie jamais qu'une chose qui n'est pas faite avec plaisir ne saurait tenir lieu de récréation.

L'escrime – l'équitation

198. L'escrime et l'art de monter à cheval passent pour des parties si nécessaires d'une bonne éducation, que l'on me reprocherait comme une grave omission de n'en pas parler. L'équitation qu'on ne peut guère apprendre que dans les grandes villes, est pour la santé un des meilleurs exercices qu'on puisse se procurer dans ces foyers de plaisir et de luxe ; et pour cette raison un jeune gentleman, pendant le séjour qu'il y fait, doit y consacrer une bonne partie de son temps. Tant que l'équitation n'a pour but que de donner au cavalier une attitude solide et aisée, de le mettre en état de dresser son cheval à s'arrêter, à tourner court, enfin de lui apprendre à être ferme sur ses hanches, c'est un exercice utile à un gentleman, dans la paix comme dans la guerre. Mais si cet exercice mérite ou non que les jeunes gens s'en fassent une affaire, et s'il a assez d'importance pour qu'ils lui consacrent plus de temps qu'ils n'en devraient employer, par intervalles, à ces sortes d'exer-

cices violents, dans le seul intérêt de leur santé, c'est une question que je laisse le soin de résoudre à la sagesse des parents et des gouverneurs. Qu'ils se rappellent seulement que, dans toutes les parties de l'éducation, ce qui réclame le plus de temps et le plus d'efforts, ce sont les connaissances qui vraisemblablement seront de la plus grande conséquence, et du plus fréquent usage, dans le cours ordinaire et dans les circonstances de la vie à laquelle est destiné le jeune homme.

199. Quant à l'escrime[1], elle peut être un bon exercice pour la santé, mais elle est dangereuse pour la vie, parce que la conscience d'y être habile peut engager dans des querelles les jeunes gens qui croient avoir appris à bien manier le fer. Cette confiance présomptueuse les rend plus sensibles qu'il ne faudrait sur le point d'honneur, pour des provocations légères ou même absolument insignifiantes. Les jeunes gens, dans la chaleur de leur sang, sont disposés à croire qu'ils ont inutilement appris l'escrime, s'ils ne trouvent pas l'occasion de déployer dans un duel leur adresse et leur courage, et il semble qu'ils aient raison. Mais de combien de tristes tragédies cette disposition d'esprit a été l'occasion, c'est ce dont pourraient témoigner les larmes de beaucoup de mères. Un homme qui ne s'entend pas aux armes, sera plus disposé à éviter la société des joueurs et des bretteurs, et ne sera pas de moitié aussi pointilleux sur les questions d'honneur, ni aussi prompt à faire affront aux autres ou à soutenir fièrement son opinion, ce qui est la cause ordinaire des querelles. D'autre part quand un homme est sur le terrain, une adresse médiocre à manier les armes l'exposera plutôt aux coups de son adversaire qu'elle ne servira à l'en garantir. Et certainement un homme de courage, qui n'entend absolument rien à l'escrime, et qui, par consé-

---

1. Sur les avantages de l'escrime, voir l'intéressante étude de M. Ernest Legouvé, *Le piano et le fleuret*, dans le livre *Les pères et les enfants au dix-neuvième siècle*, Paris, s.d.

quent, ne s'amusant pas à parer, met toute sa confiance dans un seul coup vigoureusement poussé, a l'avantage sur un ferrailleur médiocrement habile, surtout s'il est adroit à la lutte. Par conséquent, s'il faut prendre quelques précautions contre de tels accidents, et si un père doit préparer son fils à soutenir des duels, j'aimerais mieux de beaucoup que mon fils fût un habile lutteur qu'un ferrailleur médiocre, et c'est tout ce que peut être un gentleman, à moins qu'il ne passe sa vie à la salle d'armes et qu'il ne s'exerce chaque jour. Toutefois, l'escrime et l'équitation étant généralement regardées comme des qualités nécessaires à un gentleman bien élevé, il serait peut-être trop rigoureux de refuser complètement à un jeune homme de ce rang ces marques de distinction. Je laisserai donc à son père le soin de décider jusqu'à quel point le tempérament de son fils et le poste qu'il doit occuper dans la vie, lui permettent ou l'obligent de condescendre à des usages qui d'une part ne servent pas à grand-chose dans la vie civile, qui d'autre part étaient autrefois inconnus aux nations les plus belliqueuses, qui enfin semblent n'accroître que peu la force ou le courage de celles qui s'y sont soumises, à moins qu'on ne s'imagine que la valeur, la bravoure militaire a été favorisée et accrue par la mode des duels, avec laquelle l'escrime a fait son entrée dans le monde, et avec laquelle aussi j'espère qu'elle en sortira.

200. Telles sont pour le moment mes pensées sur les études et sur les arts d'agrément qui doivent s'y ajouter. Mais la grande affaire c'est par dessus tout la vertu et la sagesse :

Nullum numen abest si sit prudentia [1].

Que l'enfant apprenne sous votre direction à dominer ses inclinations, et à soumettre ses appétits à la raison. Si vous obtenez cela, et si par une pratique constante vous lui en faites

---

1. «Rien ne manque à l'homme qui possède la prudence» [Juvénal, *Satires*, X, 365 et XIV, 315].

une habitude, vous aurez rempli la partie la plus difficile de
votre tâche. Et pour qu'un jeune homme en vienne là, je ne
connais pas de moyen plus efficace que le désir d'être loué et
d'être estimé : c'est donc ce sentiment qu'il faut lui inspirer par
tous les moyens imaginables. Rendez-le sensible à l'honneur
et à la honte, autant que possible. Lorsque vous y serez parvenu, vous aurez jeté dans son esprit un principe qui influen-
cera sa conduite, quand vous ne serez plus auprès de lui, un
principe auquel ne peut être comparé la crainte du fouet et de la
petite douleur que cause le fouet, et qui sera enfin la tige sur
laquelle vous pourrez ensuite greffer les vrais principes de la
moralité et de la religion.

Il faut apprendre un métier

201. Il me reste encore quelque chose à ajouter, et je sais
bien qu'en faisant connaître ma pensée, je cours le risque de
paraître oublier mon sujet et tout ce que j'ai précédemment
écrit sur l'éducation : car je vais parler de la nécessité d'un
métier, et je n'ai prétendu élever qu'un gentleman dont la
condition ne paraît pas compatible avec un métier. Et cependant je n'hésite pas à le dire, je voudrais que mon gentilhomme
apprît un métier, oui, un métier manuel ; je voudrais même
qu'il en sût deux ou trois, mais un particulièrement [1].

---

1. C'est l'idée que Rousseau devait reprendre dans l'*Émile* avec tant
d'insistance et d'énergie. « Souvenez-vous que ce n'est point un talent que je
vous demande ; c'est un métier, un vrai métier, un art purement mécanique,
où les mains travaillent plus que la tête », *Émile*, livre III, p. 471. Locke et
Rousseau sont donc d'accord sur la nécessité d'un métier : mais les raisons qui
les décident sont fort différentes. Locke, en faisant apprendre à son gentleman
la menuiserie ou l'agriculture, voulait surtout que ce travail physique offrît à
l'esprit un divertissement, une occasion de relâche et de repos, et procurât au
corps un exercice utile.

Rousseau est dirigé par de tout autres idées. Ce qu'il veut d'abord, c'est
que, par l'apprentissage d'un métier, Émile se mette à l'abri du besoin le jour où

202. Puisqu'il faut toujours diriger vers quelque chose qui leur soit utile l'humeur active des enfants, les avantages qu'ils tirent des exercices qu'on leur propose peuvent être ramenés à deux catégories : 1) Il y a des cas où l'habileté qu'ils acquièrent par l'exercice est estimable en elle-même ; il en est ainsi non seulement de l'étude des langues et des sciences, mais de la peinture, de l'art de tourner, du jardinage, de l'art de tremper le fer et de le travailler, et de tous les autres arts utiles. 2) Il y a des cas où l'exercice, en dehors de toute autre considération, est utile ou nécessaire pour la santé. Les premières de ces connaissances, il est si nécessaire que les enfants les acquièrent durant leur jeune âge qu'une bonne partie de leur temps doit être consacré à y faire des progrès, bien que ces occupations ne contribuent en rien à leur santé. Telles sont la lecture, l'écriture, toutes les études sédentaires qui ont pour but la culture de l'esprit, et qui prennent nécessairement une grande partie du temps du gentleman, presque aussitôt qu'il est né. Mais les arts manuels, qui pour être appris et pour être pratiqués exigent le travail du corps, ont pour résultat non seulement d'accroître notre dextérité et notre adresse par l'exercice, mais aussi de fortifier notre santé, surtout ceux auxquels on travaille en plein air. Dans ces occupations-là, par conséquent, la santé et l'habileté progressent conjointement, et l'on peut en choisir quelques-unes pour en faire les récréations d'un enfant dont l'affaire principale est l'étude des livres. Ce qui doit nous guider dans ce choix, c'est l'âge, c'est l'inclination de la personne ; la contrainte doit toujours être bannie et il ne faut pas appliquer l'enfant de force à ces travaux. La contrainte en effet et la force engendrent souvent, mais ne guérissent jamais

une crise révolutionnaire lui ôterait la richesse. En second lieu, Rousseau obéit à des préoccupations sociales, nous dirions aujourd'hui socialistes. Le travail est à ses yeux un devoir strict auquel personne ne peut se soustraire. « Riche ou pauvre, tout citoyen oisif est un fripon » (*ibid.*, p. 470).

l'aversion. Tout ce qu'on fait malgré soi et par violence, on se
hâte de l'abandonner, dès qu'on le peut ; et tant qu'on le fait, on
n'y trouve ni profit, ni plaisir.

La peinture

203. De tous les arts, celui qui me plairait le plus à ce point
de vue, ce serait la peinture, n'étaient une ou deux objections
auxquelles il n'est pas facile de répondre. D'abord, mal peindre
est une des choses les plus détestables de ce monde ; et pour
atteindre un degré de talent supportable, il y faut employer trop
de temps. Si l'enfant a un goût naturel pour la peinture, il est à
craindre qu'il ne néglige toutes les autres études plus utiles,
pour s'y adonner entièrement ; et s'il n'a pas de goût pour cet
art, on aura beau employer le temps, la peine, l'argent : rien n'y
fera. Une autre raison qui me fait écarter la peinture de l'éducation d'un gentleman, c'est qu'elle est une récréation séden-
taire, qui occupe l'esprit plus que le corps. C'est l'étude qui
doit être l'occupation la plus sérieuse d'un gentleman, et
quand il a besoin de relâche et de divertissement, il faut qu'il
les cherche dans quelque exercice corporel, qui détende son
esprit, et en même temps fortifie sa santé et son tempérament.
Pour ces deux raisons, je ne suis pas pour la peinture.

Les récréations

204. En second lieu, je proposerai pour un jeune homme
qui habite la campagne, je proposerai, dis-je, une de ces deux
choses ou plutôt les deux à la fois : d'abord le jardinage ou
l'agriculture [1] en général, ensuite le travail sur bois, à la façon

---

1. *Cf.* Rousseau : « L'agriculture est le premier métier de l'homme : c'est le
plus honnête, le plus utile, et par conséquent le plus noble qu'il puisse exercer.
Je ne dis pas à Émile : Apprends l'agriculture, il la sait. Tous les travaux
rustiques lui sont familiers », *Émile*, livre III, p. 470.

d'un charpentier, d'un menuisier ou d'un tourneur[1]. Ce sont là des récréations saines qui conviennent à l'homme d'études ou à l'homme d'action. Puisque l'esprit en effet ne supporte pas d'être constamment employé à la même chose, et que les hommes sédentaires et studieux ont besoin de quelque exercice qui à la fois divertisse leur esprit et occupe leurs corps, je ne connais rien qui puisse mieux réunir ces avantages pour un gentleman campagnard que les deux exercices dont j'ai parlé : si la saison ou le mauvais temps en effet l'empêche de se livrer à l'un, il peut passer à l'autre. En outre, s'il devient habile dans le premier, il aura les moyens de gouverner et d'instruire son jardinier; s'il est habile dans le second, il inventera et façonnera un grand nombre d'objets tout ensemble agréables et utiles. Ce n'est pas que je considère ce dernier avantage comme le but principal de son travail, mais c'est un attrait qui peut l'y engager. Ce que je demande surtout à ces occupations, c'est qu'elles le divertissent par un exercice manuel, utile et sain, de ses autres pensées et de ses affaires plus sérieuses.

205. Chez les anciens, les grands hommes savaient très bien accorder le travail des mains avec les affaires de l'État, et ils ne pensaient pas compromettre leur dignité en faisant de l'un la récréation des autres. C'est à l'agriculture qu'ils semblent avoir employé et diverti le plus ordinairement leurs heures de loisir. Chez les Juifs, Gédéon quitta l'aire où il battait le blé, chez les Romains, Cincinnatus quitta la charrue, pour commander et conduire à l'ennemi les armées de leur patrie, et l'on sait que leur habileté à manier le soc ou le fléau ne les

---

1. « Tout bien considéré, dit Rousseau, le métier que j'aimerais le mieux qui fût du goût de mon élève est celui de menuisier. Il est propre, il est utile, il peut s'exercer dans la maison; il tient suffisamment le corps en haleine; il exige dans l'ouvrier de l'adresse et de l'industrie, et dans la forme des ouvrages que l'utilité détermine, l'élégance et le goût ne sont pas exclus », *Émile*, livre III, p. 477-478.

empêcha pas de réussir au métier des armes. Pour avoir été de bons ouvriers dans leurs travaux manuels, ils ne furent pas des généraux et des politiques moins habiles. Ils se montrèrent aussi grands capitaines, aussi grands hommes d'État qu'ils avaient été bons laboureurs. Caton l'Ancien, qui avait exercé avec gloire toutes les charges de la République, nous a laissé un écrit qui prouve combien il était versé dans l'art de l'agriculture[1]; et autant qu'il m'en souvient, Cyrus[2] croyait si peu que le jardinage fût au-dessous de la dignité et de la grandeur du trône qu'il montra à Xénophon[3] un vaste champ d'arbres fruitiers tous plantés de sa main. L'histoire des anciens, des Juifs aussi bien que des Gentils, est pleine de faits de ce genre, qui pourraient être cités, s'il était nécessaire de recommander par des exemples l'usage des récréations utiles.

206. Et qu'on ne s'imagine pas que je commets une méprise lorsque je donne le nom de divertissement et de récréation à ces arts manuels et à tous les autres exercices du même genre : car la récréation consiste, non à rester sans rien faire (comme tout le monde peut le remarquer), mais à soulager par la variété de l'exercice l'organe fatigué. Et celui qui penserait que le divertissement ne peut provenir d'un travail dur et pénible, oublierait que les chasseurs se lèvent matin, se fatiguent à cheval, souffrent du chaud, du froid, de la faim, et que cependant la chasse est le plaisir familier des hommes du plus haut rang. Bêcher, planter, greffer, et tous les travaux de ce genre ne procureraient pas moins de divertissement aux hommes que les jeux inutiles consacrés par la mode, s'ils pouvaient une fois être disposés à s'y plaire; et l'habitude, l'habileté acquise les attacherait bien vite à n'importe lequel de ces exercices. On

---

1. Allusion à l'ouvrage de Caton, *De re rustica*.

2. Il s'agit de Cyrus le jeune, dont Xénophon parle dans l'*Anabase*.

3. Non pas à Xénophon, comme le dit à tort Locke, mais à Lysandre, comme Xénophon le raconte dans ses *Économiques*.

trouverait, je n'en doute pas, beaucoup de gens qui, invités trop souvent à jouer aux cartes où à d'autres jeux par des personnes auxquelles ils ne peuvent rien refuser, se sont ennuyés à ces sortes de divertissements plus qu'ils n'auraient fait en se livrant aux occupations les plus sérieuses de la vie, quoiqu'ils n'aient pas naturellement d'aversion pour ces jeux-là, et qu'ils soient même disposés à s'y divertir de temps en temps [1].

207. Le jeu, auquel les personnes de qualité et notamment les dames, perdent une si grande partie de leur temps, est pour moi la preuve évidente que les hommes ne peuvent pas rester sans rien faire. Il faut toujours qu'ils s'occupent à quelque chose. Comment s'expliquer autrement qu'ils consacrent tant d'heures à des occupations qui causent généralement plus de peine que de plaisir à la plupart des hommes, pendant le temps qu'ils y sont engagés ? Il est certain, pour ceux qui réfléchissent après avoir fini de jouer, que le jeu ne laisse pas de satisfaction après lui et qu'il ne profite en rien ni au corps ni à l'esprit. Quant à la question d'argent, si le jeu est assez gros pour toucher à leurs intérêts, ce n'est plus une récréation, c'est un commerce, qui enrichit rarement les personnes qui ont pour vivre d'autres ressources ; et en tout cas, si l'on s'y enrichit, le joueur heureux fait un triste métier puisqu'il ne remplit ses poches qu'aux dépens de sa réputation [2].

Les récréations ne sont pas faites pour les hommes qui ne connaissent pas le travail des affaires et qui ne sont pas fatigués et épuisés par les occupations de leur charge. Le grand art serait

---

1. Rollin, parlant de ces jeux-là, s'exprime ainsi : « Comme le jeu est destiné à délasser, je ne sais si l'on devrait communément permettre aux enfants ceux qui appliquent presque autant que l'étude », *Traité des études*, livre VIII, 1, 11.

2. « Les jeux de hasard, dit Rollin, tels que ceux des cartes et des dés, devenus fort à la mode dans le monde, méritent bien plus d'être interdits aux jeunes gens. C'est une honte pour notre siècle que des personnes raisonnables ne puissent passer ensemble quelques heures si elles n'ont les cartes à la main », *Traité des études*, livre VIII, 1, 11.

de disposer des heures de récréation de telle manière qu'on pût y reposer et y rafraîchir les facultés qui ont été exercées et fatiguées, et en même temps faire quelque chose qui, outre le plaisir et le repos du moment, nous assurât quelque avantage à venir. C'est la vanité seule, c'est l'orgueil de la grandeur et de la richesse qui a répandu et mis à la mode ces vains et dangereux passe-temps (comme on les appelle), et qui a accrédité cette opinion que pour un gentleman l'étude ou le travail des mains n'est pas un divertissement convenable. C'est ce qui a donné aux cartes, aux dés, aux parties de plaisir, un si grand crédit dans le monde. Beaucoup de gens y emploient leurs heures de loisir, plutôt sous l'influence de la mode et parce qu'ils ne connaissent pas d'occupation meilleure pour remplir le vide de leur temps inoccupé, que parce qu'ils y trouvent un réel plaisir. Ils ne peuvent supporter le poids si lourd d'un loisir absolu, l'ennui de ne rien faire ; et comme ils n'ont jamais appris d'art manuel utile qui puisse les divertir, ils ont recours, pour passer leur temps, à ces amusements frivoles ou mauvais, auxquels un homme raisonnable qui n'aurait pas été gâté par la coutume ne pourrait trouver que bien peu de plaisir.

208. Je ne dis pas cependant qu'un jeune gentleman ne doive jamais se prêter aux distractions innocentes que l'usage a mises à la mode parmi les jeunes gens de son âge et de sa condition. Je suis si loin de vouloir qu'il soit austère et morose à ce point, que je désirerais au contraire le voir entrer, avec une complaisance marquée, dans tous les plaisirs, dans toutes les joies de ceux qu'il fréquente, et ne montrer aucune répugnance, aucune aversion pour les choses qu'ils attendent de lui, à condition qu'elles conviennent à un gentleman et à un honnête homme. Pour les cartes cependant et les dés, je crois que le plus sage et le plus sûr est de ne jamais apprendre à y jouer, et, grâce à cette ignorance, d'être mis à l'abri de ces tentations dangereuses et de ces façons de perdre un temps précieux. Mais tout

en autorisant les conversations paresseuses, les entretiens joyeux, et toutes les récréations convenables que l'usage recommande, je crois qu'un jeune homme trouvera encore assez de temps, en dehors de ses occupations sérieuses et essentielles, pour apprendre à peu près tel ou tel métier. C'est faute d'application, ce n'est pas faute de loisir, que les hommes ne deviennent pas experts en plus d'un art. Une heure par jour, régulièrement employée à un divertissement de ce genre, suffira pour faire acquérir à un homme en fort peu de temps un degré d'habileté qu'il ne peut soupçonner; et quand bien même il n'y aurait d'autre avantage à cela que d'écarter et de discréditer les passe-temps ordinaires, les jeux vicieux, inutiles et dangereux, et de montrer qu'on peut s'en passer, ce serait encore une chose à encourager. Si dès leur jeunesse les hommes étaient guéris de cette humeur indolente, qui fait que parfois ils laissent s'écouler inutilement une bonne partie de leur vie sans occupations et même sans plaisirs, ils trouveraient assez de temps pour devenir habiles et expérimentés en un grand nombre de choses qui, bien qu'éloignées de leur profession réelle, ne seraient pourtant pas incompatibles avec elle. Et pour cette raison, comme pour toutes celles que j'ai déjà dites[1], l'humeur indolente et distraite d'un esprit qui se complaît à rêver tout le jour est la chose qu'on doit le moins permettre et tolérer chez les jeunes gens. Cette disposition est le propre d'un homme malade, dont la santé est en désordre; mais hors de là, elle ne doit être supportée chez personne, à n'importe quel âge et dans n'importe quelle condition.

209. Aux arts que j'ai mentionnés plus haut peuvent être ajoutés l'art de préparer des parfums[2], le vernissage, la gravure

1. Voyez *supra*, section XVII.
2. Au temps de Locke, la préparation des parfums était un art à la mode, notamment chez les dames, qui fabriquaient pour leur usage de l'eau de menthe, de l'eau de lavande.

et plusieurs sortes d'ouvrages en fer, en cuivre ou en argent. Si, comme il arrive le plus souvent, notre jeune gentleman passe une partie considérable de son temps dans une grande ville, on pourra lui apprendre à tailler, à polir, à enchâsser des pierres précieuses, ou l'occuper à polir et à préparer des verres de lunettes[1]. Parmi tant d'arts manuels si ingénieux, il est impossible qu'il ne s'en rencontre pas quelqu'un qui lui plaise et qui le charme, à moins qu'il ne soit paresseux ou débauché; et il ne saurait l'être, si son éducation a été bien conduite. Et puisqu'on ne peut l'employer constamment à étudier, à lire, à causer, il lui restera, en dehors du temps que lui prennent ces exercices, plusieurs heures qu'il risquerait d'employer mal s'il ne les employait pas à ces sortes de travaux. En effet, et je conclus par là, il est rare qu'un jeune homme consente à rester absolument oisif et les bras croisés; et si par hasard il était de cette humeur-là, ce serait un défaut à combattre énergiquement.

---

1. C'est à ce dernier travail que Spinoza employait ses journées. Mais c'était pour lui un gagne-pain, non un divertissement.

LA TENUE DES LIVRES

210. Si les parents, égarés par les préjugés, se laissent effrayer par ces mots de métier et d'arts mécaniques, et s'ils répugnent à voir leurs enfants se livrer à une occupation de ce genre, il y a cependant une chose relative au commerce, dont ils reconnaîtront, après réflexion, que la connaissance est absolument nécessaire à leur fils.

La tenue des livres n'est pas sans doute une science dont un gentleman ait besoin pour acquérir des richesses, mais il n'y a peut-être rien qui contribue plus utilement à lui faire conserver celles qu'il possède [1]. On voit rarement qu'une personne qui tient exactement le compte de ses revenus et de ses dépenses, et qui, par conséquent, a constamment l'œil ouvert sur la marche de ses affaires domestiques, en vienne à se ruiner; et j'ai la certitude que bien des gens ne compromettent leurs affaires avant de s'en apercevoir, ou ne précipitent leur ruine, une fois qu'elle est commencée, que faute de vouloir ou de savoir prendre cette peine. Je donnerai donc à tout gentleman le conseil d'apprendre parfaitement la tenue des livres et de ne

1. Il est permis de penser que la tenue des livres n'a pas besoin d'une étude spéciale, quand il s'agit simplement de l'éducation d'un homme que sa position ne destine pas au commerce. On peut être économe et tenir exactement ses comptes sans avoir appris la tenue des livres.

pas s'imaginer que cette science n'est pas faite pour lui, sous ce prétexte qu'elle a pris naissance et qu'elle est surtout en usage chez les gens de négoce.

211. Lorsque mon jeune gentleman aura appris à tenir les livres de comptes (ce qui est une affaire de jugement plus que d'arithmétique), il ne sera peut-être pas mauvais que son père, dès ce moment, l'oblige à faire usage de sa science pour ses petites affaires. Ce n'est pas que je veuille qu'il note sur son livre par le menu toutes les dépenses qu'il fait, tout l'argent qu'il emploie à boire ou à se divertir : la rubrique *dépenses générales* suffira pour toutes ces choses. Je ne veux pas non plus que son père surveille trop minutieusement ses comptes, pour en prendre occasion de critiquer ses dépenses. Il doit se rappeler qu'il a été jeune lui aussi, de quelles pensées il était alors animé, et ne pas oublier que son fils a le droit d'avoir les mêmes idées et de les satisfaire à son tour. Si donc je demande que le jeune homme soit obligé de tenir ses comptes, ce n'est pas du tout pour que le père puisse par ce moyen contrôler ses dépenses (car tout l'argent qu'il lui donne, il doit lui en laisser la libre et entière disposition) ; c'est pour qu'il prenne de bonne heure l'habitude de le faire, pour que cet usage, qu'il lui sera si utile et si nécessaire de pratiquer toute sa vie, lui devienne familier dès sa jeunesse. Un noble Vénitien, dont le fils roulait sur l'or et gaspillait la fortune paternelle, trouvant que les dépenses de son fils devenaient énormes et extravagantes, ordonna à son caissier de ne plus lui donner à l'avenir qu'autant d'argent qu'il voudrait en compter en le recevant. On pensera sans doute que ce n'était pas un moyen bien efficace de modérer les dépenses du jeune homme, puisqu'il restait libre de prendre autant d'argent qu'il en voulait ; cependant cet expédient, employé avec un jeune étourdi qui ne s'était jamais préoccupé que de la poursuite de ses plaisirs, lui causa un grand embarras et le disposa enfin à faire cette sage et utile

réflexion : « S'il me faut prendre tant de peine simplement pour compter l'argent que je veux dépenser, quel soin et quelle peine mes ancêtres ne doivent-ils pas avoir pris quand il s'agissait, non de le compter, mais de le gagner ? ». Cette pensée raisonnable, suggérée par le petit travail qu'on lui imposait, agit si puissamment sur son esprit, qu'elle l'arrêta dans ses dépenses et qu'il se conduisit désormais en homme économe. En tous cas, ce que tout le monde accordera, c'est que rien n'est plus propre à maintenir nos dépenses dans de justes limites, que l'habitude d'avoir toujours sous les yeux l'état de nos affaires dans des comptes exacts et bien tenus.

DES VOYAGES

212. La dernière partie de l'éducation, ce sont les voyages, qui passent généralement pour couronner l'œuvre et rendre un gentleman accompli. Je reconnais que les voyages en pays étrangers offrent de grands avantages : mais l'âge que l'on choisit communément pour envoyer les jeunes gens hors de leur pays est de tous, selon moi, celui où ils sont le moins capables d'en retirer ces avantages. Les résultats que l'on se propose d'atteindre et qui sont les plus importants peuvent être ramenés à deux : le premier consiste à étudier les langues étrangères ; le second à devenir plus sage et plus prudent, en fréquentant les hommes, en conversant avec des gens qui, par le tempérament, les coutumes et les mœurs, diffèrent les uns des autres et surtout diffèrent des personnes de notre paroisse et de notre voisinage[1]. Mais l'âge de seize à vingt et un ans, qu'on choisit ordinairement pour les voyages, est de tous les âges de la vie celui qui est le moins propre à assurer ces avantages. Le premier âge où l'enfant peut apprendre les langues

---

1. Montaigne recommande les voyages pour les mêmes motifs : « À cette cause (l'exercice du jugement), le commerce des hommes y est merveilleusement propre et la visite des pays estrangiers... ; pour en rapporter principalement les humeurs de ces nations et leurs façons, et pour frotter et limer nostre cervelle contre celle d'aultruy », *Essais*, livre I, XXVI, p. 152-153.

étrangères et s'habituer à les prononcer avec leur véritable accent, c'est, je crois, de sept à quatorze ou seize ans. En outre, il serait utile et même nécessaire qu'un enfant de cet âge fût accompagné d'un précepteur, qui, en même temps qu'il étudierait la langue du pays, lui apprendrait autre chose. Mais séparer les jeunes gens de leur famille par de grandes distances, sous la seule direction d'un gouverneur, à un âge où ils se croient déjà trop grands garçons pour être gouvernés par autrui, et où ils n'ont cependant ni assez de prudence ni assez d'expérience pour se gouverner eux-mêmes, n'est-ce pas les exposer aux plus grands dangers de la vie, à l'époque où ils peuvent le moins se défendre contre ces dangers ? Lorsque l'enfant n'est pas encore parvenu à l'âge bouillant des passions, on peut espérer que le gouverneur aura sur lui quelque autorité. Jusqu'à quinze ou seize ans, ni l'opiniâtreté qui se développe avec l'âge, ni la tentation de suivre les exemples d'autrui, ne le détournera d'écouter son gouverneur. Mais l'adolescent, quand il commence à fréquenter les hommes et qu'il croit déjà être lui-même un homme, quand il s'est mis à goûter les plaisirs des hommes et à en tirer vanité, quand il considère comme une honte de rester plus longtemps sous la conduite et le contrôle d'un maître : peut-on espérer qu'il se soumette même au gouverneur le plus attentif et le plus habile ? Celui-ci n'a plus l'autorité nécessaire pour commander, et son disciple n'a plus de disposition à obéir. Tout au contraire, le jeune homme est entraîné par la chaleur du sang et par l'autorité de la mode à suivre l'exemple tentateur de camarades qui ne sont pas plus sages que lui, plutôt que les conseils d'un gouverneur, qui lui apparaît maintenant comme l'ennemi de sa liberté. N'est-ce pas quand il est à la fois indocile et inexpérimenté qu'un homme risque le plus de se perdre ? C'est l'âge de la vie où il a le plus besoin de rester sous les yeux, sous l'autorité de ses parents et de ses amis, et de se laisser conduire par eux.

Dans le premier âge, alors que l'enfant n'est pas encore assez grand pour vouloir faire à sa tête, la souplesse de son caractère le rend plus traitable et le met à l'abri du danger. Plus tard, la raison et la prévoyance commencent à se faire jour, et avertissent l'homme d'avoir à considérer ses intérêts et son perfectionnement. L'époque donc que je crois la plus convenable pour envoyer un jeune gentleman à l'étranger, c'est ou bien quand il est très jeune [1], mais alors avec un gouverneur, le plus sûr qu'on puisse trouver pour cet emploi; ou bien quand il est plus âgé, seul et sans gouverneur. Alors, en effet, il est en état de se gouverner lui-même, de faire des observations sur ce qui, dans les autres pays, lui paraîtra digne de remarque, et dont il croira pouvoir tirer parti quand il sera de retour dans sa patrie; et de plus, à cet âge, instruit qu'il est des lois et des mœurs de son propre pays, de ses avantages naturels, de ses qualités morales comme de ses défauts, il a quelque chose à échanger avec les étrangers, dont la conversation lui fournit à lui-même quelques connaissances nouvelles.

213. C'est, j'imagine, parce qu'on règle autrement les voyages qu'un aussi grand nombre de jeunes gens reviennent de leurs excursions sans en avoir retiré aucun profit. S'ils rapportent dans leur patrie quelque connaissance des contrées et des peuples qu'ils ont visités, ce n'est le plus souvent que l'admiration des pratiques les plus mauvaises et les plus vaines qu'ils y ont observées. Ils gardent le souvenir et le goût des choses qui ont donné à leur liberté son premier essor, plutôt que de celles qui les auraient rendus meilleurs et plus sages après leur retour. Et le moyen qu'il en soit autrement lorsqu'ils voyagent à l'âge où ils le font d'ordinaire, sous la direction d'un gouverneur, qui est chargé de pourvoir à leurs besoins et

---

1. Montaigne veut aussi que l'on fasse voyager l'enfant de bonne heure : « je voudrais qu'on commenceast à le promener dez sa tendre enfance », *Essais*, livre I, XXV, p. 153.

de faire des observations pour eux ?[1] Sous la conduite d'un tel guide, ils pensent avoir le droit de rester les bras croisés, ils ne se croient pas responsables de leur conduite, et par suite ils se donnent rarement la peine de faire par eux-mêmes des recherches ou des observations utiles. Leurs pensées s'élancent à la poursuite des amusements et des plaisirs, et ils considèrent comme un affront qu'on veuille les contrôler à ce sujet. Mais il est rare qu'ils se mettent en peine d'examiner les mœurs, d'observer les talents, de considérer les arts, les tempéraments et les inclinations des hommes qu'ils fréquentent, afin de savoir comment ils doivent se comporter à leur égard. Celui qui voyage avec eux n'est-il pas là pour les mettre à couvert, pour les tirer d'affaire quand ils se sont jetés dans quelque embarras, et pour répondre pour eux dans toutes leurs mésaventures ?

214. La connaissance des hommes est, je l'avoue, un si grand talent qu'un jeune homme ne saurait y passer maître du premier coup. Mais cependant les voyages serviraient à peu de chose, s'ils ne lui ouvraient pas quelquefois les yeux, s'ils ne le rendaient pas prudent et circonspect, s'ils ne l'accoutumaient pas à regarder par delà les apparences, s'ils ne lui apprenaient pas, enfin, sous la garde inoffensive d'une conduite polie et obligeante, à conserver sa liberté et à sauvegarder ses intérêts dans la société des étrangers et de toute espèce de gens, sans jamais perdre leur estime. Celui qui voyage à l'âge convenable, avec les pensées d'un homme qui veut se perfectionner lui-même, peut entrer en relations, partout où il va, avec des personnes de qualité : chose de grand avantage pour un gentleman qui voyage. Cependant, je le demande, parmi nos jeunes gens qui vont à l'étranger sous la conduite d'un précepteur, y en a-t-il un sur cent qui rende visite à quelque personne de qualité ? Encore moins font-ils connaissance avec les personnes dont la conversation pourrait leur apprendre quels sont

1. On sait que Locke avait beaucoup voyagé lui-même.

les principes de la bonne éducation dans chaque pays, et ce qui mérite d'y être observé. Et cependant, en causant avec ces personnes, ils pourraient apprendre en un jour plus qu'en courant pendant une année d'une hôtellerie à une autre. Et la chose après tout n'est pas surprenante : car des hommes de mérite et de talent ne peuvent guère être disposés à recevoir dans leur intimité des jeunes gens qui ont encore besoin de la garde d'un gouverneur. Mais un gentleman, quoique jeune encore et étranger, s'il se présente comme un homme, et s'il manifeste le désir de s'informer des coutumes, des manières, des lois et du gouvernement du pays qu'il visite, sera partout le bienvenu ; il trouvera aide et bon accueil auprès des personnes les plus distinguées et les plus instruites de chaque pays, qui seront toujours prêtes à recevoir, à encourager, à protéger le voyageur bien élevé et d'un esprit curieux.

215. Quelle que soit la justesse de ces observations, elles ne changeront rien, j'en ai peur, à la coutume qu'on a prise de faire voyager les jeunes gens à l'âge qui est précisément le moins propice ; et cela pour des raisons qui n'ont rien à voir avec l'intérêt de leur progrès. Il ne faut pas, dit-on, aventurer le jeune enfant dans les voyages, quand il n'a que huit ou dix ans, de peur de ce qui pourrait lui arriver dans un âge aussi tendre ; et cependant, il court alors dix fois moins de risques que dans sa seizième ou dix-huitième année. Il ne faut pas non plus, à ce qu'on croit, le garder à la maison jusqu'à ce qu'il ait passé l'âge dangereux et indiscipliné des passions ; on veut qu'il soit de retour à la maison vers vingt et un ans, afin de se marier et d'avoir des enfants. Son père ne peut attendre plus longtemps pour le doter, et sa mère a besoin d'une nouvelle nichée de babys pour en faire ses jouets. De sorte que mon jeune homme, quoi qu'il puisse en résulter, doit épouser la femme qu'on lui a choisie, dès qu'il a l'âge requis. Et cependant, ce ne serait pas un mal pour sa santé, pour son talent, ou pour son bonheur, que

la chose fût retardée de quelque temps, et qu'on le laissât, pour l'âge et pour l'expérience, prendre quelque avance sur ses enfants. Il arrive souvent en effet que les enfants marchent de trop près sur les talons de leur père, et cela contre leur propre intérêt et contre l'intérêt du père. Mais puisque notre jeune homme est sur le point de se marier, il est temps de le laisser à sa maîtresse [1].

---

1. Rousseau, après avoir reproduit cette phrase de Locke, ajoute : « ...Et là-dessus Locke finit son ouvrage. Pour moi, je n'ai pas l'honneur d'élever un gentilhomme, je me garderai d'imiter Locke en cela », *Émile*, livre V, p. 692.

CONCLUSION

216. Bien que je sois maintenant arrivé au terme de ce que des observations familières m'ont suggéré sur l'éducation, je ne voudrais pas laisser croire que je considère ce travail comme un traité en forme sur le sujet. Il y a mille autres choses qui mériteraient l'attention ; surtout si l'on voulait étudier les divers tempéraments, les différentes inclinations, les défauts particuliers que l'on rencontre chez les enfants, et rechercher les remèdes appropriés. La variété des caractères est si grande que ce sujet demanderait un volume : encore n'y suffirait-il pas. Chaque homme a ses qualités propres qui, aussi bien que sa physionomie, le distinguent de tous les autres hommes ; et il n'y a peut-être pas deux enfants qui puissent être élevés par des méthodes absolument semblables[1]. De plus, j'estime qu'un prince, un noble et un gentleman de condition ordinaire doivent recevoir des éducations un peu différentes. Mais je n'ai voulu exposer ici que quelques vues générales, qui se rapportent au but principal de l'éducation. Elles étaient d'ailleurs destinées

---

1. C'est pousser un peu loin les choses. La science de l'éducation n'existerait pas si on acceptait à la lettre l'affirmation de Locke. En dépit de la diversité des tempéraments, il y a chez tous les enfants une certaine communauté de nature ; il y a aussi par conséquent des lois pédagogiques générales qui s'appliquent à tous.

au fils d'un gentleman de mes amis[1], que je considérais, à raison de son jeune âge, comme une page blanche ou comme un morceau de cire que je pouvais façonner et mouler à mon gré[2]. Je n'ai guère fait que toucher, par conséquent, aux points essentiels, et à ce que je jugeais nécessaire en général pour l'éducation d'un jeune gentleman de sa condition. Et maintenant je publie ces pensées que l'occasion a fait naître ; je les publie, bien qu'elles soient loin de constituer un traité complet sur la matière, et sans prétendre que chaque père y trouvera ce qui conviendrait précisément à son enfant, mais avec l'espoir qu'elles apporteront cependant quelques faibles lumières à tous ceux qui sont préoccupés de leurs chers petits, et qui, dans l'éducation de leurs enfants, aimeront mieux se risquer à consulter leur propre raison que suivre docilement la routine des vieilles méthodes.

1. Voyez la dédicace de l'ouvrage.
2. Locke se contredit ici. Il a dit tout à l'heure que chaque homme avait son caractère propre et qu'il n'y avait peut-être pas deux enfants qu'on pût élever par des méthodes identiques : ce qui implique la diversité originelle des tendances et des dispositions innées. Et maintenant dominé par le système sensualiste qui fait de l'esprit une table rase, quelque chose d'indéterminé, il a l'air de croire que l'éducation peut tout pour façonner un caractère.

INDEX ANALYTIQUE

ANNEXES

Correspondances entre Les pensées sur l'éducation
et L'essai sur l'entendement humain

§	*Pensées sur l'éducation*	*Essai sur l'entendement humain*
1	état de l'homme en ce monde	2 mondes distincts, 2 bonheurs
1	Le corps et l'esprit	La relation entre les 2 : 4.3.6, note 5ᵉ édition
1	Bon ou mauvais par éducation	Pas de nature humaine
2	La santé du corps	Le corps, condition de sainteté (*cf.* 4.3.6)
5	Les scythes, les Maltais et autres : école sur l'homme	Pas de théorie sur l'homme : utilité de l'observation, et de l'« histoire » : 1.1.2
7	Changement par degrés, force de l'habitude	2.9.8 ; 2.21.45 ; 2.21.69 ; 2.22.10
11	La nature travaille bien mieux d'elle-même	Ordre naturel, même s'il est inconnu : 3.6.28 ; 4.10.7
31	Dignité et excellence de la créature rationnelle	La différence de l'homme et de l'animal par la raison : 1.1.1 ; 3.6.4 ; La personne humaine : 2.27
	Obéir à l'esprit	Les deux substances : 4.10.9 ; la maîtrise de la pensée : 4.10.10

33	*Deny his desires, follow what reason directs*	La morale : maîtriser ses désirs : 2.21.53, et généralement 2.21
34	*Mind pliant to reason*	La raison comme délibération : 2.21.47, etc.
	Les parents aiment naturellement leurs enfants; leur devoir	Les lois de la nature indiquent le devoir : 2.28.11, note
35	Corrompre le principe de la nature	La raison apparentée à la nature, *cf.* 4.19.4
36	Soumettre sa volonté à la raison (des autres, de soi)	La volonté comme puissance d'exécution de la raison : 2.21.30, 51
37	La vertu et le vice	2.28
38	La vertu : nier la satisfaction des désirs	2.21.53
40	Le manque de jugement	La probabilité : le choix du plus raisonnable : 2.21.2
45	L'influence du plaisir ou de la douleur immédiate	2.21.56 : faire valoir l'absent ou l'éloigné grâce au suspens
49	L'aversion pour ce qui peut engendrer punition	L'association d'idées : 2.33
54	Bon et mauvais : plaisir et douleur sont les seuls motifs	2.20.2
55	L'estime et la disgrâce, le plaisir et la peine	2.28.11-12; 2.21
66	Observer le comportement en vue d'établir la règle	Observation, empirisme, pas de nature humaine décelable
81	Le raisonnement : fondement de la morale	4.3.18-19 : la démonstration morale possible
	Le raisonnement partant de principes éloignés	4.7.8, 11; 4.12.1-2 : illusion de l'apprentissage par maximes.
82	Rôle de l'exemple	3.4.12 : importance de montrer
94	Le tuteur doit montrer comment est le monde	*Ibid.*
	L'enfant conduit par sa raison et non par ses vices	2.21.60 : erreur de jugement sur ce qui fait le bonheur

	La connaissance des autres peuples, anciens et modernes	Ethnologie (1.2-4) et histoire comme relativisation (4.16.11)
	Danger des disciplines scolaires	3.10.34 : dangers de la rhétorique
107	Les douleurs sont monitrices	2.21.45 : place de la douleur dans la vie
	Maîtriser ses appétits et désirs	2.21.53 : maîtriser ses désirs c'est accroître sa liberté
115	La peur de la douleur (ou de la perte du plaisir)	2.20.6 : les rapports entre la douleur, le plaisir et le désir
120	Les questions de l'enfant sur la nature d'une chose : le nom et l'usage	2.23.1, 2 : Ignorance de la substance
136	La connaissance de Dieu, fondement de la vertu	2.23.33 : idée de Dieu ; 4.10 : preuve de Dieu ; 2.28.8 : loi divine, source de morale
137, 191	Esprits, démons : ne pas en parler	Ignorance sur ce sujet : 2.23.30-31 ; 4.3.27 ; 4.11.12
176	Exercices de mémoire	2.10.3-9
180	L'arithmétique	2.16.7 : pourquoi les enfants ne comptent pas plus tôt
189	La logique	Inutilité des syllogismes : 4.17.4-8
	La rhétorique	Critique des formes vides : 3.10.34
190	La philosophie naturelle n'est pas une science	Pas de connaissance des corps et moins encore des esprits : 2.23 ; 4.3.26-27 ; 4.6
	Les Esprits sont connus par la Révélation seule	4.11.12
192	Danger de croire qu'existe seule la matière : besoin de Dieu	2.23.15, notes 5e éd. : la gravité et le mouvement sont surajoutés par Dieu à la matière inerte
193	La valeur de l'hypothèse corpusculaire	4.3.16 est l'hypothèse explicative la plus probable

	Pas de connaissance en philosophie naturelle	4.3.26-27, 4.6
	Préférer la méthode «historique»… à la méthode spéculative	4.6.11-15
194	Newton	4.7.11 : L'importance de l'hypothèse de Newton
217	Chaque enfant est différent	Différences entre tous les membres d'une espèce : 3.6.22-27

L'enfant et l'éducation
dans L'essai sur l'entendement humain

1.2.4-16	L'accès à l'âge de raison : la raison est acquise par l'exercice et n'est pas un fonds primitif de vérité
1.2.23	Par l'éducation, les hommes apprennent les termes et leur signification, et donnent leur assentiment aux propositions qui en sont composées
1.3.20	Réponse à l'objection que les principes innés seraient corrompus par l'éducation et la coutume
1.4.2-6	Le nouveau né n'a point d'idées innées, *a fortiori* d'idées des principes logiques
1.4.13	L'idée de Dieu n'est que progressivement acquise par l'enfant
1.4.20	Une idée expérimentée puis mémorisée n'est pas une idée innée
2.1.6-9	Les idées sont acquises de façon progressive (simples, puis abstraites, puis de réflexion)
2.1.20-23	*Ibid.*
2.9.5-7	L'enfant a des sensations (des idées) *in utero*
2.10.3-7	La douleur remplace l'examen et la réflexion chez l'enfant, dans son apprentissage de la vie
2.11.8	Les enfants, ayant par des sensations répétées fixé dans leur mémoire des idées, commencent à se servir des signes

2.11.14-15	L'ordre d'acquisition des connaissances
2.16.7	Pourquoi les enfants ne savent pas compter plus tôt
2.21	Le désir, la volonté, le Bien et le Mal, la liberté, l'erreur de jugement sur le Bien
2.28.4-12	La relation morale, la loi morale
2.33.8-15	Les habitudes
3.2.7	L'enfant qui utilise des mots comme un perroquet : sans avoir d'idées
3.4.12	L'apprentissage du sens des mots par indexation (cas de l'aveugle guéri, analogie de l'enfant)
3.5.15	L'apprentissage des modes mixtes (morale, mathématique) : le nom avant l'idée
3.9.9	L'apprentissage des langues et du sens des mots
3.10.4	L'apprentissage des mots avant leur sens : source de confusion
3.10.17	L'apprentissage des mots fait croire que leur référent existe nécessairement
3.10.22	La communication : nécessité d'apprendre à donner une définition à ses mots
3.11.8-27	Les règles de l'apprentissage du langage (définir, montrer, dictionnaires, etc.)
4.7.9	Les vérités particulières, et non les principes, sont connues les premières
4.7.11	Danger de l'enseignement par maximes ou principes
4.7.16	Importance de la façon de constituer sa définition d'une chose
4.20	Les causes de l'erreur et les moyens de la corriger
	Voir aussi *De la conduite de l'entendement*, dans son entier

TABLE DES MATIÈRES

John LOCKE
QUELQUES PENSÉES SUR L'ÉDUCATION

Imprimerie de la Manutention à Mayenne (France) – Février 2007 – N° 24-07
Dépôt légal : 1ᵉʳ trimestre 2007